Friedrich-Albert Zimmermann

Beiträge zur Beschreibung von Schlesien

Zehnter Band

Friedrich-Albert Zimmermann

Beiträge zur Beschreibung von Schlesien
Zehnter Band

ISBN/EAN: 9783742893291

Hergestellt in Europa, USA, Kanada, Australien, Japan

Cover: Foto ©ninafisch / pixelio.de

Manufactured and distributed by brebook publishing software (www.brebook.com)

Friedrich-Albert Zimmermann

Beiträge zur Beschreibung von Schlesien

Beyträge
zur
Beschreibung
von
Schlesien.

Zehender Band.

Inhalt.

Erster Abschnitt. Vom Fürstenthum Glogau überhaupt.

Zweyter Abschnitt. Von den Herzogen.

Dritter Abschnitt. Von den Statuten.

Vierter Abschnitt. Vom Freystädtschen Kreise.
   A. Vom Kreise überhaupt.
   B. Von den Städten, und zwar:
      Von Freystadt.
      Von Neustädtel.
      Von Beuthen.
      Von Neusalz.
   C. Von den Dörfern.

Fünfter Abschnitt. Vom Glogauschen Kreise.
   A. Vom Kreise überhaupt.
   B. Von den Städten, und zwar:
      Von Glogau.
      Von Polkwitz.
      Von Schlawa.
   C. Von den Dörfern.

Sechster Abschnitt. Vom Grünbergschen Kreise.
   A. Vom Kreise überhaupt.
   B. Von den Städten, und zwar:
      Von Grünberg.
      Von Wartenberg.
   C. Von den Dörfern.

Siebenter Abschnitt. Vom Guhrauschen Kreise.
  A. Vom Kreise überhaupt.
  B. Von den Städten, und zwar:
    Von Guhrau.
    Von Köben.
    Von Tschirnau.
  C. Von den Dörfern.

Achter Abschnitt. Vom Sprottauschen Kreise.
  A. Vom Kreise überhaupt.
  B. Von den Städten, und zwar:
    Von Sprottau.
    Von Primkenau.
  C. Von den Dörfern.

Neunter Abschnitt. Vom Schwiebusschen Kreise.
  A. Vom Kreise überhaupt.
  B. Von den Städten, und zwar:
    Von Schwiebus.
    Von Liebenau.
  C. Von den Dörfern.

Erster Abschnitt.
Vom Glogauschen Fürstenthume überhaupt.

§. 1.

Das Glogausche Fürstenthum ist, außer Oppeln, das größte im Herzogthum Schlesien, denn es enthält 93 schlesische Quadratmeilen, in diesen aber 15 Städte und 6 Kreiße, worunter die ehemalige Standesherrschaft Beuthen, oder das jetzige Fürstenthum Karolath mit begriffen.

Die Zahl der Einwohner beträgt 171256, folglich kommen auf jede Meile 1900 Menschen, auf eine geographische Meile aber 2140 Menschen.

Seine geographische Lage betreffend, so gränzt es gegen Morgen an das Königreich Polen; gegen Mitternacht an das Crossensche; gegen Abend zum Theil noch an Crossen, zum Theil mit Sagan; gegen Mittag aber mit dem Bunzlauschen Kreise, dem Fürstenthum Liegniz und dem Fürstenthum Wohlau.

Der Schwiebussche Kreis liegt im Fürstenthum Crossen, von Schlesien ganz abgeschnitten; ich nehme ihn aber mit hieher.

Landcharten giebt es besondere von diesem Fürstenthum: die große Homannsche, eine kleine von Schreibern, eine von Wernhern und eine von Lottern in Quartformat.

§. 2.

Die Landesherrliche Geschichte muß man billig in zwey Abschnitte theilen, einmal in die der Herzoge zu Glogau, und dann der Standesherrn und Fürsten zu Beuthen-Carolath.

§. 3.

Die Statuten derselben betreffend, so liefre ich einen besondern Auszug aus dem vom Herrn Oberamtsrath Stielow gefertigten Manuscript über die Gerechtsame und Statuten des Fürstenthums.

§. 4.

Generaliter wird noch bemerkt, daß die Einwohner der Städte unter jeden Orts Magistrat, und die der Dörfer unter den Dominiis; was über das Cammerale

merale anbelangt, erstere unter dem Steuerrath und letztere unter dem Landrath stehen, welche von der Glogauschen Cammer ressortiren. In Justiz- und Kirchensachen gehört das Fürstenthum zur Glogauschen Oberamtsregierung und Consistorium.

Zweyter Abschnitt.
Kurze Geschichte.

I. Der Herzoge zu Glogau.

Die Geschichte der Herzoge zu Glogau, wenn man nicht ihre häusliche Privatgeschichte erzählen will, enthält, wie die der meisten Herzoge in Schlesien, eine Menge kleiner Kriege, Verpfändungen, Erbtheilungen, Lehnsverreiche, Verleihungen, verschiedene Privilegien ꝛc. und selten finden sich unter ihnen ausgezeichnete Köpfe, wie Bolko der Große, der mit einem kleinen Strich Landes sich gegen die Macht Böhmens vertheidigte, Schätze sammelte und seine Staaten blühend erhielt, Manufacturen errichtete, die Mönche zur Verbesserung der Ländereyen nützte ꝛc. Zuweilen giebt es noch einige, die den Wohlstand ihrer Unterthanen, den Landbau und den Anzug der Deutschen beförderten. — Indessen will ich doch, um diesen Band den vorigen gleich zu machen, eine kurze Geschichte der Herzoge von Glogau entwerffen.

§. 1.

Sbigneus.

Das Fürstenthum Glogau ist wahrscheinlich unter den Fürstenthümern, wenigstens in Niederschlesien, das erste, welches einen allgemeinen Regenten gehabt hat. Denn als Uladislaus I. 1082 König in Polen wurde, gab er diese Provinz seinem natürlichen Sohne Sbigneus, und von dieser Zeit an nennen sie die Geschichtschreiber *Marchiam Glogaviensem*, oder das Glogausche Marggrafthum. Zu diesem Merggrafthum aber gehörte damals noch ein Theil von Großpohlen, als Lanciz, Cujavien, Masovien, ein Theil von Pommern, und die Stadt Glogau war gleichsam als die Grenzvestung gegen die benachbarten Fürsten anzusehen. So ansehnlich nun auch dieser Strich Landes war, so schien er doch noch dem Sbigneus zu klein zu seyn; er und ein aus Polen vertriebener Woywode, Namen Scechus, der zu ihm seine Zuflucht genommen hatte, wandten sich daher an die Böhmen, von welchen unterstützt sie öftere Einfälle theils in Polen theils in Schlesien wagten, und bald da bald dort etwas davon abzwackten. Dies Unwesen dauerte bis zum Tode Königs Uladislai, nach welchem sein Sohn Boleslaus III. zur Regierung gelangte. Dieser ahndete die bisherigen feindseligen Einfälle des Sbigneus, überführte ihn der Landesverrätherey, vertrieb ihn aus dem Besitz seiner Ländereyen, wie Curäus schreibt, und überzog die Böhmen nebst ihren Helfern mit Krieg. Der vertriebne Sbigneus hatte zwar Schutz bey den Böhmen gesucht; da ihm aber diese nicht willfahren konten, wandte er sich an den

Kay-

Kayser Heinrich V. und brachte es bey demselben wirklich so weit, daß dieser in Vereinigung mit den Böhmen 1109 die Polen bekriegte, über die Oder setzte, und die damals mit schlechten Mauern bevestigte Stadt Glogau belagerte, die König Boleslaus III in Besitz genommen hatte; doch konnte er solche nicht erobern, sondern als hierauf den 21. Sept. dieses Jahrs der böhmische König Svantopolk von einem Polen im kayserlichen Zelt und Lager vor Glogau erstochen wurde, hob der Kayser die Belagerung auf, und die Böhmen trennten sich von dessen Heere, mit denen auch Stigneus nach Hause gieng, und alle Hofnung, jemals wieder in sein Fürstenthum zu kommen, aufgab; worauf 1110 der Friede zwischen dem Kayser und Boleslaus III. in Bamberg geschlossen wurde. König Boleslaus blieb sodann noch einige Zeit in Glogau, bevestigte die Stadt noch mehr, und Curäus sagt: „daß er damals solche über die Oder auf die Mittagsseite versetzt habe." Ich glaube aber, daß dies erst später, und zwar unter der Regierung Boleslai IV. um die Jahre 1157. 1158 geschehen sey; denn um diese Zeit gieng Kayser Friedrich der Rothbart mit seinem Kriegsheer abermal gegen die Polen über die Oder, und weil Boleslaus IV. ihm weder widerstehen konnte, noch einen vesten Ort überlassen wollte, zündete er die Städte Glogau und Beuthen selbst an, worauf vielleicht erst die gedachte Versetzung der Stadt erfolgt ist. Indessen wurde Boleslaus IV. vom Kayser gezwungen, daß er den Söhnen seines verstorbenen Bruders Uladislai statt der bey Polen gehörigen Ländereyen die ganze Provinz Schlesien eigenthümlich einräumen muste.

§. 2.

§. 2.

Conrad der Lahme.

Nachdem nun durch Vermittelung Kaysers Friedrich des Rothbärtigen Schlesien solchergestalt eine für sich bestehende Provinz geworden war, und sich die Söhne Uladislai theilten, bekam Conrad der Hinkende 1163 das Glogausche, doch nicht mit allen den Länderenen, die ehedem dazu gehört hatten; weil der Pommersche District, desgleichen Lanciz, Cujavien und Masovien davon getrennt wurden. Es sind zwar von diesem Fürsten keine Urkunden mehr vorhanden, die Kronicken aber sagen, daß er beflissen gewesen seine Städte und Landschaften empor zu bringen. Er baute das Schloß zu Pribom oder Pridomost, welches er auch zu seinem Wohnsitz wählte, und starb 1179 ohne Erben, weil sein einziger Sohn Misko bereits vorher ertrunken war.

§. 3.

Boleslaus der Lange.

Nach Conrads Tode eignete sich dessen ältester Bruder Herzog Boleslaus der Lange das Glogausche Fürstenthum mit Ausschluß seines jüngern Bruders Mieslai zu Oppeln zu, der zwar auch Anforderung daran machte, aber nichts erhielt. So eifrig indessen Boleslaus dies Land an sich zu bringen gestrebt hatte, so wenig bekümmerte er sich nachher um diese neue Eroberung; er verwendete vielmehr alle seine Sorgfalt auf das Fürstenthum Liegnitz, und setzte, wie Curäus versichert, Glogau hintan.

§. 4.

§. 4.
Heinrich der Bärtige.

Als Boleslaus starb kamen dessen Länder, folglich auch das Glogausche, an Herzog Heinrich den Bärtigen, seinen Sohn, der das zur Cultur dieser Provinz zu veranstalten suchte, was sein Vater verabsäumet hatte; daher er denn auch meist hier wohnte. Unter seiner Regierung erhielt dies Fürstenthum einen neuen Zuwachs durch ein ansehnliches Stück Land von Großpolen; welches aber 1244 meist wieder verlohren gieng, so daß nur noch der Fraustädtsche und Costensche District dabey verblieb. Auch erheurathete, nach Thebesii Zeugniß, dessen Sohn Conrad einen Theil von der Lausitz nebst dem Lebusschen Gebiete, die in der Folge mit dem Fürstenthum Glogau wären vereiniget worden; allein das Lebussche verkaufte Conrad selbst an den Marggraf zu Brandenburg; und da er frühzeitig ohne Erben starb, muste auch der Theil von der Lausitz wieder aufgeopfert werden. Heinrich den Bärtigen beerbte sein anderer Sohn, Heinrich II. oder der Fromme, dessen Regierung war aber nur kurz, weil er 1241 in der bekannten Tartarschlacht bey Wahlstatt blieb.

§. 5.
Conrad der Zweyte.

Heinrich der Fromme hinterließ vier Söhne, nämlich Boleslaum den Kahlen, Heinrich den Dicken, Conrad II. und Uladislaum, unter welchen bey der Unvertheilung große Streitigkeiten entstanden. Die

letztern

letztern beyde, Conrad und Uladislaus, hatten sich dem geistlichen Stande gewidmet, die beyden ersten aber sich in die väterlichen Landschaften getheilet, dergestalt, daß Boleslaus Breslau, Heinrich hingegen Liegnitz und Glogau für sich nahm. Sie tauschten hernach jedoch wieder mit einander, und trafen das Abkommen, daß, im Fall ihre von der Erbschaft ausgeschlossene zwey Brüder den geistlichen Stand mit dem weltlichen vertauschen wollten, Boleslaus den Conrad, Heinrich hingegen den Uladislaus abfinden sollte.¹)

Conrad hatte zu Paris studirt, und sprach viel von Paris, so daß man ihn den Pariser nannte. Es war ihm Hofnung gemacht worden, daß er Bischof zu Bamberg werden sollte; allein das geistliche Leben wollte ihm nicht behagen, und da er noch nicht alle Priesterweihen empfangen hatte, so entsagte er seinem Vorsatze zum geistlichen Stande, kam nach Schlesien zurück und verlangte seinen Erbtheil. Boleslaus, der Conrads Befriedigung übernommen hatte, wollte ihm nicht viel heraus geben; doch Conrad heurathete die Salome, eine Schwester des Herzogs Premislai in Polen, und fiel, von diesem seinem Schwager unterstützt, ins Crossensche, eroberte solches nebst Sagan, bevestigte Pridomost, that verschiedene neue Einfälle ins Liegnitzsche und Breslausche und war meist glücklich, so daß sich seine Brüder endlich genöthiget sahen, durch Vermittelung des Bischofs Thomas ihm 1255 folgende Städte nebst den dazu gehörigen Dörfern einzuräumen:
Glo-

1) Versuch einer Schles. Geschichte S. 34.

Glogau, Crossen, Sagan, Steinau, Guhrau, Fraustadt, Costen.

Dadurch nun wurde Conrad der eigentliche erste
Herzog zu Glogau. Die Chronicken rühmen von
ihm, daß er viele Deutsche ins Land gezogen, und die
Städte so wohl theils mit Mauern, theils mit bessern
Häusern versehen habe. Da sich die Dohmherrn
zu Glogau die Gerichtsbarkeit über die Stadt ange-
maßt hatten, so machte er, um Streitigkeiten zu
vermeiden, das Schloß zu Pridomost zu seiner Residenz; endlich schränkte er die bisherige Gewalt
derselben dadurch ein, daß er 1270 die Dohmkirche
nebst dem ganzen Stift außer der Stadt auf die Insel versetzte, wo sie noch gegenwärtig stehet. Er
trug auch viel zur Gefangennehmung des Breslauschen Bischofs bey, wodurch derselbe genöthiget wurde, den Herzogen den Zehnten zu überlassen, und
statt dessen eine bestimmtere Abgabe einzufordern.
1271 setzte er die Stadt Glogau zu deutschem Rechte aus, und verbesserte die Gesetze derselben. 1280
disponirte er eventualiter über seine Länder. Für
Premislaum bestimmte er Sagan und Sprottau,
für Conraden Steinau, Rauden und Guhrau, für
Heinrichen Glogau; sein vierter Sohn aber, auch
Conrad genannt, sollte geistlich werden.

Indessen behielt Conrad, der Vater von diesen
vier Söhnen, wegen der ihm verweigerten Erbschaft,
und weil man ihm nicht seinem Verlangen gemäß
zum Herzog in Breslau gewählt hatte, immer eine
Tücke gegen seine Brüder und deren Söhne; er
suchte daher Gelegenheit mit Herzog Heinrichen zu
Breslau zu brechen, und ließ ihn durch einen Edelmann

mann, Namens Lutko 1293 aus dem Bade vor Breslau gefangen nehmen, nach Sandewalde, von da aber nach Glogau bringen, wo er ihn 6 Monat lang in einem Kasten peinigte, so daß Heinrich der Dicke endlich, um nur seiner Quaal los zu werden, dem Herzog Conrad einen Theil seiner Länder, als Naumburg, Wartenberg, Auras, Trebnitz, Militsch, Beuthen, Landsberg, Oels, Bernstadt, Namslau, Creuzburg, Constadt, Bunzlau und Haynau rc. abtrat, und überdies noch demselben eine Summe Geldes von 3000 Mark für aufgewendete Kriegskosten mitten auf der Brücke zu Liegnitz zu zahlen versprach. Doch mußte er durch Vermittelung Herzogs Bolko zu Schweidnitz die Städte Haynau und Bunzlau wieder hergeben.

Ohngeachtet ich diese Gefangennehmung und harte Behandlung Heinrichs des Dicken nicht rechtfertigen will, so hatte doch Heinrich IV. zu dergleichen listigen Streichen einmal das Signal gegeben, und Conraden war vielleicht ein ähnliches Schicksal bestimmt, wenn ihn nicht seine Vorsicht und Verschlagenheit davon gerettet hätte.

Conrad starb 1297, nachdem er einige Zeit vorher seine beyden Söhne, Heinrich III. und Conrad II. zu Mitregenten angenommen hatte. Er hatte zwey Gemahlinnen, die erste hieß, wie oben gedacht, Salome, die andere Brigitta, eine Marggräfin aus Meissen.

§. 6.
Heinrich der Dritte.

Nun fiel das Glogauſche Fürſtenthum an Herzog Heinrich III. oder den Getreuen, welcher viel Verdruß mit seinem Bruder Conrad hatte. Dieser beſaß die Stadt Steinau; da er aber den geiſtlichen Stand ergriffen, und zum Erzbiſchof in Salzburg erwählt worden war, eignete ſich Heinrich auch dieſe Stadt zu. Weil jedoch Conrad das gute Steinauſche Bier jenem Erzbisthum vorzog, wieder zurück kam, und Anspruch auf einige Ländereyen machte; ließ ihn Heinrich gefangen nehmen, und in einen Thurm, der damals bey der Spitalpforte ſtand, ſetzen, woraus er aber durch Vorſchub der Ritterſchaft des Steinau- und Raudtenſchen Kreiſes wieder befreyet wurde. Er ſtarb bald hernach 1304, und Heinrich blieb nun im ungeſtörten Beſitz ſeines Glogauſchen Fürſtenthums, wovon aber doch bereits 1294 das Saganſche getrennet, und an den Marggraf Waldemar gekommen war.

Heinrich wird übrigens in der Geschichte als ein guter Regente gezeichnet. Bald nach Antritt ſeiner Regierung gab er 1299 eine Vorschrift heraus, wie es mit den Juden gehalten werden sollte;[1] fieng an die Befehdungen des polniſchen Adels, der ſich in seinem Fürſtenthum befand, einzuschränken; zog verschiedene adeliche deutſche Familien ins Land, denen er anſehnliche Länderryen einräumte, und erwarb ſich auch die Gunſt der Polen dergeſtalt, daß ihn ein großer Theil derſelben nach Tode Wenzeslai zu

ihrem

[1] Sommersberg. Tom. III.

ihrem Großherzog erwählten. Dies zog ihm einen Krieg mit seinem Gegner Uladislaus Locticus zu, der die Stimmen eines andern Theils für sich hatte. Anfangs hatte er gegen denselben viel Glück, und eroberte fast ganz Grospolen; allein nun verließen ihn die wankelmüthigen Polen, und traten sämmtlich auf des Uladislai Seite, welcher jetzt 1306 selbst ins Glogausche einfiel, solches verheerte, und Glogau, wiewohl fruchtlos, belagerte. Heinrich stellte seinem Feinde zwar unter Anführung Heinrichs v. Biberstein ein Heer entgegen; da dies aber überall den Kürzern zog, und endlich ganz geschlagen wurde, so grämte sich Heinrich über seine vereitelte Hofnungen krank, und starb den 15 Decemb. 1308. Sein Körper ward im Kloster Leubus begraben. Seine Gemalin war Mechtildis, eine Tochter des Herzogs von Braunschweig. Unter seiner Regierung sollen auch die Städte Freystadt, Grünberg, Wartenberg ꝛc. erbaut worden seyn.

§. 7.

Premislaus der Zweyte.

Heinrich hinterließ vier Söhne, die sich nach damaliger Gewohnheit in die Länder ihres Vaters theilten. Heinrich IV. bekam Sagan und Sprotau; Conrad III Oels, Wohlau, und die oben genannten Städte über der Oder, die sein Grosvater dem Herzog zu Breslau abgedrungen hatte; Johann nahm Steinau, Guhrau mit dem dazu gehörigen Districten; Premislaus II. der jüngste aber behielt Glogau, Freystadt, das Crossensche und Fraustädtsche Weichbild.

Der

Der böhmische König Johann hatte schon die meisten schlesischen Fürsten gewonnen, solche für seine Vasallen erklärt, und suchte auch Premielaum dahin zu bringen; allein so sehr dieser auch gegen die Polen erbittert war, daß sie seinen Vater verlassen hätten, eben so sehr verabscheuete er auch das böhmische Joch, blieb gegen alle Versprechungen des Königs Johann unbeweglich, und pflegte zu sagen: Daß er eher als ein armer Fürst sterben, oder mit dem Bettelstabe aus Schlesien gehen, als seine angebohrne Freyheit für Geld verkaufen, und unter einem fremden König dienstbar leben wolle.

Als er 1331 Kinderlos starb, beerbten ihn seine Brüder Heinrich zu Sagan und Johann zu Steinau, theilten die Länder unter sich, wovon aber 1332 durch einen neuen Einfall des polnischen Königs Uladislai das Costensche und hernach auch das Fraustädtsche Gebiete verlohren gieng; und behielten die Stadt Glogau jeder zur Hälfte. Diese wunderliche Theilung gab in der Folge Gelegenheit zu vielen Streitigkeiten. Johann, der schon an Böhmen hieng, verkaufte sein Antheil von Glogau an den böhmischen König für 2000 Mark Prager Groschen polnischer Währung; dieser aber belehnte den Herzog Casimir von Teschen damit, und von nun an waren zweyerley Herzoge zu Glogau.

§. 8.

Casimir und Heinrich IV. und V.

König Johann versuchte zwar Heinrichen IV. in Güte dahin zu bewegen, daß dieser ihm auch seine Hälfte von Glogau überlaſſen ſollte, da derſelbe ſich aber hierzu nicht geneigt finden ließ, brauchte der König Gewalt, rückte 1334 mit einem Kriegsheer und Sturmmaſchinen für die Stadt, ſchlug ſein Lager bey Kreidelwitz auf, drang mit 700 Helmen oder Rittern in Glogau ein, vertrieb Herzog Heinrichen, nöthigte die Bürger zur Huldigung, brachte ſolchergeſtalt auch die andere Hälfte der Stadt an ſich, und ſetzte über ſolche den Heinrich v. Duba zum Hauptmann ein.

Der vertriebene Herzog Heinrich IV. grämte ſich heftig über ſeinen Verluſt von Glogau, und überlebte ſolchen nicht lange. Er hinterließ einen Sohn, Heinrich V. welcher Herzog zu Sagan war, und in der Geſchichte bekannt iſt. Dieſer konnte die ſeinem Vater zugefügte Unbilligkeit des Königs nicht verſchmerzen; er fiel daher oft ins Glogauſche ein, ohne jedoch dadurch einen Vortheil zu erhalten, weil König Karl IV. der immittelſt zur Regierung gekommen war, den Glogauern mit einem Chor zu Hülfe kam. Als er nun endlich ſahe, daß er mit Gewalt nichts ausrichtete, ſo ſuchte er ſich auf alle Art beym K. Karl beliebt zu machen, und brachte es auch wirklich dahin, daß derſelbe ihm 1360 die Hälfte der Stadt Glogau auf der Mittagsſeite einräumte, unter der Bedingung, daß er ſich von dem König in Böhmen damit wollte belehnen laſſen. Heinrich V. ſetzte nun in ſeinem Antheile einen eigenen Magiſtrat ein, für ſich ſelbſt aber wohnte er zu Sagan.

König Karl hatte unterdeſſen ſeine Hälfte von Glogau 1362 dem Herzog Bolko III. zu Jauer auf Lebenszeit überlaſſen; da dieſer nun 1368 ſtarb, nahm

nahm der König diesen Antheil zurück, und ließ solchen ebenfalls durch einen besondern Hauptmann und Magistrat regieren.

Um diese Zeit hatte Heinrich V. dem Herrn von Biberstein auf Sorau einige Güter streitig gemacht. Der v Biberstein suchte sich dadurch zu rächen, daß er einen Aufstand unter dem Adel wider den Herzog anzettelte. Ob nun gleich Heinrich die Widriggesinnten überwand, so gerieth er doch einst in ihre Hände, wo sie ihn dann zu Jakobskirch gefangen setzten, und vielleicht lange gequält hätten, wenn ihm nicht seine Glogauer zu Hülfe gekommen wären, und ihn aus dem Verhaft befreyet hätten.

Seine Gemalin war Katharina, eine Tochter des Erzherzogs Leopold von Oesterreichs. Da er 1369 starb, waren seine drey Söhne, die alle Heinrich hießen, noch minderjährig; sie blieben daher unter der Vormundschaft ihrer Mutter in ungetheilten Gütern bis 1380, wo sie sich sonderten, und Heinrich VI. Sagan, Crossen, Schwiebus; Heinrich VII. halb Glogau, halb Guhrau, Steinau und das Schloß zu Heinzendorf; Heinrich VIII. aber Freystadt, Sprottau und Grünberg bekamen.

§. 9.

Heinrich VII. Rappold genannt.

Dieser Herzog regierte nur 10 Jahr, die er im beständigen Kampfe mit den Polen zubrachte. Denn da wegen der Wahl des königlichen Prinzen Sigmunds unter den Magnaten große Mißhelligkeiten entstanden waren, suchte sich Rappold solche zu Nutz

zu machen, im Trüben zu fischen, und das Fraustädtsche Gebiete wieder zu bekommen. Er und sein
Bruder sammelten also Volk, drangen 1388 in Polen ein, raubten und verheerten aller Orten wo sie
hinkamen; und ob sie gleich Fraustadt mit Feuer
ängstigten, konnten sie es dennohngeachtet nicht erobern, denn die Polen kamen dem belagerten Fraustadt zu Hülfe, und fiengen an die eigenen Länder
des Herzogs zu verwüsten. Doch Heinrich grief
dieselben beym Dorfe Weschütz an der Oder herzhaft
an, schlug sie aus dem Felde, eroberte ihr ganzes
Lager, und erbaute hernach von der Beute auf dem
Dohme vor Glogau die St. Georgenkirche. Er
starb 1390 ohne Erben, deswegen maßte sich sein
jüngerer Bruder Heinrich VIII. oder der Sperling
genannt, der nachgelassenen Länder und der Hälfte
von Glogau an. Seine Gemalin war eine Prinzeßin von Oppeln; er lebte aber nur bis 1395 oder
97, wo ihm in diesem Erbtheil sein jüngster übrig
gebliebener Sohn Heinrich X. succedirte.

§. 10.

Heinrich der Zehnte.

Dieser Fürst war schon entschlossen geistlich zu
werden, und das Bißthum zu Breslau anzunehmen;
da aber seine Brüder erblos vor ihm starben, und
ihm deren Länder zufielen, so schlug er das Bißthum wieder aus, blieb lieber ein weltlicher Regent,
ward einer der mächtigsten Fürsten, wohnte meist zu
Freystadt, und traf gegen die bey seiner Regierung
angefangenen Streifereyen der Hußiten solche Vor-
kehrungen, daß sie nie die Grenzen des Glogauschen
Für-

Fürstenthums berührten. Er hatte aber dagegen beständig Streit mit seinem ältern Bruder, dem unruhigen Herzog Johann zu Sagan, und starb 1467.

§. 11.
Heinrich der Eilfte.

Nach dem Tode Heinrichs des Zehnten kom sein mit der Gemalin Hedwig, einer Prinzeßin von Liegnitz, erzeugter Sohn Heinrich XI. zur Regierung. Er verband sich mit dem König George Podiebrad in Böhmen, schickte eine kleine Armee nach der Lausitz, die aber wenig ausrichtete; starb 1476 und vermachte durch ein Testament seiner Gemalin Barbara, einer Tochter des Churfürsts Albert von Brandenburg, seine Hälfte von Glogau nebst Crossen, weil sie ihm einen ansehnlichen Brautschatz von 30000 Ducaten zugebracht hatte.

Hier muß ich in der Geschichte etwas zurück gehen, und auch der andern, oder königlichen Hälfte von Glogau kürzlich Meldung thun.

Es ist oben §. 7. gesagt worden, daß König Johann in Böhmen die vom Herzog Johann erkauffte Hälfte der Stadt Glogau dem Herzog Casimir zu Teschen zu Lehn übergeben hatte. Casimir besaß diesen Antheil bis 1358, wo solcher an seinen ältesten Sohn Primislaus kam. Dieser starb ohne Erben, und ihn beerbte in Ansehung des Glogauschen Antheils 1421 Uladislaus seines Bruders, Herzog zu Teschen, dritter Sohn. Derselbe hatte zur Gemalin Margareth, eine Tochter des Grafen Herrmann v. Cyli. Als er hierauf ohne Leibeserben mit Tode abgieng, bestimmte er, daß seine Wittwe auf dem Schloß zu Glogau wohnen, und einen gewissen Antheil von den Einkünften geniessen sollte; auch scheinet sie in manchen Vorfällen Theil an der Regierung genommen zu haben. In der wirklichen Regierung aber folgte ihm sein jüngster Bruder Primislaus IV. Dieser wurde von den Polen gefangen, jedoch durch Vermittelung Königs Matthiä wieder auf freyen Fuß gestellt, muste aber die Lösungsgelder bezahlen, und das Fürstenthum Teschen an den König überlassen. Dies kränkte ihn so sehr, daß er 1477 zu Glogau starb.

Ihn beerbte sein Vetter Casimir IV. der sich auch, des Widerspruchs der Wittwe Margareth v. Cyli ohngeachtet, von den Bürgern huldigen ließ. Allein er befürchtete Unruhen, und überließ seinen Antheil von Glogau 1479 dem König Matthias, der ihm dafür Tarnowiz und Cosel und noch 2000 Flr. gab. Indessen scheint er doch noch an der Regierung Theil gehabt, oder das Fürstenthum gar wieder besessen zu haben; denn 1491 bestättigte er verschiedene Privilegia, und erklärte die ältern wegen des Herzogthums Glogau.*) Von dieser Zeit an wurde die Hälfte des Glogauschen als ein Immediat-Fürstenthum angesehen, und durch königliche Landeshauptleute regiert.

§. 12.

―――――
*) Gryphii Sammlung S. 4.

§. 12.
Johann der Zweyte.

Der Todesfall Herzogs Heinrich XI. zog immittelst große Unruhen nach sich. Er hatte, wie oben gedacht, seinen Antheil von Glogau seiner Gemahlin Barbara mit Ausschließung seines nächstens Agnatens, Herzogs Johann II. oder des Tollen, zu Pritbus vermacht; der Churfürst von Brandenburg, ihr Vater, nahm also im Namen seiner Tochter das Glogausche in Besitz, und ließ sich auf den Fall von den Bürgern zu Glogau huldigen. Herzog Johann protestirte dagen, und machte vermöge seiner nahen Blutsverwandschaft Ansprüche auf diese Erbschaft. Die Könige Matthias in Ungarn und Uladislaus in Böhmen, beyde als obersten Herzoge von Schlesien, (denn noch war es unentschieden, wer von diesen zweyen Schlesien erhalten würde,) wollten Glogau als ein ihnen zugefallenes Lehn einziehen, und so entstanden vier Competenten, deren jeder seine Rechte bestens geltend zu machen suchte. König Uladislaus dachte am ersten seinen Zweck zu erreichen, wenn er die verwittwete Herzogin Barbaram unter dem Bedinge heurathete, daß sie ihm Crossen und das Glogausche zum Heurathgut einbringen sollte; der Churfürst ihr Vater war auch mit dieser Verbindung sehr zufrieden, und die Glogauer musten dem Uladislaus unterdessen huldigen. Dem König Matthias war dies ungelegen, und um ebenfalls festen Fuß in Glogau zu fassen, vermochte er 1470 den Herzog Casimir von Teschen, daß solcher ihm, wie oben erwähnt, seine Hälfte von Glogau abträt. Herzog Johann hingegen bediente sich an-

derer

derer Mittel. Er sammelte im Christmonat 1476 Truppen, zu denen noch eine Verstärkung vom König Matthias aus Ungarn kam, rückte damit ins Glogauische ein, und bemächtigte sich theils mit Gewalt theils mit Hülfe der Stände, deren Haß sich der Statthalter des Churfürstens, ein gewisser v Schenk durch seinen Stolz zugezogen hatte, des Fürstenthums bis auf Crossen, und das Schloß zu Freystadt. König Uladislaus schickte zwar seiner Braut ein doppeltes Heer zu Hülfe; allein ein Theil davon wurde von den Schweidnitzern zurückgejagt, der andere Theil, der durch die Lausitz eindringen sollte, verlief sich von selbst, und am Ende verließ er seine Braut ganz, so daß nun Herzog Johann gewonnen zu haben glaubte, und den 7. December d. J. die Städte und Stände vorforderte, ihm als Herzog von Glogau zu huldigen. Letztere thaten, was er verlangte; die Städte hingegen, die es noch mit der Wittwe Barbara hielten, weigerten sich und giengen davon. Die Herzogin Barbara hatte sich unterdessen nach Crossen geflüchtet; Johann wollte sie auch daraus vertreiben und zündete die Vorstädte an; weil aber der Churfürst die Stadt besetzt hatte muste er sich zurückziehen.

Nun wurde der Krieg zwischen dem Churfürst Albert von Brandenburg und Herzog Johann mit zweifelhaften Glück fortgesetzet; überall verwüsteten die Soldaten sowohl die Städte als Dörfer, doch behaupte Johann seine bisher gemachte Eroberungen, und bemächtigte sich auch des Schlosses zu Freystadt. 1478 belagerte er Crossen zum zweiten mal, aber auch vergeblich, und hatte noch das Unglück

glück, daß er gegen den Churfürst. beym Rückzuge eine Schlacht verlohr.

König Matthias hatte bisher den Herzog Johann mit Volk unterstützt, war aber zu eben der Zeit in einen Krieg mit dem Kayser Rudolph verwickelt, und muste demselben manches übersehen. Endlich wurden die Oesterreichschen Streitigkeiten beygelegt, worauf Matthias auch mit dem Churfürst Albert in Friedensunterhandlungen trat, und dem Herzog Hanns befehlen ließ, daß er ihm das Fürstenthum Glogau wieder abtreten sollte, weil es ihm als ein offen gewordenes Lehn gebührte, und er der Herzog, doch nicht mächtig gnug wäre, solches gegen den Churfürst von Brandenburg zu behaupten. Johann merkte die Absicht Königs Matthiä, der dies Fürstenthum gern seinem natürlichen Sohne Johann Corvino zugeschanzt hätte; und statt dem König in seinem Begehren zu willfahren, war er vielmehr darauf bedacht, sich nicht nur im Besitze seiner Hälfte von Glogau zu erhalten, sondern auch noch die andere Teschensche dem König zugehörige Hälfte an sich zu bringen. Seinen Zweck zu erreichen, müste er vorher die verwittwete Herzogin Margareth von Cylli vertreiben, die noch auf dem Schlosse daselbst wohnte und Theil an der Regierung nahm. Er belagerte sie also, ließ durch gewisse Wurfmaschinen allerhand stinkende Sachen ins Schloß werfen, schnitt demselben das Wasser ab, machte durch Plündern und andere Gewaltthätigkeiten die ihr ergebenen Bürger abspanstig, so daß sie ihr die Pflicht aufsagten, und dem Herzog Johann huldigten; und ob sich gleich verschiedene Fürsten der belagerten Her-

Herzogin annahmen, so fruchteten doch alle Vorstellungen nichts, sondern sie muste endlich 1480 einen Vergleich eingehen, dem Johann das Schloß übergeben und nach Guhrau ziehen, wo sie das Jahr darauf starb.

Nunmehr war Johann alleiniger Herr im ungetheilten Fürstenthum Glogau. König Matthias gab dies zwar nach, doch unter der Bedingung, daß das Fürstenthum nach seinem Tode an den Corvinus fallen sollte. Johann hingegen hätte das Fürstenthum gern auf seine drey Töchter gebracht, die er 1488 an die drey Prinzen von Münsterberg verheurathete. Er verband sich zu dem Ende mit einigen schlesischen Fürsten gegen K. Matthiam, bevestigte das Schloß und die Stadt Glogau, ließ deswegen ein Kloster niederreissen, die Vorstädte abbrennen, und rüstete sich auf möglichste Art, dem König Matthias, dessen Einfall er besorgte, Widerstand thun zu können. Um aber nicht zwey Feinde auf einmal zu haben, schloß er mit dem Churfürst zu Brandenburg wegen der Erbschaftssache einen Frieden, und trat demselben für seine Tochter Barbara die Städte Crossen, Züllichau, Sommersberg, und Bobersberg ab, wodurch nun diese Landschaft von Schlesien ganz abgetrennt und zu der Mark Brandenburg gezogen wurde.

Herzog Johann hatte dem Magistrat zu Glogau zugemuthet, seinen drey Eidamen Prinzen von Münsterberg eventualiter die Huldigung zu leisten. Da aber dies gegen das Abkommen K. Matthiä war, und der Magistrat sich solches zu thun weigerte, setzte Johann den alten Rath ab, sperrte einige in einen

nen Thurm, und stellte einen neuen Rath aus dem niedrigsten Pöbel an. Ein Schuster darunter wollte dies Amt nicht annehmen, unter der Entschuldigung: daß er solchem nicht vorstehen könnte; allein der Herzog antwortete: Solche Kerl suche ich eben, denn die vorigen Vögel waren mir zu klug.

Während dem, daß Johann nun in Glogau allerhand lose Händel trieb, machte sich K. Matthias fertig, ihn für seine Treulosigkeit zu strafen. Johann hingegen verließ sich auf die Hülfe seiner drey Schwiegersöhne und des K. Uladislai aus Böhmen; der ihm auch wirklich ein Heer von 1500 Mann zum Succurs überschickte. Doch Herzog Fridrich I. zu Liegnitz, der dem K. Matthias ergeben war, bot seinen Adel auf, griff die Böhmen bey Schönau an, schlug sie, nahm ihren Anführer Herzog Georgen von Münsterberg gefangen, und dieser muste ihm versprechen nach Hause zu gehen, und seinem Schwiegervater keinen Beystand mehr zu leisten. Ein anderes Corps führte ihm der Marggraf Albert aus Meissen zu; dies war glücklicher, und kam wohlbehalten zu Glogau an.

Endlich schickte K. Matthias sein sogenanntes schwarzes Heer unterm Commando des Generals Zettauer in Schlesien, mit dem sich die Herzoglich Liegnizschen Hülfsvölker vereinigten und ins Glogausche vorrückten. Dadurch wurden alle Bundesgenossen Johannes furchtsam gemacht, und weil ihn auch K. Uladislaus aus Böhmen nicht mehr unterstützte, so lag nun die ganze Last des Krieges auf den Schultern unsers Johannes allein. Dennoch ließ

ließ er den Muth nicht sinken; er jagte die Weiber und Kinder der gefangenen Rathsherrn aus der Stadt, verbrannte die noch übrigen Vorstädte, und da ihm verschiedene schlesische Fürsten anriethen nach Ungarn zu gehen, und beym K. Matthias um Gnade zu bitten, antwortete er noch scherzweise: Ihr sehet, ich bin alt, kan nicht reisen, habe einen Bruch und der Sack hängt mir herunter, ich werde also Ungarn nicht sehen.

Nachdem nun keine Vorstellungen etwas fruchteten, rückte die combinirte Armee den 12. May 1488 für Glogau, und die Belagerung der Stadt begann. Den 4. Junii wurden die Belagerer noch mit 4000 Mann verstärkt, den 14. Junius aber verließ Herzog Johann die Stadt mit dem Versprechen, einen ansehnlichen Entsatz herbey zu holen, und übergab das Commando unterdessen dem Prinz George. Es kamen zwar wirklich 4500 Böhmen der Stadt zu Hülfe; als sie aber durch das Schweidnitzsche ins Liegnitzsche dringen wollten, gieng ihnen der Liegnizsche Landeshauptmann Heinrich v. Zedlitz mit dem Adel und einem Detaschement von den Tettauschen Völkern entgegen, grief die Böhmen den 21. Julii bey Haynau an, und schlug sie gänzlich in die Flucht. Weil es aber an Reuterey zum Verfolgen fehlte, und der Paß gegen Sprottau zu nicht besetzt war, kamen dennoch viele flüchtige Böhmen beym Herzog Johann an, die er in verschiedene Städte des Fürstenthums zur Besatzung einlegte.

Inzwischen war Glogau immer enger eingeschlossen worden. Die Belagerer eroberten den Dohm und schnitten den Belagerten alle Zufuhr ab, so daß

in

in der Stadt eine große Hungersnoth entstand. Die Bürgerschaft that daher den 29. October dem Prinz George und Herzogs Johanns Rath, einem Opitz Colo, Vorstellung, die Stadt, da doch keine Rettung übrig wäre, an den Tettauer zu übergeben; sie wurden auf den andern Tag beschieden, Antwort zu holen; allein in der Nacht entfernten sich diese Befehlshaber in einem Nachen über die Oder. Nun baten die Bürger ihre Belagerer um Stillstand, den sie am 31. October erhielten, und es ward ihnen erlaubt, Lebensmittel im Lager einzukaufen. Den 16. November zog endlich der General Tettauer in die Stadt ein, worauf den 19. die Huldigung an den König Matthias erfolgte, nachdem die Bürger vorher von ihrem dem Johann geleisteten Eid losgesprochen worden. Herzog Johann muste auf die Stadt und Fürstenthum förmlich Verzicht thun, und jetzt nahm Johann Corvinus das ganze Glogausche Land in Besitz.

§. 13.
Johann Corvinus.

Dieser war, wie bereits oben erwähnet, ein natürlicher Sohn K. Matthiä; aber seine Regierung in Glogau dauerte nicht lange. Denn als Matthias den 5. April 1490 am Schlage starb, muste Corvinus das Fürstenthum an den Uladislaus, der nun auch König in Ungarn geworden, abtreten, und der Landeshauptmann Christoph von Talkenberg nahm Städte und Stände für denselben in Pflicht. Doch 1491 überließ Uladislaus das Fürstenthum wieder an seinen Bruder Johann Albert, von welchem

chem er den 1. Jan. d. J. in einer Schlacht überwunden worden war.

§. 14.
Johann Albert.

Die Huldigung an diesen neuen Regenten geschahe 1491 den ersten Sonntag nach Ostern, und Johann Albert setzte den bekannten Wütrich Johann Polack zu seinem Landeshauptmann ein. Derselbe belegte die Städte des Fürstenthums mit neuen Abgaben, ließ verschiedene Rathleute, welche die Privilegien und Gerechtsamen ihrer Stadt vertheidigten, lange Zeit in den Gefängnissen schmachten, und verhetzte die Geistlichkeit und den Adel gegen die Bürger, weil diese noch immer treu gegen den K. Matthias gesinnt waren. Bey so vielen Plackereyen dieses Landeshauptmanns entstand endlich unter der Bürgerschaft zu Glogau ein großer Aufruhr. Polack beschuldigte den Johann Agricola, daß solcher dazu die Sturmglocke geläutet, und ließ ihm den Kopf abschlagen. Er befahl auch die übrigen Gefangenen sämmtlich zu tödten; allein ein gewisser Ernst v. Tschammer vermittelte es; doch muste die ganze Stadt dem Polack fußfällig Abbitte thun, und der Burgermeister Arnold ward auf seinen Befehl im Gefängniß enthauptet. Als hierauf Johann Albert nach Ableben seines Vaters König in Polen geworden war, übernahm K. Uladislaus in Böhmen das Fürstenthum Glogau aufs neue, entsetzte 1498 den Polack zum Frohlocken aller Einwohner seines Amtes, und belehnte 1499 seinen jüngsten Bruder Sigmund mit dem Fürstenthum.

§. 15.
Sigmund.

Dieser Prinz kam sodann 1502 nach Glogau, und bemühte sich denen bisherigen Zerrüttungen ein Ende zu machen. Er zerstörte alle Raubschlösser, welche meist noch von der Regierung Herzogs Johann II. herrührten, verbot die Befehdung, und ordnete ein Mannrecht im Fürstenthum Glogau an, welches aus adelichen Besitzern bestand, und für dem, als einem Oberrechte, alle Streitigkeiten der Stände ꝛc. richterlich entschieden werden sollten; den Nicolaus Peschin auf Kuttlau aber setzte er zum Landeshauptmann ein. Er machte auch den Anfang, das verwüstete Glogau sowohl mit Gebäuden als guten Gesetzen zu verbessern, und würde noch manches Gute hier gestiftet haben, wenn ihm nicht der Tod seines Bruders Alexander 1506 die Bahn zum Königsthron in Polen eröfnet hätte.

Jetzt übernahm König Uladislaus das Fürstenthum zum drittenmal. Die Stände und Städte waren der bisherigen öftern Abwechselungen der Regenten überdrüßig, und wirkten daher 1508 vom Uladislaus ein Privilegium aus, daß das Fürstenthum Glogau von nun an beständig bey der Krone Böhmen bleiben, und nicht mehr in fremde Hände weder verschenkt, noch verkauft, noch versetzt, sondern durch königliche Landeshauptleute regiert werden sollte. Nach dem Tode K. Uladislai kam es 1526 an K. Ferdinand I. Derselbe hatte Geld nöthig,

thig, und verpfändete das Fürstenthum 1537 für 3000 Ducaten an den Hieronymus v. Bieberstein auf Sorau, der es aber 1540 wieder abtrat. Doch versetzte es der König aufs neue für 62473 Ducaten an Herzog Fridrich II. zu Liegnitz, und setzte ihn zum Statthalter darüber ein. Da diese Verpfändung aber dem Privilegio von 1508 entgegen war, und den Wohlstand des Fürstenthums schmälert, führten die Stände Beschwerde darüber, brachten freywillig 8000 Ducaten zusammen, verbürgten sich für die noch übrige ansehnliche Summe, um den Herzog Fridrich zu befriedigen, lößten sich also selbst, und kamen wieder unter die unmittelbare Regierung der Könige von Böhmen, unter deren Hoheit sodann das Fürstenthum immer geblieben ist bis 1742, wo beym Friedensschluß auch Glogau an den König Fridrich II. von Preußen abgetreten wurde."

Von den pjastischen Herzogen zu Glogau findet man übrigens nirgends eine Nachricht, daß solche das Münzregale ausgeübt hätten; wenigstens ist mir noch keine Münze von ihnen vorgekommen, und selbst Deverdeck hat uns keine geliefert.

II. Von den Regenten zu Carolath-Beuthen.

Das jetzige Fürstenthum Carolath, oder die ehemalige Standesherrschaft Beuthen, war vor Zeiten ein zum Fürstenthum Glogau gehöriger District, und nichts anders als ein gewöhnlicher Rittersitz.

Im Jahr 1331 besaß es noch Herzog Premislaus von Glogau, da aber nach dessen Tode das Glogauische zweyerley Herrn bekam, so wurde auch Beuthen getheilt. Ein Antheil gehörte dem König Johann von Böhmen, welcher 1332 den Bürgern ein Privilegium wegen freyem Gebrauch des Markts zu Glogau, und zwar mit Befreyung von allen Zöllen gab; der andere Theil hingegen gehörte dem Herzog Johann von Guhrau

Um das Jahr 1450 verpfändete der König in Böhmen seinen Beuthenschen Antheil an einen Edlen v. Klitschdorf, nachher aber an den Nicolaus v. Rechenberg. Die andere Hälfte von Beuthen kam darauf an den Churfürst Albert von Brandenburg, welcher wegen seiner Tochter Barbara Anspruch auf Glogau machte; und dieser verkaufte einen Antheil von seiner Beuthenschen Hälfte an den George v. Glaubiz, den andern Antheil aber an einen gewissen Andreas Neumann vor 1200 Gulden. Dieser Neumann wohnte auf einem Bauergute gegen dem Judenberg zu, und besaß noch eine Mühle, ob er aber bürgerlichen oder adelichen Geschlechts gewesen, weiß man nicht; in den Urkunden wird er bloß der Ehrbare genannt. Er verordnete, daß der Rath zu Beuthen ein ordentliches Stadtbuch halten und darinn alle vorfallende Sachen eintragen sollte. (Siehe unten von der Stadt Beuthen.)

1475 Mittwoch Sophiä veräußerte auch Nicolaus v. Rechenberg seinen halben Pfandtheil von Beuthen und Tharnau vor 850 Goldgülden an den gedachten Andreas Neumann, und bald darauf auch die andere Hälfte dieses Antheils vor eine eben

Beschr. v. Schl. X. Th. 1. St.   C   der-

dergleichen Summe, so daß Neumann nun ¾, der v. Glaubiz aber nur ¼ von Beuthen besaß, und das ganze Beuthen also auf 2900 Ungr. Goldgülden zu stehen kam, deren einer damals 40 Weißgroschen gilt, welche Summe daher überhaupt 3222 Thaler ausmachte.

Nicolaus v. Rechenberg hatte sich bey Veräußerung seiner Antheile an den Neumann das Wiederkaufsrecht entweder für sich oder seinen Bruder Melchior vorbehalten. Ob nun gleich diese Linie keinen Gebrauch davon machte, so meldete sich doch Johann v. Rechenberg auf Schlawa ꝛc. der zwar aus einer andern Linie aus Groß Windisch-Behrau abstammte, aber doch unter dem Rechenbergischen Namen Anspruch auf den Wiederkauf machte. Es gelang ihm seine Sache durchzusetzen; denn er trug seine Ansprüche dem zu Glogau errichteten Mannrecht vor, welches ihm das Recht des Wiederkaufs zuerkannte, und Neumann muste 1506 seine drey Antheile von Beuthen an diesen Johann v. Rechenberg abtreten, welcher 1526 auch noch den vierten Antheil, den bisher der v. Glaubiz besessen hatte, an sich brachte, und sich solchergestalt zum Herrn von ganz Beuthen machte, nachdem dasselbe durch 166 Jahr getheilt gewesen war. Er starb zu Prag 1537 und setzte durch ein Testament den Melchior v. Rechenberg, der eine Tochter des Christophs v Glaubiz auf Briegk zur Gemalin hatte, zum Erben von Beuthen ein.

Franz v. Rechenberg, welcher Carolath und Lippen besaß, hatte sich Hofnung gemacht, den Johann zu beerben; da es ihm aber fehl schlug, und Melchior

chior über dies noch einen Sohn erzeugte, der ihm succediren sollte, so äußerte Franz allen möglichen Verdruß darüber. Indessen war dieser kleine künftige Erbe von sehr schwächlicher Gesundheit. Dies machte dem Franz v. Rechenberg wieder neue Hofnung, so daß er auch dem Boten, der ihm die erste Nachricht von dem Tode dieses Kindes bringen würde, eine sehr ansehnliche Belohnung versprach. Der Erbe starb, und ein Edelmann, der eben beym Melchior zugegen war, wollte sich die verheissene Belohnung durch Ueberbringung der ersten Nachricht verdienen; allein er hatte das Unglück, daß er, als er bey kleinem Wasser durch die Oder nach Carolath reuten wollte, darinn ertrank.

Nun kam Beuthen an den Franz v. Rechenberg, und Beuthen ward solchergestalt mit Carolath vereiniget. Er ließ das von den vorigen Besitzern denen v. Dyherrn in Carolath erbaute hölzerne Haus niederreißen, und ein maßives, wiewohl auf schlechten Grund, erbauen, und verlieh vielen benachbarten Edelleuten auf seinem Territorio die Jagd und Holzgerechtigkeit, auch Wiesen, woraus nicht nur große Verwüstungen in den Beuthenschen Wäldern entstanden, sondern auch manche seiner Gerechtsamen durch den Mißbrauch gar verlohren giengen, die sein Nachfolger mit vielen Kosten hernach erst wieder resuiren muste. Dieser Franz v. Rechenberg war Bürge für die Glogauschen Landesschulden geworden als nun die Stände nicht zu bezahlen vermochten, nahmen die Gläubiger ihren Regreß nebst andern Bürgen an den v. Rechenberg, und nöthigten ihn, daß er endlich, um sein Ehrenwort zu retten, beyde Herrschaften Carolath und Beuthen um 50000 Thaler an den Fabian von Schönaich 1561 verkaufen mußte.

Dieser Fabian v. Schönaich war in verschiedener Monarchen Kriegsdiensten gewesen, hatte gegen mancherley Nationen, als Tartarn, Türken, Wallachen, Dänen, Moscowiten, Franzosen, Deutsche ꝛc. gestritten, und in der bekannten Schlacht bey Mühlberg mit eigener Hand den Herzog Ernst v. Braunschweig gefangen, wofür ihn Kayser Karl V. zur Würde eines güldnen Ritters erhob. Ueberhaupt bedienten sich vier Kayser und zwey Churfürsten seiner Rathschläge in verschiedenen Kriegsangelegenheiten und Gesondschaften, wodurch er bey Spaniern, Italienern und andern Ausländern sich grosses Ansehen erwarb. Er verbesserte das Schloß zu Carolath, erweiterte dasselbe, und vergrößerte die Herrschaft Beuthen durch den Ankauf der Dörfer Milkau, Suckau, Bockwiz, Alt-Pielau, Grochwiz ꝛc. ferner baute er verschiedene neue Vorwerke, als Hubor, Eiche, Aufhalt ꝛc. Außer Beuthen und Carolath aber besaß er noch die Herrschaften Parchwiz, Moskau, Sprottau, Hertwigswalde, Wachsdorf, Wittgendorf, und war Pfandesinhaber der Burg zu Freystadt, zu Sagan, zu Sorau, so daß er beynahe das Ansehen eines Fürsten hatte. Ihm hat die Stadt und Herrschaft Beuthen sehr vieles zu verdanken; denn er munterte die Bürger zum Fleiß, zur Ackerwirthschaft, zum Weinban, zu besserer Bauung ihrer Häuser auf, wozu er ihnen aus seinen Forsten freyes Holz und freye Ziegeln gab, so daß die Stadt an Gebäuden und Einwohnern zunahm,

zunahm, und bald ein ganz ander Ansehen bekam. Desgleichen ließ er die überflüßigen Wälder roden, neue Grundstücke urbar machen, und erhöhete dadurch den Werth seiner eigenen Güter. Er erreichte ein Alter von 90 Jahren, und starb 1591 zu Beuthen.

Dem kayserlichen Hofe war dieser evangelische Stand zu reich und gefährlich. Man beschuldigte also den Verstorbenen mancherley Dinge, ließ durch die Breslausche Cammer alle seine nachgelassenen Güter einziehen, und jede Herrschaft insbesondere durch einen dazu besonders angesetzten Hauptmann administriren. Diese kayserliche Zwischen-Regierung dauerte bis 1594, folglich 3 Jahre, binnen welcher Zeit die Herrschaften Parchwiz, Hertwigswalde, Muskau, einzeln verkauft wurden. Nur Beuthen und Carolath blieben übrig, weil sich theils Fabians Wittwe Elisabeth geb. v. Landeskron aus dem Hause Opsendorf wegen ihres darauf haftenden Leibgedinges, theils Fabians Bruders Sohn, George v. Schönaich wegen seines und seiner Verwandten daran habenden Erbrechts dem Verkauf dieser Herrschaften widersetzten. Da aber der kayserliche Hof dennoch auf der Veräußerung bestand, so kaufte endlich 1595 George v. Schönaich dem Kayser diese beyde Herrschaften Carolath und Beuthen vor 110000 Thaler selbst ab, und brachte sie solchergestalt wieder an die Familie derer v. Schönaich.

George v. Schönaich war 1557 geboren, und ein Beförderer sowohl der Wissenschaften als der Religion. Er baute neue Kirchen zu Lippen und

Carolath, versahe dieselben mit geschickten Lehrern, die er aus der böhmischen Brüdergemeine aus Polen berief, und verordnete, daß polnisch und deutsch geprediget werden muste. Dann war er auf die Verschönerung der Stadt, und auf die Verbesserung der Sitten der Einwohner bedacht. Zu diesem Ende legte er 1600 den Grund zu einer Schule, und brachte dieselbe durch seine Bemühungen dergestalt empor, daß sie in kurzen eine der besten Schulen in Schlesien wurde, worinn er auf eigene Kosten 12 Stipendiaten unterhielt. Fabian von Schönaich hatte bereits bey dem Magistrat zu Beuthen 3000 Thaler zur Erbauung eines Hospitals niedergelegt; da aber dies Werk bisher noch unterblieben war, so verordnete George, daß die Zinsen von diesem Capital unterdessen an drey arme studirende Beuthensche Stadtkinder ausgezahlt werden musten, um die hiesige Jugend dadurch destomehr zum Studieren aufzumuntern, und geschickte Bürger zu erhalten. Jetzt hingegen, als George die Versorgung der Stipendiaten selbst übernommen hatte, erneuerte er jene erste Stiftung, ließ auf eigene Kosten ein Hospital erbauen, wies nicht nur die Zinsen von den oben gedachten 3000 Thalern zur Unterhaltung der Hospitaliten an, sondern vermehrte noch die Einkünfte desselben ansehnlich, verbot übrigens alle Strassenbetteley, und traf Anstalten, daß die Einwohner Beuthens zur Arbeit angehalten, die aber, welche wegen Alter und Gebrechlichkeit zu arbeiten nicht im Stande wären, im Hospital nothdürftig verpflegt werden sollten. Nachdem er nun für Kirche, Schule, Hospital, und überhaupt fürs gemeine Beste Vorsehung gethan hatte, schritt
er

er mit gleicher Betriebsamkeit zur Melioration seiner eigenen Oeconomie, machte viel öde Felder urbar, und erbaute einige neue Vorwerke als Landeskron, Helfer ꝛc.

Das Schloß zu Catolath war auf schlechten Grund gebaut, wurde von seiner Last niedergedrückt, drohete den Einsturz, muste mit vielem Holzwerk unterstützt werden, und man wagte es nicht, aus Furcht wegen Unglück solches niederzureissen. Endlich wurde daßelbe 1597 vom Blitz getroffen, angezündet, völlig eingeäschert, und diese Verwüstung gab Anlaß zu dessen Wiedererbauung. Auch diesen Bau unternahm George, und führte dies schöne Schloß in der Gestalt auf, worinn man es heutiges Tags siehet. Anfangs wollte es zwar damit nicht recht glücken, indem das Gebäude einen Sprung nach dem andern bekam, und den Werkleuten fast unter den Händen wieder zusammen zu fallen drohete; allein George besaß Scharfsinn genug, und ließ, nachdem er vorher mit geschickten Baumeistern darüber Rath gehalten, solches dergestalt in sich verbinden, unterbauen und bevestigen, daß man sich eine langwierige Dauer davon versprechen kan.

Er hatte zwey Gemalinnen; die letztere war oben gedachte Wittwe Fabians, Elisabeth geb. von Landscron. Da er aber von beyden keine Kinder erzeugte, machte er aus seinen Gütern ein Majorat, setzte den Johann v. Schönaich, seinen Vetter zum Erben derselben ein, und starb den 26. Febr. 1619 von allen seinen Unterthanen bedauert.

Sein Nachfolger Hanns v. Schönaich war 1592 geboren. Er fiel, theils weil er den Winterkönig Fridrich v. d. Pfalz auf seiner Flucht beherberget, theils weil er die Renunciations-Mißive der schlesischen Stände an denselben nach Holland gebracht, meist aber wohl, weil diese Familie eifrige Protestanten waren, ohngeachtet Johann sich weder recht zur reformirten noch zur lutherischen Religion bekannte, sondern wie aus dem Fundationsbriefe des Gymnasii erhellet, vielmehr der Meinung Melanchtons zugethan gewesen zu seyn scheint, in die Ungnade des K. Ferdinands; man nahm ihm seine Güter, und gab einen Theil davon den Jesuiten zu Glogau. Er selbst wurde flüchtig, und starb zu Grunau in Polen.

Nach ihm kam Sebastian Freyherr v. Schönaich zum Besitz des übrigen Theils dieser Majoratsherrschaft, und diesem folgte

Hanns Freyherr v. Schönaich, welcher 1623 den 23. April gebohren war. Er erhielt 1675 die Bestättigung über den Besitz der Majoratsherrschaft, und hatte zwey Gemalinnen; die erste war Elisabeth Christina v. Winterfeld, die zweyte Helena Lucretia Freyin v. Puttliz.

Ihn beerbte sein Sohn Hanns George, welcher unterm 14. Nov. 1697 zum freyen Standesherrn, die Majoratsherrschaft aber zu einer freyen Standesherrschaft erhoben wurde, so daß die Besitzer derselben Sitz und Stimme nach Trachenberg haben, jedoch stets einen katholischen Deputirten auf den Fürstentag senden sollten.¹) 1700 bekam er das

Prä-

---

1) Walth Diplom. S. 510.

Prädicat eines deutschen Reichsgrafens; er war seit 1683 vermählt mit einer Gräfin v. Röder, und starb den 23 Nov. 1700.

Er hinterließ die Standesherrschaft seinem Sohne Franz Karl Reichsgrafen v. Schönaich, der mit Amalien Burggräfin v. Dohna vermählt war; nach seinem Tode aber fielen die Güter an seinen Sohn.

Hans Karl, der 1741 von König von Preussen bey der Besitznahme Schlesiens zum Fürsten erhoben, und zum Präsident bey der Oberamtsregierung zu Breslau ernannt wurde, er fieng hierauf einen Rechtsstreit mit den Jesuiten an, weil sie einen Theil derjenigen Güter in Besitz hatten, die seinen Vorfahren wegen den Religionsstreitigkeiten genommen worden. Die Kayserin Maria Theresia verwandte sich zwar für die Jesuiten, der König aber antwortete ihr unter andern: „Daß es sein eigener „Vortheil seyn würde, wenn das Recht für die Je„suiten ausfiel, weil diese mehr Steuern geben, und „ihm wäre es also gar nicht nützlich, Falls diese „Güter wieder in weltliche Hände kämen; allein „das Recht müsse er seinen Rechtsgelehrten und „Justizministern überlassen ꝛc." Es kam endlich auch dahin, daß sie die entzogenen Güter wieder abtreten und ihm einräumen musten.

Der gegenwärtige Fürst v. Carolath-Beuthen heißt Carl Fridrich Jahann, hat ehedem unter dem Cuiraßierregiment v. Rochow gestanden, alsdann das Regiment v. Mengden gehabt, war zuletzt Ambassadeur am polnischen Hofe, und ist seit 1763 im Besitze dieses Fürstenthums.

Dritter Abschnitt.

Von denen Statuten, Willkühren ꝛc. über die Erbfolge im Fürstenthum Glogau.

Die Erbfolge ist in diesem Fürstenthume eben so verschieden wie in andern. Denn eine andere haben die eximirten, eine andere die nicht eximirten Personen. Zur besten Erläuterung derselben sind also zwey Hauptabtheilungen nöthig, nämlich:

I. Die Erbfolge unter den Eximirten.

Diese gründet sich auf einen alten Entwurf zu einer Landesordnung für das Glogausche Fürstenthum, welcher von den Ständen auf Befehl des Oberamts aus der ehemaligen Verfassung zusammen getragen, und darauf 1663 an die böhmische Hoffanzeley nach Wien zur Bestättigung eingesandt worden. Sowohl 1672 als auch hernach, wurde zwar von den Ständen die Confirmation aufs neue nachgesucht; weil aber der Landeshauptmann in seinem Gutachten hierüber einberichtet hatte, daß der Entwurf nicht vollständig sey, theils Sachen enthalte, die dem damaligen Landeszustand nicht angemessen wären und einer Umarbeitung bedürfe, so blieb das Werk indessen liegen. Endlich wurde 1679 durch ein kayserliches Rescript die Revision des Entwurfs befohlen, und 1680 auch angefangen; sie gerieth jedoch wieder ins Stecken, bis 1716, wo sie auf wiederholten kayserlichen Befehl aufs neue unternommen wurde.

Was dieser Entwurf zur Landesordnung und von der Erbfolge enthält, stimmt fast durchgehends mit dem gemeinen Sachsenrecht überein, und zwar:

1. In Successione inter Conjuges.

a) Der Mann ist völliger Universalerbe in dem Mobiliarvermögen der Frau mit Innbegrif aller *Activorum* derselben; doch müssen von dem Mobiliar- und Immobiliarvermögen *pro rata* ihre Schulden bezahlt werden ꝛc.

b) Der Mann erbt nur den Mobiliar-Nachlaß der Frau insofern ganz, wenn die Legitima der Kinder oder anderer Pflichttheils-Erben darunter nicht leidet. Im Fall etwa die Immobilien zur Ausstattung der Pflichttheile, oder der weiblichen Geradestücke nicht zulangen, so muß das fehlende aus dem Mobiliarvermögen vorher ergänzt werden.

c) Die Frau erbt aus dem Nachlaß des Mannes gar nichts, es wäre denn, daß derselben etwa *lucra singularia* an Gerade, Mußtheil ꝛc. zufallen. Auf alle Fälle aber erhält sie die Trauerkosten, und wenn sie arm ist, die in dem römischen Recht *pro Conjugi inopi* ausgesetzte *Quotam & resp. virilem portionem*.

2. In Successione Descendentium.

Der älteste Erbe hat das Recht den Nachlaß zu theilen, der jüngste aber zu wählen.

3. In

3. In Successione Asscendentium.

Eltern ꝛc. schließen die Geschwister ꝛc. völlig aus.

4. In Successione Collateralium.

a) Geschwister und Geschwisterkinder des Erblassers erben zusammen, weil letztere das *Jus repræsentationis* für sich haben, und es gilt ihrentwegen hier das römische Recht.

b) Vermöge des *Juris repræsentationis* schließen auch die Kinder der vollbürtigen Geschwistern, wenn sie mit Halbgeschwistern ihrer verstorbenen Eltern concurriren, die letztern aus.

c) Das *Jus repræsentationis* findet jedoch *ultra fratres & fratrum liberos* weiter nicht statt.

d) Halbgeschwister werden mit andern Collateralerben in einerley Verhältniß zum Erbfall zugelassen; doch schließt die Halbschwester des Erblaßers die vollbürtige Mutterschwester aus.

e) In den folgenden Graden *ultra fratres & fratrum liberos* aber findet die Regel statt: **Halbe Geburt tritt einen Grad weiter.**

5. In Successione Fisci.

Wegen dieser Art von Erbfolge wird in dem Entwurf der Glogauschen Landesordnung als etwas besonders angemerkt, daß das Erb- und eigenthümliche Vermögen eines Arrestanten, der aus Furcht wohlverdienter Strafe sich selbst entleibt, wenn die That erweislich ist, nach altem Brauch dem Landesherrn zufalle. Ob hiernach auch in neuern Zeiten erkannt worden, finden sich keine Nachrichten.

6. In

6. In Successione ex Jure singulari.

Hier werden diejenigen *Lucra* genannt, welche gewisse Personen nach einem besondern in Deutschland und also auch hier eingeführten Gewohnheits-Rechte aus einer Verlassenschaft zufallen müssen. Diese bestehen:

a) Im Heergeräthe.
b) In Gerade.
c) In Morgengabe.
d) In Mußtheil.

A. Die Heergeräthe.

Bestehet in gewissen Stücken, die jedesmal dem ältesten Agnaten des Erblassers gebühren, und wenn gar keine Agnaten vorhanden sind, dem Landesherrn zufallen. Diese Stücke aber sind in den verschiedenen Fürstenthümern Schlesiens nicht einerley, sondern hier werden solche, dort andere angenommen. Der L. O. Entwurf für das Glogauische Fürstenthum bestimmt folgende:

1) Das beste Pferd, den besten Sattel und Zeug, die besten Pistolen nebst aller vorhandenen Rüstung und Feldzügen.

2) Die tägliche Kleidung nebst Gürtel, Gewand und Messer.

3) Ein Gebette mit 1 Kissen, dem besten Ueberzuge und 2 Leilachen.

4) Ein Tischtuch und ein Handtuch.

5) Den besten Degen oder Schwerdt, mit einem dazu tüchtigen Gehenge.

6. Zwey

6) Zwey Schüsseln oder Becken.

7) Einem Kessel oder Fischpfanne mit einem Fisch-hacken.

8) Den besten Harnisch.

9) Die Schlittenkumte und Schellengeläute.

10) Wird auch noch der Pettschierring dazu gerechnet.

Bey diesen Heergeräthssachen ist noch zu merken, daß der Agnate nur auf diejenigen Stücke Anspruch machen kan, welche wirklich im Nachlaß vorhanden sind.

B. Die Gerade.

Solche sind so wie das Heergeräthe unter adelichen Personen üblich, und in zweyerley Arten getheilt, nämlich:

Niftel-Gerade, und
Wittwen-Gerade.

Erstere gebührt aus dem Nachlaß einer mit Tode abgehenden Frau der nächsten Agnatin derselben *absque interventu masculi*. Letztere fällt einer Wittwe nach dem Tode ihres Mannes aus dessem Vermögen zu. Was nun die Wittwen-Gerade betrifft, so richtet sich der Glogauische L O. Entwurf wieder nach dem gemeinen Sachsenrecht, und bestimmt hierzu folgende Stücke:

1) Alles und jedes so zum weiblichen Schmuck gehört, an Kleinodien, goldenen, silbernen, perlenen oder andern Ketten, Hals- und Armbändern, Hauben, Aufsätzen, geschmelzten Rosen, Ringen, Korallen,

len, gekrümmte und in eine Schnur gefaßte Goldmünzen, sammt allen Gürteln und Borten, sie seyn beschlagen oder nicht, so fern sie alle gedachte Stücke bey des Mannes Leben auf ihrem Haupt, Hals, Händen und Leibe getragen. Ferner alles gewirkte Gold und Silber so zur Frauenzier gemacht ist. Doch ist *ratione* des goldenen und silbernen Geschmeides zu merken, daß, wenn es aus des Mannes Vermögen angeschaft, und der Frau nicht besonders zugeeignet ist, solches zum Erbe gehöre.

2) Alle weibliche Kleidung, so sie getragen und in ihrer Verwahrung gehabt, auch aller seidener und wollener Zeug, der bey des Mannes Leben zugeschnitten worden.

3) Alles und jedes, so zur weiblichen Arbeit gehört, als Rocken, Weifen, Bürsten, Scheeren, Wirkrahmen rc. auch Spiegel.

4) Alle Bücher, worinnen sie zu lesen pflegte.

5) Alle Federn, sie mögen geschliessen oder ungeschliessen seyn.

6) Aller Lein, Hanf, Garn, roh und gesotten, gezwirnt oder nicht; ferner alles bey des Mannes Leben eingebrachter oder ausgeraufter Flachs, auch alle Leinwand, geschnitten und ungeschnitten. Doch wird davon die zum Verkauf bestimmte Leinwand, desgleichen der Flachs und das Garn, so zur Leinwand auf den Kauf destinirt ist, ausdrücklich ausgenommen.

7) Alle Betten, die während der Ehe gezeuget worden, (*excluf.* der Gesindebette nebst dazu gehörigen Leilachen und Ueberzügen) alle Kissen, Lacken, Tisch- und Handtücher, Hemden, Decklacken, Um-

und

und Vorhänge, Schleier, worunter aber nicht das für Gäste bestimmte Bettgewand, auch dasjenige nicht, was dem Mann geschenkt, oder von ihm ererbt worden, zu rechnen ist. Dagegen werden die Servietten bey den Tischtüchern, und alle Leiblinnen bey den Hemden zur Gerade gezählt.

8) Alle Küsten, Kasten, Truhen und Siebeln, worinn die genannten Stücke bey Lebzeiten des Mannes verwahret worden, und wozu die Frau die Schlüssel gehabt.

9) Alle Gänse, Enten, und die von dem Mann hinterlassenen Mutter- oder weiblichen Schaafe mit allen davon bis zur Erbsonderung gefallenenen Lämmern; doch dürfen ihr die Stücke, so unterdessen etwa abgegangen, nicht ersetzt werden.

10) Der Braut- oder ein anderer Wagen, worauf sie bey Lebzeit ihres Mannes zu fahren gewohnt gewesen, mit allem Zubehör; jedoch ohne die Pferde.

11) Ein Waschkessel und alles Milchgefäße, so wie auch überhaupt alle eingemauerte Kessel und Braupfannen, und das Destillirzeug der Frauen.

12) Die Dacken und Tepezereinen, so die Frau zu ihrem Gebrauch und in ihren Zimmern gehabt, desgleichen die zum täglichen Gebrauch im Hause angewendet worden; doch sind die in den Gastzimmern ꝛc. davon ausgenommen.

13) Das Sechswochengeräthe.

14) Die Becken und Leuchter, sofern letztere nicht angehangen oder nagelfest sind.

15) Ein

15) Ein Stuhl, wenn mehr als einer vorhanden.

16) Das Trinkgeschirr, so die Frau gewöhnlich gebraucht hat.

17) Die Stücke, so zum Gottesdienst in der Hauskapelle gehören, als Meßgewand, Altartücher, Kelche 2c.

Wegen der Nieftel-Gerade setzt der Glogausche L. O. Entwurf nachstehende Stücke vest:

1) Die Bette mit den besten Ueberzügen.

2) Das Bettgewand, Leinwand, Flachs und Garn.

3) Die Frauenkleidung und den weiblichen Schmuck, exclusive der Kette, die ihr der Mann zur Morgengabe geschenkt, auch des Brautrocks, den er ihr hat machen lassen.

4) Die der Erblasserin zugehörig gewesenen weiblichen Schaafe.

Bey dieser Nieftel-Gerade ist auch im Glogauschen eingeführt:

a) Daß, wenn keine Nieftelerbin vorhanden ist, die Gerade als ein *bonum vacans* dem königlichen Fiscus zuerkannt wird.

b) Daß, wenn mehrere Nieftel Erbinnen *in eodem gradu proximiori* vorhanden sind, ihnen die Gerade insgesammt zufalle, und sie sich zu gleichen Portionen darinn theilen müssen.

Beschr. v. Schl. X.Th. 1.St. D   c) Daß

c) Daß die Töchter-Töchter *jure repræsentationis* zugleich mit den Töchtern erben. Ob aber auch die Schwester-Töchter *eodem jure* mit den Schwestern daran Theil haben, davon ist noch kein Fall erörtert worden.

d) Daß die Niestelerbin dem Wittwer der Frauen, von welcher sie die Gerade ererbet, sein Bette mit Phül und Kissen, desgleichen seinen Tisch, Tischtuch, Handtuch, Schüssel und Kanne, wie es bey Lebzeit der Frau gestanden hat, zu lassen verbunden ist. Doch kommt in einem 1594 beym Glogauschen Amt errichteten Erbvergleich unter Beziehung auf die Observanz auch vor, daß die Niestelerbin dem Wittwer von den Leinengeräthe zu 3 Tischen nothdürftiges Tischzeug lassen müsse.

e) Daß zum Nachtheil der Niestelerbin über die Gerade nicht *mortis causa*, wohl aber *inter vivos* disponirt werden könne.

Bey der Wittwen-Gerade ist noch zu merken, daß (laut der Polizeyordnung K. Rudolphs den 9. Jun. 1577 Art. 3.) wenn sich in des Mannes Vermögen ein *Insufficiens* zur Bezahlung seiner Schulden äußert, diejenigen Geradestücke, welche nicht dem Manne von der Frau zugebracht, sondern aus seinem Vermögen angeschaft worden, zur Bezahlung seiner Schulden mit verwendet werden sollen. Indessen ist dabey ein Unterscheid zwischen der häuslichen Gerade in den Vorwerken zu machen. Erstere, sofern solche nur nicht vorsetzlich zur Verkürzung der Gläubiger vermehret worden, bleibt nach üblichen Landesgebrauch der Frauen, und nur die

letztere

letztere Gerade wird in oben angeführten Fall zur Tilgung der Schulden mit angewendet.

C. Die Morgengabe

Ist ein Lucrum, so aus einer alten Gewohnheit einer adelichen Wittwe allein zukommt. Dahin sind zu rechnen:

1. Alles feldgängige weibliche Vieh, als Kühe, Kälber, Ziegen, Schweine; ferner alle unbeseilte Stutten, welche außer dem Nothfall noch nicht eingespannt worden, und zwar nebst allen, auch männlichen, Jungen, so von diesem Vieh bis zur Zeit der Separation fallen.

2. Das Bauholz, so eingeschnitten, gezöpft, gebohret, und noch nicht aufgerichtet oder gedeckt worden; item alle Zäune, und Zaunstecken.

Was das Vieh betrift, so ist diese Morgengabe, auch in andern Niederschlesischen Fürstenthumern gewöhnlich. Das Bauholz ꝛc. aber wird nur in L. O. Entwurf für das Fürstenthum Glogau mit dazu gezählt.

D. Der Mußtheil

bestehet im Glogauschen, wie andern Orten in der Hälfte von allem gesalzenen und ungesalzenen Fleisch, Speck, Korn, Weitzen auf den Boten oder in Scheuen, so viel nach Abzug der Saat übrig bleibt, (aber nicht auch von Gerste, Hafer, Heidekorn, Malz und Hopfen) desgleichen die Hälfte von Erbsen, Hirse, Bohnen, gestampfter Graupe

und Grütze; von Käsen, Quärgen, Butter, Schmalz, Würsten, Heringen, Honig und allen für die Haushaltung in Kasten, Reußen und Hältern stehenden Fischen; überhaupt von allem zum Essen und Trinken vorhandenen Vorrath, so viel nach dem dreißigsten Tage davon noch übrig ist, wenn auch gleich dieser vom Manne nachgelassene Vorrath noch auf länger als ein Jahr hinreichend wäre. Doch bleibe dasjenige den Erben, was zur Zeit des Mannes Tode nicht in seiner Gewähr gewesen und erst nach seinem Tode eingekommen, z. B. ausgeliehenes Getreide, item geschnittenes Getreide, (nämlich Korn und Weitzen) wenn es auf dem Felde liegen geblieben und vor seinem Tode nicht eingeführt worden rc.

II. Die Erbfolge der nicht eximirten Personen, oder der Bürgers= und Bauersleute.

Bey derselben kömmen die Local=Statuten, Willkühren rc. in Betracht, welche von den ehemaligen Landesherrn theils einzelnen Städten insbesondere, theils dem ganzen Weichbilde, oder Kreise, zugleich verliehen worden, und nach welchen nun daselbst verfahren wird. Andere Städte haben gar keine eigene Statuten, sondern richten sich nur nach dem *Modo procedendi* einer benachbarten Stadt, und an manchen Orten gilt gar nur ein bloßes Gewohnheitsrecht. Alles dies geschiehet nun auch im Fürstenthum Glogau, wo man in den verschiedenen Städten und Kreisen gleichfalls verschiedene Statututen, Willkühren, Gewohnheiten, und folglich auch verschiedene Arten der Erbfolge antrift. Denn

A. Die Weichbildstadt Glogau
hat zu diesem Behuf folgende Statuten und Privilegia:

1. Ein Original-Privilegium vom Herzog Heinrich d. 1302.

2. Ein Original-Privilegium vom Herzog Primislaus d. 1323. Mittelst beyden erhält die Stadt die Vergünstigung sich der zu Breslau üblichen Rechte gebrauchen zu können.

3. Ein Original-Statutum vom Kayser Rudolph II. d 1594, *Successionem ab intestato fratrum & fratrum liberorum* betreffend.

4. Ein Attestat vom Magistrat d. 1612 über ein in *Successione conjugum* existirendes Gewohnheits-Recht, welches laut den neuern Berichten des Magistrats daselbst beständig im Gebrauch gewesen und noch üblich ist.

Die im Glogauschen Weichbilde befindlichen Städte, und zwar:

a) Die Immediatstadt Polkwitz
hat keine geschriebene Statuten, sondern nur gewisse Gewohnheiten in Erbfällen, deren Ursprung der dortige Magistrat aus dem Gewohnheitsrecht der Stadt Glogau herleitet, aber dabey bemerkt, daß hierinnfalls nicht *observantia uniformis* vorhanden sey, sondern meist willkührlich verfahren werde.

b) Die Mediatstadt Schlawa

hat auch keine geschriebene Statuten, sondern auch nur gewisse willkührliche Gewohnheiten in Erbfällen, die auf dem Zeugniß dortiger alter Leute beruhen.

B. Die Weichbildstadt Freystadt

richtet sich nach folgenden Vorschriften:

1 Ein Original confirm. Statut Herzogs Heinrich d. 1459. Dieses Statutum gehört nur insofern hieher, als es *Successionem inter Conjuges* betrift, der solche betreffende Passus aber wird eine Willkühr genannt, die das ganze Weichbild mit allen Gütern, so dazu gehören, von Alters her beobachtet hat.

2. Ein Original confirm. Statutum vom Herzog Johann d. 1479. Es ist mit dem vorigen gleichen Inhalts, und die Confirmation darüber auf Ansuchen des Magistrats und der Gemeine ertheilt worden.

3. Eine Abschrift eines vom K. Ferdinand I. confirmirten Statuts d 1530 den 10. März. Es enthält nur Passus aus den ersten beyden Statuten bis auf einige Abweichungen, welche hauptsächlich *Successionem in bonis præmortua Conjugis* im Fall der nicht Vererbung betreffen. Doch sind diese Abweichungen nach dem Bericht des Magistrats d. 1780, der sich so wohl auf die neuere Verfahrungsart, als auf die alten Waysenbücher von 1591 an, desgleichen auf die Aussage der ältesten Leute beziehet, dort nie zur Observanz gekommen. Vorste-

hende Statuten und Privilegien der Stadt sind sodann auch 1659 unterm 4. Aug. vom Kayser Leopold bestättiget worden.

Die im Freystädtschen Weichbilde liegende Städte, als:

a) **Die Immediatstadt Neusalz,**

und

b) **Die Mediatstadt Neustädtel**

haben beyde keine besondere Statuten oder Gewohnheiten, sondern richten sich (laut den Berichten der Magisträte d 22. Oct. 1773 und Junii 1780) in Erbschaftsfällen nach den Statuten der Stadt Freystadt, worunter vorzüglich das Statutum oben *sub No.* I. zu verstehen, welches sich ausdrücklich auf Gewohnheiten gründet, die vor dessen schriftlicher Einrichtung schon im ganzen Weichbilde üblich gewesen. An keinem von beyden Orten ist eine Bestättigung des *Juris consuetudinarii in Contradictorio* bekannt, und der Magistrat zu Neustädtel hält dafür, daß schon bey Einrichtung des Stadtgerichts daselbst die Freystädtschen Statuten angenommen worden.

Von der Stadt Beuthen s. weiter unten.

C. **Die Weichbildstadt Guhrau**

hat keine Original-Statuten aufzuweisen, sondern nur zwey Abschriften, nemlich:

1. Eines confirmirten Statuti vom Herzog Wlosko d. 1455.

2.. Eines Extracts von einer 1678 errichteten Waisenordnung, von der man aber nicht weiß, ob sie confirmirt gewesen.

Der Magistrat hat unterm 29. Sept. 1780 einberichtet, daß sich niemand mehr erinnere, eines oder das andere im Original gesehen zu haben, sondern daß beyde vielmehr in den meisten Paßibus durch eine entgegen gesetzte Observanz bereits derogirt seyn, ohne doch von diesen Observanzen, die durch das Zeugniß derer zum Theil sehr alten Rathsglieder *in Usu* zu seyn behauptet worden, specielle Fälle angeben, oder solche durch darüber ergangene Präjudicata nachweisen zu können, weil die rathhäusliche Registratur im Brande verlohren gegangen ist.

Die in diesem Weichbilde liegenden Städte, als:

a) Die Mediatstadt Köben

verfährt in Ermanglung eigener geschriebenen Statuten in Erbfällen nach einer besondern Gewohnheit, bey welcher man sich blos auf das Zeugniß der ältesten Leute sich gründenden uralten Observanz, meistentheils aber nach dem *Jure statutario* der Stadt Glogau richtet.

b) Die Mediatstadt Groß-Tschirnau

hat ebenfalls keine geschriebene Statuta, sondern nur Gewohnheiten in Erbfällen, die sich auf das Zeugniß dortiger alter Leute gründet. Nach der speciellen Anzeige des Magistrats treffen sie meist mit den Gewohnheiten der Stadt Guhrau überein.

D. Die

D. Die Weichbildſtadt Sprottau

hat ein nicht confirmirtes Statutum d. 1684 den 24. Jan. welches vom Magiſtrat mit Zuziehung der Aelteſten von den Zünften und Zechen, und zwar nach hergebrachten alten Gewohnheiten mit Beyſetzung einiger neuen Artickel verfertiget, und ſodann eod. anno den 13. Jun. zu Breslau gedruckt worden. Es findet ſich aber nicht, daß ein oder der andere die Erbfälle betreffend, *in Contradictorio* beſtättiget wäre.

Es ſoll zwar noch ein älteres Statutum hierüber exiſtiren d. 1625, man hat es aber nicht aufgefunden, und weiß daher auch nicht, ob ſolches confirmirt geweſen; letzteres iſt um deshalb nicht glaublich, weil der hieſige Magiſtrat ſeit jeher in Aufbewahrung der Stadt alten Privilegien immer ſehr ſorgfältig geweſen, und noch gegenwärtig nicht nur eine Beſtättigung vom König Uladislaus über alle Privilegien, ſondern auch die Confirmation vom K. Ferdinand den 30. Jan. 1544 über das Statutum, wodurch in dem Nachlaß der Großeltern denen Enkeln das *Jus repraeſentationis* beygelegt wird, im Original aufzuweiſen hat. Der Inhalt des Statuti von 1684 kan alſo nur inſofern noch etwas releviren, als die hergebrachte Gewohnheiten damit übereinſtimmen, wie denn auch nach eigener Anerkenntniß des Magiſtrats verſchiedene Paſſus durch den Gebrauch nicht beſtättiget ſind.

Die im Weichbild befindliche

a) Mediatſtadt Primkenau

beſitzt ein von dem Grafen George Chriſtoph von Proskau d. 1715 confirmirtes, aber nicht mit landesherrlicher Beſtättigung verſehenes, gedrucktes Statut, welches in der Confirmation eine erneuerte alte Willkühr genannt wird. Nach Anzeige des daſigen Gerichtsamtes iſt immer darnach gegangen worden; von einer Beſtättigung aber in Contradictorio iſt gar nichts bekannt.

E. Die Weichbildſtadt Grünberg
und
der Grünbergſche Kreis

Haben zuſammen:

1. Ein confirmirtes Statutum vom Herzog Heinrich d. 1418. Das Original davon, ſo *Succeſſionem Conjugum* betrift, exiſtiret nicht mehr, ſondern nur die Abſchrift davon.

Außerdem hat die Stadt noch insbeſondere:

2. Einen Original-Belehrungsbrief, oder Reſponſum, von der Appellationskammer zu Prag d. 5. Jun. 1614 aufzuweiſen, welcher den Anfang der Gütergemeinſchaft unter Ehelenten betrift, und vom Magiſtrat damals in einem vorgefallenen Rechtsſtreit eingeholet worden.

Dieſes Reſponſum beziehet ſich auf den klaren Buchſtaben des Statuts und der Willkühr, und auf die durch viele Exempel beſtättigte alte Obſervanz, mit dem Zuſatz: daß dieſe Belehrung nicht bloß auf den vorgelegten Fall, worüber angefragt worden, ſondern auch auf die künftigen Fälle anzuwenden ſey.

Außer

Außer der daselbst üblichen Gütergemeinschaft, die aus angeführten Urkunden hergeleitet wird, beruft sich der Magistrat noch auf verschiedene Gewohnheiten, die gehörigen Orts mit vorkommen.

a) Die Mediatstadt Wartenberg

richtet sich nach den Gewohnheiten, die überhaupt in dem Grünbergschen Kreise vermöge des Privilegii d. 1418 eingeführt sind; zum Theil hat man hier auch die besondern *Consuetudines* der Stadt Grünberg angenommen, und nach solchen in Erbschaftsfällen verfahren.

F. Die Weichbildstadt Schwiebus

und

der Schwiebussche Kreis

haben zusammen ein konfirmirtes Statutum vom Herzog Wenzeslaus d. 1428, *Successionem inter Conjuges* betreffend, so noch im Original existirt.

Die Stadt insbesondere aber besitzt ein Original-Privilegium vom Herzog Heinreich d. 1469, worinn unter andern Gerechtsamen der Stadt die obige Willkühr aufs neue bestättiget worden.

a) Die Mediatstadt Liebenau

dem Stift Paradies gehörig, hat keine geschriebene Statuta, sondern richtet sich in Erbfällen nach gewissen Gewohnheiten, die der Magistrat seit undenklichen Zeiten her beobachtet worden zu seyn behauptet, und welche meist mit denen im Kreise aufgenommenen

menen Gewohnheitsrechten übereinstimmen, meist aber wohl aus dem vorgedachten Kreisstatuto abstammen. Fälle, wo die Gewohnheiten in Contradictorio bestättiget wären, sind nicht bekannt, da die rathhäusliche Registratur 1762 im Rauch aufgegangen.

Endlich kommt noch die Standesherrschaft Beuthen vor, die ehedem ganz zum Glogauschen Weichbilde gehörte, nun aber nur noch in publiquen Sachen damit verbunden ist.

G. Die Herrschaft Beuthen und die Stadt Beuthen

haben ein gewisses Gewohnheitsrecht *circa Successionem Conjugum*, welches auch verschiedene Abweichungen von dem *Jure communi* in andern Erbfällen mit sich bringt.

Insbesondere aber hat

die Mediatstadt Beuthen

1. Von dem Freyherrn v. Schönaich 1662 confirmirtes Statutum, so meist aus den Breslauschen Statuten genommen worden, jedoch viele Zusätze und und Abweichungen davon enthält.

2. Eine Erläuterung desselben *circa Successionem* in der Gerade d. 1730 vom Hans Carl Reichsgrafen v. Schönaich. Dieses Statutum ist nach Anzeige der Regierung auch in Absicht der Personen *rusticæ conditionis*, doch mit Ausnahme einiger Artickel, sonst aber auch in Absicht der bürgerlichen Personen außerhalb der Stadt Beuthen zeither in bestän-

beständigem Gebrauch gewesen, und Vermöge desselben unter letztern auch die Gerade üblich, die sonst nur unter adelichen Personen, oder Exemten eingeführt ist. Doch ist solches nie landesherrlich bestättiget, noch irgend ein Passus in Contradictorio validirt worden.

Der Hauptgegenstand aller vorangeführter Statuten, Willkühren und Localgewohnheiten ist die Erbfolge unter Eheleuten. Nach Beschaffenheit nun, ob und wie unter denselben die Gütergemeinschaft eingeführt ist, reguliren sich sodann die Succeßionsacten, und jede erhält ihre besondere Bestimmung.

Diese Succeßionsacten aber sind folgende:

a) Successio ex communione bonorum propria.
b) Successio ex communione bonorum impropria.
c) Successio anomala.

Im Fürstenthum Glogau finden vorstehende Gattungen der Erbfolge an folgenden Orten statt:

I.

Successio ex communione bonorum propria.

Zu Grünberg.

Im Grünbergschen Kreise.

Auf denen im Guhrauschen Kreise gelegenen geistlichen Gütern.

A.

A.

Zu Grünberg und im Grünbergschen Kreise ist vermöge der oben allegirten 1418 vom Herzog Heinrich confirmirten Statuten eine Gütergemeinschaft im strengsten Verstande eingeführt. Sie entstehet durch Vollziehung der Ehe, und ist von der Natur:

Daß nicht nur ein Ehegatte für des andern Schulden haften, und solche aus ihrem gemeinschaftlichen Vermögen bezahlt werden müssen, sondern der Ueberlebende hat auch nicht die Wahl, ob er sein eigen Vermögen absondern, und der Erbschaft entsagen wolle. Er muß vielmehr schlechterdings mit der Hälfte der gemeinschaftlichen Güter, sie bestehen in beweg- oder unbeweglichem Vermögen, *deducto ære alieno*, zufrieden seyn, wenn gleich der Unterschied des zusammen gebrachten Vermögens noch so groß ist.

Bey der aus dieser Gütergemeinschaft erwachsenden Successionsart finden so wohl in der Stadt als an den Orten, wo solche obwaltet, folgende Bestimmungen statt:

1. Der überlebende Ehegatte hat nach der Observanz den Vortheil, daß er seine eigene Kleidung nicht conferiren darf, und außerdem diejenigen Kleidungsstücke und den Schmuck, so der verstorbene Ehegatte bey der Trauung um und an sich gehabt, als ein Präcipuum behält, desgleichen das Ehebette, und den sogenannten gedeckten Tisch, worunter der nothdürftige und dem Vermögen angemessene Vorrath aller derjenigen Sachen verstanden wird, die beym Tisch und zu dessen Bedienung unumgänglich erfordert werden.

In dem Statuto d. 1418 wird nur allein der Kleider des Ueberlebenden, die zu seinem Leibe geschnitten sind, als eines Präcipui gedacht; indessen hat der Magistrat angezeigt, daß auch die übrigen erwähnten Stücke, Vermöge dort angeführter Observanz und Gewohnheit, dem Superstiti als ein Präcipuum folgen, und daß von dem bey der Trauung um und an sich gehabten Schmuck auch die Kette, Ringe, Perlen, und des Mannes Mantel nicht ausgenommen seyn; in Rücksicht des gedeckten Tisches aber bleibt es dem Gutbefinden des Richters überlassen, die dazu gehörigen Stücke nach der Qualität der Personen und Wichtigkeit ter Erbschaft zu bestimmen. Gemeiniglich werden dazu gerechnet:

Ein silberner Becher, ein oder zwey Krüge, zwey silberne Löffel, etliche zinnerne Teller und Schüsseln, ein oder zwey Leuchter, ein Tischtuch nebst einigen Servietten.

In den Kreisdörfern, wo *Communio bonorum* ebenfalls obtinirt, wird nach dem Bericht des Justizraths d. 1780 an den wenigsten Orten an den gedeckten Tisch gedacht, und wo man etwa darauf Rücksicht nimmt, werden dazu ein oder etliche Tischtücher, Tellertücher Schüsseln, Teller, Krüge, ꝛc. nach Verhältniß der Verlassenschaft ausgesetzt.

2. Ist zu Grünberg angenommen, daß der überlebende Ehegatte, er sey Wittwer oder Wittwe, eher nicht, als er *ad secunda vota* schreitet, mit seinen Kindern zu theilen verbunden; wobey er jedoch den *Usum fructum* von dem Erbgut der Kinder bis zu deren

deren erlangten Majorennität behält. Nur alsdenn verliert er das Recht während der Wittwerschaft in ungetheilten Gütern zu bleiben, wenn er das Vermögen zu dilapidiren anfängt; doch behält er auch in diesem Fall den *Usumfructum* nach vorgängiger Sicherstellung. Sonst aber verbindet auch die Verheurathung der Kinder, oder deren Majorennität, den Ehegatten nicht zur Theilung, sondern es darf denen sich verheuratheten Kindern nur eine willkührliche Ausstattung gegeben werden.

Indessen wird nach Absterben des einen Ehegatten die Gütergemeinschaft nicht fortgesetzt, sondern der Ueberlebende theilt nach dem Zustande, wie das Vermögen *tempore mortis prædefuncti* gewesen, und das ihm bis zur Theilung zustehende Recht in der ungesonderten Hälfte der Kinder ist ein bloßer *Ususfructus*.

Im Kreise hat es an den Orten, wo die Gütergemeinschaft üblich ist, mi der Theilung, wenn *superstes* zur anderweiten Ehe schreitet, gleiche Bewandniß; nur so viel das Immobile, oder die Nahrung anlangt, bleibt der überlebende Ehegatte darinn, der anderweiten Verheurathung ohngeachtet, so lange es ihm gefällt, und zwar, es rühre solche von ihm selbst, oder von seinem verstorbenen Eheweib her, nur muß im letztern Fall bey seinem Tode, oder wenn er sie bey seinem Leben abtritt, solche einem der Kinder des Weibes, von der die Nahrung herrührt, zu Theil werden. Eine Wittwe hingegen behält die Nahrung nur in dem Fall, wenn sie von ihr selbst herrührt, so lange es ihr gefällt, außer dem aber nur so lange, bis sämmtliche von ihr mit dem verstorbenen Gatten erzielte Kinder majorenn sind, oder bis der jüngste Sohn, allenfalls auch ein anderer, solche annehmen kann. Da übrigens hierbey die Rechte der Grundherrschaft wegen der Dienste, *Onerum* uud publiquen Abgaben concurriren, so hängt auch die Verfügung einer frühern oder spätern Abtretung nach den Umständen von derselben Grundherrschaft ab, und überall bleibt zum Augenmerk gesetzt, daß die Nahrung der Kinder conserviret werde.

§. Zu Grünberg wird Vermöge der behaupteten Observanz als eine Wirkung der Gütergemeinschaft und als ein *Accessorium portionis statutaria*, der durch keine einseitige Disposition abgestellt werden kann, angesehen, daß der überlebende Ehegatte, wenn er bey Einschreitung einer andern Ehe Erbtheilung hält, das beste Grundstück nach der Taxe für sich zu nehmen befugt sey, ohne Unterscheid, ob es von dem *Superstitti* selbst oder von dem *Prædefuncto* herrühre, jedoch wird dieses Recht einem andern Miterben nicht zugestanden. Hierbey wird auch das alte *Pretium*, wofür das Grundstück erkauft worden, *loco Taxæ* zum Grunde geleget, jedoch dabey auf *Meliorationes* und *Deteriorationes* Rücksicht genommen. Können sich die Erben über den Kaufschilling nicht vereinigen, so wird solcher durch eine gerichtliche Taxe festgesetzt, wenn *Conjux superstes* mit Kindern zu theilen hat; geschiehet hingegen die Theilung mit andern des *Prædefuncti Conjug* Verwandten, so muß der Verkauf an den Meistbiethenden entscheiden.

Wenn die Kinder unter sich theilen, so hat der jüngste Sohn die Wahl in Ansehung des Wohnhauses

ses zwar, aber nicht eines andern Grundstücks, und der Kaufschilling wird wie beym *Conjugi superstiti* bestimmt. Dies findet auch im Kreise in Ansehung der väterlichen Nahrung beym jüngsten Sohne statt.

4. Zu Grünberg wird das Mobiliare zwischen dem *Superstite* und dessen leiblichen Kindern nur durch eine Privatlicitation getheilt, wobey niemand als die Miterben zugelassen werden. Theilt aber *Superstes* mit andern Verwandten des *Prædefuncti*, so stehet einem jeden frey, auf den öffentlichen Verkauf zu provociren. Dieses hat auch statt, wenn ohne *Concurrenz Superstitis* Kinder oder Enkel unter sich concurriren.

5. Bey der Theilung des Mobiliare erhalten auch die Töchter außer ihrer Erbportion der verstorbenen Mutter Kleidung und Leibwäsche, die Söhne hingegen des verstorbenen Vaters Kleider, Mantel, Büchsen, Pistolen, Stock, Degen ꝛc. als ein Præcipuum, doch *Salvo præcipuo conjugis superstiti*. Dabey ist aber zu merken, daß Kostbarkeiten, als Ketten, Ringe ꝛc. so der Verstorbene am Hochzeittage nicht auf seinem Leibe getragen, nicht zum Præcipuo der Kinder, sondern zum gemeinschaftlichen Erbe gehöre, und daß den Kindern ihr vorerwähntes Præcipuum auch selbst in dem Fall, wenn *Superstes* in der Wittwenschaft verbleibt, ausgeantwortet, oder wenn dieselben noch minorem sind, von dem *Superstite* versichert werden müsse.

Ueberhaupt wird zu Grünberg noch gegenwärtig darüber gehalten, daß die Ehepacten vom Magistrat confirmirt, mithin deren Inhalt *ad Acta publica* gebracht

bracht werde, damit nichts *in fraudem Creditorum* geschiehen könne. Man läßt auch dort, wenn ein Ehegatte zu bilapidiren anfängt, dem andern Ehegatten nach, die verschwenderische Lebensart zu rügen, da sodann durch ein öffentliches Proclama ein jeder gewarnet wird, dem verschwenderischen Ehegatten ohne des andern Einwilligung nichts zu crediren; und wenn dies dennoch geschiehet, so darf der andere Ehegatte sein Vermögen zur Bezahlung der Schulden nicht hergeben.

Zu Wartenberg und in denen zu dieser ehemaligen Residenz der Jesuiten gehörigen Dörfern ist zwar diese zu Grünberg obwaltende *Communio bonorum strictissima* auch gebräuchlich, jedoch mit einigen Abwechselungen. Denn

ad 1. *Ratione* des gedeckten Tisches ist nach dem Bericht des Schulenamtes den 14. Sept. 1789 daselbst der sogenannte gedeckte Tisch niemals in Observanz gewesen, außer wenn etwa bey vermögenden Bürgern darauf Rücksicht genommen worden.

ad 5. Bekommen zwar auch die Söhne des Vaters, die Töchter hingegen der Mutter Kleidung, als ein Präcipuum; doch hat dabey das *Arbitrium* der Gerichtsobrigkeit sehr viel Einfluß, und es pflegt dieses Präcipuum, um bessere Gleichheit zu beobachten, gar zu *cessiren*, wenn die hinterlassene Kleidungsstücke von einigem Belange sind.

Endlich sind durch ein *Judicatum d.* 1759 die Beamten dieser Residenz von der *Communione bonorum* ausgeschlossen worden.

Dagegen findet von der zu Grünberg subsistirenden Gütergemeinschaft und Succeßion eine Ausnahme statt:

a) In dem Gräfl. Coselschen Mediatstädtchen Sabor, woselbst nach dem Bericht des Magistrats zu Grünberg vermöge eines unkonfirmirten Statuts *Successio secundum Jus magdeburgicum* eingeführt seyn soll. Und dann

b) In einigen Dörfern des Kreises, wo nach Bericht des Justizrathes den 31. August 1780 das Gewohnheitsrecht obwaltet, daß mit Ausschliessung aller Gütergemeinschaft unter Eheleuten der überlebende Ehegatte, *non collatis bonis propriis*, aus dem Nachlaß des Abgelebten ein statutarisches Erbtheil erhält, nämlich der Wittwer von dem Nachlaß der Frauen $\frac{2}{3}$, und die Wittwe von dem Nachlaß des Mannes $\frac{1}{3}$. Doch ist dabey eingeführt, daß wenn der Kinder sehr viele sind, so daß die Portion eines jeden zu klein ausfallen würde, der überlebende Ehegatte, er sey Wittwer oder Wittwe alsdann nur Kindestheil erhält. Wie stark aber die Kinderzahl seyn müsse, ist nicht vestgesetzt, auch die Beurtheilung der Stärke des Nachlasses blos dem *Arbitrio judicis* überlassen.

An diesen Orten nun, wo *absque collatione bonorum propriorum* getheilt wird, fällt auch das *Præcipuum Superstitis* völlig weg.

B.

In den geistlichen Gütern des Guhrauschen Kreises, die zwar einen beträchtlichen, doch nur den kleinsten

sten Theil dieses Kreises ausmachen, und fürnemlich aus der zum Stift Leubus gehörigen Probsten Seltsch und den damit verbundenen Dörfern bestehen, ist ebenfalls die Gütergemeinschaft unter Eheleuten in der strengsten Art angenommen, so daß, eben wie zu Grünberg und im dortigen Kreise, die Schulden beyder Eheleute aus dem gemeinsamen Vermögen berichtiget, und nach dem Tode des einen Ehegatten der Ueberlebende, wenn er gleich dadurch an seinem eigenen Vermögen eine beträchtliche Einbusse leiden sollte, die vestgesetzte Portion aus dem gemeinschaftlichen Vermögen simpliciter und mit Ausschliessung aller Wahl annehmen muß.

Alles dies gründet sich bloß auf eine *in Contradictorio* nicht bestätigte vieljährige Gewohnheit, die wahrscheinlicher Weise aus besonderer Achtung für das Wenzeslausche und Kasparische bischöfliche oder sogenannte Kirchenrecht, bisher beybehalten worden.

Die allhier bey der Gütergemeinschaft obwaltenden besondern Eigenschaften, Abweichungen und Bestimmungen, die den *Modum succedendi* vestsetzen, bestehen in folgenden:

1. Das gemeinschaftliche Vermögen wird nach Ableben des einen Ehegatten nicht, wie zu Grünberg, in zwey gleiche Theile getheilt; auch wird nicht einerley auf die bloße Einschreitung der Ehe sich gründende Successionsart beobachtet, sondern hauptsächlich darauf gesehen: Ob nach Ableben des einen Ehegatten Kinder von demselben vorhanden sind?

E 3 a) Wenn

a) Wenn Kinder vorhanden sind, so bekommt der überlebende Ehegatte, und zwar der Wittwer $\frac{2}{3}$, die Wittwe hingegen, $\frac{1}{3}$ von den gemeinsamen Vermögen.

b) Sind keine Kinder vorhanden, auch im Fall wenn solche nach geschehener Vererbung wieder gestorben sind, so hat der überlebende Ehegatte von dem ganzen gemeinsamen Vermögen den Besitz und Genuß nebst der freyen Disposition *ad dies vitae*, oder bis zur anderweiten Verheurathung. Bey der anderweiten Verheurathung aber wird den Anverwandten des Verstorbenen auf alle Fälle nur $\frac{1}{3}$ vom gemeinsamen Vermögen herausgegeben: stirbt aber der Ueberbliebene, ohne sich wieder verheurathet zu haben, so erben nach dessen Tode sowohl seine eigene Blutsfreunde als auch die Verwandte des *Praedefuncti*, jedes Theil die Hälfte des ganzen nachgelassenen gemeinschaftlichen Vermögens. Dies letztere setzt jedoch zum Voraus, daß *superstes Conjux* keine Disposition hinterlassen habe, als welche demselben bey der nicht Wiederverheurathung über das sämmtliche Vermögen frey stehet.

2. Außer der vorerwähnten statutarischen Portion a $\frac{2}{3}$ vom ganzen gemeinsamen Vermögen behält der Wittwer noch als ein Präcipuum vor der Theilung voraus: seine eigene Kleider und Leibwäsche, die Wittwe hingegen noch über das zu ihrer Erbportion ausgesetzte $\frac{1}{3}$ ihre eigene Wäsche nebst den Betten. Dagegen nehmen die Söhne, wenn sie mit der Wittwe theilen, des Vaters Kleidung und Leibwäsche, die Töchter aber, wenn sie mit dem Wittwer theilen, ihrer Mutter Kleidung, Wäsche und die

die Bette vor der Theilung für sich weg; jedoch letzteres mit der Einschränkung, daß

a) Wenn nur ein Gebette vorhanden, solches dem Vater bis zu seinem Tode, oder bis er sich wieder verheurathet, zu seinem Gebrauch gelassen werden muß.

b) Wenn das Vermögen von geringer Importanz und nach Verhältniß desselben viel weibliche Kleidung vorhanden, den Töchtern zwar davon ein Präcipuum gelassen, den Söhnen aber ebenfalls davon so viel zugetheilt werden soll, damit es mit der Legitima eine Proportion habe.

3. Das Immobile eines Erblassers wird, wenn er Kinder verläßt, niemal der Wittwe zugetheilt, wenn es ihr nicht etwa bereits in *Pactis dotalibus* verschrieben worden, als welches öfters zu geschehen pflegt.

4. Wenn die Ehefrau zur Bezahlung des Mannes Schulden ihr Vermögen hergeben muß, wird ihr meist *ex misericordia Creditorum* nachgegeben, daß sie ihre Kleider, Wäsche und Bette größtentheils für sich behalten kann.

II.
Successio ex Communione bonorum impropria.

Diese Erbfolge ist von der Beschaffenheit, daß mit Ausschließung der Gütergemeinschaft währender Ehe dem überlebenden Ehegatten sodann nur eine gewisse statutarische Portion, *collatis bonis propriis*, zufällt. Wobey demselben jedoch die Wahl bleibt, ob er in der That den verstorbenen Gatten beerben, oder sein eigenes Vermögen zurück nehmen, und auf die Erbportion Verzicht thun will?

Diese statutarische Portion ist in allen Fällen, es mag der überlebende Gatte mit Kindern des *Prædefuncti*, oder mit *Ascendenten*, oder mit *Descendenten*, oder mit Collateralen zu theilen haben, durchgehends ⅔ für den Wittwer, und ⅓ für die Wittwe. Von dieser Drittelung wird, besonders von den Bauersleuten, *ratione* der ungleichen Theilung zum Grunde angegeben, daß selbige dazu diene, um den Wittwer desto besser bey der Nahrung zu erhalten, wogegen die Wittwe wieder durch den gewöhnlichen Auszug, den sie bey Abtretung der Nahrung derselben erhält, schadlos gehalten, und ihr Theil ausgeglichen wird.

Die Abweichungen, so hin und wieder angenommen worden, sind bey jedem Orte angemerkt.

Vorstehende Art der Erbfolge *subsistirt* nun im Fürstenthum Glogau

a) In der Stadt Glogau,

wo sie sich auf eine bloße undenkliche Gewohnheit gründet, die schon untern 14. März 1612 vom Magistrat attestirt worden, noch daselbst üblich ist, wovon aber keine *in contradictorio* bestätigte Fälle aufzuweisen sind.

b) Im

b) Im Glogauschen Kreise

an viel Orten Vermöge einer bloßen Gewohnheit; daselbst dürfen auch die eigenen Kleider des *Superstitis* nicht conferirt werden.

c) In der Stadt Köben,

wol man sich nach den Gewohnheiten der Stadt Glogau richtet, obgleich dieser Ort zum Guhrauschen Kreise gehört.

d) In der Stadt Freystadt,

wo die confirmirten Statuten d. 1469 und 1479 zum Grunde der Erbfolge liegen, theils aber auch Gewohnheiten angenommen sind, findet die Drittelung *collatis bonis propriis* nur alsdenn erst statt, wenn sich die Eheleute vererbet haben, die Kinder mögen am Leben seyn oder nicht.

Ist hingegen keine Vererbung geschehen, so bekommt der überlebende Ehegatte, außer der etwa dem Weibe in der Eheberedung verschriebenen Morgengabe, mehr nicht als die Bräutigams- oder Brautkleidung des Abgelebten nebst dem Ehebette, mit gänzlicher Absonderung seines eigenen Vermögens.

e) Im Freystädtschen Kreise,

daselbst hat man Gewohnheiten angenommen, die einigermaßen von den Statuten und Gewohnheiten der Weichbildstadt abweichen. Denn der überlebende Ehegatte erhält:

1. Im

1. Im Fall der Vererbung noch außer der Erbportion *a respective* ⅔ und ⅓ vom gemeinsamen Vermögen als ein Präcipuum den Brautstaat des Verstorbenen.

2. Im Fall der Nichtvererbung aber nur den Brautstaat allein.

3. Man erlaubt dem Ueberlebenden nicht, zum Nachtheil der Kinder nach seinem eigenen Vermögen zu greifen; doch findet die Absonderung desselben bey Concursen statt.

4. In denen gegen die Grenzen des Sprottauschen Kreises und des Fürstenthums Sagan zu gelegenen Dörfern erbt die Wittwe aus dem gemeinschaftlichen Vermögen nur Kindestheil; sind aber keine Kinder vorhanden, so benutzt sie Zeitlebens das ganze Vermögen, und nach ihrem Tode fällt die Hälfte davon ihren, die andere Hälfte hingegen ihres Mannes Verwandten zu.

f) In der Mediatstadt Neusalz,

desgleichen in den Freystädtschen Kämmereydörfern richtet man sich völlig nach der Succeßionsart zu Freystadt, die oben angeführt ist.

g) In der Stadt Sprottau,

wo man einer uralten Gewohnheit nachgehet, ist

1. Die statutarische Portion *collatis bonis propriis* ebenfalls nur auf den Fall der Vererbung eingeschränkt; wenn aber die Kinder wieder verstorben,

ben, ist der Fall demjenigen, wo gar keine Vererbung geschehen, gleichgesetzt.

2. Das Präcipuum des *Conjugis superstitis* bestehet in demjenigen, so der Verstorbene am Trauungstage um und an sich gehabt, und bey dem Wittwer noch in dem Ehebette, nebst 2 Ueberzügen und Lacken.

3. Wenn unter den Kindern noch unausgestattete vorhanden sind, so wird ihnen Vorbehaltsweise ein willkührliches Präcipuum ausgesetzt. Es scheinet dies auf die Ausgleichung der Kinder angesehen zu seyn, damit dadurch die noch Unausgestatteten den bereits Ausgestatteten gleich kommen.

Im Fall der Nichtvererbung, oder wenn die Kinder wieder verstorben, ist die hiesige Gewohnheit völlig ungewiß; doch scheint das Ehebette, die Kleidung und der Schmuck des Verstorbenen am Hochzeittage die gewöhnlichste Abfindung zu seyn.

h) **Im Sprottauschen Kreise**
wird es *ratione* der Vererbung und Nichtvererbung ebenfalls wie zu Sprottau gehalten.

Bey geschehener Vererbung ist das Präcipuum des überlebenden Ehegatten das Ehebette, die Brautkleider und der Schmuck am Hochzeittage. Ein Präcipuum für die Kinder aber ist daselbst nicht eingeführt, sie werden nur unter sich ausgeglichen.

Bey der Nichtvererbung bestehet der Wittwen Abfindung in dem Brautkleid des Verstorbenen, in hal-

halben Hochzeitgeschenke, und der verschriebenen Morgengabe; des Wittwers Abfindung hingegen in dem Brautkleide der Frauen, dem Ehebette, gedeckten Tisch und sämmtlichen Hochzeitgeschenken.

i) In der Mediatstadt Primkenau,

wo man sich nach vorhandenen unconfirmirten Statuten richtet, die beständig beobachtet worden seyn sollen, wird

1. Wenn eine Vererbung geschehen ist, und die Kinder beym Absterben eines Ehegatten noch am Leben sind, gedrittelt.

2. Sind aber die Kinder bereits wieder verstorben, so ist der überlebende Ehegatte Universalerbe in dem Vermögen des Verstorbenen.

3. Falls gar keine Vererbung geschehen ist, so erhält *superstes viduus vel vidua*, wenn mit Kindern aus voriger Ehe zu theilen ist, ⅓ *collatis bonis propriis*. Wenn aber nur mit andern Verwandten zu theilen ist, das ganze Mobiliar-Vermögen, und die Hälfte der Immobilen des *Prædefuncti*.

k) In der Herrschaft Primkenau und Mallmiz

wird im Fall der geschehenen Vererbung *absque collatione bonorum propriorum* gedrittelt.

l) In der Stadt Schwiebus

erhält der überlebende Ehegatte nach den Statuten daselbst in allen Fällen ohne Rücksicht der Vererbung,

bung, oder der Personen, mit welchen er zu theilen hat, die Hälfte des gemeinschaftlichen Vermögens, darf auch dabey die Kleider, so zu seinem Leibe geschnitten sind, nicht conferiren.

Desgleichen behält er, Vermöge einer fast undenklichen Zeiten hergebrachten Observanz, als ein Präcipuum die Kleidung und den Schmuck, so der Abgelebte am Hochzeittage getragen und das Ehebette.

m) **Im Schwiebusschen Kreise,**

auf welchen das Statutum der Stadt zugleich mit extendirt ist, bekommt zwar der überlebende Ehegatte auch die Hälfte vom gemeinsamen Vermögen, desgleichen zum Präcipuo das Ehebette, nebst der Kleidung und dem Schmuck, so der Verstorbene am Hochzeittage angehabt; allein er muß seine eigene Kleidung, exclusive derjenigen, die er am Hochzeittage getragen, zum Erbe conferiren.

n) **In der Mediatstadt Liebenau**

läßt man, dem Bericht nach, dem überlebenden Ehegatten nicht die Wahl zu seinem eingebrachten Vermögen zu greifen, verstattet auch die Absonderung desselben in Concursen bey Lebzeiten beyder Eheleuten nicht; es ist aber hierüber kein Gewohnheitsrecht nachgewiesen.

III.

III.
Successio anomala.

Diese dritte Art der Erbfolge unter Eheleuten weicht von den vorhergehenden beyden Successionsarten ganz ab, und ist von der Eigenschaft, daß der überlebende Ehegatte mit den Erben des Verstorbenen ohne Einwerfung seines eigenen Vermögens brittelt, d. i. der Wittwer erhält ⅔, die Wittwe ⅓ zur statutarischen Erbportion; oder wenn auch Collatio in einigen Fällen geschiehet, so darf doch nicht in andern Fällen conferirt werden.

Im Glogauschen Fürstenthum findet man diese Succeßion in den übrigen noch nicht genannten Orten, und zwar:

a) Im grösten Theil des Glogauschen Kreises

Vermöge angenommener doch nicht bestättigter Gewohnheit wird hier dem überlebenden Wittwer ⅔ und der Wittwe ⅓ *absque collatione bonorum propriorum*, aus des *Praedefuncti* Vermögen zugetheilt.

b) In der Stadt Polkwiz.

Hier gelten blos unbestättigte Gewohnheiten, nach welcher auf gleiche Weise wie oben, geerbt wird. Dabey erhält der Wittwer noch das Ehebette und das Brautkleid der Frauen, die Wittwe aber nur das Hochzeitkleid des Mannes.

c) In

c) **In der Stadt Beuthen.**

Daselbst macht man einen Unterschied, ob eine Vererbung erfolgt sey oder nicht. Denn

1. Wenn eine Vererbung geschehen ist, die Kinder mögen übrigens noch leben oder wieder verstorben seyn, so erbt der Wittwer *ex collatis propriis* ⅔; sind aber der Kinder mehr als viere, so erbt er nur die Hälfte. In beyden Fällen bekommt er noch als ein Präcipuum den Brautschmuck und das Brautkleid der Frauen, nebst dem Ehebette und dem gedeckten Tisch. Doch wird von dem Nachlaß die hier Orts für die Töchter und Miefteln eingeführte Gerade abgesondert.

2. Die Wittwe erhält in oberwähnten Fall ⅓, jedoch nur *collatis bonis propriis*. Sie darf aber dabey ihre eigene Kleidung nicht conferiren, nimmt auch als ein Präcipuum das Ehebette, die Ringe und Kleidungsstücke, so *Defunctus* am Hochzeittage getragen, zu sich; desgleichen den Degen, die Uhr und Schnallen. Doch stehet ihr die Wahl zu, und wenn sie auch ihr Eingebrachtes zurück nimmt, so bekommt sie nichts destoweniger die genannten zum Präcipuo ausgesetzten Stücke und die Gerade.

3. Ist aber keine Vererbung geschehen, so erhält der Wittwer sowohl als die Wittwe nur die vorgedachter maßen *in Casu* der Vererbung zum Präcipuo ausgesetzten Stücke; muß hingegen *Superstes* sich mit andern Verwandten auseinander setzen, so behält er außer oben diesem Präcipuo auch noch den 6ten Theil der Verlassenschaft *absque Collatione* und die Wittwe die gewöhnlichen Gerade.

d) In

d) In der Herrschaft Beuthen

wird bey Verlassenschaften der Unterthanen ebenfalls nach den Statuten der Stadt Beuthen procedirt, nur daß in den oberwähnten Fällen so wohl das Ehebette als die Gerade und der gedeckte Tisch wegfallen.

e) In der Mediatstadt Schlawa,

wo auch nur unbestättigte Gewohnheiten obwalten, bekömmt der überlebende Ehegatte, es sey Wittwer oder Wittwe $\frac{1}{3}$ von des Verstorbenen Nachlaß.

f) In der Stadt Guhrau,

ist, nachdem die alten Statuten durch conträire Gewohnheiten derogirt worden, gegenwärtig die Observanz:

1. Wenn eine Vererbung geschehen so erhält der Wittwer $\frac{2}{3}$ und die Wittwe $\frac{1}{3}$ von dem Nachlaß des *Conjugis prædefuncti*, doch *absque collatione bonorum propriorum.*

2. Ist keine Vererbung geschehen, oder sind die Kinder wieder gestorben, welches hier einerley Fall ist, so erbt der Wittwer, wenn er mit Stiefkindern zu theilen hat, $\frac{1}{4}$ *absque Collatione*, mit *Afscendenten* $\frac{2}{3}$, mit *Collateralen* aber ist er Universalerbe.

3. Eine Wittwe erbt in diesem Fall blos, was der Mann an und um sich gehabt am Hochzeittage, desgleichen die Bette; wiewohl der Magistrat noch zweifelhaft ist, ob sie nicht nach Unterscheid der Fälle nicht ein mehreres zu erheben habe.

g) **Im Guhrauschen Kreise.**

Die in demselben befindlichen geistlichen Güter ausgenommen, wovon oben bey der *Successione ex communione bonorum propria* Meldung geschehen, richtet man sich hier nach der Kreisstadt. Doch wird

ad 2. Bey dem Fall der Nichtvererbung, oder wenn die Kinder wieder gestorben, eine Ausnahme gemacht. *Viduus* erbt auf alle Fälle nur die Hochzeitkleidung und den Schmuck der Frauen nebst dem Brautbette.

Auf den Stadtgütern theilt man ihm seine sämmtlichen Bette zu.

In der Stadt Tschirne nur die Hälfte von den Betten; wenn aber die Kleider oder Bette nicht mehr vorhanden sind, wird dem Wittwer dafür ein gewisses *Appretiatum* gegeben.

ad 3. Die Wittwe erbt auf diesen Fall blos die Kleidung und Schmuckstücke, so der verstorbene Mann am Hochzeittage gehabt.

So viel nun von der Erbfolge unter Eheleuten, in den Städten und auf dem Lande im Fürstenthum Glogau. Was die Erbfolge der Ascendenten, Descendenten und Collateralen betrift, so kommt zum Theil vieles davon in dem vorhergehenden, theils bey andern niederschlesischen Fürstenthümern vor, welches auch hier Anwendung findet.

Vierter Abschnitt.

Vom Freystädtschen Kreise überhaupt.

§. 1.

Lage, Grenzen, Größe.

Dieser Kreis liegt zwischen dem Glogauschen, Grünbergschen, Sprottauschen und Saganschen Kreise mitten inne, und faßt das ehemalige Freystädtsche Weichbild und die Standesherrschaft, jetzt Fürstenthum Carolath-Beuthen in sich. Seine Länge ist 4, seine Breite 2 und an manchen Gegenden 3½ Meilen; die Größe desselben aber dürfte 10 bis 12 Quadratmeilen Inhalt haben.

§. 2.

Beschaffenheit des Bodens.

Der Boden ist im Kreise sehr verschieden. In einigen Gegenden findet man sehr guten, und hier wird nebst allerhand Arten von Feldfrüchten auch Weitzen erbauet; an andern Orten ist der Acker mittelmäßig, und hier wird nur Roggen nebst andern sich zu diesem Boden schicklichen Getreidesorten erzielet; endlich giebt es kalte, sändige und magere Erdstriche, wo, aller Cultur ohngeachtet, wenig geräth, und die Erndte kaum die Aussaat belohnet. Indessen helfen die mehrern guten und mittelmäßigen Aecker den schlechten aus, und der Kreis gewinnt, im Ganzen betrachtet, nicht nur den hinlänglichen Bedarf für seine eigenen Einwohner, sondern es wird auch noch viel Ueberfluß vom Getreide in das Gebürge verkauft.

Vorzüglich fällt die Heuernde gut aus, und es werden bey fruchtbaren Jahren wohl bis 10 000 zweyspännige Fuder Heu gewonnen.

Auch der Flachsbau wird hin und wieder mit gutem Vortheil betrieben.

Wein wird bey Beuthen erbauet.

§. 3.
Berge, Mineralien.

Der Freystädtsche Kreis ist meist eben, wenn man einige hin und wieder einzeln liegende Hügel oder Anhöhen ausnimmt, die jedoch gar nicht bedeutend sind. Blos die Stadt Freystadt ist gegen Morgen, Mittag und Abend mit etwas größern Hügeln umgeben, wovon einer der Zyrueberg, die andern die Zöllinger- und Zissendorfer-Berge, letztere aber die Höllenberge heissen. Sie bestehen meist aus Kiesel, Sand und Leim, und sind mit Holz bewachsen.

Aus dieser ihrer innern Beschaffenheit ist es einleuchtend, daß sie weder Marmor, Metall, noch andere edele Steine oder Erze enthalten. Auch andere Mineralien, als Eisen, Gallmey, Kobold, Bley rc. und dergleichen Hüttensachen sind nicht vorhanden, wenigstens noch nicht entdeckt worden.

§. 4.
Gewäſſer, Fiſcharten.

Die Oder iſt der Haupfluß welcher dieſen Kreis durchſtrömet. Außer demſelben giebt es ſonſt wenig bedeutende Flüſſe. Der Siegerfluß könnte etwa noch in Betracht kommen; er entſpringt bey Freyſtadt am Höllenberge, fließt bey einigen Dörfern vorbey und verliert ſich ſodann in die Oder.

In Polniſch=Tarnau iſt ein ziemlicher See, und verſchiedene Dominia unterhalten Teiche, worunter man jedoch keinen Hauptteich antrift.

Dieſe Teiche und etwas wilde Fiſcherey in den kleinen Bächen bey einigen Dörfern liefern zwar Karpfen, Hechte, Perſchken, Schleien und allerhand Arten geringerer Speiſefiſche; dieſer Fang aber iſt bey weitem nicht hinlänglich, den ganzen Kreis mit Fiſchen zu verſorgen, ſondern Liebhaber derſelben müſſen ſich ſolche von auswärts verſchaffen, beſonders da die Oder hier auch nicht fiſchreich iſt.

§. 5.
Waldungen.

Die beträchtlichſten Waldungen ſind zu Carolath und Neuſalz, worinn ſich auch Winterszeit Wölfe aufhalten. Aus dieſen beyden Forſten und andern kleinen Büſchen, die man auf verſchiedenen Dominiis antrift, werden ſowohl die vier Städte des Kreiſes als auch die Landleute deſſelben zur Nothburft mit Brenn- und Bauholz verſorgt. Es wächſt in
gedach-

gedachten Wäldern allerhand Gattung von Holz. Die Klafter kostet, incl. des Fuhrlohns, Eichenes 2 Rthl. 15 sgl., Buchenes 2 Rthl. 10 sgl., Birkenes 2 Rtpl. 5 sgl., Erlenes 2 Rthl., Kiefernes 2c. 1 Rthlr. 24 sgl.

§. 6.
Viehzucht.

Da der Kreis fast durchgehends ein gutes und süsses Futter hat, so ist die Viehzucht in demselben vorzüglich gut bestellt; das Rindvieh und die Schafe sind von ziemlicher Größe, und schaffen den Eigenthümern viel Nutzen. Auch die Pferde disseits der Oder sind groß und ansehnlich, jenseit der Oder aber klein nach polnischer Art, und werden zusammen im Kreise gezählt: 1814 Pferde, 5208 Ochsen, 8284 Kühe, 30000 Schafe. Letztere geben eine mittelmäßige Wolle, welche meist in den niederschlesischen Städten, besonders zu Grünberg verarbeitet wird.

§. 7.
Wohnungen.

Die ansehnlichsten herrschaftlichen Schlösser im Freystädtschen Kreise sind zu Carolath, der Residenz des Fürsten von Schönaich, zu Nieder-Siegersdorf, zu Herzogswalde, zu Niebusch, zu Lessendorf, zu Zyrus, zu Streidelsdorf; bey denen erstern vieren sind auch schöne Lustgärten. Sonst trift man nebst den gedachten Schlössern noch hin und wieder ganz gut angelegte, maßivgebaute adeliche Wohnhäuser an. Die Gebäude des gemeinen Landmannes sind meist von Holz mit Lehm ausgeklebt und mit Stroh gedeckt. Häuser von geschrotenen Holz siehet man sehr wenig; wahrscheinlich mag also das Holz im Kreise nie überflüßig gewesen seyn.

Eigentliche neue Dörfer oder Kolonien, sind namentlich:

a) Friedrichsruhe, von 12 Häusern, so das Dominium Weichau ausgesetzt hat.

b) Alte Fähre, vom königl. Amt Neusalz erbauet, hat seinen Namen daher erhalten, weil ehedem hier die Oderfähre gewesen, ehe solche nach Neusalz verlegt worden.

Außer diesen beyden Orten giebt es noch andere Kolonistenstellen, die zwar auch einzeln liegen, aber keinen besondern Namen führen, als:

c) Auf der sogenannten Ober-Freyheit 7 Stellen, zum Dominio Hänchen gehörig.

d) Eben daselbst ein Vorwerk und 2 Stellen, zum Dominio Brunzelwalde gehörig.

e) Auf der Nieder-Freyheit ohnweit Liebschütz 4 Häuser, zum Dominio Zölling gehörig.

Zu Neusalz hat sich eine Kolonie mährischer Brüder niedergelassen und angebaut.

Ueber-

Ueberhaupt befinden sich im Kreise:

  4 Städte, nämlich: Freystadt, Neusalz, Neustädtel, Beuthen.
 99 Dörfer, und in diesen:
  28 Kirchen, worunter 6 evangelische und 22 katholische.
  24 Pfarrhäuser.
  50 Schulen.
   1 Hospital.
  39 herrschaftliche Schlösser und Wohnhäuser.
  83 Freybauern.
  97 Vorwerke
  83 Freybauern.
  710 Dienstbare Bauern.
  983 Gärtner.
 1479 Häusler.
  132 verschiedene andere Häuser.

Summa 3598 Feuerstellen.

§. 8.

Einwohner.

Der Character dieser Kreisbewohner ist sanft, und so ziemlich cultivirt; ihre Sprache meist deutsch, nur um die Oder und in den königlichen Amtsdörfern wird Wasserpolnisch gesprochen, und etwa $\frac{2}{3}$ derselben bekennen sich zur lutherischen, $\frac{1}{3}$ aber zur katholischen Religion. Im ganzen Kreise waren exclusive der vier Städte im Jahr 1787, Einwohner 24315.

§. 9.

Merkwürdigkeiten.

Zerstörte Schlösser und Ruinen werden im Kreise nicht vorgefunden. Blos zu Kalten-Briesnitz stehet man eine nur noch in alten Mauern bestehende reformirte Kirche, zu welcher jährlich noch von einigen Dörfern ein gewisser Zins entrichtet werden muß.

Auf dem sogenannten Zyrusberge sind oft und auch noch 1789 so wohl Urnen als Thränengefäße gefunden worden.

Eigentliche Wallfahrtsörter sind hier zwar nicht vorhanden, wohl aber werden auf den Dörfern hin und wieder gewisse Fundationsfeste gefeyert, wobey die katholische Geistliche und Schulbediente in Prozeßion erscheinen, Austheilungen an Geld, Brodt und Bier geschehen, und folglich ein großer Zulauf sowohl von Armen als anderm Volk ist. So wird z. B. in Ober-Herzogswalde am Tage Georgii diesem Heiligen zu Ehren eine Gedächtnißpredigt gehalten, und von der dasigen Herrschaft von 3 Scheffeln Brodt, 1 Achtel Bier und 2 Rthlr., von dem dasigen Pfarrer aber 4 Rthlr. Geld ausgezahlt. Zu Mittel-Herzogswalde ist am Tage Mariä Empfängniß ein ähnliches Fest, bey welchem der Pfarrer gleichfals 4 Rthlr. Geld unter die Armen austheilt.

§. 10.

§. 10.
Policeyverfassung.

Diesem Kreise ist ein Landrath, 3 Deputirte, 1 Kreisphysicus und 1 Steuereinnehmer vorgesetzt.

In Cammeralsachen stehet solcher unter der Glogauschen Cammer, in Justizsachen unter der Glogauschen Oberamtsregierung und dem Consistorio.

Den Canton hat das Dragonerregiment von Tschirschky.

In Ansehung der Steuer gehört der Kreis zur 2ten und 4ten Classe, bey der Viehassecuranz zur 3ten Societät, und bey der Landschaft zum Glogauschen System.

B. Von den Städten,
und zwar;
Von Freystadt.

§. 1.
Geschichte. [1]

Die Chronickenschreiber sind sehr verschiedener Meinung über die Entstehung der Stadt und ihres Na-

---

[1] Bey dieser Geschichte ist M. Gottfried Försters Chronik von Freystadt zum Grunde gelegt worden, (in 4 gedruckt zu Lissa) und dann eine mir vom Hrn. Kämmerer Kern mitgetheilte Handschrift.

Namens. Einige leiten die Benennung von den ersten Bewohnern her, welches lauter freye Leute gewesen seyn sollen, so daß sie auch nicht einmal einen Sklaven, der noch unter der Botmäßigkeit eines Herrn stand, zu ihrem Mitbürger annahmen. Andere glauben, daß dieser Name von den Freyheiten herrühre, welche die ersten Einwohner des Orts zu genießen hatten; und es giebt noch in der Nachbarschaft um Freystadt gegen Neusalz zu einen Strich Landes, welcher den Namen die alte Freyheit führt, und von den Bewohnern der jetzt erbauten Dörfer: Louisdorf, Heinzendorf, Reichenau, Streidelsdorf, Fürstenau, Hartmannsdorf, Hänchen, Güntersdorf, Helde, Liebschütz, Rauden ꝛc. gegen Erlegung eines gewissen jährlichen Zinses gemeinschaftlich benutzt werden kann.

Die Polen nannten ehedem diesen Ort Cozuchowe, (Pelzstadt) wegen den vielen Kürschnern, die sich hier niedergelassen hatten, und von welchem Gewerke es daselbst noch immer eine ziemliche Anzahl giebt. In den ältesten rathhäuslichen Urkunden wird sie Frynstadt, Vrymstat, Freyenstädt, Freyenstadt genannt; da diese Benennung aber einerley mit Freystadt ist, so scheinet es, daß dieser Ort niemals, wie manche andere Städte, einen andern Namen gehabt, und daß dessen Erbauer und erste Bewohner Deutsche gewesen seyn.

Das eigentliche Alter der Stadt beruhet nur auf Vermuthungen, da sichere Nachrichten fehlen. Man setzt die Zeit ihrer Erbauung in das 11te Jahrhundert; denn schon 1122 sollen hier einige tausend Einwohner an der Pest gestorben seyn, und aus einer

ner in Stein gehauenen Inschrift über der Thüre des Pfarrhauses ist zu ersehen, daß diese Wohnung 1125 erbauet worden. Hatte nun aber dieser Ort 1122 bereits einige tausend Menschen gehabt, so muß derselbe schon damals in ziemlich guter Verfassung gewesen seyn, in welche zu kommen nothwendig eine Reihe von Jahren erforderlich gewesen. Dem sey nun wie ihm wolle, so war 1125 schon ein Pfarrhaus allhier.

Ob aber Freystadt damals bereits Stadtrecht hatte, oder nur ein bloßer Flecken war, kan ich nicht entscheiden; ich glaube das letztere, denn die ältesten Documente im rathhäuslichen Archiv fangen erst mit 1400 an; indessen hat Freystadt schon 1388 Burgermeister gehabt. Bey der Pfarrkirche und den Hospitälern hingegen sind die ältesten von 1388. Auch kommt Freystadt in den Geschichtsbüchern erst 1380 vor; [1]) denn als damals Herzogs Heinrich *V.* Söhne die väterlichen Länder unter sich theilten, erhielt Heinrich *VI.* Sagan, Crossen und Schwiebus ꝛc. Heinrich *VII.* halb Glogau, halb Guhrau ꝛc. Heinrich *VIII.* aber bekam Freystadt und Sprottau. Bey der 1309 vorgenommenen ähnlichen Theilung des Glogauschen Fürstenthums unter die vier Söhne Herzogs Heinrich *III.* wird dieser Stadt gar nicht gedacht; ich vermuthe daher, daß Freystadt zu jener Zeit noch nicht unter die beträchtlichen Städte gezählet worden. Vielleicht erhielt sie um das Jahr 1300 unter der Regierung Herzogs Heinrich *III.* oder des Getreuen, städtische Verfassung, und ist durch Vorschub dessen Gemahlin Mechtildis, einer Toch-

---

2) Schickfus B. 4. S. 148. Schles. Chron.

Tochter Herzogs Alberts von Braunschweig noch mehr verbessert worden. Diese Vermuthung gründet sich darauf, weil die Stadt in ihrem Wappen einen Thurm mit dem Buchstab M führet, welcher sonst auch auf den Münzen des gedachten Herzogs stand, den Namen Mechtildis bedeuten, und zum Gedächtniß des durch sie erhaltenen Städtrechts dem Insiegel einverleibet worden seyn soll.

1388 wurde sie vom Herzog Heinrich VII. (Rappold genannt) angezündet, und brannte zum erstenmal ganz weg; doch erholte sie sich bald wieder, und Herzog Johann I. zu Sagan gab ihr 1403 am Tage Allerheiligen ein Privilegium über den Gewandschnitt rc., noch ein anderes aber unter eben dem Dato über die Stadtwage, und 1404 am Abend Mariä Lichtmeß verkaufte die Herzogin Katharina der Stadt den Salzmarkt gegen einen jährlichen Zins von 28 Mark Groschen und wöchentlich ½ Scheffel Salz, welcher Kauf sodann 1414 d. Dienstag nach Franzisci erneuret, zugleich aber mit einer Summe von 336 Mark Groschen der oben gedachte Zins abgelöset wurde; doch behielt sich die Fürstin den wöchentlichen halben Scheffel Salz und das Wiederkaufsrecht vor. 1418 d. am Abend Assumt. Mariä verlieh eben diese Herzogin der Stadt auch ein Privilegium über einen hier zu haltenden Wollmarkt.

1419 gieng durch Verwahrlosung wieder der größte Theil der Stadt im Feuer auf. In eben dem Jahr d. Sonntag nach drey Könige gab erwähnte Fürstin diesem Orte das Meilenrecht, und die Willkühr in Erbschaftssachen bey Todesfällen, welche nach-

nachher 1469 vom Herzog Heinrich XI. und 1530 d. 10. März vom K. Ferdinand I. bestättiget worden.

1474 erhielt Freystadt vom Herzog Johann II. nicht nur eine Urkunde über den Weinkeller und Bierschank allhier, sondern auch noch 1479 d. am Tage Michaelis ein sogenanntes Hauptprivilegium, worinn derselbe:

1. Der Stadt die Dörfer Heinzendorf, Klein-Reichenau und Antheil Groß-Bohrau, desgleichen die Burgerwiesen nebst dem Vorwerk Lückeliebe confirmirte, die ihr bereits vorher 1469 vom Herzog Heinrich XI. waren verliehen worden.

2. Ihr alle Mark- und Erbzinsen auf Fleisch-Schuh- und Brodtbänken, Höckerbuden, Tuchkammern, Angeld, Pfanngeld, Wassergeld rc. und andere mehr überließ.

3. Ihr erlangtes Stadtrecht von neuem bestättigte.

4. Sie mit dem alleinigen Marktrecht im ganzen Weichbilde begnadigte.

5. Die hiesigen Bürger von aller Zollabgabe zu Feystadt und Neustädtel befreyete.

6. Zu Gunst der Stadt das Aussetzen der Handwerker unter der Meile, desgleichen den Bier-Brodt- und Fleischverkauf untersagte.

7. Der Stadt die Münzfreyheit verstattete.

8. Ihr den Aufbau einer Walkmühle erlaubte, und

9. Dem Rath übrigens gewisse Vorschriften gab, wie

wie es in Schuldsachen, gerichtlichen Bestrafungen ꝛc. gehalten werden sollte.

Auch überließ dieser Herzog in eben dem Jahre d. am Sonntag Reminiscere der Stadt ein Haus zum Weinkeller, welches vorher die Fürstin Barbara privilegirt hatte.

Der 14. October des 1488sten Jahres war für Freystadt ein unglücklicher Tag Herzog Hanns, den man füglich den Tollkühnen nennen konnte, hatte hier 400 böhmische Soldaten, die ihm zu Hülfe gekommen waren, zur Besatzung eingelegt; als er nun sahe, daß er sein Fürstenthum Glogau gegen den König Matthias nicht würde behaupten können, gab er diese Stadt den Böhmen preis, welche die Einwohner rein ausplünderten, und für ihrem Abmarsch den Ort anzündeten, so daß solcher nun schon zum drittenmal in einen Schutthaufen verwandelt wurde. 1496 rafte die Pest viele Einwohner weg.

1510 d. Donnerstag nach Lätare verließ K. Uladislaus der Stadt die Ober- und Niedergerichte; eine Bekräftigung hierüber erfolgte 1514 d. Feytags nach Bonifacii. 1523 den 28. December brannten in der Vorstadt 11 Häuser, und 1554 den 6. May die Hälfte der Vorstadt vor dem Crossener Thore ab. 1544 aber hat Freystadt mit andern Glogauschen Fürstenthumsstädten die freye Rathswahl erhalten. 1553 äußerte sich wieder die Pest, doch war sie nicht so umgreifend wie das vorigemal. 1596 den 5. Julii verpfändete der Kayser Rudolph II. die Malzmühle an die Stadt, 1600 den 19. Dec. aber erkaufte der Rath dieselbe endlich gar eigenthüm-

thümlich für 13200 Thaler schles. an sich, und 1591 am Tage Michaelis confirmirte gedachter Kayser so wohl die Obergerichte als auch Zinsen auf den Gütern Zissendorf, Klein-Reichenau, Antheil Groß-Bohrau und einen Bauer zu Ober-Herzogswalde, wofür die Bürgerschaft 1700 Thaler bezahlen muste.

1608 wurde hier ein ordentlicher Fleischmarkt eingerichtet.

Der dreyßigjährige Krieg setzte Freystadt in grossen Schaden. Ein Durchmarsch folgte hier auf den andern; jeder war mit schweren Contributionen und Bedrückungen der Bürgerschaft begleitet, die ihre zahlreiche Einquartirung oft Wochen- ja Monatlang verpflegen muste; und 1630 den 19. April wurde die Stadt durch das Regiment des Obristen v. Sparr gänzlich ausgeplündert. Kaum hatten sich die Einwohner etwas von ihrem Verlust erholet, so brannten 1635 den 4. Junii vor dem Glogauer Thor 12 Häuser nieder, und 1637 Montag nach Trinitatis brach in der Nacht ein anderes Feuer aus, welches in wenig Stunden die ganze Stadt zu einem Aschenhaufen machte. Nach Gryphii Zeugniß, welcher ein Augenzeuge dieses Brandes gewesen, sollen 326 Häuser abgebrannt seyn. Diesem Unglück folgte bald ein anderes nach. Die Stadt hatte schwedische Besatzung; 1640 den 23. März kamen 4000 Mann kayserliche Cavallerie für Freystadt; als sich nun die Schweden auf das Schloß retirirten, quartirten sich die Kayserlichen nach Wohlgefallen bey den Bürgern ein, mißhandelten dieselben auf verschiedene Art, schlugen die Krambuden auf, beraubten solche, und endigten ihre Excesse dann mit
einer

einer allgemeinen Plünderung der Einwohner. Die Schweden blieben zwar noch im Besitze der Stadt, aber nach Michaelis gedachten Jahres gieng sie nach einer Blokade von einigen Tagen an den kayserlichen General Franz Albert v. Sachsen-Lauenburg über, und 1641 kam sie wieder in schwedische Hände. Jedoch den 30. October rückten 2000 Kayserliche für die Stadt, und forderten dieselbe zur Uebergabe auf. Der schwedische Kommendant vertheidigte sich bis an den folgenden Tag; durch das Flehen der Bürgerschaft aber bemegt, verließ er die Basteyen, und begab sich mit seinen Völkern ins Schloß. Hierauf nahmen die Kayserlichen die Stadt in Besitz, fügten aber auf Befehl des Generals Wallenstein derselben kein Leid zu, sondern richteten nur die Kanonen gegen das Schloß, und zwangen solches zur Kapitulation. So wechselten noch ferner Freund und Feind mit einander ab, bis endlich 1648 der Friede erfolgte, und den Einwohnern wenigstens von dieser Seite Ruhe verschafte.

Indessen wurde der Ort wieder von schädlichen Bränden heimgesucht; denn 1682 den 10. May verzehrte eine Feuersbrunst schon wieder in der Crossener Vorstadt 31 Wohngebäude, 1692 den 15. Junii aber legte des Cantors Eheweib, Namens Müllerin, Feuer an, und nun ward die ganze Stadt zum fünftenmal in die Asche gelegt, so daß weiter nichts davon stehen blieb als ein Häuschen nächst dem Brauhofe.

Vor

Vor diesem Brande hatte Freystadt mit Einschluß der Vorstadt:

Oeffentliche Gebäude	24
Privathäuser	292
Brandstellen die seit 1637 noch unbebaut standen	278
Brandstellen seit 1682 noch	16
Summa aller Baustellen	610

Sie war also 1637 eine ziemlich ansehnliche Stadt. In der Indiction stand sie nachher auf 45440 Thlr schlesisch, und die Brandstellen, auf welche, weil sich kein Bebauer dazu fand, kleine Gärtchens angelegt wurden, sind auf 14396⅔ Thaler angeschlagen gewesen.

1659 unterm 4. August confirmirte Kayser Leopold der Stadt alle bisher erhaltene Privilegien. Dergleichen Hauptbestättigungen ihrer Freyheiten und Gerechtsame hatte sie auch bereits von folgenden Landesherrn erhalten: 1499 Mittwoch vor Fabian vom K. Uladislaus, 1503 Mitwoch nach Martini vom K. Sigmund, 1537 den 1. Jan. vom K. Ferdinand I., 1567 den 19. April vom K. Maximilian, 1577 den 2. Sept. vom K. Rudolph II., 1611 den 22. Nov. vom K. Matthias, 1622 den 7. May vom K. Ferdinand II.

Man wird sich wundern, wie es möglich gewesen, daß sich die hiesigen Einwohner nach so mancherley erlittenen Widerwärtigkeiten und fünf totalen Bränden dennoch sobald erholen konnten. Wenn man aber annimmt, daß Freystadt vermöge eines 1626 den 5. Febr. zwischen dem Kreise und dieser Stadt errichteten Brauurbar-Recesses damals den Bier-

Beschr. v. Schl. X.Th. 2. St.   G   Aus-

Ausschrot auf 37 inherhalb der Meile liegenden Dörfer hatte, daß der Ausschrot auf das Land sehr ansehnlich war, jährlich gegen 6000 Achtel Bier betrug, und ein jeder Brauberechtigter verschiedemal in einem Jahre brauen konnte, so wird es einleuchten, daß dieses ein sehr einträglicher Nahrungszweig für die Stadt gewesen, welchen Aufrecht zu erhalten dann auch der Rath 1673 unterm 27 May eine sehr wohl eingerichtete Brauordnung publicirte. Schon 1500 hatte der Magistrat auch eine Kleiderverordnung für die hiesigen Weibsleute und 1563 eine Generalpoliceyordnung für die Gemeine insgesammt gefertiget, wozu noch 1678 eine Feuerordnung kam, daß also Freystadt mit guten Policeygesetzen versehen war.

Dann gab es hier alle Arten Handwerker, denen es wegen des Ausschlußrechts innerhalb der Meile gleichfalls nicht an guter Nahrung mangelte, und die theils schon in ältern Zeiten ihre Zunftprivilegia hatten, theils in der Folge erst erhalten haben. So verlieh der Magistrat 1497 Sonntag nach Tiburtii den Leinwebern, 1562 den 24. Nov. den Büttnern, 1593 den 23. Febr. den Kürschnern, 1565 den 25. März den Tischlern, 1590 den 3. März den Färbern, 1591 den 15. Julii den Bäckern, 1593 den 23. Febr. der Apotheke, 1594 den 27. Dec. den Schumachern, 1605 den 1. Junii den Schneidern, 1658 den 23. Jan. den Tuchmachern, *eodem* den 6. May den Sattlern, 1672 den 20. Julii den Kaufleuten, *ead.* den 20. Sept. den Seilern, 1683 den 6. Nov. den Schmieden, 1698 den 25 Jan. den Maurern, 1703 den 27. Jan. den Strickern, 1708

1708 den 3. Sept. den Töpfern, 1717 den 20. März den Fleischern, 1734 den 20. Febr. den Hutmachern, eod. den 22 Febr. den Riemern, 1736 den 27 Octob. den Posamentirern, 1740 den 20. Jan. den Gürtlern, theils neue Innungsartickel, theils nur eine Bestättigung der alten; in neuern Zeiten aber sind von der königlichen Cammer noch privilegirt worden: 1747 den 2. Aug. die Müller, 1761 den 18. Junii die Trippmacher, 1776 den 28. Dec. der Buchladen.

Im siebenjährigen Kriege wurden Freystadts Einwohner auch bisweilen von feindlichen Partheyen heimgesucht, mit Einquartirung gedrückt, mit Contributionen beschwert, und die Stadt muste 5139 Rthlr. Invasionsschulden machen. Noch waren solche nicht abgezahlt, als 1764 den 5. May ein sechster großer Stadtbrand in der Stadt und Glogauschen Vorstadt 263 Häuser in die Asche legte, und die Einwohner derselben alles des Ihrigen beraubte.

Bey dergleichen wiederholten Unglücksfällen kan es denn nicht anders kommen, als daß es unter der Bürgerschaft manche Schwache geben muß, besonders da verschiedene ihrer ehemaligen Nahrungszweige, worunter nebst dem Brauurbar auch der Tuch-, Garn- und Leinwandhandel gehörten, sehr abgenommen haben. Doch ist die Stadt durch Vorschub K. Friedrichs II., welcher den verunglückten Einwohnern 41000 Rthlr. schenkte, wieder so ziemlich aufgebaut worden, und hat ein ganz gutes Ansehen.

§. 2.

§. 2.

Gegenwärtige Verfassung.

Freystadt ist eine königliche Immediat- und Weichbildstadt im Fürstenthum Glogau, 17½ Meile von Breslau, 5 von Glogau. Sie liegt zwischen Bergen, welche dieselbe von drey Seiten ganz umschliessen, daher soll nach dem Zeugniß des Curäi, der doch selbst ein Freystädter war, dieser Ort der Gesundheit nicht sehr zuträglich seyn, besonders für angezogene Fremde, die einer reinern Luft gewohnt sind; indessen siehet man doch unter den Einwohnern ziemlich alte Leute.

Die Stadt ist mit einer starken Mauer umgeben, hat 4 Thore, als das Glogausche, das Crossener, das Saganschse und das sogenannte neue Thor, und vor einem jeden giebt es ansehnliche Vorstädte. In der Stadt selbst befinden sich außer einem regulär und gut gebauten Ringe noch folgende Gassen und Plätze: 1. die Glogausche Gasse, 2. die Judengasse, 3. die Viehgasse, 4. die Kirchgasse, 5. die Sagansche Gasse, 6. die Badergasse, 7. die Stockgasse, 8. die Herrngasse, 9. das Stährgässel, 10. die Langegasse, 11. die Rosengasse, 12. die Hundegasse, 13. der Büttelplan, 14. die Bahn und 15. die Kuttelgasse.

In der Glogauschen Vorstadt sind: 1. die Laurentiigasse, 2. das Judengässel, 3. der Obet- und Niedergarten.

In der Crossener Vorstadt: 1. der Töpferplan, 2. der Taschenberg, 3. die Galgengasse, 4. die tiefe Gasse,

Gasse, 5. der Roßmarkt, 6. die Katzengasse und 7. die Langegasse.

In der Saganschen Vorstadt: 1 die Todtengasse, 2. der Pechmarkt, 3 die Färbergasse, 4 die Breitegasse, 5 der Mühlberg, 6 die kleine Müllergasse, 7. das Stuhlschreibergäßel und 8. auf dem Groben.

Vorm neuen Thor die große Müllergasse.

Die Gassen in der Stadt sind meist gepflastert.

Zur Garnison liegt daselbst 1 Escadron vom Bosseschen Dragonerregiment.

Das Wappen der Stadt bestehet aus einer Mauer, wodurch eine Pforte gehet, und über derselben 3 Thürme befindlich mit dem Buchstab M. Sonst wird im kleinen Siegel der Buchstab M auch nur allein geführt.

§. 3.
Gebäude.

Die öffentlichen Gebäude zu Freystadt sind folgende:

a) Die Stadtpfarrkirche zu Mariä Reinigung genannt, ist 1123 vom Herzog Boleslaus III. gestiftet, in der Folge aber, und als sie 1339 abgebrannt war, vom Herzog Heinrich IV. nicht nur 1340-1341 wieder aufgebauet, sondern auch sehr erweitert worden. 1488 gieng sie in dem Stadtbrande abermal im Feuer auf; ob sie sich nun gleich durch ihr eigenes Vermögen wieder aufhalf, so hatte

te sie doch 1637 ein ähnliches Schicksal, wozu noch kam, daß sie 1642 von den schwedischen Völkern geplündert, und aller ihrer sonst gehabten Kostbarkeiten an Ornaten, Gold, Silber ꝛc. beraubet wurde. Sie blieb daher in ihren Ruinen liegen, und die Gemeine muste sich indessen zum Gottesdienst der in etwas vor der Hand zurecht gemachten Kreuzkapelle bedienen, welche Herzog Heinrich X. 1418 gestiftet, bis die Kirche endlich in den Jahren 1650 bis 1663 durch die Thätigkeit des damaligen Pfarrers Schmalant wieder hergestellt, und 1663 Sonntag nach Michaelis eingeweihet wurde. Von da an nahm sie immer mehr und mehr an Ansehen zu, und ob sie zwar 1692 abermal ein Raub der Flammen ward, so ist doch bald darauf solche durch reichliche Beyträge der Bürgerschaft und anderer dazu Eingepfarrten in den Stand gesetzt, in welchem sie sich heutiges Tags befindet.

Sie stehet in der Stadt gegen Abend auf einem kleinen Hügel, ist ganz maßiv, aber mit alten Gothischen Verzierungen, besonders auf der Mitternachtseite gebaut, hat auswendig viele Pfeiler, 26 große Fenster, durch die sie viel Licht erhält; 5 Thore, wovon aber eines nie geöfnet wird; und kan unter die besten Kirchen des Fürstenthums Glogau gezählet werden.

Ehedem gab es in dieser Kirche so viele Altäre als Zünfte in der Stadt, deren jede ein eigenes aufrichten ließ; durch die verschiedenen Brände hingegen sind etliche davon eingegangen, und in Ermangelung der Wohlthäter nicht wieder hergestellt worden, so daß gegenwärtig nur noch 11 Altäre sind,

als

als der hohe Altar U. L. Frauen, der Altar zum heil. Kreuz 1665 errichtet; der Altar Jesus, Maria und Joseph, der Altar *a Flagellatione Christi*, der Altar St. Johann v. Nepomuck, 1717 erbaut; der Altar *Mater dolorosa*, der Altar St. *Trinitatis*, der Altar *Corporis Christi*, der Altar St. Annä, 1702 erbaut; und der Altar am Oelberg. An diesem letztern außerhalb der Kirche befindet sich ein Oelberg, welcher 1725 vom Pfarrer Franz Beutel gestiftet worden.

Sonst ist bey dieser Kirche auch eine Stiftung, der Kreutzgang genannt, eine Andacht, die wöchentlich alle Donnerstäge gehalten wird, und wobey einige Lieder vom Leiden Jesu abgesungen werden. Diese Stiftung ist um die Jahre 1430 bis 1440 vom Herzog Heinrich X. geschehen, und war Anfangs sehr ansehnlich. Denn der Fundator stellte bey der Kreutzkapelle 7 besondere Priester an, die täglich in dieser Kapelle die Tagzeiten vom heiligen Kreutz singen musten. Sie hießen Mansionarii, hatten sehr gute Einkünfte, und wohnten auf der Kirchgasse in einem Hause beysammen, so man die Manserie nannten. Allein 1558 ist diese Stiftung sowohl als die Mansionarien zur Collegiatkirche in Glogau gezogen, ihr Haus aber zu einem bürgerlichen Fundo gemacht worden. 1675 wurde die Stiftung vom Pfarrer Schmaland, wiewohl nur im kleinen, erneuert, welcher zu dem gedachten Kreutzgange 2000 Thaler legirte.

Der Kirchthurm hält seit dem Jahr 1714, wo er den 20. Junii vom Wetter angezündet wurde, 67¼

Bresl. Ellen. Vor diesem Brande war solcher weit höher und schöner, zweymal durchsichtig mit 3 Kuppeln geziert, muste aber sodann um einige Ellen abgetragen, und mit einem Regendache versehen werden. Doch ist solcher 1740 wieder um vieles verschönert worden. Es befindet sich auf demselben ein gutes Geläute von 6 Glocken, wovon die größte gegen 38 Centner wiegt.

Von ihrer Gründung her bis 1524 war diese Kirche stets in den Händen der Katholicken. Als aber im gedachten Jahr die Einwohner Freystadts durch Aufmunterung des Johann von Rechenberg, Erbherrn auf Windisch-Bohrau und Pfandesinhaber der königl. Burg allhier, allgemein die Lehre Lutheri annahmen, kam auch die Kirche an die Evangelischen, die in ungestörtem Besitz derselben blieben bis 1628, wo sie bey der vom Bischof zu Breslau, Erzherzog Karl, unternommenen Reduction verschiedener Kirchen in Schlesien den 2. November d. J. durch den in der schlesischen Kirchengeschichte bekannten Baron v. Oppersdorf, Landeshauptmann zu Glogau, ebenfalls verschlossen, und den Katholicken wieder eingeräumet wurde. Die Lutheraner haben zwar nach der Zeit, während des dreyßigjährigen Krieges, wenn schwedische Besatzung in der Stadt lag, ihren Gottesdienst in der Pfarrkirche gehalten; diese Acquisition war aber nicht von langem Bestande, sondern sie musten immer bald wieder weichen, und solche den Katholicken überlassen, die dann dieselbe auch behalten haben.

Pfar-

Pfarrer dabey sind folgende gewesen:
Katholische.

- 1388 Joachim Leßholz.
- 1414 George Krakwiz.
- 1418 Peter Günzel.
- 1432 Johann Unruh.
- 1444 Heinrich Rothenburg.
- 1466 Christoph Thyme.
- 1501 Heinrich Greißel.
- 1508 Paul Küchler.

Evangelische.

- 1524 Nicolaus Sandejus.
- 1527 Ambrosius Kreißig.
- 1540 Franz Rupertus.
- 1543 Johann Gigas bis 1573.
- 1574 Abraham Buchholzer bis 1584.
- 1585 Matthäus Menzel.
- 1592 Adam Thilo.
- 1595 George Vechner.
- 1600 Paul Bernavus.
- 1604 Martin Fechner.
- 1608 Johann Gebhard bis 1628, wo er exuliren muste.

Katholische.

- 1629 Jacob Schmaland, wurde aber 1631 während der schwedischen Possession von Freystadt genöthiget, sein Amt wieder zu verlassen, und nach ihm kamen

Evangelische.

1631 Johann Stöckel.
1632 Paul Gryphius, blieb bis 1638, wo Jacob Schmaland wieder zurück kam; allein 1642 ward er aufs neue vertrieben, und statt seiner vocirt
1642 Friedrich Gigas, welcher bis 1651 blieb, wo sodann Schmaland die Pfarrstelle allhier zum drittenmal antrat, und in solcher 1675 starb. Ihm folgten hierauf lauter

Katholische.

1675 Gottfried Urban Schönborn.
1691 Martin Schindler.
1707 Franz Andreas Beutel.
1740 Matthäus Johann Fellner.
1751 Joseph Christoph Freyherr v. Langen und Münchhofen, welcher 1776 das Pfarramt mit einer Dohmresidenz zu Breslau vertauschte. Ihm succedirte
1776 der noch gegenwärtige Pfarrer daselbst Hr. Johann Philipp Danquart, der zugleich Erzpriester ist.

Das Kirchenlehn darüber hat der Magistrat.

Eingepfarrt sind nebst der Stadt und den Vorstädten noch die Dörfer: Heinzendorf, Reichenau, Ober- und Nieder-Siegersdorf.

b) Die Karmeliterkirche und Kloster. An dieser Stelle stand ehedem ein Schloß, welches Herzog Heinrich X. hatte erbauen lassen, und wozu das sogenannte Burglehn gehörte. Nach dem Tode Herzogs Heinrich XI. fiel beydes zugleich mit an den Kayser, worauf denn K. Rudolph II. den 27. Sept. 1599 sowohl Schloß als Burglehn für ein Darlehn von 8000 Rthlr. schles. an den Hans v. Rechenberg auf Schlawa auf 20 Jahr verpfändete, welcher ersteres auch zu seinem Sitz erwählte, und in ziemlich gute Ordnung brachte. Nach dessen Absterben trat 1609 mit kayserlichem Consens Joachim v. Stentsch auf Pruttag ꝛc. diesen Pfandschilling an, und da nach verflossnen 20 Jahren der Kayser solchen nicht einlöste, gedachter Pfandesinhaber aber starb, so wurde solcher auf dessen Erben transferirt. Sein Sohn Hanns George v. Stentsch hinterließ einen Concurs, worinnen 1650 das Schloß und Burglehn an einen gewissen Adam Nockel von und zu Feldenstein verkauft wurde; und da Kayser Ferdinand III. unterm 24. April mit Cassirung des Pfandschillings beyde Realitäten dem Inhaber derselben eigenthümlich überließ, so verkaufte dessen nachgelassene Wittwe, Barbara Franziska Eleonora Perpetua geb. v. Nostiz, solche den 22. October 1675 „mit den dazu gehörigen Gerechtsamen, als Schloßzoll, Salzmarkt, Geschoß, Fleischergeld, Insitzzins, Heering Schultern, sowohl der Unterthanen auf der Bahn als vor dem Glogauschen Thore sonderlich mit der Holzgerechtigkeit aus den kayserlichen Heiden sammt dem Tschiefersee" die seit jeher zum Schloß gehört hatten, und von den bisherigen Pfandesinhabern waren besessen worden, für eine Summe von 4000 Thaler schles. an die gemeine Stadt allhier, worüber sodann auch der Kayser eine Bestättigung gab. Das Burglehn und die

dazu

dazu gehörige Pertinenzen, den Tschieferfee ausgenommen, welcher den Bürgern nach der Zeit vom Glogauschen Amte wieder abgesprochen worden, behielt die Stadt; das leere Schloß hingegen verkaufte der Rath unterm 6. Aug. 1685 für 2000 Rthl. nebst einem Garten für 100 Rthlr. an die P. P. Carmeliten, die damals nach Freystadt gekommen waren, mit der Bedingniß, daß sie den Bau der Stadtwasserleitungen auf dem Territorio des Schlosses über sich nehmen, und auf ihrem acquirirten Grunde zum Nachtheil der Stadt weder Handwerker aussetzen, noch einen Brauurbar anlegen sollten, ausgenommen, was sie für ihr eigenes Convent brauchten.

Den 8. November d. J. geschahe nach baar bezahltem Kaufschilling der 2100 Rthlr. der förmliche Verreich, und zwey Patres nahmen Besitz vom Schlosse. Anfangs waren diese auch nur allein hier, und bedienten sich unterdessen der auf dem Schlosse befindlichen Lauretanischen Kapelle zum Gottesdienst, welche 1688 den 6. Junii aufs neue eingeweihet wurde, weil 167 Jahr vorher in derselben die erste lutherische Predigt war gehalten worden. Doch in der Folge wurde das ganze Schloß zu einem ordentlichen Kloster umgeschaffen, und sodann auch 1701 den 6. Junii der Grundstein zur jetzt noch gegenwärtigen Klosterkirche gelegt, worauf 1706 den 19. Junii nach vollendetem Bau die Einweihung derselben zur Ehre des heil. Josephs erfolgte.

Die Kirche ist ganz gut angelegt, hat einen Thurm mit Geläute, und enthält in sich 8 Altäre, nämlich:

das

das hohe Altar St. Joseph, das Scapuliraltar U. L. Frauen, das Altar zu St. Anna, das Altar zu St. Theresia, das Altar zu St. Maria Magdalena das Altar Herz Jesu, das Altar St. Johnnn von Nepomuck, das Altar vom heil. Kreutz, und dann noch die lauretanische Kapelle.

Kloster-Obere sind von Anfang der Stiftung bis zum Jahr 1785 hier gewesen, und zwar ehe noch ein ordentliches Convent eingerichtet war

Präsides:

1) 1686 P. Johannes, *a S. Bernhardo.*
2) 1688 P. Daniel, *a S. Bertholdo.*
3) 1689 P. Petrus, *a Decore Carmeli.*
    1691 P. Johannes, *ut supra No. 1.*
4) 1694 P. Victorinus, *a Corona Domini.*
    1697 P. Daniel, *ut supra No. 2.*
5) 1700 P. Arnoldus, *ab Assumtione Mariæ.*
6) 1703 P. Emanuel, *a Nativitate Mariæ.*

Priores.

    1706 P. Emanuel, *ut supra.*
7) 1709 P. Desiderius, *a S. Spiritu.*
8) 1712 P. Stephanus, *a S. Valentino.*
    1715 P. Arnoldus, *ut supra No. 5.*
    1718 P. Desiderius, *ut supra No. 7.*
9) 1721 P. Dyonisius, *a Virgine Maria.*
10) 1724 P. Fridericus, *a S. Margaretha.*
11) 1727 P. Emmericus, *a S. Josepho.*
12) 1730 P. Wilhelmus, *a S. Maria Magdalena.*
13) 1730 P. Stanislaus, *a S. Theresia.*
14) 1736 P. Innocentius, *a Virgine Maria.*

15) 1739 P. Bernhardus, *a S. Ludowico.*
16) 1743 P. Damascenus, *a Nativitate Job. B.*
17) 1746 P. Ceslaus, *a S. Oswaldo.*
    1749 P. Bernhardus, *ut supra No. 15.*
18) 1752 P. Crysologus, *a S. Hedewige.*
19) 1755 P. Alonsius, *a S. Augustino.*
20) 1758 P. Albericus, *a S. Benedicto.*
    1761 P. Bernhardus, *ut supra No. 15.*
21) 1764 P. Maurus, *a S. Benedicto.*
    1767 P. Albericus, *ut supra No. 20.*
22) 1770 P. Marianus, *a S. P. Elia.*
23) 1773 P. Christianus, *a S. Ubaldo.*
24) 1777 P. Bertholdus, *a Virgine Maria.*
25) 1780 P. Amandus, *a Virgine Maria.*
26) 1783 P. Alexius, *a S. Benedicto.*

Gegenwärtig befinden sich im Kloster 1 Prior, 6 Patres, 3 Fratres.

c) Die Heil. Geist-Kirche vor dem Saganschen Thore allhier, ist die älteste in der Stadt, war ehedem die Pfarrkirche, und ist weit eher als die gegenwärtige erbauet worden. Die Zeit ihrer Stiftung ist zwar nicht bekannt, man muthmaßet aber, daß sie von gleichen Alter mit der Stadt sey, und bereits zur Pestzeit 1122 gestanden. Sie hat weder Thurm noch Glocken, wird auch selten besucht, ausgenommen in der Kreuz- und Pfingstwoche, wo aus der Pfarrkirche Prozeßiones dahin geführt werden.

d) Die St. Laurenzkirche, stehet außer der Stadt auf der Mittagsseite zu Ende der sogenannten Lorenzgasse, und ist 1400 von einem Freystädter und Glogauschen Bürger, Namens Jacob Wettir, gestif-

gestiftet worden. 1613 wurde sie gemalt, 1693 aber mit einer Glocke versehen, welche vermöge einer Fundation Mittags und Abends geläutet wird. Als die Evangelischen aus der Pfarrkirche verdränget worden, hielten sie vom 6. April 1633 bis den 9. Dec 1635 darinn ihren Gottesdienst. 1740 ließ der gewesene Notarius zu Freystadt, Johann George Hertel, mit seiner Ehegattin, Anna Katharina geb. Wolfgeil, hier ein neues Altar errichten.

Dermalen ist diese Kirche nur von Holz mit Ziegeln ausgesetzt. Am Tage Laurentii wird eine Prozeßion hinaus geführt, und darinnen solenner Gottesdienst gehalten.

e) Die evangelische Gnadenkirche zum Weinberge Jesu genannt, befindet sich ebenfalls außer der Stadt zwischen dem Saganschen Thore und der ehemaligen Pforte.

Von Einführung der Lehre Lutheri zu Freystadt, und daß die Evangelischen von 1524 bis 1628 die Pfarrkirche im Besitz gehabt, sodann aber nach Beschaffenheit der Zeitumstände theils in der St. Laurenz- theils wieder in der Pfarrkirche den Gottesdienst gehalten, ist bereits im vorhergehenden gesagt worden. Nach geendigtem dreyßigjährigen Kriege aber wurden die luthrischen Prediger von Freystadt vertrieben, ihre Religionsübung hier gänzlich eingestellt, und die hiesigen evangelischen Einwohner musten solchen in den Kirchen des Fürstenthums Sagan obliegen. Allein auch dies dauerte nur bis 1668, wo die evangelischen Kirchen dort ebenfalls reducirt wurden; da sich dann die Freystädter theils

zu

zur Gnadenkirche vor Glogau, theils nach Christianstadt hielten. Endlich erlangte Freystadt vom Kayser Joseph I. in dem Executionsreceß der Altrannstädtschen Convention 1707 die Erlaubniß, eine evangelische Gnadenkirche erbauen zu dürfen, die ihnen aber theuer zu stehen kam, denn sie zahlten:

Dem Kayser für die Vergünstigung ein Dahrlehn	80000 Flor.
Demselben ein freywilliges Geschenk	10000 —
Sporteln ins Amt ꝛc	5000 —
Für den Platz	2115 —
Zur Reluition der auf dem Fundo haftenden Indiction	800 —
Summa	97915 Flor.

Den 19 März 1709 wurde der Platz zur Kirche von den Commissarien Grafen v. Zinzendorf und von Frankenberg ausgesteckt, den 22. May der Grundstein dazu gelegt, und der Bau dermaßen beschleuniget, daß den 21. Sonntag nach Trinitatis d. J. darinn schon der erste Gottesdienst gehalten werden konnte; und da der Ort, wo sie erbauet worden, vorher ein Weinberg war, erhielt sie den Namen zum Weinberge Jesu.

Die Kirche ist von Holz mit Ziegeln ausgesetzt in der Gestalt eines Kreuzes angelegt, und ziemlich geräumig, so daß, die adelichen Logen und Bühnen ungerechnet, gegen 3000 Stellen oder Sitze in derselben befindlich sind. Auch ist dabey ein Thurm mit einer Uhr und 3 Glocken. An inwendigen Verzierungen fehlt es derselben ebenfalls nicht,

da

da sich Anfangs sowohl die Bürger als die Stände des Kreises gegen die Kirche sehr freygebig erwiesen haben.

Nach Erbauung der Kirche hielten sich nicht nur die hiesige Gemeine, und alle evangelische Einwohner aus dem Freystädtschen Kreise sondern auch noch die Lutheraner aus den benachbarten Gegenden hieher, so daß dabey 4 Geistliche angestellt werden mußten, die dennoch mit Administration der gottesdienstlichen Handlungen vollauf zu thun hatten. Dermalen aber sind zu solcher nur eingepfarrt nebst Freystadt und den Vorstädten die Dörfer: Ober- und Nieder-Siegersdorf, Streidelsdorf, Ober- Mittel- und Nieder-Herzogswalde, Louisdorf, Wallwitz, Lessendorf, Bieliz, Zölling, Ober- Mittel- und Nieder- Hennigsdorf, Bullendorf, Ober-Seifersdorf, Heinzendorf, Reichenau, Zyrus, Tscheplau, Zecklau, Netschütz Antheil, Döringau, Groß-Bohrau, Zissendorf, Neudörfel, Brunzelwalde.

Bey der Kirche sind jetzt 1 Pastor primarius nebst 2 andern Predigern angesetzt. Das Patronat hat der Magistrat und die gemeine Stadt.

Pastores primarii sind seit 1709 gewesen:

Von 1705 Joachim Klepperbein bis 1715.
— 1715 Johann Friedrich Lemberg bis 1729.
— 1729 Christian Benedict Lucius bis 1739.
— 1789 Johann Christoph Becker bis 1745.
— 1745 Johann Abraham Jonke bis 1753.
— 1753 Carl Friedrich Steinberg bis 1762.
— 1762 Samuel Gottlieb Geisler bis 1770.

Von 1770 Chriſtian Vettraugott Mäßke bis 1778,
— 1778 Johann Gottfried Grünwald bis 1784.
Seit 1784 der gegenwärtige Herr Chriſtian Gottfried Metzig.

Hier will ich auch kürzlich der Kirchhöfe gedenken, deren es bey dieſer Stadt viere giebt, als:

1. Der Kirchhof bey der heil. Geiſtkirche iſt der älteſte, und bereits 1122 zur Beerdigung der Todten gebraucht worden. Als nach der Zeit aber die große Pfarrkirche in der Stadt zu Stande kam, wurde jener caßirt, und ein neuer auf dem Platze um dieſe Kirche angelegt, auf welchem ſich auch eine Rathsgruft befindet.

2. Im Jahr 1418 entſtand ein anderer Kirchhof zu U. L. Frauen genannt, vor dem Saganſchen Thore, worauf die Herzogin Katharina der Büßerin Maria Magdalena zu Ehren eine Kapelle erbauen ließ. So lange die Evangeliſchen im Beſitz der Pfarrkirche waren, bedienten ſie ſich auch dieſes Platzes zu ihren Begräbniſſen; doch nachgehends eigneten ſich ſolchen die Katholiken wieder zu, welche denſelben noch zum Gebrauch haben. Allein die Kapelle iſt ſchon ſeit vielen Jahren eingegangen.

3 Nachdem die Lutheraner den gedachten Kirchhof verlohren hatten, erkauften ſie 1634 zwey bürgerliche Gärte für 231 Rthlr., wozu ſie noch einen dritten Garten geſchenkt erhielten, richteten das Terrain zu einem Begräbnißplatz für ihre Glaubensgenoſſen ein, nannten ihn zur heil. Dreyeinigkeit, erbauten darauf eine kleine Begräbnißkirche, und ſind noch gegenwärtig im Beſitze derſelben. Man findet

bet auf solchem verschiedene Grüfte und schöne Epitaphia. Er ist vorm Saganschen Thore.

4. Noch erkaufte die evangelische Gemeine allhier 1671 in der tiefen Gasse vor dem Crossener Thore für 533 Rthlr. ein Stück Acker von 193 Schritten in der Länge, und 174 in der Breite, und haben solchen ebenfalls zu einem Begräbnißort eingerichtet.

Bey den Kirchen sind noch die Pfarrhäuser, nämlich:

f) Die katholische Pfarrwohnung in der Stadt, welche wie oben gedacht, laut einer Inschrift schon 1125 erbauet worden. Sie stehet nahe bey der Stadtmauer, wodurch man 1418 eine Pforte zur Austragung der Todten während der Pest gemacht hatte; solche ist zwar jetzt zugemauert, doch hat das Gäßchen so zum Pfarrhof und zur Pforte führt, von daher den Namen das Todtengässel erhalten.

g) Die evangelische Pastorwohnung befindet sich außer der Stadt bey der Gnadenkirche auf einem Berge, und ist 1734 erbauet worden, nachdem sich die Prediger vorher mit andern Wohnungen hatten behelfen müssen. Neben an stehen verschiedene Gebäude für die untern Kirchbedienten.

h) Die katholische Stadtschule ist ein altes Gebäude, stehet nächst dem Pfarrhof hinter der Kirche, und wird nur von einem einzigen Lehrer bearbeitet.

i) Die evangelische Stadtschule ist im Jahr 1712 bey der Gnadenkirche erbauet worden. Es arbeiten in derselben 1 Rector, 1 Conrector, 1 Adjunctus, 1 Cantor, 1 Organist, welcher letztere besonders die Mädchen unterrichtet.

Hospitäler sind hier drey, als:

k) Das Hospital zum heil. Geist, bey der oben gedachten Kirche gleichen Namens, ist 1320 vom Herzog Heinrich gestiftet, und darauf 1469 von Heinrich XI. bestättiget worden. Dieser Herzog dotirte es mit einem Vorwerk, nachdem bereits zuvor 1444 zwey Hufen Acker von der Pfarrwidmuth dazu waren abgelassen worden; und 1509 wurden die Grundstücke desselben durch Erkaufung der Prüferschen Aecker noch vermehrt. Indessen hat 1758 die Stadtkämmerey dies Vorwerk mit dazu gehörigen Aeckern an sich gekauft. Auch gehörten sonst dazu zwey gangbare Windmühlen, und werden bisweilen gegen 14 Hospitaliten beyderley Geschlechts und Religion unterhalten.

l) Das Hospital St. Laurentii befindet sich in der oben beschriebenen St. Laurentiikirche. Es ist vermöge eines noch vorhandenen pergamentenen Documents 1399 am Sonntag nach St. Gallen gestiftet, und von einer gewissen Margarethe Grünenbergin mit verschiedenen Zinsen dotirt worden, die auf den Fleischbänken haften. Es werden darinn 6 Hospitaliten versorget, welche laut einem Privilegio vom Herzog Johann II. d. 1488 die Freyheit haben, alle Jahr nach der Erndte im ganzen Freystädtschen Kreise Garben einzusammeln.

m) Das Hospital St. Lazari vorm Crossener Thore. Sonst hieß es das Armenhäusel; allein so
wohl

wohl der Stifter als die Zeit der Stiftung desselben ist unbekannt. Man findet nur, daß dasselbe 1514 eine Verschreibung und Konfirmation über 60 Ungarische Goldgülden erhalten, von denen und andern Zinsen mehr 6 Personen verpflegt werden. Alle drey Hospitäler stehen unter der Aufsicht des Magistrats.

n) Das Rathhaus stehet mitten am Ringe, ist ehedem sehr gut gebaut, auch mit einem schönen Thurme geziert gewesen, hat aber in jedem Stadtbrande viel gelitten, und das meiste von seiner Zierde verlohren. Im untern Stock ist das Accis- und Zollamt, im zweyten die Raths- und Partheyenstube, dann gehet man über einen langen Gang in die Kämmereystube und ins Archiv.

o) Das bürgerliche Schießhaus, bey welchem vordem bis 1625 sowohl Scheiben- als Vogelschießen gehalten worden. Das feyerlichste Vogelschießen war 1610 den 1. August, wobey sich 99 frembde Schützen aus verschiedenen schlesischen Städten, sogar auch aus der Lausiz und von Posen einfanden. Die Einlage war 9 Rthlr. Gewinnste sind vertheilet worden 710 Rthlr. 1628 brach ein Sturm die Vogelstange ab, und das Schießen unterblieb, weil keine neue aufgerichtet wurde, besonders da die Bürger im dreyßigjährigen Kriege andere Sorgen hatten; doch wird das Scheiben- und Königsschießen noch fortgesetzt.

Die übrigen öffentlichen Gebäude sind:

p) 4 Malz- und Brauhäuser.

q) 1 Wachthaus.
r) 4 Zoll- und Accishäuser.

Privathäuser befinden sich:

In der Stadt	199
In der Crossener Vorstadt	93
In der Saganer Vorstadt	81
In der Glogauer Vorstadt	69
Summa	442
Hierzu die öffentlichen Gebäude überhaupt	31
Summa aller Gebäude	473

worunter 256 mit Ziegeln gedeckt sind.

Scheunen   38

Nach dem Brande 1692 waren Privathäuser:

In der Stadt	199
In den Vorstädten	238
Zusammen	437

Und hat also die Stadt seit dem letztern Brande 1764 nicht nur keine Brandstellen behalten, sondern ist noch mit 5 Häusern vermehret worden. Allein seit dem Brande von 1637, vor welchem sie aus 610 bebaueten Stellen bestand, ist der Abfall merklich.

Unter den Privathäusern befinden sich 6 Gasthöfe, nämlich 1) der Braunshof in der Lorenzgasse, welcher

cher in Justitzsachen unmittelbar unter der Glogauschen Oberamtsregierung stehet; 2) der weiße Löwe am Ringe, 3) der Wallfisch auf dem Graben, nebst noch drey andern, die keine besondere Namen haben. Auch giebt es bey der Stadt 24 Windmühlen, 2 Wassermühlen, 1 Walke, 1 Schneidemühle.

§. 4.

Einwohner.

Etwa ¾ derselben bekennen sich zur lutherischen, ¼ aber zur katholischen Religion. Ihre Anzahl war 1785 überhaupt:

Männner	549
Weiber	728
Söhne	466
Töchter	538
Gesellen	87
Dienstbothen, männliche	94
— weibliche	167
Summa	2629

ohne das Militär.

1758 wurden gezählt 2794 Seelen.

Das Consumo war 1000 Schfl. Weitzen, 5684 Schfl. Roggen, 550 Schfl. Brandweinschrot, 2462 Schfl. Malz. 75 St. Rindvieh, 652 St. Schweine, 1435 St. Kälber, 1518 Hammel

Populations-Liste
der Einwohner in der Stadt und den 3 Vorstädten.

a) Katholische.

Jahr.	Getraute.	Gebohrne.	Gestorbene.
1779	4	14	13.
1780	4	12	10.
1781	7	11	9.
1782	5	15	24.
1783	3	17	15.
1784	2	13	6.
	25	82	77.

b) Evangelische.

1779	18	62	92.
1780	23	64	46.
1781	9	82	87.
1782	15	60	73.
1783	13	54	70.
1784	10	77	59.
	88	399	427.
Hierzu die Katholische	25	82	77.
In 6 Jahren also	113	481	504.

§. 5.
Nahrungszweige.

Die hiesigen Einwohner nähren sich:

1. Vom Ackerbau, welcher in 165 Scheffeln Aussaat bestehet, meist aber nur von den Vorstädtern betrieben wird.

2. Vom

2. Vom Bierbrauen, welches auf 123 Häusern haftet, und wie gedacht, ehemals als die Stadt noch den Ausschrot auf alle Dörfer unter der Meile hatte sehr einträglich war. 1681 waren nur 121 Braustellen, und es wurden 5680 Achtel Bier allein aufs Land geschroten. Ob sich nun gleich 1692 verschiedene Dörfer durch gewisse Verträge vom Ausschrotzwang befreyet haben, so sind nach der Zeit doch noch 2 Braustellen mehr angelegt worden, und der Brauurbar hat nach und nach dergestalt abgenommen, daß 1788 nur noch auf 13 Dörfer 414 Achtel verladen worden. Die noch gegenwärtig unter dem Ausschrot stehenden Dörfer sind folgende: Reichenau, Heinzendorf, Groß-Bohrau Antheil, Zissendorf, Ober-Siegersdorf, Nieder-Siegersdorf Antheil, Wallwitz, Zyrus, Zecklau, Tscheplau, Zölling, Mittel-Herzogswalde, Neudorf.

3. Vom Handel, welcher in 12 Kramladen mit Specerey und Zeugen, doch nur im Kleinen getrieben wird. Dann giebt es hier noch einige Victualien, 3 Garn- und 1 Buchhändler. Alle Dienstage und Freytage ist Wochen- und Getreidemarkt; doch bedeutet letzterer nicht viel, denn es wird kaum der Getreidebedarf für die Bürger dahin gebracht.

Jahrmärkte, an denen zugleich großer Vieh- und Leinwandmarkt ist, sind 2, und jeder stehet beynahe durch 8 Tage; 1) Montag nach Invocavit, 2) Montag nach Trinitatis, 3) Montag vor Michaelis.

4. Von allerhand Künsten und Handwerken, derselben sind: 1 Apothecker, 6 Bader und Barbierer,

rer, 14 Bäcker mit 34 Bänken, 2 Brauer, 8 Brandweinbrenner, 3 Buchbinder, 1 Buchdrucker, 2 Büchsenmacher, 10 Böttcher, 3 Corduaner, 1 Destillateur, 3 Drechsler, 8 Färber, 13 Fleischer mit 34 Bänken, 2 Glaser, 2 Grützner oder Gräupner, 1 Goldschmied, 3 Gürtler, 5 Handschumacher, 5 Hutmacher, die jährlich über 2700 Hüte machen; 2 Kammmacher, 1 Klemptner, 2 Knopfmacher, 3 Korbmacher, 1 Kraftmehlmacher, 1 Kunstpfeifer, 3 Kupferschmiede, 13 Kürschner, 18 Leinweber, 2 Maler, 4 Mauermeister, 26 Müller, 5 Nadler, 1 Nagelschmied, 3 Perückenmacher, 2 Pfefferküchler, 1 Posamentir, 4 Rade- und Stellmacher, 6 Riemer, 5 Sattler, 1 Schieferdecker, 3 Schleifer, 4 Schlosser, 8 Schmiede, 23 Schneider, 1 Schornsteinfeger, 30 Schuster mit 32 Bänken, 4 Seifensieder, 6 Seiler, 1 Sporer, 2 Steinbrücker, 16 Stricker, die jährlich gegen 9000 Paar Strümpfe und 40 Duzent Handschuh fertigen; 9 Tischler, 13 Töpfer, 5 Trippmacher, 28 Tuchmacher, die bis 900 Tücher und 80 Flanelle machen; 2 Tuchscheerer, 1 Uhrmacher, 1 Wachszieher, 1 Walker, 2 Weisgerber, 4 Winzer, 1 Ziegelstreicher, 1 Zimmermeister, 1 Zinngießer.

5. Haben die Bürger auch etwas Weinbau, besonders aber gute Obstgartennutzung. Die Freystädtschen Birnen sind allenthalben beliebt.

§. 6.

Verschiedenes.

Die Kämmerey besitzt eigenthümlich 1) das ganze Dorf Heinzendorf, oder Heinrichsdorf, welches nach

nach einem copeylichen Briefe 1323 vom Herzog Heinrich IV. der Stadt geschenkt, und 1405 d. Freytag nach Christi Himmelfahrt von der Herzogin Katharina aufs neue bestättiget worden. 2) Das ganze Dorf Reichenau. 3) Einen Antheil von Zissendorf. 4) Einen Antheil von Groß-Bohrau. 5) Ein Bauerguth zu Ober-Herzogswalde. Wie diese vier Realitäten an die Stadt gekommen, ist nirgends aufzufinden; indessen hat K. Rudolph II. 1597 d. am Tage Michaelis über die erstern drey, Herzog Hanns II. aber 1482 den 24. Jun. über den Bauer einen Lehnbrief gegeben, der noch vorhanden ist. 6) Das sogenannte Stadtvorwerk, so 1651 um 1386⅔ Rthlr. zur Kämmerey erkauft worden. 7) Das ehemalige Hospitalvorwerk, welches der Rath 1758 für 3795¼ Rthlr. erkaufte. 8) Das Burglehn, so aber nur in gewissen Zinsen und Gerechtsamen bestehet, (s. oben H. 3. vom Karmeliterkloster.) 9) Zwey Ziegeleyen. 10) Einen kleinen Forst, woraus aber höchstens nur das Deputatholz geschlagen werden kan, und der daher der Stadkasse nicht viel einbringt. Ueberhaupt betragen die Einkünfte der Kämmerey jährlich gegen 3000 Rthlr. die aber meist wieder theils auf Besoldungen, theils auf Bauten und andern Ausgaben gemeiner Stadt verwendet werden.

Seit dem Jahr 1388, wo die ersten sichern Nachrichten von dem Zustande der Stadt anfangen, sind zu Feystadt folgende Burgermeister gewesen:

1388 Nicolaus Heichmann.
1399 Henklin Walter.
1400 Peter Kersten.

1403

1403 Hanns Arnold.
1405 Hensley Meyer.
1414 Jacob Krüger.
1415 Nicolaus Kloß.
1422 Nicolaus Flöther, *item* 1437.
1434 Nicolaus Schweidnitz.
1436 Heinrich Thyme, *item* 1445.
1456 Sigmund Ludwig, *item* 1464.
1461 Bartel Winzig, *item* 1467.
1470 Hanns Lorenz, *item* 1478.
1473 Johann Ludwig.
1474 Daniel Thyme, *item* 1486.
1479 Hanns Wetzimburg.
1483 Hanns Scholz,
1493 Hanns Menzel.
1497 Nicolaus Günther, *item* 1508. 1518.
1504 Hanns Kretschmer.
1514 Balzer Ludwig.
1520 Hanns Kretschmer, war der erste Lutherische
1522 Stephan Petzelt,
1525 Hanns Benedix, *item* 1529.
1526 George Petzold.
1527 Johann Sverus, *item* 1556.
1544 Gregorius Curäus.
1551 Lorenz Arnold, *item* 1555. 1563.
1553 Hanns Schwab.
1571 Chrisostomus Körber.
1572 David Tschakisch.
1579 Gregorius Sündermann.
1580 Joachim Titius.
1582 Joachim Gutsche.
1583 Jacob Junge.
1586 Valentin Fuchs, *item* 1610.

1592

125

1592 Thomas Gottwald.
1599 David Kloß.
1605 Samuel Rothe, *item* 1620.
1608 Abraham Scholz, *item* 1611.
1614 Joachim Müller.
1626 Paul Becker, *item* 1643.
1630 Christoph M.cius.
1635 Bartholomäus Pfichholz.
1647 Adam Schönborn.
1652 Christoph Franke.
1659 Christoph Adalbert Keller.
1662 Johann George Feiertag bis 1699
1699 Franz Alexander Keller bis 1741
1741 Johann Gottlieb Blochmann.
1744 Friedrich August Brown.
1759 Johann Christian Hirte.
1765 Johann Theodor Schneider.
1785 Christian Theophilus Wehner.

Letzterer ist gegenwärtig noch Burgermeister, und nebst ihm sitzen im Rathskollegio 1 Proconsul, 1 Syndicus, 1 Kämmerer, 3 Rathmänner. Gewöhnlich werden wöchentlich drey Seßiones gehalten.

Die andern königl. Beamten allhier sind:

a) Beym Accis- und Zollamt 1 Einnehmer, 1 Stadtcontrolleur, 1 Cassencontrolleur.

b) Beym Kreissteueramt 1 Steuereinnehmer, 1 Kreisphysicus.

c) Beym Postamt 1 Postmeister.

In Justizsachen stehet die Stadt unter der Oberamtsregierung zu Glogau, in Cammeralsachen aber unter dem 2ten steuerräthlichen Cammerdepartement.

Im Feuersocietätscatastro auf 138000 Rthlr.

Von

Von Neustädtel.

Neustädtel war ehedem mit einer Mauer umgeben und hatte 4 Thore, bey welcher Gelegenheit aber die Stadtmauer demolirt worden, ist unbekannt. 1474 brannte dieser Ort ganz ab; 1678 hatte derselbe ein ähnliches Schicksal, und ist nun ein offenes Städtchen, welches jedoch unter der Accise stehet, vorher den Jesuiten gehörte, jetzt aber, nachdem die Güter derselben verkauft worden sind, des Herzogs zu Curland und Fürstens zu Sagan Eigenthum ist.

Öffentliche Gebäude giebt es daselbst:
1. Die katholische Pfarrkirche.
2. Die katholische Begräbnißkirche.
3. Die evangelische Kirche
4. Die evangelische Begräbnißkirche.
8. Vier Pfarr- und Schulhäuser.
9. Das Hospital.
10. Das Rathhaus.
15. Fünf städtsche Beamtenhäuser.
16. Das Magazingebäude.
17. Das Stockhaus.
19. Zwey Malz- und Brauhäuser.

Privathäuser sind in der Stadt 134, in der Vorstadt 9, zusammen 143. Wüste Stellen sind noch 50, Scheunen 40. Unter den Privathäusern sind 2 Gasthöfe, 1 Lohmühle, und überhaupt nur 21 mit Ziegeln gedeckt.

Ein-

Einwohner sind 1787 allhier gewesen 371 Männliche und 427 Weibliche, Summa 798 Seelen.

Das Consumo betrug 23 Stück Rindvieh, 246 St. Schweine, 443 St. Hammel, 379 St. Kälber. 130 Scheffel Weitzen, 1298 Schfl. Roggen, 599 Schfl. Hafer, 429 Schfl. Malz, 96 Schfl. Brandweinschrot.

Die Nahrungszweige bestehen:

1. Im Ackerbau, womit sich ein großer Theil der Einwohner abgiebt.

2. Im Brauurbar, wozu 120 Stellen berechtiget sind. Doch hat die Stadt keinen Bierverlag auf die Dörfer.

3. Im Handel, welchen 6 Krämer betreiben, und der nicht viel zu bedeuten hat.

Wochenmarkt wird hier gar nicht gehalten. Jahrmärkte sind drey, und zwar 1) Sonntag nach Georgi, 2) Sonntag nach Aegidi, 3) Sonntag nach Galli.

4. In allerhand Profeßionen, als 2 Bader, 6 Bäcker mit 7 Bänken, 1 Brandweinbrenner, 1 Brauer und Mälzer, 2 Büttner, 3 Färber, 5 Fleischer, 2 Gräupner, 1 Holzarbeiter, 2 Handschuhmacher, 1 Hutmacher, 1 Korduaner, 15 Kürschner, 1 Kunstpfeiffer, 2 Leinweber, 2 Maurer, 1 Orgelbauer, 1 Pfefferküchler, 4 Rade- und Stellmacher, 1 Riemer, 2 Sattler, 1 Schlosser, 4 Schmiede, 8 Schneider, 22 Schuster mit 17 Bänken, 2 Seiffsieder, 3 Seiler, 1 Steinschneider, 2 Strumpfstricker, 5 Tischler, 6 Töpfer, 1 Zimmermann.

Die

Dieser Ort hat keine Garnison.

Die Kämmerey besitzt weder Dörfer noch Vorwerker, auch keine Waldungen; und ihre Einkünfte betragen jährlich gegen 500 Rthlr.

Im Feuersocietätscataftro stehet die Stadt auf 42512 Rthlr.

Der Magistrat hat die Nieder= der Grundherr die Obergerichte. Im Rathskollegio befinden sich 2 Burgermeister, 1 Feuerburgermeister, 1 Notarius, 2 Rathmänner.

Die andern königl. Aemter sind:

Das Accisamt.

Das Postamt. Bey letzterm ist hier einer der stärksten Postcourse in Schlesien, denn es kommen dabey vor

ankommende Posten:

Sonntags. Die fahrende Post aus Freystadt, Früh um 7 Uhr. Die fahrende Post aus Glogau, Mittags um 12 Uhr. Die Botenpost von Freystadt und Beuten, Vormittags um 10 Uhr Die fahrende Post aus Sprottau und zugleich aus Sagan, Sorau x. Früh um 7 Uhr. Die fahrende Post aus Berlin, Frankfurt, Crossen x. Nachmittags um 2 Uhr. Die fahrende Post aus Breslau, Neumarkt, Parchwitz, Lüben, Liegnitz, Goldberg, aus dem Gebürge, Oberschlesien u.s.w. Nachmittags um 5 Uhr.

Montags. Die reitende Post aus Berlin, Crossen, Frankfurt, Pommern, Preussen, Holland, Engelland x. Früh um 4¼ Uhr. Die reitende Post aus

aus Breslau, Glogau, Oberschlesien, dem Gebürge, Glaz, Wien, Prag u. s. w. Vormittags um 9½ Uhr. Die reitende Post von Freystadt Früh um 1 Uhr.

Mittwochs. Die Botenpost von Fraustadt und Beuthen wie am Sonntage. Die fahrende Post aus Freystadt wie am Sonntage. Die fahrende Post aus Sprottau wie am Sonntage. Die Berliner fahrende wie am Sonntage.

Donnerstags. Die fahrende Post aus Glogau wie am Sonntage. Die reitende Post aus Freystadt wie am Montage. Die Berliner reitende Post wie am Montage. Die Breslauer reitende Post Abends 9½ Uhr.

Abgehende Posten:

Sonntags. Die fahrende Post nach Polkwiz, Lüben, Liegniz, Schweidniz, Parchwiz, Neumark, Breslau, Oberschlesien, Glaz ꝛc. Nachmittags um 3 Uhr. Die fahrende Post nach Glogau, Guhrau, Trachenberg, Herrnstadt, Militsch, Nachmittags um 4 Uhr. Die fahrende Post nach Wartenberg, Grünberg, Crossen, Frankfurt, Berlin, Pommern u. s. w. Abends um 6 Uhr. Die fahrende Post nach Freystadt, Abends.

Montags. Die reitende Post nach Polkwiz, Glogau, Haynnau, Hirschberg, Lüben, Liegniz, Jauer, Bunzlau, Breslau, Oberschlesien, Wien, Prag ꝛc. Früh um 4½ Uhr. Die reitende Post nach Wartenberg, Grünberg, Berlin, Pommern, Preussen, Rußland ꝛc. Früh 9¼ Uhr. Die reitende Post nach Freystadt, Vormittags. Die fahrende Post

Beschr. v Schl. X. Th. 2. St.   J   nach

nach Sprottau, zugleich nach Sagan und Sorau Vormittags um 11 Uhr. Die Botenpost nach Beuthen und Fraustadt.

Mittwochs. Die Breslauer fahrende Post nach Polkwitz, wie am Sonntage. Die fahrende Post nach Glogau, wie am Sonntage.

Donnerstags. Die Breslauer reitende Post wie am Montage. Die Berliner fahrende Post wie am Sonntage. Die fahrende Post nach Freystadt wie am Sonntage. Die Berliner reitende Post Abends 9¾ Uhr. Die reitende Post nach Freystadt Abends um 10 Uhr. Die fahrende Post nach Sprottau, Abends 10½ Uhr.

Freytags. Die Botenpost nach Fraustadt und Beuthen, Früh.

Von Beuthen.

§. 1.

Etwas von der ältern Geschichte der Stadt.¹)

Beuthen gehört mit unter die ältesten Städte Schlesiens, und soll nach Curäi Meinung von einem Fürst der Lygier, Namens Bythurix, erbauet worden seyn, dessen Völker erst die Gegend um Liegniz, Lüben, Glogau ꝛc. bewohnten, dann aber nach Frankreich übergiengen, wo deren Nachkömm-
           lin-

1) Ist meist aus dem Manuscript der lateinischen Chronicke des Pastor Titus gezogen.

lange den Namen Bythurger geführet haben, und von eben diesem Bythurix will auch Curäus den Namen des Ortes Beuthen herleiten.

In der ältern Geschichte wird dieser Ort Boythin genannt; dies hat einige auf die Gedanken gebracht, daß die Lage des Orts zu dieser Benennung Anlaß gegeben, und Boythin so viel heissen sollte, als wenn man bey Auswahl eines Platzes zur Erbauung gesagt hätte: Bauet hier oder bauet hin.

Andere hingegen wollen sowohl die Erbauung als Benennung dieser Stadt einer hier vorgefallenen Schlacht zuschreiben, und zwar aus dem Grunde, weil Boythin in der polnischen Sprache eine Schlacht, Bonthin aber Schlagen, oder Geschlagen, und selbst das deutsche Wort Beuthen so viel als Beute machen, oder berauben heißt; und also vielleicht eine Stelle bezeichnen soll, wo ehedem eine Schlacht vorgefallen, Beute gemacht, und solche sodann unter das Kriegsvolk vertheilet worden.

Diese Meinung erhält dadurch eine Wahrscheinlichkeit, daß man an dem Kirchthurm zu Beuthen etliche schlecht gearbeitete Steine sieht, worauf theils Schwerdter und Lanzen, theils ein Kreuz und Grabeisen eingeätzt sind; vermuthlich sind dies Denkmäler älterer Begebenheiten allhier, und erstere scheinen an eine hier vorgefallene Schlacht oder andere Kriegsereignisse, letztere aber an eine daselbst gewesene Pest zu erinnern. Indessen ist keine Jahrzahl dabey angemerkt, und diese Monumente mögen wohl aus jener Zeit herrühren, wo die Schrift noch nicht

sehr

sehr im Brauche war. Doch kan man auch nicht weiter als bis auf das Alter des Christenthums in dieser Gegend zurückgehen, weil den Heiden das auf den gedachten Steinen befindliche Zeichen des Kreutzes unbekannt war, und durch dasselbe gemeiniglich nur eine christliche Begräbnißstätte angedeutet wird.

Endlich wollen noch andere Boleslaum *I.*, der 965 über Polen und Schlesien regierte, Mieslai des ersten christlichen Herzogs Sohn, für den Erbauer von Beuthen halten, und führen zur Behauptung ihres Satzes das erste Stadtwappen von Beuthen an, welches aus einem Mannskopf mit einem Sturmhut bedeckt, über die Schulter rückwärts einen Spieß, und unter dem Halse den Buchstaben B. habend, bestand, der sowohl den Namen des Erbauers als der Stadt selbst bedeutet haben soll. Nach des Geschichtschreibers Mechovii Zeugniß war dieser Boleslaus ein Fürst, der mit den benachbarten Völkern verschiedene Kriege führte. Möglich ists also, daß er hier einem seiner Feinde eine Schlacht geliefert, zum Gedächtniß des erfochtenen Sieges sodann auf die Stelle die Stadt Beuthen erbauet, und derselben gedachtes Wappen mit dem Anfangsbuchstaben seines Namens zur Erinnerung an ihren Stifter verliehen hat, worauf sich denn auch leicht die oben bemeldten Zeichen auf den Steinen am Thurme beziehen können.

Freylich kan der Buchstabe B. auch auf Bythurix gedeutet werden, und Strabo gedenkt der uralten Bythomier, die ihren Wohnsitz unter den Lygiern in dieser Gegend gehabt, und dem Orte den Namen Bythomia, wie solcher im Lateinischen noch heißt,

heißt, gegeben haben sollen; da aber diese Sache schwer zu entscheiden ist, so überlasse ich es dem Urtheil eines jeden, wen er für den Erbauer halten will.

Was nun die Schicksale dieser Stadt betrift, so erzählet die Tradition, daß Beuthen Anfangs auf einer andern Stelle, und zwar eine halbe Meile von dem jetzigen Orte mehr gegen Morgen zu auf einer Anhöhe nächst der Oder gestanden, wo man noch Spuren von gemäuerten Gebäuden findet.

1109, wo nämlich der Name dieser Stadt zum erstenmal in der Geschichte vorkommt, wurde das hiesige Schloß vom Kayser Heinrich V. belagert; es muß aber sowohl Stadt als Schloß damals schon ziemlich veste gewesen seyn, weil das kayserliche Heer dem Orte nichts abgewinnen konnte, sondern die Belagerung aufheben muste. Allein um das Jahr 1147 hatte sie mit Glogau einerley Schicksal; denn als zu dieser Zeit Kayser Friedrich der Rothbart den Herzog Boleslaum IV. bekriegte, Boleslaus aber diesem Feinde nicht widerstehen zu können glaubte, zerstörte er die haltbarsten Oerter, Glogau und Beuthen mit Feuer, um nicht solche seinem Gegner einräumen zu dürfen. Nach dieser Verwüstung folgten die Beuthner dem Beyspiele der Glogauer, und verlegten so wie jene die Stadt an die Stelle, wo sie noch gegenwärtig stehet.

Nach diesem Brande und der Versetzung der Stadt scheinen die Einwohner lange Zeit in schlechter Verfassung gewesen zu seyn; denn 1332 gab König Johann aus Böhmen, der damals die eine

Hälf-

Hälfte der Stadt dem Herzog Johann zu Steinau abgekauft hatte, den hiesigen Bürgern ein Privilegium, welches das älteste dieses Ortes ist, worinnen er denselben den freyen Gebrauch und Besuch des Marktes zu Glogau nebst der Befreyung von allem Zoll erlaubt, und zwar mit den Worten: „Damit Beuthen ebenfalls ins Aufnehmen kommen, und unbeschwerter dem König seine Pflicht leisten könne." Indessen scheinet dies Privilegium den Beuthnern wenig Vortheil geschaft zu haben; Curäus versichert auch, daß Glogau für Beuthen immer druckend gewesen, weil ersterer Ort nicht nur mehr anziehendes für die Fremden hatte, sondern selbst viele Einwohner von Beuthen nach Glogau übergiengen; und aus einigen hiesigen rathhäuslichen Briefen vom Jahr 1361 ergiebt sich, daß Beuthen damals noch wenig bebauet gewesen, denn viele Plätze lagen wüste, und es mangelte sowohl an Einwohnern als an Nahrung.

Auch die andere Hälfte von Beuthen war unterdessen an den König in Böhmen gekommen,[1]) und wahrscheinlich war dies die Epoche, wo die erste Veränderung mit dem Stadtwappen vorgieng, und wo Beuthen statt des bisherigen zum Streit gerüsteten Mannes zum Zeichen der königlichen Oberherrschaft über diese Stadt einen ganzen Adler im Wappen zu führen anfieng. 1360 oder 1361 gab K. *Karl IV.* Herzog Heinrichen halb Beuthen wieder zurück; und da sowohl der König als der Herzog jeder über seinen Antheil einen besondern Magistrat

---

1) Mehr von diesen Acquisitionen s. die Regentengeschichte von der Herrschaft Beuthen.

gistrat bestellt hatte, so entstand aus diesem zweyfachen Regiment manche Unannehmlichkeit und Streitigkeiten, das Wachsthum der Bürger wurde gehindert, und die Stadt kam nie zu dem blühenden Zustande, zu dem sie ihrer Lage und dem Alter nach wohl hätte kommen können.

1461 erlitte die Stadt den zweyten großen Brand, worinn viele alte rathhäusliche Urkunden verlohren gegangen sind. Um eben diese Zeit wurde die königliche Hälfte der Stadt an die Familie derer von Rechenberg verpfändet, Herzog Heinrich IX. aber verkaufte sodann 1470 einen Antheil von seiner Hälfte an den George v. Glaubiz auf Briegl, den andern Antheil hingegen an einen gewissen Andreas Neumann, so daß Beuthen nun in drey Theile zergliedert war; und bey dieser Gelegenheit wurde das Stadtwappen zum zweytenmal geändert, die eine Hälfte des bisherigen Adlers blieb in demselben, die andere Hälfte hingegen wurde in Karpfen oder Hechte verwandelt, die wahrscheinlich das Wappen der adelichen Antheilsbesitzer von Beuthen waren.

Mit diesem Andreas Neumann nahmen die ersten öffentlichen Stadtbücher zu Beuthen ihren Anfang; wiewohl es auch möglich ist, daß dergleichen schon früher üblich gewesen, und in dem Brande von 1461 verlohren gegangen. Wenigstens ist das erste in dem rathhäuslichen Archiv noch vorhandene von ihm, worein er mit eigener Hand folgendes geschrieben hat: „Nach Gottes Geburth „1470 am Sonntag in der Fastnacht ist es gesche„hen, daß Andreas Neumann die Zeit Herr zu Beu„then am Theile des hochgebohrnen Fürstens und „Herrn

„Herrn Herzog Heinrich dies Buch zu einer ewigen
„Gedächtniß gegeben hat der Stadt zu Gute, also
„daß die Herren in dem gedachten Theile in solch
„Buch zeichnen, und schreiben sollen umsonst alle
„Sachen, die er zu Beuthen haben wird, in solch
„unser Stadtbuch."

Endlich brachte dieser Neumann 1475 Mittwoch
nach Sophia noch die ganze königliche Hälfte, welche Nicolaus v. Rechenberg bisher Pfandweise besessen hatte, für 1700 Ungr. Goldgülden ebenfalls an sich; so daß er nun von 3 Antheilen der v. Glaubitz aber nur von einem Antheil Herr war. Allein in eben diesem Jahre im Monat September hatte die Stadt das Unglück, zum drittenmal ganz abzubrennen,*) nur die einzige Kirche blieb verschonet; und ein vierter totaler Stadtbrand erfolgte 1522 zu Anfang der Fastenzeit, wo auch die Kirche zugleich mit im Feuer aufgieng.

Beuthen war immittelst durch Wiederkauf abermal und zwar ganz an die Familie derer v. Rechenberg gekommen, in deren Händen solches bis 1561 blieb, wo Fabian v. Schönaich Herr davon wurde. Diesem hat die Stadt sehr vieles zu verdanken: denn er war es, welcher hier nicht nur, um den Einwohnern einen neuen Nahrungszweig zuwegezubringen, den Weinbau einführte, und sie zu besserer Cultur ihrer liegenden Gründe antrieb; sondern er nahm auch auf die äußerliche Verschönerung der Stadt Bedacht, führte theils selbst neue Gebäude auf, theils brachte er die Bürger dahin, daß sie ihre Häuser entweder verbesserten, oder auf wüste Stellen neue er-

*) Pol. Brandspiegel S. 124.

erbauten, wozu er ihnen unentgeltlich Holz und Ziegeln schenkte; gewöhnte die Einwohner zu mehrerer Sittlichkeit, legte den ersten Grund zur Stiftung eines Hospitals, und bewirkte es durch unabläßige Sorge soweit, daß dieser Ort ein ganz ander Ansehen bekam, und unter seiner Regierung in kurzer Zeit so an Wohlstand wie an Häusern und Einwohnern zunahm. Noch mehr aber kam Beuthen unter Fabians Nachfolger, dem George v. Schönaich empor, der die Stadt noch mehr verbesserte, solche 1600 mit drey ordentlichen Thoren, Wall und Graben versahe, und zu eben der Zeit das ehedem berühmte Gymnasium hier stiftete, wovon unten mehrere Nachricht vorkommen wird.

Im dreyßigjährigen Kriege ließ der schwedische General Stallhans 1639 eine Brücke bey Beuthen über die Oder schlagen,¹) und 1640 lieferten die Schweden und Kayserlichen bey Beuthen ein starkes Scharmützel, dergleichen auch das Jahr darauf erfolgte; 1642 aber eroberten die Kayserlichen das von den Schweden bevestigte Beuthen, wurden jedoch wieder daraus vertrieben.

Im siebenjährigen Kriege musten die Einwohner über 5000 Rthlr. Schulden zur Bezahlung der feindlichen Kontribution machen, da die Russen mit den Oesterreichern in dieser Gegend öfters abwechselten.

§. 2.

1) Lucä S. 1025.

§. 2.
Gegenwärtige Verfassung.

Beuthen liegt zwischen Gros-Glogau und Crossen, von ersterm Orte 3, vom letztern 6 Meilen entfernt, an der Oder in einer fruchtbaren Gegend, ist gegen Morgen und Mittag mit schönen Kornfeldern, gegen Abend aber mit Obstgärten und Weinbergen umgeben, und jenseits der Oder am Ufer hin befindet sich ein Eichwald, der dieses Revier noch angenehmer macht. Eine eigentliche Ringmauer hat dieser Ort zwar nicht, ist aber doch sonst mit einem Wall bevestiget gewesen, wiewohl derselbe jetzt ebenfalls meist eingegangen. Die Häuser sind größtentheils nur von Holz, doch noch so ziemlich regulär gebaut, und sowohl der ins Quadrat angelegte Ring als die vorzüglichsten Gassen gepflastert.

Zum Unterscheid der Stadt gleichen Namens in Oberschlesien wird dieser Ort Beuthen an der Oder, oder in Niederschlesien genannt.

Zur Garnison liegt hier 1 Escadron vom Tschierskischen Dragonerregiment.

§. 3.
Gebäude.

Unter den hiesigen öffentlichen Gebäuden zeichnen sich besonders aus:

1. Die katholische Pfarrkirche zu St. Stephan genannt. Sie scheinet schon von altem Ursprunge zu seyn; doch weiß man weder das Jahr ihrer

ihrer Erbauung noch den Stifter derselben. Aus denen vom ehemaligen Pastor Titus hinterlassenen Nachrichten ergiebt sich, daß dabey vormals ein Nonnenkloster gewesen; nachdem aber dieselben theils aus Mangel und Unterhalt, theils weil ihr Kloster im Stadtbrande von 1522 mit im Feuer aufgegangen war, Beuthen verließen, und nach Sprottau übergiengen, maßten sich die Augustiner zu Sagan dieser Kirche an, und errichteten eine Probstey dabey, die sie aber nur bis 1540 besaßen. Denn als dazumal die Beuthner die Lehre Lutheri annahmen, wurden ihnen die hiesigen Mönche, die sehr dawider eiferten, zur Last; die Gemeine machte daher denselben allerhand Verdrüßlichkeiten, und nöthigte sie endlich gar, diese ihre Probstey zu verlassen. Nun kam zwar ein Dohmherr von Glogau, Namens Meusel, als Pfarrer hieher; weil aber den Beuthnern mehr an der Kirche als am Pfarrer gelegen war, so trieben sie solchen wieder zur Stadt hinaus, nahmen 1540 die Kirche in Besitz, und stellten einen lutherschen Pfarrer dabey an; der damalige Herr von Beuthen, Franz v. Rechenberg hingegen zog die Probstey- und Kirchengüther an sich, die er theils veräußerte, theils zur eigenen Benutzung selbst behielt.

Der erste, der das evangelische Pastorat allhier bekleidete, hieß Markus, er blieb 2 Jahr daselbst, und wurde hierauf wegen seiner schlechten Aufführung entlassen.

Ihm succedirte ein gewisser Simon, der nach 3 Jahren durch Verfolgung des Bischofs von Breslau vertrieben wurde.

Dann

Dann kam Valentin v. Rothenburg; er war von Adel, schafte die Ohrenbeichte ab, und starb 1558.

An die Stelle des Verstorbenen wurde Valentin Höpner, ein Ungar, hieher berufen, welcher die sonst üblichen Umgänge oder Prozeßiones, mit dem Kreuz und der geweihten Hostie abstellte, und sonst noch verschiedene Einrichtungen bey der Kirche machte. Sein Tod erfolgte 1576.

Nach ihm wurde unterdessen ein Vicarius, Namens Johann Anton Unwürde, nebst einem Diacon Gregorius Lubanus, angesetzt, wovon der erste den Gebrauch der Klingel bey der Elevation, und sodann die Elevation selbst abschafte.

Zu Ende des Jahrs 1576 erhielt sodann den Ruf als Pfarrer daselbst M. Peter Titus, ein Freystädter, und vorher Rector bey der Schule zu Grünberg. Zu seiner Zeit wurde 1584 an der Kirche nicht nur ein Hauptbau vorgenommen, und dieselbe um vieles erweitert, sondern Titus machte auch sonst beym Gottesdienste allerhand gute Einrichtungen, führte die Nachmittagspredigten an den Sonntagen und das Morgengebeth an den Wochentagen ein, schafte verschiedene unter dem Volke im Schwange gehende Mißbräuche, desgleichen auch den Exorzismus bey der Taufe ab, drang aber nach damaliger Sitte darauf, daß die Juden-Synagoge zu Beuthen, die er nicht leiden konnte, verschlossen und aufgehoben werden sollte, und eiferte überhaupt heftig gegen alle Fehltritte sowohl der hohen als der geringern

gern Personen; da er sich aber in Sachen mischte, die ihn nichts angiengen, besonders in die Mißhelligkeit, die damals zwischen dem Magistrat und der Bürgerschaft obwaltete, zog er sich den Haß beyder Theile zu, und wurde 1593 seines Amts entsetzt.

Statt seiner kam jetzt Friedrich Franke, ein Breslauer, der das Gegentheil vom Titus war, zu allen Ausgelassenheiten des Volkes stille schwieg, that, was ein jeder gern hatte, und 1597 starb.

Immittelst war George v. Schönaich Herr von Beuthen geworden; da derselbe dem Titus geneigt war, so berief er ihn nun aufs neue zum Pfarramte, wiewohl mit vielem Verdruß der Gemeine, so daß auch viele Bürger deswegen die Stadt gar verliessen; doch bezeugte sich Titus jetzt nachgebender als vorher, suchte sich mehr dem Volke gefällig zu machen, und führte nicht nur den von ihm selbst abgeschaften Exorcismus nebst der Brechung des Brodtes wieder ein, sondern änderte auch manches in seinem eigenen Lehrbekänntniß, stand übrigens aber seinem Amte treu und redlich vor.

Bey der 1654 angestellten Reduction von 164 evangelischen Kirchen im Fürstenthume Glogau wurde auch die Kirche zu Beuthen den 8. Jan. d. J. den Lutheranern abgenommen und den Katholicken eingeräumet, die solche noch besitzen.

Den Gottesdienst und die geistlichen Amtsgeschäfte dabey besorgen ein Pfarrer nebst einem Kaplan.

Eingepfarrt dazu sind die Stadt und verschiedene Dörfer, wo Katholicken befindlich.

2. Das

2. **Das ehemalige Schulgebäude.** Einst hatte Beuthen ein Gymnasium, welches man mit Recht unter die berühmtesten in Schlesien zählen konnte. Den Grund dazu legte 1600 George v. Schönaich, welcher Anfangs hier eine gemeine, doch schon für andern sich auszeichnende Stadtschule stiftete, die nachgehends den Namen eines Pädagogii führte, und woran sieben Lehrer die Jugend nach verschiedenen Klassen in den gewöhnlichen Schulwissenschaften unterrichteten. Endlich vervollkomnte George sein angefangenes Werk, und machte aus diesem Pädagogio ein Gymnasium, welches mit vielen wirklich fürstlichen Schulanstalten so wohl wegen der darinn eingeführten guten Ordnung, als auch wegen der Auswahl der dabey angestellten geschickten Lehrer wetteiferte. Zu diesem Behuf erbaute der Freyherr George v. Schönaich 1609 aus eigenen Mitteln ein sehr ansehnliches ganz massives Schulhaus von drey Stockwerken mit zwey Eingangsportalen, Kellern, Küchen, Vorrathskammern ꝛc. und so wohl geräumigen Hörsälen, als auch vielen Zimmern im obern Stockwerk versehen, in welchen die Professores und Alumni bequem wohnen konnten. Die feyerliche Einweihung dieses Gymnasii geschahe 1616 den 18. August, und es kam bald darauf in solchen Ruf, daß sich viele Junge von Adel nicht nur aus Schlesien sondern auch aus den benachbarten Ländern Böhmen, Mähren, Lausitz, Pohlen, Brandenburg, Preussen ꝛc. hier einfanden, den Wissenschaften obzuliegen. Um den Dürftigen darunter die Mittel zum Studiren zu erleichtern, hatte der Stifter Freytische eingerichtet, an welchen täglich 72 Personen Mittags und

Abends

Abends auf seine Kosten gespeiset wurden; und damit es diesem Musensitze überhaupt an nichts fehlte, so sorgte George auch dafür, daß hier 1617 eine gute Buchdruckerey angelegt wurde. Das erste Werk, so aus der Presse derselben herfür kam, war eine Rede vom Dornavius, Charidemus genannt, und mit dem Titel: *Primitiæ chalcographicæ Johannis Dœrferi Wittebergensis Typographi Schœnaichii.*

Lehrer waren bey diesem Gymnasio folgende angestellt:

1. Zwey Professores der Theologie. Einer hieß Jeremias Colerus, und bekleidete dies Lehramt evangelisch-reformirter Seits; der andere Peter Titus, hatte die evangelisch-lutrischen Theologen unter sich.

2. Ein Professor *Pietatis*. Solcher ist während dem ganzen Daseyn des Gymnasii George Vechner, ein Freystädter gewesen.

3. Ein Professor *Morum*. Dies war der in der schlesischen Schulgeschichte bekannte Kaspar Dornavius v. Dornau, und zugleich Rector an diesem Gymnasio. Sein Amt war die Sitten der Studirenden zu verfeinern, und die jungen Leute in den Regeln des Wohlstandes zu unterrichten.

4. Ein Professor der Rechte, Elias Schonäus.

5. Ein Professor der Medicin und Physik, D. Jacob Bernawer.

6. Ein Professor der Geschichte, M. Balzer Erner.

7. Ein Professor der Mathematik, Benjamin Ursinus.

8. Ein Professor der Ethick und Politick, M. Martin Füssel.

9. Ein Professor der Logick, M. Adam Liebig.

10. Ein Professor der Dichtkunst, Jonas Milde oder Melideus.

So gut indessen dies Gymnasium eingerichtet war, so hatte es doch nicht lange Bestand. Denn 1619 am 25. Febr. starb der Stifter desselben George Freyherr v. Schönaich, und ob sich gleich sein Erbe, Johann Freyherr v. Schönaich, alle Mühe gab, diese Schulanstalt in ihrem blühenden Zustande zu erhalten, so muste er doch nach zehn Jahren das Ende derselben erleben; denn als er sich wegen seiner Anhängigkeit an den Churfürst Friedrich von der Pfalz beym Kayser verdächtig gemacht hatte, wurde er 1625 nicht nur zu einer Geldstrafe von 54444 Rthlr. verurtheilt, und ihm, da er nicht zahlen konnte, sechs Majoratsgüter weggenommen, sondern, weil ihm auch sein großes Ansehn, besonders aber seine Religion, viele Verfolger zuzog, endlich gar 1529 auf kayserlichen Befehl sowohl die beyden protestantischen Kirchen als auch das Gymnasium zu Beuthen verschlossen, und letzteres gänzlich aufgehoben, welches auch nach der Zeit nie wieder zu Stande gekommen ist.

Selbst die wohlthätige Stiftung, welche George v. Schönaich beym Gymnasio 1610 zum Besten der v. Schönaichschen Familie gemacht hatte (das näm-

nämlich alle seine Nachfolger in der Beuthenschen Majoratsherrschaft verbunden seyn sollten, auf ihre Kosten zwölf arme Jünglinge des Geschlechts und Namens derer v. Schönaich, wenn sie 8 bis 9 Jahre erreicht hätten, und von ihren Eltern nicht selbst unterhalten werden könnten, in der Beuthenschen Schule mit andern Stipendiaten auferziehen zu lassen, sie mit allen Nothdurften zu versehen, und ihnen dann jährlich bis zu einer bestimmten Zeit entweder zum Behuf der Reise durch fremde Länder, oder zur Fortsetzung ihrer Studien auf Universitäten ein gewisses Geld zu zahlen, ist cassirt, und der Majoratsbesitzer von dieser Verbindlichkeit losgesprochen worden. Das schöne Schulgebäude wurde nach der Zeit theils an Handwerker vermiethet, theils zu andern Gebrauch angewendet.

Andere öffentliche Gebäude sind noch:

3. Die evangelische Kirche, so erst in neuern Zeiten erbauet worden.

4. Eine Pfarrwohnung.

5. Das Hospital, welches ebenfalls ein Denkmal der Wohlthätigkeit des Freyherrn George von Schönaich ist, der dasselbe nicht nur gebauet, sondern auch zum Besten der Beuthner Armen mit hinlänglichen Einkünften dotirt hat.

6. Das Rathhaus, ist massiv, mit geräumigen Sälen und Stuben, auch einer schlagenden Uhr versehen, und stehet mitten am Ringe.

7. Vier Zoll- und Accishäuser.

11. Das Lazareth.

12-15. Vier Wachthäuser.

16-18. Drey städtsche Officiantenhäuser.

19. Ein Magazingebäude.

20. Das Stockhaus.

21.22. Zwey Malz- und Brauhäuser.

23-26. Vier andere städtsche Gebäude.

Privathäuser sind 362 in Stadt, und 4 in der Vorstadt, Summa 366. Wüste Stellen 3, und Scheunen 75. Unter den Privatgebäuden befinden sich 4 Gasthöfe, 3 Wassermühlen, 1 Lohmühle, 1 Walke. Nur 45 Häuser sind mit Ziegeln gedeckt.

§. 4.
Einwohner.

1787 wurden allhier überhaupt gezählt:

Männliche —	975
Weibliche —	1286
Zusammen	2261 Seelen.

Das Consumo betrug 36 Stück Rindvieh, 575 St. Schweine, 1047 St. Hammel, 926 St. Kälber. 690 Scheffel Weitzen, 7098 Schfl. Roggen, 701 Schfl. Hafer, 1047 Schfl. Malz, 452 Schfl. Brandweinschrot.

§. 5.

§. 5.

Nahrungszweige.

Dieselben sind:

1. Der Ackerbau, womit sich die meisten Wirthe beschäftigen.

2. Der Weinbau, den ebenfalls viele Wirthe betreiben. Weinberge und Gärte sind überhaupt um die Stadt 144.

3. Der Brauurbar haftet auf 77 Stellen, doch hat die Braucommune keinen Ausschrot auf die Dörfer, sondern die Einwohner müssen ihr Bier selbst trinken.

4. Der Handel, wird von 9 Krämern und 8 Victualienhändlern oder Höckern betrieben. Montags und Donnerstags sind Wochenmärkte.

Jährlich sind 4 Leinwand- und Garnmärkte, 4 Viehmärkte, 4 Jahrmärkte, als 1) Lätare. 2) Johann Bapt. 3) Bartholomäi, 4) Martini.

5. Handwerker befinden sich allhier 1 Apotheker, 4 Bader, 17 Bäcker mit 18 Bänken, 2 Brandweinbrenner, 1 Brauer, 1 Buchbinder, 7 Büttner, 2 Drechsler, 2 Eßigmacher, 3 Färber, 4 Fischer, 20 Fleischer mit 20 Bänken, 3 Glaser, 2 Goldschmiede, 3 Gräupner, 3 Gürtler, 4 Handschumacher, 2 Hutmacher, 1 Holzarbeiter, 1 Kammmacher, 7 Kirschner, 2 Korbmacher, 2 Korduaner, 1 Kunstpfeifer, 1 Kupferschmied, 5 Leinweber, 1 Leistenschneider, 2 Maurer, 4 Müller, 3 Nadler, 2 Perückemacher, 2 Pfefferküchler, 4 Posamentirer,

1 Ra-

1 Rade- und Stellmacher, 4 Riemer, 1 Rothgerber, 3 Sattler, 50 Schiffer, 1 Schiffbauer, 3 Schlosser, 7 Schmiede, 14 Schneider, 1 Schornsteinfeger, 20 Schuster mit 20 Bänken, 3 Seifensieder, 3 Seiler, 1 Steinschneider, 13 Strumpfstricker, 5 Tischler, 10 Töpfer, 14 Tuchmacher, 3 Tuchscheerer, 2 Weisgerber, 32 Winzer, 1 Ziegelstreicher, 2 Zimmerleute, 1 Zinngießer, 2 Zuckerbäcker.

§. 6.
Allerhand.

Die Kämmerey besitzt keine Dörfer, nur ein einziges Vorwerk, und seit 1779 die Viehmauth. Die jährlichen Einkünfte der Stadt betragen gegen 2300 Rthlr.

Im Feuersocietätscatastro steht Beuthen auf 972938 Rthlr.

Im Rathscollegio sind 2 Burgermeister, 1 Syndicus, 4 Rathleute.

Der Magistrat übt die Niedergerichte aus, die Obergerichte aber der Fürst v. Schönaich.

Nebst dem Magistrat ist hier auch noch ein fürstliches Hof- und Stadtgerichtscollegium, so aus 1 Hof- und Stadtrichter, 1 Notarius, 1 Assessor bestehet.

Das königliche Accisamt respiciren 1 Einnehmer, 1 Controlleur.

Von

Von Neusatz.

Dieser Ort war ehehin ein Marktflecken, bey welchem der kayserliche Hof eine Salzfactorey anlegen ließ. Es gehörte zur Cammer und war eine Domaine. 1743 erhielt solcher Stadtrecht; 1746 wurde hier eine Mährische Brüdergemeine etablirt. 1759 entstand bey einem Einfall der Kosaken ein Brand, welcher die Stadt nebst den Brüderhäusern verzehrte.

Gegenwärtig hat der Ort, ob derselbe gleich klein ist, ein ganz gutes Ansehen, liegt auch sehr angenehm an der Oder, ist offen, ohne Mauern, doch der Accise unterworfen, und der Sitz des Steuerraths im zweyten Glogauschen Cammer-Departement.

Es giebt daselbst folgende Gebäude:

Die katholische Pfarrkirche, die von einem Pfarrer respicirt wird.

Die evangelische Kirche, wobey ein Prediger angestellt ist.

Das Bethaus der Mährischen Brüdergemeine.

Vier Pfarr- und Schulhäuser.

Das Rathhaus.

Drey andere städtische Gebäude.

Fünfe zur Salzfactorey gehörige Gebäude.

Summa der öffentlichen Gebäude	16
Privathäuser sind	182
Zusammen	198
Scheunen	10
Brandstellen noch	1

Unter den Privathäusern sind 2 Gasthöfe, 3 Lohmühlen, und überhaupt 92 mit Ziegeln gedeckt.

Einwohner sind: Männliche 723
       Weibliche 780
       Summa 1503 Seelen gewesen.

Garnison liegt allhier nicht.

Das Consumto war 67 Stück Rindvieh, 218 St. Schweine, 212 St. Kälber, 171 St. Hammel. 391 Scheffel Weitzen, 821 Schfl. Korn.

Ein Nahrungszweig der Einwohner ist der Ackerbau, mit welchem sich ein Theil Bürger beschäftiget.

Den Brau- und Brandweinurbar betreibt das hiesige königliche Domainenamt allein.

Der Handel wird bloß im Kleinen von 4 Krämern und 6 Victualienhändlern getrieben.

Fabricken sind daselbst viere, nämlich 1 Cattun-Fabricke, worinnen 8 Personen arbeiten; 1 Leder-Fabricke, 2 Leinwand-Fabricken, die mit 1 Meister, 7 Gesellen und 12 gehenden Stühlen besetzt sind.

Mittwoch und Sonnabend wird Wochenmarkt gehalten, der aber wohl nicht viel zu bedeuten hat.

Jahrmärkte sind drey, nämlich 1.) an Quasimodogeniti, 2) an Johannis Enthauptung, 3) an Elisabeth. Bey jedem ist zugleich Viehmarkt.

Von Künstlern und Handwerkern giebt es daselbst: 2 Apothecker, 3 Bader, 4 Bäcker, 3 Böttcher, 1 Buch-

Buchbinder, 2 Färber und Farbendrucker, 6 Fleischer, 2 Glaser, 1 Goldschmied, 1 Gräupner, 1 Holzarbeiter, 3 Handschuhmacher, 1 Hutmacher, 4 Kirschner, 1 Klemptner, 1 Knopfmacher, 1 Kupferschmied, 3 Maurer, 2 Lohmüller, 1 Messerschmied, 1 Nadler, 1 Petschierstecher, 2 Perückenmacher, 2 Pfefferküchler, 1 Posamentir, 1 Rade- und Stellmacher, 1 Rothgerber, 2 Sattler, 126 Schiffer, 5 Schiffbauer, 2 Schlosser, 3 Schmiede, 9 Schneider, 1 Schornsteinfeger, 20 Schuster, 1 Seiffsieder, 1 Seiler, 1 Siegellackmacher, 1 Spitzenmacher, 1 Stärkemacher, 1 Strumpfwirker, 7 Tischler, 3 Töpfer, 1 Trippmacher, 2 Tuchmacher, 1 Tuchscheerer, 1 Uhrmacher, 1 Weisgerber, 2 Zeug- und Melanmacher, 2 Zimmerleute, 1 Zinngiesser. Die Bäcker, Fleischer und Schuster haben hier keine privilegirte Bänke oder Gerechtigkeiten.

Im Feuersocietätscatastro stehet die Stadt auf 37922 Rthlr. im Anschlage.

Die Kämmerey hat keine Grundstücke, doch beträgt ihre jährliche Einnahme bis 1450 Rthlr.

Der Magistrat bestehet aus 1 Burgermeister, 1 Feuerburgermeister, 1 Syndicus, 4 Rathmännern.

Das Accis- und Zollamt verwalten 1 Einnehmer, 1 Controlleur.

Das Salzamt 1 Salzfactor, 1 Controlleur.

Das Postamt ein Postmeister.

Jetzt wohnet auch der Steuerrath des Glogauschen Departements in Neusalz.

C. Vom

C. Vom Freystädtschen Kreise insbesondere.

Namen der Dörfer.

1.

Altenau, ist zwar ein Dorf, allein ein Antheil davon gehört zur Gemeine Brunzelwalde, der andere Antheil zur Gemeine Seifersdorf, wo an beyden Orten Bewohner und Besitzungen mitgerechnet sind. No. 9.

Aufhalt, ist mit Kußer verbunden, s. No. 32.

2. Bielave, Alt- bestehet mit Einschluß Landskron aus 2 Vorwerken, 1 evangelischen Kirche, 1 Pfarrhaus, 1 Schule, 2 Freygütern, 17 Dienstbauern, 25 Gärtnern, 40 Häuelern, 4 Windmühlen, 5 andern Häusern, zusammen aus 97 Feuerstellen mit 629 Einwohnern, und gehört dem Fürst von Schönaich zu Carolath.

3. Bielave, Neu- enthält 1 Freygut, 20 Dienstbauern, 9 Gärtner, 13 Häuslern, 1 Windmühle, 5 andere Häuser. Summa 49 Feuerstellen mit 280 Einwohnern; ist eben desselben Eigenthum.

4. Bielitz, allhier befinden sich 1 herrschaftlich Wohnhaus, 1 Vorwerk, 8 Gärtner, 2 Häusler, 1 Windmühle, 5 andere Häuser, Summa 17 Feuerstellen, 112 Einwohner; Besitzerin ist die Frau Baronne v. Glaubitz.

5. Boh-

5. Bohrau, Großen- begreift unter sich 4 Antheile, nämlich:

1) Großen-Bohrau, städtischer Antheil, in diesem sind 9 Dienstbauern, 3 Gärtner, 2 Häusler, 97 Menschen, und gehört der Kämmerey zu Freystadt.

2) Ober-Großen-Bohrau, von 1 herrschaftlichen Wohnhaus, 1 Vorwerk, 1 Bauer, 10 Gärtnern, 14 Häuslern, 1 Mühle, 9 andern Häusern, 210 Einwohnern; gehört dem v. Haugwiz.

3) Mittel-Großen-Bohrau, hat 1 herrschaftlich Wohnhaus, 1 Vorwerk, 3 Dienstbauern, 5 Gärtner, 9 Häusler, 2 Kretschame, 2 andere Häuser, 151 Personen, und gehört dem v. Gersdorf. -

4) Nieder-Großen-Bohrau, faßt 1 katholische Kirche, 2 Pfarrhäuser, 2 Schulen, 2 Kretschame, 16 Bauern, 10 Gärtner, 13 Häusler, 1 Wasser- 1 Windmühle, 14 andere Häuser, 395 Einwohner und hat den Freyherrn von Arnold zum Besitzer. Ueberhaupt sind in diesem Dorfe 137 Feuerstellen und 853 Seelen.

6. Bohrau, Hohen- ist ein anders Dorf, worinn befindlich 1 Schule, 1 Freygut, 19 Dienstbauern, 12 Gärtner, 16 Häusler, 2 Windmühlen, 9 andere Häuser, zusammen 60 Feuerstellen mit 318 Personen. Eigenthümer davon ist der Fürst zu Carolath.

7. Bohrau, Windisch- ist auch ein besonderes Dorf von 1 Vorwerk, 1 Freygut, 6 Dienstbauern, 8 Gärtnern, 3 Häuslern, 1 Windmühle, 1 katholische Filialkirche, 2 andern Häuser, zusammen 21 Feu-

Feuerstellen und 139 Einwohnern; gehörte vorher unter das Schulenamt.

8. **Briesnitz, Kalt-** hier giebt es 1 katholische Filialkirche und eine alte wüste gewordene Kirche, 1 Pfarrhaus, 1 Schule, 1 herrschaftliches Wohnhaus, 2 Vorwerke, 1 Freygut, 4 Dienstbauern, 28 Gärtner, 14 Häusler, 2 Wasser- 2 Windmühlen, 8 andere Häuser, zusammen 62 Feuerstellen und 393 Einwohner. Besitzer davon ist der Herr v. Heithausen.

9. **Brunzelwalde**, ist ein sehr ansehnliches Dorf, in welchem sich 1 katholische Mutterkirche, 1 Pfarrhaus, 2 Schulhäuser, 1 herrschaftliches Wohnhaus, 2 Vorwerke, 2 Kretschame, 1 Hospital, 1 Freygut, 18 Dienstbauern, 43 Gärtner, 31 Häusler, 2 Wasser- 4 Windmühlen, 22 andere Häuser, Summa 128 Feuerstellen mit 677 Menschen befinden. Besitzerin davon ist die Frau Baronne v. Abschatz.

10. **Buckwitz**, enthält 1 Vorwerk, 1 Freygut, 6 Dienstbauern, 17 Gärtner, 12 Häusler, 1 Wind- 2 Wassermühlen, 1 katholische Filialkirche, 5 andere Häuser, Summa 45 Feuerstellen, 245 Seelen, und gehört dem Fürst v. Schönaich zu Carolath.

11. **Bullendorf**, faßt in sich 1 Vorwerk, 2 Freygüter, 3 Gärtner, 6 Häusler, 1 Windmühle, 4 andere Häuser, 88 Menschen, und gehört unter das Augustinerstift zu Sagan.

12. **Carolath**, ist der Sitz des Fürsten v. Schönaich Durchlaucht, und bestehet mit Einschluß des Hammervorwerks in 1 evangelischen Kirche und refor-

formirten Schloßkapelle, 1 herrschaftlichen Schloß, welches sehr ansehnlich und ganz maßiv ist; 1 Vorwerk, 1 Pfarrhaus, 1 Schule, 47 Häuslern, 1 Windmühle, 1 Freygut, 1 Kretscham, 20 andern, worunter verschiedene Beamtenhäuser, zusammen 73 Feuerstellen mit 528 Einwohnern, und gehört eben demselben Fürsten.

13. **Döring**, daselbst sind befindlich 1 herrschaftliches Wohnhaus, 1 Vorwerk, 2 Dienstbauern, 5 Gärtner, 3 Häusler, 1 Windmühle, Summa 13 Feuerstellen, 86 Einwohner. Besitzer ist der von Pförtner.

14. **Droseheide**, faßt unter sich 1 herrschaftliches Wohnhaus, 1 Vorwerk, 1 Schule, 13 Dienstbauern, 4 Gärtner, 29 Häusler, 16 andere Häuser, zusammen 55 Feuerstellen, 305 Personen; Eigenthümer ist der Graf v. Schweidnitz.

15. **Eiche**, bestehet aus 1 Vorwerk, 1 Bauer, 18 Gärtner, 3 Häusler, 1 Windmühle, 4 anderen Häusler, Summa 28 Feuerstellen, 191 Personen, und gehört dem Fürst v. Schönaich zu Carolath.

16. **Erkelsdorf**, enthält 1 Vorwerk, 1 Freygut, 25 Dienstbauern, 3 Gärtner, 17 Häusler, 25 andere Häuser, Summa 71 Feuerstellen mit 370 Einwohnern. Gehörte sonst unter das Schulenamt.

17. **Friedrichsruhe**, hier zählt man 1 Freygut, 15 Gärtner, 5 Häusler, 1 Mühle, 12 Kolonistenhäuser mit Aeckern, zusammen 34 Feuerstellen; die Einwohner sind bey Neudorf mitgerechnet, zu welcher Gemeine dieser Ort geschlagen ist, und hat mit jener einerley Besitzer, den v. Luttwiz.

18.

18. Fürstenau, begreift unter sich 1 katholische Kirche, 1 Pfarrhaus, 1 Schule, 1 Kretscham, 15 Freybauern, 2 Freyhäusler, 1 Windmühle, 4 andere Häuser, Summa 33 Feuerstellen, 270 Einwohner, gehört ebenfalls dem v. Lüttwitz.

19. Gabel, Alt- enthält zwey Antheile, diese heissen:

 a). Ober-Altgabel, worinn 1 herrschaftliches Wohnhaus, 1 Vorwerk, 1 Schule, 1 Kretscham, 6 Dienstbauern, 7 Gärtner, 8 Häusler, 1 Windmühle, 6 andere Häuser, 210 Menschen befindlich, ist das Eigenthum des v. Knobelsdorf.

 b) Nieder-Altgabel, von 1 katholischen Kirche, 1 Pfarrhaus, 1 Schule, 1 herrschaftlichen Wohnhaus, 1 Vorwerk, 1 Kretscham, 3 Dienstbauern, 11 Gärtnern, 5 Häuslern, 1 Windmühle, 5 andern Häusern, 164 Einwohnern; gehört eben demselben. Feuerstellen sind zusammen 62.

20. Gabel, Neu- enthält mit Einschluß des Heidevorwerks 1 katholische Filialkirche, 1 herrschaftliches Wohnhaus, 1 Vorwerk, 1 Schule, 1 Freygut, 9 Dienstbauern, 10 Gärtner, 27 Häusler, 2 Windmühlen, 14 andere Häuser, zusammen 76 Feuerstellen, 449 Einwohner. Besitzer ist der Baron v. Dyherrn.

21. Gruchwitz, bestehet aus zwey Antheilen, nämlich:

 Alt-Gruchwitz, worinn 1 evangelische Kirche, 1 Pfarrhaus, 1 Schule, 1 Kretscham, 1 Freygut, 15 Dienstbauern, 11 Gärtner, 11 Häusler, 3 Windmühmühlen, 2 andere Häuser, Summa 46 Feuerstellen mit 249 Menschen.

Neu-Gruchwitz, hat 1 Vorwerk, 1 Bauer, 11 Gärtner, 21 Häusler, 5 andere Häuser, Summa 39 Feuerstellen, 217 Einwohner. Besitzer von beyden Antheilen ist der Fürst v. Schönaich zu Carolath.

Hammervorwerk, s. Carolath No. 12.

22. Hänchen, enthält 1 Vorwerk, 11 Freybauern, 7 Gärtner, 7 Häusler, 1 Kretscham, 4 andere Häuser, Summa 31 Feuerstelln, 160 Einwohner und gehört dem Baron v. Dyherrn.

23. Hartmannsdorf, daselbst befinden sich 1 katholische Filialkirche, 1 evangelische Kirche, 1 Pfarrhaus, 2 Schulhäuser, 1 herrschaftlich Wohngebäude, 2 Vorwerke, 1 Kretscham, 10 Dienstbauern, 11 Gärtner, 31 Häusler, 1 Windmühle, 9 andere Häuser, zusammen 69 Feuerstellen.

24. Heinzendorf, faßt unter sich 1 Schule, 1 Kretscham, 1 Freygut, 14 Dienstbauern, 4 Gärtner, 20 Häusler, 1 Windmühle, 5 andere Häuser, Summa 47 Feuerstellen, 236 Einwohner, und gehört unter die Kämmerey zu Freystadt.

25. Herrnsdorf, lang- begreift in sich 1 katholische Filialkirche, 1 Schule, 1 herrschaftlich Wohnhaus, 1 Vorwerk, 1 Freygut, 9 Dienstbauern, 21 Gärtner, 25 Häusler, 2 Wasser- 2 Windmühlen, zusammen 70 Feuerstellen, 423 Menschen. Eigenthümer davon ist der Graf v. Schweinitz.

26.

26. **Herwigsdorf,** bestehet aus drey Antheilen, diese heissen:

1. Ober-Herwigsdorf von 4 Freybauern, 36 Einwohnern, unter das Dohmkapitel in Glogau gehörig.

2. Mittel-Herwigsdorf, hat 1 herrschaftlich Wohnhaus, 2 Vorwerke, 6 Dienstbauern, 18 Gärtner, 14 Häusler, 1 Mühle, 16 andere Häuser, 336 Einwohner, gehört dem General Graf v. Kalkreuth.

3. Nieder-Herwigsdorf, mit diesem Antheile ist noch Neudorf verbunden, und sind darinnen 1 katholische Filialkirche, 1 Schulhaus, 1 herrschaftlich Wohnhaus, 5 Vorwerke, 1 Kretscham, 1 Freygut, 24 Dienstbauern, 25 Gärner, 34 Häusler, 1 Wasser- 2 Windmühlen, 654 Menschen befindlich, hat zum Besitzer die von Knobelsdorffschen Erben. Ueberhaupt sind in diesem großen Dorfe 182 Feuerstellen mit 1056 Einwohnern.

27. **Herzogswalde,** hier sind nur 6 Freybauern, 1 Gärtner, 3 Häusler, 64 Einwohner, die unter dem Dohmkapitel zu Glogau stehen.

28. **Herzogswalde,** ist ein anderes Dorf dieses Namens von 4 Antheilen, nämlich:

1. Ober-Herzogswalde, worinn 1 katholische Kirche, 1 Pfarrhaus, 2 Schulhäuser, 1 herrschaftliches Wohnhaus, 2 Vorwerke, 1 Kretscham, 1 Freygut, 22 Dienstbauern, 27 Gärtner, 38 Häusler, 4 Mühlen, 22 andere Häuser, 667 Personen befindlich. In den Jahren 1510. 1513. 1624 war dieser Antheil in der Familie derer v. Schlichting.

2. Mit-

2. Mittel-Herzogswalde, von 1 herrschaftlichen Wohnhause, 2 Vorwerken, 10 Dienstbauern, 14 Gärtnern, 7 Häuslern, 1 Wassermühle, 242 Seelen.

3. Nieder-Herzogswalde, hat zwey Antheile: Der Erste faßt 1 katholische Kirche, 2 Pfarrhäuser, 1 Schule, 1 Freygut, 11 Dienstbauern, 11 Gärtner, 16 Häusler, 1 Wind- 2 Wassermühlen, 8 andere Häuser, 315 Einwohner, und gehört so wie die erstern beyden Antheile dem Baron v. Dyherrn.

4. Nieder-Herzogswalde, der Zweyte Antheil von 1 Vorwerk, 1 Freygut, 2 Dienstbauern, 7 Gärtnern, 13 Häuslern, 1 Windmühle, 8 andern Häusern, 761 Seelen. Eigenthümer dieses letztern Antheils ist der von Knobelsdorf. Zusammen hat dies Dorf 252 Feuerstellen und 1385 Einwohner.

29. Heidau, enthält 1 herrschaftliches Wohnhaus, 1 Vorwerk, 1 Schule, 1 Kretscham, 9 Dienstbauern, 10 Gärtner, 21 Häusler, 1 Wasser- 2 Windmühlen, 7 andere Häuser, Summa 54 Feuerstellen, 293 Einwohner. Besitzer ist der v. Stenzsch.

Heidevorwerk ist mit Neu-Gabel No. 20 verbunden.

30. Költsch, faßt unter sich 1 Schule, 2 Freygärtner, 37 Dienstbauern, 37 Häusler, 1 Windmühle, 5 andere Häuser; Summa 83 Feuerstellen, 449 Menschen und gehört unter das königliche Amt Neusalz.

31.

31. **Kuhnau**, bestehet aus 1 Freygut, 7 Dienstbauern, 1 Windmühle, 63 Einwohnern, und ist ein Eigenthum des Fürsten v. Schönaich.

32. **Kußer**, hat mit Inbegrif Aufhalt 1 Freygut, 8 Dienstbauern, 64 Häusler, 9 andere Häuser, zusammen 82 Feuerstellen, 434 Einwohner, und gehört unter das königliche Amt Neusalz.

Landeskron, ist mit Alt-Bielawe No. 2. verbunden.

33. **Leßendorf**, hier sind befindlich 1 herrschaftlich Wohnhaus, 1 Schule, 1 Kretscham, 1 Vorwerk, 11 Dienstbauern, 12 Gärtner, 17 Häusler, 8 andere Häuser, zusammen 52 Feuerstellen, 328 Einwohner, und gehört dem v. Dingelstädt; 1681 besaß dies Gut Rudolph v. Landskron.

34. **Liebschütz**, begreift in sich 1 Vorwerk, 1 Schule, 18 Gärtner, 23 Häusler, 3 Windmühlen, 7 andere Häuser, Summa 53 Feuerstellen, 253 Einwohner. Besitzer ist der Graf v. Kalkreuth.

35. **Lindau**, a) hat nur 3 Freybauern, 1 ander Haus, 29 Menschen, und stehet unter dem Glogauschen Dohmkapitel.

b) Der andere Antheil hingegen zählt 1 katholische Kirche, 1 Pfarrhaus, 1 herrschaftliches Wohnhaus, 2 Kretschame, 1 Freygut, 2 Vorwerke, 25 Dienstbauern, 13 Gärtner, 23 Häusler, 4 Wassermühlen, 7 andere Häuser, 517 Einwohner, und stand vorhin unterm Schulamt. Zusammen hat das Dorf 84 Feuerstellen.

36. **Lippen,**

36. Lippen, dazu gehört Marienthal, und beyde Oerter haben zusammen 1 katholische Filialkirche, 1 Schule, 1 Vorwerk, 1 Freygut, 18 Dienstbauern, 28 Gärtner, 38 Häusler, 3 Windmühlen, 8 andere Häuser, Summa 98 Feuerstellen, 639 Menschen. Besitzer ist der Fürst v. Schönaich.

37. Louisdorf, daselbst befinden sich nebst einer wüsten Kirche, 1 Vorwerk, 1 Kretscham, 6 Dienstbauern, 5 Gärtner, 9 Häusler, 3 andere Häuser, in allem 25 Feuerstellen, 158 Seelen. Eigenthümer davon ist der v. Knobelsdorf.

Marienthal, s. Lippen No. 36.

38. Milkau, enthält 1 herrschaftliches Wohnhaus, 3 Vorwerke, 1 Pfarrhaus, 1 Schule, 1 Kirche, 1 Freyguth, 9 Dienstbauern, 19 Gärtner, 14 Häusler, 3 Wassermühlen, 4 andere Häuser, zusammen 56 Feuerstellen mit 316 Einwohnern, die dem Fürst v. Schönaich unterthan sind.

39. Modritz, bestehet aus 1 Freygut, 15 Dienstbauern, 29 Häuslern, 1 Windmühle, 4 andern Häusern, überhaupt aus 50 Feuerstellen mit 298 Einwohnern, und gehört unter das königliche Amt Neusalz.

40. Nettschütz, hat 1 Vorwerk, 3 Dienstbauern, 8 Gärtner, 19 Häusler, 3 andere Häuser, Summa 34 Feuerstellen, 180 Seelen. Eigenthümer ist der v. Pförtner.

Neydorf, ein Ort dieses Namens ist mit Herwigsdorf No. 26.

Neudorf, ein anderer Ort mit Reinshayn No. 49 verbunden.

41. Neusalz, die Schloßgemeine, in dieser werden gezählt 1 königlich Amtshaus, 1 Vorwerk, 2 Dienstbauern, 5 Gärtner, 2 andere Häuser, 67 Personen, und stehet unter dem königlichen Amte daselbst.

42. Niebusch, faßt in sich 1 katholische Filialkirche, 1 evangelische Kirche, 1 Pfarrhaus, 1 Schule, 1 Kretscham, 1 herrschaftlich Wohnhaus, 1 Vorwerk, 13 Dienstbauern, 10 Gärtner, 21 Häusler, 1 Wasser- 1 Windmühle, 14 andere Häuser, zusammen 65 Feuerstellen mit 399 Einwohnern. Besitzer ist der Graf v. Schweiniz.

43. Pfaffendorf, hat nur 4 Bauern, 3 Gärtner, 34 Einwohner und gehört dem Fürst v. Schönaich.

44. Popschütz, bestehet aus drey verschiedenen Antheilen, nämlich:

1. Ober-Popschütz, welches 1 herrschaftliches Schloß, 1 Vorwerk, 1 Pfarrwidmuth, 1 Kretscham, 5 Gärtner, 5 Häusler, 2 Wassermühlen, 2 andere Häuser, 108 Personen hat; besaß 1297 und 1303 Peter v. Poppschütz, 1495 Hanns v. Poppschütz, 1723 der Caspar v. Knobelsdorf, und ist noch in dieser Familie.

2. Mittel-Popschütz, darinnen zählt man 1 Vorwerk, 1 Schule, 1 Kretscham, 4 Dienstbauern, 7 Gärtner, 4 Häusler, 2 Wassermühlen, 3 andere Häuser, 142 Einwohner.

3. Nie-

44. Nieder-Popschütz, begreift 1 herrschaftlich Wohnhaus, 1 Vorwerk, 1 Kretscham, 6 Bauern, 6 Gärtner, 5 Häusler, 1 Wasser- 1 Windmühle, 7 andere Häuser, 162 Menschen. Beyde letztere Antheile gehören dem v. Lüttwiz.

45. Pürben, allhier befinden sich 1 Vorwerk, 7 Bauern, 8 Gärtner, 22 Häusler, 1 ander Haus, 1 Wassermühle, zusammen 40 Feuerstellen mit 205 Einwohnern. Eigenthümer davon ist der Graf v. Schweiniz.

46. Rauden, enthält 1 katholische Kirche, 1 Pfarrhaus, 2 Schulhäuser, 24 Dienstbauern, 3 Gärtner, 14 Häusler, 1 Windmühle, 12 andere Häuser, Summa 57 Feuersten mit 297 Personen, und gehört dem Fürst v. Schönaich zu Carolath.

47. Reichenau, daselbst giebt es 1 Schulhaus, 1 Freygut, 10 Dienstbauern, 6 Gärtner, 6 Häusler, 4 andere Häuser, Summa 28 Feuerstellen, 161 Einwohner, ist ein Eigenthum der Kämmerey zu Freystadt.

48. Reimberg, faßt unter sich 1 herrschaftliches Wohnhaus, 1 Schulhaus, 1 Freygut, 19 Dienstbauern, 24 Gärtner, 41 Häusler, 2 Windmühlen, 7 andere Häuser, Summa 96 Feuerstellen, 567 Personen. Die Menschenzahl ist 567.

49. Reinshayn, hat mit Einschluß Neudorfs nebst einer wüsten Kirche 2 Vorwerke, 1 Schulhaus, 2 Freygüter, 3 Dienstbauern, 31 Gärtner, 15 Häusler, 2 Wasser- 2 Windmühlen, 7 andere Häuser, zusammen 65 Feuerstellen, 365 Personen, und hat zum Besitzer den Freyherrn v. Lüttwiz.

50. **Röhlau**, bestehet aus 1 Kretscham, 2 Freygütern, 9 Dienstbauern, 5 Gärtnern, 5 Häuslern, 1 Wasser- 1 Windmühle, 5 andern Häusern, Summa 28 Feuerstellen mit 165 Seelen; Eigenthümer ist der Fürst v. Schönaich.

51. **Rohrwiese**, darinn werden gezählt 1 Vorwerk, 13 Dienstbauern, 6 Gärtner, 20 Häusler, 1 Windmühle, Summa 44 Feuerstellen, 261 Einwohner und gehört dem Graf v. Schweiniz.

52. **Rosenthal**, begreift unter sich 1 Vorwerk, 1 Schulhaus, 1 Freygut, 12 Gärtner, 8 Häusler, 1 Windmühle, 5 andere Häuser, Summa 29 Feuerstellen, 176 Einwohner. Eigenthümer ist der Fürst v. Schönaich zu Carolath.

53. **Schau, Alt-** faßt unter sich 3 Antheile und Dominia.

Alt-Schau, *a)* von 1 Vorwerk, 1 Schule, 1 Kretscham, 1 Dienstbauer, 7 Gärtnern, 7 Häuslern, 4 andern Häusern, 116 Menschen, gehört dem v. Sigroth.

Alt-Schau, *b)* von 1 Vorwerk, 1 Kretscham, 6 Dienstbauern, 7 Gärtnern, 8 Häuslern, 4 andern Häusern, 137 Seelen, gehört dem v. Luttwitz.

Alt-Schau, *c)* von 1 Vorwerk, 5 Dienstbauern, 4 Gärtnern, 11 Häuslern, 1 Wasser- 1 Windmühle, 3 andern Häusern und 133 Personen; gehört dem v. Dingelstädt. Zusammen hat das Dorf 75 Feuerstellen.

54. **Schau, Neu-** ist ein anderes Dorf, und enthält 1 herrschaftliches Wohnhaus, 1 Vorwerk, 1 Schu-

1 Schule, 9 Dienſtbauern, 8 Gärtner, 25 Häusler, 2 Mühlen, Summa 61 Feuerſtellen, 309 Einwohner, und gehört dem v. Lüttwiz.

55. Scheibau, faßt 1 herrſchaftlich Wohnhaus, 1 Vorwerk, 1 Schüle, 1 Kretſcham, 5 Dienſtbauern, 5 Gärtner, 7 Häusler, 1 Wind. 2 Waſſermühlen, 4 andere Häuſer, Summa 28 Feuerſtellen, 184 Einwohner. Beſitzer iſt der Freyherr v. Glaubiz.

56. Seifersdorf, beſtehet aus zwey Antheilen, und zwar:

a) Ober-Seifersdorf, darinn ſind 2 Vorwerke, wovon eines Sorgau heißt; hat 1 Kretſcham, 1 Freygut, 5 Dienſtbauern, 12 Gärtner, 14 Häusler, 1 Windmühle, 4 andere Häuſer, 194 Einwohner und gehört der Baronne v. Abſchaz.

b) Mittel-Seifersdorf, hat 1 herrſchaftlich Wohnhaus, 1 Vorwerk, 1 Kretſcham, 9 Dienſtbauern, 12 Gärtner, 7 Häusler, 1 Windmühle, 5 andere Häuſer, 200 Perſonen und gehört einem gewiſſen Eckart. Summa der im Dorfe befindlichen Feuerſtellen 77.

Sorgau, ſ. Ober-Seifersdorf.

57. Schönbrunn, hier giebt es 1 Vorwerk, 12 Häusler, 3 andere Häuſer, zuſammen 16 Feuerſtellen, 81 Seelen. Beſitzer iſt der Graf v. Kalkreuth.

58. Schönaiche, darinn ſind befindlich 1 Vorwerk, 15 Gärtner, 2 andere Häuſer, 1 Häusler, Summa 19 Feuerſtellen, 125 Perſonen, und iſt das Eigenthum des Fürſten v. Schönaich zu Carolath.

59. **Siegersdorf, Ober-** begreift unter sich 2 Vorwerke, 1 Schule, 10 Dienstbauern, 29 Gärtner, 24 Häusler, 4 Wasser- und Windmühlen, 10 andere Häuser, zusammen 80 Feuerstellen, 414 Einwohner. Eigenthümer davon ist der Graf von Kalkreuth.

60. **Siegersdorf, Nieder-** ist ein besonders Dorf von zwey Antheilen.

Der 1te Antheil hat 1 herrschaftlich Wohnhaus, 2 Vorwerke, 1 Kretscham, 8 Dienstbauern, 12 Gärtner, 19 Häusler, 5 Wasser- und Windmühlen, 6 andere Häuser, 355 Menschen, und gehört dem Graf v. Kalkreuth.

Der 2te Antheil, faßt 1 herrschaftlich Wohnhaus, 2 Vorwerke, 1 Schule, 1 Kretscham, 8 Dienstbauern, 20 Gärtner, 13 Häusler, 4 Wasser- und Windmühlen, 6 andere Häuser, 302 Personen, und gehört dem v. Böhme. Summa der Feuerstellen im Dorfe überhaupt 110.

61. **Steinborn,** enthält 1 Pfarrwidmuth, 2 Vorwerke, 8 Gärtner, 9 Häusler, 1 Wassermühle, 6 andere Häuser, in allem 27 Feuerstellen, 128 Einwohner. Besitzer ist der Graf v. Schweiniz.

62. **Streidelsdorf,** *a)* ein Antheil dieses Dorfes von 1 herrschaftlichen Wohnhause, 1 Vorwerk, 1 Kretscham, 11 Dienstbauern, 12 Gärnern, 13 Häuslern, 1 Mühle, 4 andern Häusern, 296 Einwohnern, gehört dem v. Knobelsdorf.

b) Der andere Antheil von 1 katholischen Kirche, 1 Pfarrhaus, 2 Schulhäusern, 1 Freygut, 10 Dienst-

Dienstbauern, 24 Gärtnern, 17 Häuslern, 1 herrschaftlichen Wohnhause, 2 Vorwerken, 10 andern Häusern, 410 Einwohnern, gehört dem Graf von Kalkreuth. Zusammen sind Feuerstellen 112.

63. Suckau, *a)* Fürstl. Antheil, hat 1 Freygut, 5 Dienstbauern, 3 Gärtner, 3 Wassermühlen, 1 anderes Haus, 80 Personen, und ist das Eigenthum des Fürsten v. Schönaich.

b) Gräflich Antheil, hat 1 Vorwerk, 4 Gärtner, 1 Häusler, 2 Wassermühlen, 2 andre Häuser, 47 Einwohner, und gehört dem Graf von Logau. Beyde Antheile fassen zusammen 23 Feuerstellen.

64. Tarnau, Polnisch, enthält 1 Schule, 1 Freyguth, 3 Dienstbauern, 11 Gärtner, 14 Häusler, 1 Windmühle, 1 anders Haus, zusammen 32 Feuerstellen, 153 Seelen. Besitzer ist der Fürst v. Schönaich.

65. Teichhof, faßt in sich 1 Vorwerk, 6 Gärtner, 4 Häusler, 1 Wassermühle, 3 andere Häuser, Summa 15 Feuerstellen, 83 Einwohner. Gehörte vorhin unter das Schulenamt.

66. Thiergarten, daselbst zählt man 19 Häusler, 2 andere Häuser, Summa 21 Feuerstellen, 105 Einwohner. Gehört unter das königliche Amt Neusalz.

67. Tschiefer, allhier sind befindlich 1 Schulhaus, 1 Freygut, 17 Dienstbauern, 102 Häusler, 4 Mühlhäuser, 12 andere Häuser, Summa 137 Feuerstellen mit 837 Personen.

Dann

Dann sind damit noch verbunden die Tschiefer-Fährhäuser, die aus 10 Häuslerstellen, 73 Seelen bestehen. Beyde Antheile gehören unter das königliche Amt Neusalz.

68 Tschöplau, begreift 1 herrschaftlich Wohnhaus, 1 Vorwerk, 3 Bauern, 13 Gärtner, 5 Häusler, 1 Mühle, 7 andre Häuser, Summa 31 Feuerstellen, 174 Einwohner. Besitzer ist der v. Siegroth.

69. Wallwitz, bestehet aus 1 herrschaftlichen Wohnhause, 1 Vorwerk, 1 Kretscham, 6 Dienstbauern, 7 Gärtnern, 12 Häuslern, 1 Mühlhaus, 5 andern Häusern, zusammen 34 Feuerstellen, 181 Seelen. Eigenthümer dieses Guts ist der v. Lüttwitz. Im Jahr 1681 besas es Adam v. Schlichting.

70. Welchau, enthält 1 katholische Kirche, 1 evangelische Kirche, 1 Pfarrhaus, 2 Schulhäuser, 1 herrschaftlich Wohnhaus, 3 Vorwerke, 1 Freygut, 10 Dienstbauern, 28 Gärtner, 26 Häusler, 4 Mühlen, 6 andere Häuser, Summa 82 Feuerstellen, 544 Seelen. Besitzer ist der Freyherr v. Lüttwitz.

71. Zecklau, a) Ober-Zecklau, hat 1 Vorwerk, 6 Gärtner, 3 Häusler, 2 andere Häuser, 65 Einwohner und gehört dem v. Lehwald.

b) Mittel-Zecklau, von 1 Vorwerk, 5 Gärtnern, 13 Häuslern, 2 andern Häusern, 100 Einwohnern. Gehört auch dem v. Lehwald.

b) Nie-

c) Nieder-Zecklau, von 1 Vorwerk, 1 Schule, 6 Gärtnern, 7 Häuslern, 2 andern Häusern, 101 Einwohnern. Gehört dem v. Lüttwiz.

72. Zissendorf, *a)* Städt. Antheil, faßt 3 Dienstbauern, 1 Gärtner, 2 Häusler, 30 Einwohner, gehört unter die Kämmerey zu Freystadt.

b) Gräfl. Antheil, hat 1 Vorwerk, 4 Gärtner, 7 Häusler, 4 andere Häuser, 77 Menschen. Gehört dem Graf v. Kalkreuth.

73. Zölling, begreift unter sich 1 katholische Kirche, 1 Pfarrhaus, 2 Schulhäuser, 1 Kretscham, 2 Freygüter, 12 Dienstbauern, 20 Gärtner, 16 Häusler, 2 Windmühlen, 12 andere Häuser, zusammen 72 Feuerstellen, 445 Einwohner. Besitzer ist der v. Brun, (oder Braun.)

74. Zyrus, *a)* Ober-Zyrus, bestehet aus einem Vorwerk, 6 Gärtnern, 6 Häuslern, 4 andern Häusern, 87 Personen; hat den Graf v. Kalkreuth zum Besitzer.

b) Nieder-Zyrus, hat 1 herrschaftlich Wohnhaus, 1 Vorwerk, 6 Gärtner, 1 Häusler, 4 andere Häuser, 73 Einwohner, und gehört dem v. Lehwald. Im Jahr 1681 besaß den erstern Antheil die Familie v. Riesenstein, den andern Antheil Hanns George v. Johnau.

Fünfter Abschnitt.

Vom Glogauschen Kreise überhaupt.

§. 1.
Lage, Grenzen, Größe.

Der Glogausche Kreis wird von der Oder beynahe in gleiche Theile getheilt, und diese natürliche Eintheilung macht auch eine physische; denn jenseits der Oder, oder auf der sogenannten polnischen Seite ist das Erdreich sehr sandig, auf der deutschen Seite hingegen mit Letten vermischt und fester. Die Grenznachbarn dieses Kreises sind gegen Morgen das Königreich Pohlen, gegen Mittag die Fürstenthümer Wohlau, Liegnitz und der Sprottausche Kreis, gegen Abend der Freystädtsche Kreis, gegen Mitternacht der Grünbergsche Kreis. Die Größe desselben ist ohngefähr 34 Quadratmeilen.

§. 2.
Beschaffenheit des Bodens.

Auf der deutschen Seite der Oder findet man einen fetten, und den besten Boden bey Pridomost, Gramschütz, Tschirniz ꝛc., in den übrigen Gegenden aber, wenn man einige Sandflecke, wie z. B. bey Eisemost, Gläsersdorf ꝛc. ausnimmt, meist einen tragbaren Mittelboden. Auf der polnischen Seite giebt es zwar mehr Sand, doch auch da wird viel Getreide, wiewohl mit geringerm Ertrage erbauet.

Es

Es fehlet daher diesem Kreise gar nicht an Brodt, sondern er ist gegentheils im Stande, vieles von seinen Vorräthen noch an die Gebürgseinwohner zu verkaufen.

In der Gegend um Pridomost wird viel Grünzeug erbauet, und nach Glogau, Schwiebus, Züllichau ꝛc. verführt.

Auch auf den Flachsbau legt man sich hin und wieder mit Vortheil.

Heu werden jährlich 17496 Fuder gewonnen.

Obstbäume werden 74335 gezählt.

Maulbeerbäume sind 42960.

§. 3.
Berge, Mineralien.

Durch den ganzen Kreis gehet von Osten nach Westen eine Kette von Bergen, die freylich nicht mit dem eigentlichen schlesischen oder Riesengebürge zu vergleichen, aber doch zum Theil beträchtlich genug sind, und auf denen man eine weite Aussicht hat. Es sind Lehm- und Sandberge, fangen sich beym Dorfe Gregersdorf an, ziehen sich über Hochkirch, Schmarse, Gurkau, Jacobskirch und mehrere Dörfer bis in den Freystädtschen Kreis, in die Gegend von Neustädtel, führen aber keinen besondern Namen, sondern werden nur nach jeder Gegend, oder nach dem Dorfe, wo sie liegen, benannt. Der Hochkircher und die Gurkauer Berge scheinen darunter die höchsten zu seyn, nicht etwa wegen ihrer vorzüglichen Höhe, sondern weil die Aussicht auf denselben nicht so beschränkt ist, wie auf den übrigen, die mit Wald bedeckt sind. Die Gurkauer, Sieglitzer und Görlitzer Berge sind ganz kahl, und werden bis über die Hälfte beackert. Von Mineralien weiß zur Zeit noch niemand etwas.

§. 4.
Seen, Teiche, Flüsse.

Unter den vielen sowohl kleinen als großen Teichen und Seen, die es in diesem Kreise giebt, ist der Schlawersee der merkwürdigste; er erstreckt sich über eine Meile in die Länge und meist $\frac{1}{4}$ Meile in die Breite, enthält alle mögliche hier im Lande nur gewöhnliche Fischarten, besonders Zander oder Zanten, und verschaffet seinem Eigenthumsherrn, dem Grafen von Fernemont, wenn er bey harter Winterszeit gefroren ist, und dann unter dem Eise befischet wird, einen reichlichen Nutzen.

Die dasigen Einwohner versichern, daß nach den Jahrzeiten hier ordentliche Passatwinde wehen, und in dem Sande sich Goldkörner befinden sollen, — freylich nur in sehr geringer Anzahl.

Die Oder durchströhmt den ganzen Kreis von Leschkowitz an, woselbst sie vor einiger Zeit in zwey Arme sich theilte, deren aber einer zu Anfang der königlichen preußischen Regierung durch Dämme verschlossen und das Land urbar gemacht worden, bey Glogau vorbey bis Beuthen im Freystädtschen Kreise.

Die

Die Bartsch kommt aus Polen, fällt 1½ Meile oberhalb Glogau bey Schwusen in die Oder, und ist ein seit geschehener Regulirung derselben für kleine Holz- und Getreidekähne schiffbarer Fluß.

Ferner gehört noch zu den Gewässern dieses Kreises der große Sprottabruch, der bis Rentau und Ottendorf im Sprottauschen auf 1 Meile lang und breit sich erstreckt. Vor 20 Jahren hat man durch Ziehung eines breiten Grabens viel trockenes Land, Aecker und Wiesen gewonnen.

§. 5.
Waldungen.

Die Holzarten sind meist Kiefern, Fichten, Birken, hin und wieder giebt es auch Eichen und etwas lebendiges Holz. Ueberhaupt ist das Holz zum Bedarf des Kreises zwar hinlänglich, aber nicht überflüßig. Die Preiße sind die Klafter Eichenholz 2 Rthlr. 16 Gr. Erlenholz 2 Rthlr. 14 Gr. Birkenholz 2 Rthlr. 22 Gr. ohne die andern Kosten und Abgaben.

§. 6.
Viehzucht.

Die Viehzucht und Nützung ist wegen der vielen Weide allhier gut. Dermalen befinden sich im Kreise 4778 Pferde, 307 Fohlen, 7775 Ochsen, 14806 Kühe, 7981 jung Rindvieh, 5087 Schweine, 73161 Schafe, 2938 Bienenstöcke. Die Schafe geben jährlich gegen 10000 Stein Wolle.

§. 7.

§. 7.
Wohnungen.

Es giebt im Kreise verschiedene gute adeliche Schlösser, als zu Kreidelwitz, Gläsersdorf, Seppau ꝛc. Bey denselben befinden sich auch gute Gärten. Der vorzüglichste ist der vom vorigen Herrn Minister v. Schlabrendorf angelegte Garten zu Seppau.

Unter den gemeinen Landleuten ist die gewöhnliche Bauart von Lehm und Holz; an einigen wenigen Orten finden sich noch Gebäude von Schrotholz.

Im Kreise wurden gezählt:

    3 Städte, als Glogau, Polkwiz, Schlawa.
218 Dörfer, und in denselben
  39 Kirchen, 23 katholische und 16 evangelische.
  56 Pfarrhäuser.
  69 Schulhäuser.
100 adeliche Schlösser und Wohnhäuser.
227 Vorwerke.
   3 Spitäler.
195 Kretschame.
   9 Lehngüter.
   2 rittermäßige Scholtiseien.
108 Freygüter.
1271 Dienstbauern.
2028 Gärtner.
2557 Häusler.
  97 Wassermühlen.
218 Windmühlen.
2088 verschiedene andere Häuser.

Summa 9028 Feuerstellen.
9087

Unter

Unter den Mühlen befinden sich 1 Papiermühle und 1 Pulvermühle; auch giebt es im Kreise eine Glashütte.

§. 8.
Einwohner.

Der Character der gemeinen Leute ist, wie bey einer großen Anzahl gewöhnlich, sehr verschieden; doch im ganzen mehr gut als schlecht. Dies mag zum Theil daher rühren, weil in diesem Kreise der Druck der Robothdienste nicht zu groß ist, und selbst da, wo solche etwas lästig sind, durch Nachsicht der Herrschaften und der schweren Arbeit angemessenen Kost erträglich gemacht werden. Der gemeine Mann ist arbeitsam, willig und treu in seinen Pflichten, daher auch das Cantonregiment sich auf die Cantonisten sicher verlassen kan.

Die deutsche Sprache ist durchgehends, selbst in den an Polen gränzenden Dörfern üblich. Die eigentliche Bauernsprache aber hat so sonderbare Töne und Endigungen, daß der Hochdeutsche und Märker solche nicht verstehet.

Der größere Theil der Einwohner ist evangelisch, der kleinere katholisch. Juden wohnen auf den Dörfern gar nicht.

Die Menschenzahl in den Dörfern und Marktflecken war im 1787. Jahre 47823 Seelen.

§. 9.

§. 9.
Merkwürdigkeiten.

Hin und wieder sind Spuren von den Grabstätten der alten Deutschen vorhanden. Als 1771 der sogenannte Galgenberg vor Glogau wegen den Vestungswerken abgetragen wurde, fanden die Arbeiter einige hundert Urnen- und Thränennäpfe von verschiedener Größe; die Masse war von Thon, aber grob, und stat: daß sonst andere dergleichen gefundene Gefäße, wenn sie an die Luft kommen, hart werden, zerfielen diese bey ihrer Aushebung ganz.

In Milchau, einem nahe an der Oder liegenden Dorfe, darf man in der Gegend des Kieferbusches nur tief pflügen, so kommen eine Menge blauschwärzlicher Thonscherben mit sonderbar geformten Figuren, oft auch halbe Urnen, hervor; ein Beweis, daß jene Gegend ein Begräbnißplatz unserer Vorfahren gewesen, aber auch ein Beweis, daß die Oder ehemals einen andern Gang gehabt haben müsse, weil die alten Einwohner ihre Todten nicht so nahe an Flüsse beerdigten.

Auf den Gramschützer Feldern sind bey Gelegenheit des Chausseebaues verschiedene aus einer feinen dauerhaften Masse bestehende Urnen gefunden, und aufbewahrt worden.

Bey Modlau, Gusteutschel ꝛc. siehet man noch schwedische Schanzen aus den Zeiten Gustav Adolphs und Carl XII. Die Graben davon aber sind durch die Länge der Zeit verfallen.

Hoche

Hochkirch ist ein berühmter Wallfahrtsort, wohin, besonders am Dreyfaltigkeitssonntage und am Fest Mariä Geburt, große Prozeßionen auch sonst Wallfahrter in sehr großer Anzahl kommen. (Siehe Beschreibung von den Dörfern Hochkirch.)

Ein anderer, doch minder bedeutender Wallfahrtsort ist zu Annaberg.

Zu Rietschüz ist ein Fräuleinstift errichtet worden, wovon bey den Dörfern unter Rietschüz mehr vorkommen wird.

§. 10.
Policeyverfassung.

In Justiz- und Cammeralsachen stehet der Kreis unter dem Glogauschen Cammer- und Oberamts-Departement. In Ansehung der Steuern gehört derselbe zur zweyten Klasse. Bey der Viehaßecuranz zur dritten Societät. Bey der Landschaft zum Glogauschen Fürstenthum. Den Kanton hat das Infanterieregiment v. Wolframsdorf.

Die Kreisofficianten sind:

Ein Landrath, Herr Siegfried Rudolph v. Wagner auf Tschirniz.

Ein Marschkommissarius, Herr Jacob v. Werner auf Trebitsch.

Zwey Kreisdeputirten.

Ein Kreisphisicus.

Ein Steuereinnehmer.

B. Von denen Städten,

und zwar:

Von Glogau.

§. 1.

Geschichte.

Glogau, insgemein Gros-Glogau, im Lateinischen aber *Mega-Glogovia, Major-Glogovia* genannt, ist eine der ältesten Städte in Schlesien, liegt im 50. Grad 40 Min. nördlicher Breite unserer heutigen Landcharten, ist nach Curäi Muthmaßung das *Lugidunum* des Ptolomäi, eines griechischen Geographen aus dem zweyten Jahrhundert, und es soll das jetzige Glogau auf den Ruinen jener alten Stadt erbauet worden seyn. Diese Meinung, daß gedachtes *Lugidunum* unser Glogau gewesen, hat der Syndicus Herr Tschirnitz in einer Abhandlung vom Alter dieser Stadt *) mit einigen Gründen unterstützt, und solche ziemlich wahrscheinlich gemacht, denn er behauptet, daß mit einigen in der Ptolomäischen Geographie vorkommenden Namen nicht nur schlesische Städte wirklich gemeinet sind, sondern daß auch die von diesem alten Schriftsteller angegebene Breiten, Längen und Distanzen mit der heutigen Situation dieser Oerter und ihren Entfernungen unter sich bis auf kleine Differenzen zutreffen.

Die Zeit der eigentlichen Entstehung des nunmehrigen Glogau ist zwar völlig unbekannt, allein

*) Niederschles. Magazin 1. Band 4. Stück.

der Name dieses Ortes, Glogau, kommt in der Geschichte bereits zu Anfang des 11ten Jahrhunderts vor, und derselbe muß damals schon eine ziemlich veste Stadt gewesen seyn, weil sich die sonst tapfere Deutsche nicht wagten, solche zu bestürmen. Denn als 1008 Kayser Heinrich II. feindlich in Polen einfiel, suchte der damalige polnische König Boleslaus I., Chabri genannt, mit seinen Magnaten hier zu Glogau einen sichern Zufluchtsort, wo er sich ganz ruhig verhielt, während daß die Deutschen rings umher die ganze Gegend verwüsteten, und sich sodann zurück zogen, ohne der Stadt selbst zu schaden.¹) War sie nun schon zu jener Zeit eine veste Stadt, so ists natürlich, daß ihre Bevestigungswerke aus einer noch ältern Zeit herrührten, und daß dieser Ort vielleicht mehr als ein Jahrhundert gebraucht habe, ehe derselbe zu einem solchen Ansehen gestiegen. Wahrscheinlich sind die Semnonen, eine Nation der Sveven, welche unter andern auch die

---

1) Worte des Dittmars ad annum 1008. Boleslaus ibi Glogoviam, ubi sedem habebat tutam, non egredi, hostesque non aggredi ausus circumcirca Silesiam devastare patiebatur. — Ad annum 1017. Libr. 7. Cæsar vero cum Exercitu suo & Bohœmiorum atque Luticiorum Comitatu obvia quaque devastans, quinto Idus Augusti ad urbem Glogusm, ubi Bolizlaus cum eos suis pæstolatur, solicitus venit, & provocantem inter sagittarios latitantes, hostem nostros persequi prostituit." Es ist also nicht Dlugos der erste, welcher der Stadt Glogau gedenkt, wie das Niederschlesische Magazin sagt, sondern Dittmar von Merseburg, der schon 1018 starb. Dlugos gedenkt dieser Stadt 100 Jahr später.

Gegend von Glogau, Beuthen ꝛc. bewohnten, *) die ersten Erbauer davon gewesen.

1105 versammelte, nach dem Dlugos, Herzog Boleslaus, der Krausköpfige, bey Glogau eine Anzahl Truppen, und marschirte damit in sieben Tagen nach Mecklenburg. 1109 aber muste diese Veste wieder eine harte Probe aushalten. Kayser Heinrich V. überzog diesen Theil von Pohlen mit Krieg, eroberte Beuthen, setzte mit seinem Heer über die Oder, und belagerte das, wie es Dlugos nennet, mit alten und verfallenen Mauern bevestigte Glogau, worein der polnische Grosherzog Boleslaus III. (Krzipousti oder der Schiefmäulige) eine starke Besatzung gelegt hatte. Der Kayser forderte die Stadt zur Uebergabe auf; die Besatzung hingegen bat um einen Waffenstillstad von 5 Tagen, unter der Versicherung, daß, wenn binnen dieser Zeit kein Succurs erfolgte, sie sodann die Stadt übergeben würden, und zum Unterpfand ihres Wortes überlieferten sie dem Belagerer die erstgebohrnen Kinder der fürnehmsten Einwohner als Geißeln. Unterdessen war dem Herzog Boleslaus davon Nachricht gegeben worden, welcher die Glogauer zur ernstlichsten Gegenwehr ermahnte, ihnen schleunigen Entsatz versprach, sie aber auch zugleich bedrohete, daß, Falls sie sich dem Kayser unterwürfen, er nach dessen Abzuge ohne Schonung aller Einwohner nieder machen wollte. Dies bewegte Bürger und Soldaten,

*) Henel. Silesiogr. renov. Tom. I. Cap. I. §. 22. S. 65. Oder vielleicht waren auch die vom Ptolomäus genannten Lugidumer, eine besondere Nation der schlesischen Lygier, die ersten Stifter.

ten, sich dem Kayser aufs äußerste zu widersetzen; sie verbesserten in der Geschwindigkeit die meist verfallenen Stadtmauern, führten hinter denselben noch verschiedene Befestigungswerke auf, und als nach abgelaufenem fünftägigen Stillstand bey Verweigerung der Uebergabe der Kayser einen Hauptsturm unternehmen ließ, wurde er nicht nur zurück geschlagen, sondern auch genöthiget, besonders da ihm Boleslaus mit den Polen und rußischen Hülfsvölkern von außen sehr zu Leibe gieng, endlich die Belagerung gar aufzuheben. ¹)

Aus dieser Geschichte, vorzüglich aber aus der darinn bezeichneten Marschroute des Kaysers, „daß er nach der Eroberung von Beuthen über die Oder gesetzt, und Glogau belagert habe," ergiebt sich zugleich, daß die Stadt anfänglich jenseits der Oder gestanden. Von dieser ihrer vorigen Lage soll auch der Name Glogau herkommen; denn da jene Gegend voller Dornhecken und Strauchwerk war, welches bey der Anlegung dieses Orts erst ausgerodet werden muste, Glog aber in der Slavischen Sprache ein dornichtes, höckrichtes, schattiges Erdreich bedeutet: so ist wahrscheinlich dieser hier erbauten neuen Stadt der Name Glog beygelegt worden, und

---

1) Von dieser Belagerung Glogaus handeln: Matth. de Mechovia Chron. pol. Libr. 3. cap. 9. S. 68. seq. Mart. Cromer de Rebus hist. Polon. Libr. 5. ad ann. 1109. Ioh. Dlugos Histor. polon. Libr. 4. ad ann. 1109. S. 383. seq. Iob. Dubraw Histor. bohem. Libr. 10. ad ann. 1109. Cosm. Prag. Chron. bohem. Libr. 3. ad ann. 1109. Fülbners schles. Biblioth. Vol. I. S. 165.

in der Folge daraus Glogau entstanden. Dittmar nennt es, wie oben gedacht, in seiner Geschichte Glogau. Was hingegen das Beywort Groß betrift, so soll die Ursache davon nicht so wohl in dem Unterscheid zwischen dieser und einer kleinen Stadt Glogau im Oppelschen Fürstenthume, sondern vielmehr in der oben erzählten Belagerung von 1109 zu suchen seyn. Man giebt nämlich vor, weil die Stadt damals ihren Oberherrn Boleslaus III. treu blieben, und die Einwohner sogar ihrer eigenen Kinder nicht geschonet, die sie den Belagerern zu Geisseln übergeben, so sey Boleslaus dadurch bewogen worden, nachdem mit dem Kayser zu Bamberg geschlossenen Frieden hierauf die Stadt Glogau 1120 ¹) aus jener dornichten Gegend an das disseitige fruchtbarere mehr bequeme Ufer des Oberstroms, wo sie gegenwärtig stehet, zu versetzen, zu vergrößern, zu verschönern, zu bevestigen, und derselben zum Gedächtniß ihrer Treue das Prädicat Großen-Glogau beyzulegen.

Ich glaube aber, daß diese Versetzung der Stadt erst nach dem Jahr 1147 geschehen sey. Denn damals zog Kayser Friedrich I. (*Barbarossa* oder Rothbarth genannt) wieder über die Oder gegen die Polen. Der zu jener Zeit regierende Grosherzog Boleslaus IV. fühlte sich zu schwach, diesem Feinde zu widerstehen, und um den Kayser keinen vesten Ort überlassen zu dürfen, ließ er die Städte Glogau und Beuthen durch Feuer zerstören. Es ist also mehr wahrscheinlich, daß Glogau erst nach dem Brande von

---

¹) Lucä setzt in seiner schles. Chron. gar das Jahr 1110.

von 1147 als vor dem Brande 1120, wo sie die gleichzeitigen Geschichtschreiber *Urbem opulentissimam* nennen, versetzt worden. Reiche und im besten Flór stehende Städte demolirt und versetzt man nicht so leicht, wohl aber abgebrannte. Hierzu kommt noch, daß, wie es seine Richtigkeit hat, Herzog Boleslaus III. 1120 die Dohmkirche zu Glogau außer der bevestigten Stadt über der Oder gestiftet, und zwar an dem Orte, wo gegenwärtig das Dominikanerkloster stehet. Da sich nun dieses Kloster jetzt innerhalb der Stadt befindet, so ists ein neuer Beweis, daß Glogau 1120 noch auf seiner alten Stelle jenseits der Oder gestanden, und erst nachher translocirt worden.

Unter der Regierung Herzogs Konrad II. kam 1270 die Stadt in großes Aufnehmen. Er erweiterte dieselbe gegen Morgen zu um vieles, berief mehr Deutsche hieher, befreyte die Einwohner von dem Druck der polnischen Dienstbarkeit, setzte Glogau überhaupt zu deutschem Rechte aus, und ertheilte diesem Orte mancherley herrliche Privilegien. Die schlesischen Bischöfe, die sich oft bey dem hiesigen Dohmstift aufzuhalten pflegten, hatten bald einen ansehnlichen Theil der Stadt unter ihren Gerichtssprengel gebracht; und daher verschiedene Streitigkeiten wegen der Gerichtsbarkeit mit den Geistlichen zu vermeiden, wohnte Konrad Anfangs meist zu Pridomost, einem eine kleine Meile von Glogau entlegenem Dorfe, baute aber 1260 das Schloß zu Glogau, erwählte solches zu seiner ordentlichen Residenz, den Dohmherren aber wies er einen andern Sitz außer der Stadt jenseits der Oder auf dem

Werber an, nachdem er ihnen dort 1270 auf seine eigene Kosten eine ansehnliche Kirche gebauet, und schränkte solchergestalt ihre Jurisdiction blos auf den Dohm ein.

1326 gab Herzog Primislaus der Stadt ein Privilegium über den Salzschank oder Markt, und über die Erbauung der Odermühle mit 12 und mehrern Rädern. 1331 wurde die Stadt unter die zwey Söhne Herzogs Primislaus II. Johann zu Steinau und Heinrich III. zu Sagan getheilt. Johann verkaufte seine Hälfte von Glogau an den König Johann in Böhmen. Dieser wollte Heinrichen auch zur Abtretung der andern Hälfte bewegen; als sich derselbe aber dazu nicht willig finden ließ, brauchte der König Gewalt, rückte mit einem Kriegesheer für Glogau, belagerte, eroberte den Ort, und brachte solchen, nachdem er Herzog Heinrichen daraus vertrieben hatte, völlig unter seine Gewalt. Wie oft und auf was Art übrigens Glogau unter verschiedene Herrn zertheilt gewesen, ist bereits in der Regentengeschichte angemerkt worden, so daß ich es für überflüßig halte, alle diese Zergliederungen hier zu wiederholen. Dergleichen öftere Regimentsveränderungen aber, wo jeder Theil einen besondern Magistrat angestellt hatte, zogen nicht nur allerhand Jurisdictionseingriffe und Streitigkeiten der Partheyen nach sich, sondern da kein Theil auf Anlegung nützlicher Fabricken 2c. bedacht war, und Glogau weiter keinen ansehnlichen Nahrungszweig als den Getreidehandel aus Polen nach dem schlesischen Gebürge hatte, der jedoch nur einigen Particuliers Vortheil brachte, so muß die Stadt natürlich in ihrem Wohlstande nicht weit gekommen seyn.

Im

Im Jahr 1295 ¹) rafte die Pest hier über 2000 Einwohner weg. 1402 wurden viele Juden zu Glogau verbrannt, weil man sie beschuldigte, daß sie eine geweihte Hostie gemißhandelt hätten. Zur Gedächtniß dieser Geschichte wird bey der Pfarrkirche heutiges Tages noch eine Tafel aufbewahrt, worauf diese Judenexecution abgebildet ist, und dieselbe am Frohnleichnamstage auf den Altar am Rathhause ausgestellt. Es müssen auch in ältern Zeiten bereits eine ziemliche Menge derselben zu Glogau gewesen seyn, denn schon im Jahr 1299 gab Herzog Heinrich III. ein eigenes Gesetze heraus, wie es mit den hiesigen Juden für Gerichte gehalten werden sollte. ²) 1406 gieng der größte Theil der Vorstadt über der Oder, 1420 am Tage nach Himmelfahrt aber die ganze Stadt im Feuer auf, und nur das Dominikanerkloster blieb stehen. Kaum waren die Häuser wieder aufgebauet, und die gleichfalls abgebrannte Pfarrkirche massiv aufgeführet worden, so legte am Tage Jacobi 1431, wo man solche einweihete, eine abermalige Feuersbrunst die Stadt schon wieder in die Asche. 1412 und 1413 hingegen starben viel Einwohner an der Pest

1442 am St. Marcustage brach ein Feuer in der Judenstraße aus; der Pöbel machte sich diese Gelegenheit zu Nutze, stürmte die Judenhäuser, plünderte solche rein aus, und verwüstete die Schule derselben. 1443 aber war hier ein größer Aufstand. Der Bürgermeister in Herzogs Heinrich Antheile

---

¹) Andere setzen diese Pest schon in das Jahr 1205 gewisser aber ists, daß sie 1295 gewesen.

²) Sommersberg Diplom. III. S. 105.

von der Stadt, Namens George Schilling, hatte der Weberzunft in einigen Stücken zuwiedergehandelt; diese empörte sich nun gegen denselben, schäfte sich Selbsthülfe, andere Mißvergnügte vereinigten sich mit ihnen, und der Bürgermeister Schilling wurde im Tumult umgebracht, die Thäter aber flüchteten in die Dominikanerkirche, wo sie Schutz fanden. In eben diesem Jahr vermachte der hiesige Stadtpfarrer Franz Launalt in seinem Testamente eine ansehnliche Summe Geldes, wofür das Wasser durch Röhren in die Stadt geleitet werden sollte. 1445 brannte in der Stadt am Steinwege eine Gasse ab.

Beym Einfall der Hußiten in Schlesien blieb Glogau gänzlich von ihren Verwüstungen verschonet, weil der damalige Regent, Herzog Heinrich X. solche Maasregeln getroffen hatte, daß sie sich nie in sein Gebiete gewagt haben. Dafür aber hatte diese Stadt die Ehre im Monat May 1462 (oder 1463) zwey Könige, Georgen aus Böhmen, und Casimirn aus Polen in ihren Ringmauern aufzunehmen. George kam den 15 May mit 200 Pferden, Casimir hingegen den 18. May mit 500 Pferden an. Ersterer wohnte auf dem Rathhause, letzterer im Schlosse; sie blieben 9 Tage beysammen, und schlossen während dieser Zeit ein Friedensbündniß unter sich. 1472 setzte Herzog Heinrich der Stadt einen neuen Jahrmarkt, an Luciá zu halten, aus.

Die grösten Widerwärtigkeiten und Zerrüttungen hat Glogau unstreitig während der Regierungs-Periode Herzogs Hans II. erlitten. 1476 gehörte die eine Hälfte von der Stadt dem Herzog Heinrich

rich XI., die andere Hälfte besaß noch als Leibgedinge die verwittwete Herzogin Margareth v. Cylli, und der König Matthias errichtete mit dem Erben derselben, Herzog Casimir zu Teschen einen Vertrag, daß ihm solcher nach dem Tode der Margareth diese Hälfte von Glogau gegen andern Ländereyen vertauschen sollte. Nach dem Tode Heinrichs XI. maßte sich Herzog Hanns II. zu Sagan, als dessen nächster Agnate, die nachgelassenen Länder, besonders auch die Hälfte von Glogau an, und brachte es theils durch Drohungen, theils durch die vom Kayser Mathias erhaltenen Briefe dahin, daß ihm die Glogauer aus gedachtem Antheile huldigen musten. Doch damit war Hanns noch nicht zufrieden, er wollte auch die andere Hälte der Stadt unter seine Bothmäßigkeit bringen, die K. Matthias an sich getauscht hatte, und sich solchergestalt zum Herrn von ganz Glogau machen. Da dieses aber nicht angieng, so lang die Wittwe Margareth noch im Besitze derselben war, so brauchte Herzog Hanns Gewalt, belagerte die fürstliche Wittwe im Schlosse, worein er allerhand stinkende Sachen werfen ließ, und nöthigte sie endlich, ihm sowohl das Schloß als die dazu gehörige Hälfte der Stadt abzutreten Jetzt fieng er an die Einwohner äußerst zu drücken; die Juden und Dominikaner musten die Stadt verlassen, die Franziskaner ihr Kloster hergeben, die Dohmherrn bey Verlust ihrer Güter seine Soldaten bezahlen, und so wohl Stadt als Land nicht nur schwere Kontributiones entrichten, sondern sich auch noch für außerordentliche Summen verbürgen, die er da und dort zur Führung des Krieges gegen den König Matthias aufnahm. Zu diesen Bedrückungen kam 1483 die

die Theurung, wo die Einwohner vollends das Ihrige zusetzen mußten, und 1484 eine wüthende Pest, an welcher sehr viel Menschen starben.

Nun schickte K. Matthias ein Heer gegen den Herzog unter dem Befehl des General Tettauer, welcher ihn aus dem Besitze des Glogauschen treiben sollte. Hanns machte Anstalt sich zu vertheidigen, ließ das Schloß und die Stadt besser bevestigen, die Dohmherrn hingegen mußten die Bevestigung ihrer Insel auf ihre eigene Kosten übernehmen. Indessen hatte sich Hanns durch seine Plackereien die ganze Bürgerschaft verhaßt gemacht; da er sich nun im Fall einer Belagerung von derselben eines innerlichen Aufstandes wegen besorgte, suchte er die Einwohner in Furcht zu jagen, forderte den Rath und die Gemeine aufs Rathhaus, beschuldigte sie, daß sie die Anstifter des Krieges gegen ihn wären, nahm ihnen sämmtliche Privilegien, plünderte die Kämmereikasse, zog die Stadtgüter ein, behielt die Stadtschlüssel bey sich, und ließ die Magistratspersonen in den Schloßthurm, die Schöppen und Gemeinälteste aber in die Stadtthürme gefangen setzen. Letztere wurden zwar nach drey Tagen wieder auf freyen Fuß gestellt, bis auf einen, der unter der Zeit darinnen starb; die Rathsherrn hingegen, denen nicht die mindesten Lebensmittel gereicht wurden, mußten sämmlich im Gefängniß für Hunger und Durst verschmachten, besonders da ein gewisser Buscus, des Herzogs Hannsen Rath und Helfer in der Tyranney, die Schlüssel zum Thurme mit sich fortgenommen hatte, so daß den Gefangenen Niemand beyspringen konnte. Ihr Elend, so sie ausgestanden,

den, ist aus den Briefen zu ersehen, so sie in ihrem Kerker geschrieben, und welche Curäus sowohl als Schickfuß aufbewahrt haben. Auch Lucä liefert in seiner schlesischen Chronick einen Auszug Seite 1058 ꝛc. davon.

Unterdessen rückte das königliche Heer der Stadt Glogau immer näher, und Herzog Hanns ließ jetzt die Vorstädte abbrennen, um dem Feinde keinen Auffenthalt zu lassen. Endlich begann am 12. May 1488 die förmliche Belagerung. Die Stadt wurde bis zu Ende des Octobers unaufhörlich beschossen, zu diesem Behuf sowohl die Liegnitzsche als die Schweidnitzsche berühmte große Büchse dafür gebracht, und große Verwüstung an den Gebäuden damit angerichtet. Obgleich eine starke Besatzung in der Stadt lag, so mangelte es am Ende doch an Lebensmitteln; als nun die Hungersnoth unter den Einwohnern und Soldaten überhandnahm, die Belagerer auch schon die Dohminsel erobert hatten, der aus Böhmen herbeyeilende Succurs geschlagen, und weiter kein Entsatz zu hoffen war: thate die Bürgerschaft dem Kommendanten, Herzog Georgen von Münsterberg und Hannsens Rathe Calo, Vorstellung, daß, da es unmöglich wäre die Stadt zu erhalten, solche doch übergeben werden möchte. Sie wurden auf den andern Tag zur Antwort beschieden; allein in der Nacht entfernten sich diese Befehlshaber mittelst eines Kahnes über die Oder, und nun trat die Bürgerschaft selbst mit dem General Tettauer in Unterhandlung, begehrten einen fünftägigen Waffenstillstand, den sie auch erhielten, und binnen welcher Zeit sie ihre Nothdurften im Lager einkaufkaufen durften; den 16. November aber zog der General Tettauer als Eroberer zu Glogau ein, und den 19 nahm derselbe von der Bürgerschaft für den K. Matthias die Huldigung an.

Glogau war nun zwar aus einer Trübsal erlöset, allein 1489 kam ein neues Unglück über sie, als am 18. May ein grosser Brand das übrige von der Stadt, so in der vorigen Belagerung verschont geblieben, in die Asche legte. Hierauf erlangte die Bürgerschaft vom K. Matthias 1490 eine zehnjährige Befreyung von allen Abgaben, und eine dreyjährige Freyheit von allen geistlichen Zinsen, desgleichen verbesserte er ihr Stadtwappen mit dem Corvinschen Raben und dem goldenen Ringe im Schnabel, zu Ehren Johann Corvini, dem er das Fürstenthum Glogau zu Lehn übergeben hatte, und ertheilte der Stadt die Erlaubniß mit rothen Wachs siegeln zu dürfen.

Nach dem Tode K. Matthiä bekam Glogau 1490 einen neuen Oberherrn an Johann Albert, einem Bruder Königs Uladislai; dieser bestellte einen bösartigen Mann, Namens Polack Czervikowsky zum Landeshauptmann, von welchem die Stadt wieder viel Unheil erdulden muste. Er plagte die Einwohner mit neuen Auflagen, und warf die, welche die Privilegien der Bürgerschaft vertheidigten, in Gefängnisse, worinn sie lange schmachten musten. Hierüber entstand unter den Bürgern ein grosser Aufruhr, welche die Gefangenen mit Gewalt befreyen wollten; doch Polack brauchte Gegenwalt, ließ einen Bürger Namens Agricola, unter dem Vorwande, daß solcher die Sturmglocke zum Aufruhr geläutet, enthaupten, und war sogar Willens, auch alle übrige Gefangenen tödten zu lassen, wenn es sein Favorit Ernst v. Tschammer nicht durch triftige Vorstellungen hintertrieben hätte; doch muste der Burgermeister Arnold für alle büssen, seinen Kopf hergeben, die ganze Bürgerschaft aber barfuß mit entblösten Häuptern für ihm erscheinen, und fußfällig Abbitte thun.

Als dieser Wütrich endlich 1499 abgesetzt, und Glogau unter die sanftere Regierung Herzogs Sigmund gekommen war, schienen die Einwohner gleichsam aufs neue zu athmen. Er gab der Stadt verschiedene gute Ordnungen und Gesetze, verbesserte viel Gebäude, und hätte vielleicht noch manchen Vortheil gestiftet, wenn seine Regierung zu Glogau von längerer Dauer gewesen wäre.

1511 als der Streit wegen der Stapelgerechtigkeit und der Waaren-Niederlage zu Breslau angieng, zog Glogau viel Nutzen davon; denn die Polen und Brandenburger, die sich der Stadt Breslau widersetzten, brachten ihre Waaren nun nach Glogau, und diese Stadt würde sich in diesem Zeitpuncte leicht haben empor schwingen können, wenn der König jene Breslausche Stapelgerechtigkeit nicht wieder aufgehoben hätte. Indessen verlohr sie 1517 wieder, was sie erst gewonnen hatte, als am 26. November in der Nacht ein Feuer ausbrach, welches binnen drey Stunden die ganze Stadt nun schon zum viertenmal in einen Schutthaufen verwandelte: Es giengen bey diesem Brande nicht nur fünf schöne Bibliotheken und viel alte Urkunden verlohren, sondern es büßten auch über 80 Menschen dabey ihr Leben ein, die theils verbrannten, theils in den Ge-

wöl-

wölbern und Kellern, wohin sie sich mit ihren Sachen geflüchtet hatten, im Rauch erstickten. Blos die Pfarrkirche, Schule, das Dominikanerkloster und einige Häuser blieben verschonet. Ein gleiches Unglück erfuhr die Stadt 1615, wo abermals über 1200 Häuser im Rauch aufgiengen.

Man wird sich über die große Anzahl der abgebrannten Häuser verwundern, welche die Häuserzahl des heutigen Glogau's überhaupt bey weitem übertrift; allein eine daselbst noch vorhandene kupferne Platte zeigt den Grundriß der damaligen Stadt, nach welchem solche theils gegen Morgen, theils gegen Mittag und Abend sehr ansehnliche Vorstädte gehabt, in denen außer drey Kirchen und verschiedenen öffentlichen Gebäuden, mehr als 500 Bürgerhäuser ohne die andern Stellen befindlich gewesen, die aber sämmtlich, wie die Innschrift auf gedachter Platte bemerkt, als Glogau zu einer ordentlichen Vestung gemacht wurde, nach und nach niedergerissen, und so wohl dieser ganze Platz als auch die Steine von Kirchen, Begräbnißkapellen, Kellern, Grüften und Häusern zum Fortificationsbau mit angewendet worden. Noch bemerkt die Innschrift der Platte, daß die Stadt zu jener Zeit drey sehr gute Odermühlen jede von 4 Gängen gehabt, die wahrscheinlich im dreyßigjährigen Kriege, und in den öftern Belagerungen während denselben zu Grunde gerichtet worden, so daß jetzt nichts mehr davon übrig ist, als die Rudera vom Wehre, und die noch so genannte Mühlpforte, durch die man sonst zu diesen Mühlen gegangen.

Im Jahr 1622 wurde zu Glogau auch gemünzet; woher aber die Stadt das Recht zu münzen erlanget hatte, läßt sich nicht auffinden. Es wurden allhier eben so wie zu Breslau und Schweidnitz Vier- und zwanziger geprägt, die aber an Schrot und Korn weit beßer waren als lezterer Städte. Auf der einen Seite stand Kaiser Ferdinands II. Brustbild mit einem Lorbeerkranz auf dem Haupte, und der Umschrift: *Ferd. II. R. J. M. S. A. S. H. Bo. Rex. D. S.* 1622. auf der andern Seite war das vierfeldige Stadtwappen und die Umschrift: *Moneta nova Civit. Glogoviens. J. C.* welche leztere 2 Buchstaben des Münzmeisters Namen andeuteten. Außer dieser Münze sind auch schon im Jahr 1502 zu Glogau Heller geprägt worden, deren 11 einen Böhmischen Groschen gegolten haben.[1])

Im dreißigjährigen Kriege mußte Glogau ebenfalls mancherlei Schicksale erfahren. Der Lichtensteinschen Invasion von 1628, wo die evangelischen Einwohner, aus denen dazumal der größte Theil der Bürgerschaft bestand, geplündert, hart bedränget, und meist vertrieben wurden, die aber in die Religionsgeschichte gehört, und weiter unten bey der Pfarrkirche vorkommen wird, zu geschwelgen, kam 1632 der sächsische General Arnheim für die Stadt, forderte den darinn kommandirenden kaiserlichen Obri-

1) Deverbeck Siles. Numismat. Cap. XIII. S. 720.

Bescht. v. Schl. X. B. 3. St.   N

Obristen v. Göz mit seiner Garnison, die aus 6 Eskadrons Reuterey und 10 Kompagnien Fußvolk bestand, zur Uebergabe auf; da sie sich aber dessen weigerten, wurde die Stadt den 26. July zur Nacht mit Sturm erstiegen. Der Kommendant retirirte sich mit seiner Besatzung auf den Dohm in eine veste Schanze; allein Arnheim ließ ihm nachsetzen, beschoß den Dohm aus der Stadt, und nöthigte die Kaiserlichen hier ebenfalls zur Uebergabe, doch war der Obrist v. Göz noch entrunnen. Die Sachsen erbeuteten ein ansehnliches Magazin, und viele Kriegs Munition, plünderten aber auch die Einwohner.

Beym Anfang dieser unruhigen Epoche war der Magistrat bedacht gewesen, einen Fond zu errichten, um daraus im Fall der Noth bey feindlichen Anforderungen die Kontributiones, Brandschatzungen ꝛc. bezahlen zu können, und dadurch die Bürgerschaft aus mancher drohenden Gefahr zu retten. Zu diesem Fond wurde die Steuer-Tertia angewandt, welche die Stadt damals als eine Vergütigung aus dem kaiserlichen Steueramt zurück erhielt, und die über 20,000. Floren betrug; der Magistrat aber mußte über diese Kasse Rechnung ablegen, die das geheime Depositum genannt wurde. Doch geizte die Stadt mit diesem ihrem Nothpfennige keineswegs, sondern sie erzeigte sich damit auch gutthätig gegen ihre Mitschwestern, die andern Fürstenthumsthumsstädte, denen sie zur Unterstützung in Nöthen ansehnliche Vorschüße that.

Freystadt erhielt	—	1500. Thl.
Guhrau ,	—	1550 ,
Sprottau ,	—	2000 ,
Grünberg ,	—	1625 ,
Schwiebus ,	—	1200 ,
Polkwitz ,	—	380 ,
	Summa	8255

Allein bey aller ihrer Vorsicht konnten die Glogauer mit dieser Kasse doch nicht das Unglück abwehren, so die Stadt in den folgenden Jahren betraf.

1633 als Wallenstein die Schweden bey Stetnau schlug, jagte er auch die Sachsen aus Glogau, und die Stadt kam in kaiserliche Hände, die sie aber nicht länger behielten als bis 1634, wo ihnen solche der sächsische Obrist v. Poser wieder abnahm. 1635 nachdem der Separatfriede geschlossen worden, verließen die Sachsen Glogau, und räumten es den Kaiserlichen ein. Endlich wurde die Stadt 1642 von den Schweden unterm Kommando des Generals Torstensons belagert, den 3. May ließ derselbe 3 Batterien aufwerfen, und den kaiserlichen Befehlshaber, Obristen Freyherrn v. Rechow, oder wie ihn Lucä nennt Rogan, wiewohl vergeblich auffordern. Darauf erfolgte am 4. May ein Hauptsturm, in welchem die Stadt erstiegen, erobert, die Besatzung meist niedergehauen, und ein ansehnlicher Vorrath an Mehl und andern Kriegsbedürfnissen

nissen darinn erbeutet wurde. Mit den Einwohnern giengen die Eroberer ebenfalls sehr übel um; viele derselben wurden ermordet, oder sonst schimpflich gemißhandelt, die Häuser rein ausgeplündert, die Geistliche nebst den fürnehmsten Bürgern gefänglich ins Lager geführt, und von ihnen eine beträchtliche Ranzion erpreßt. Was das Unglück noch vergrößerte, war: Ein großer Theil der Einwohner hatte sich mit ihren besten Sachen in die Pfarrkirche geflüchtet; die Schweden erbrachen dieselbe, und raubten, was sie fanden. Ein Soldat aber legte seine brennende Lunte beiseite, und es entstand dadurch ein Feuer, welches, da demselben in der Verwirrung nicht geschwind genug Einhalt gethan werden konnte, nicht nur die Pfarrkirche, Schule 2c. sondern auch noch die Spital-Leichnams-Kleine Kirchgaße, das Jesuiter-Kollegium, und den besten Theil der Stadt verzehrte.

Noch in eben dem Jahr belagerte der Erzherzog Leopold Wilhelm von Oesterreich die Stadt aufs neue; allein der darinn kommandirende schwedische Obriste Wrangel, den man wegen seiner Verwegenheit den tollen Wrangel nannte, plagte die Belagerer mit öftern Ausfällen dergestallt, daß sie über 6000. Mann dafür verlohren, und, besonders da ihm noch der General Torstensohn von der polnischen Seite her zu Hülfe kam, genöthiget wurden, den 12. September die Belagerung wieder aufzuheben. Solchergestalt blieb Glogau unter schwedischer Obmäßigkeit bis 1650, wo am 3 August der General Wittenberg mit seinem Volke abzog und die Kaiserlichen davon Besitz nahmen.

Durch

Durch die bisher erlittenen harten Schickſale war nun die Stadt aufs äußerſte gekommen, verwüſtet, entvölkert, und brauchte lange Zeit, um nur den Schaden zu erſetzen, an Verbeßerung war gar nicht zu gedenken. Die Urſachen hiervon waren: daß es hier gänzlich an Fabricken mangelte, die den Einwohnern Verdienſt und Nahrung zugezogen hätten; daß die daſelbſt befindliche große Menge der Juden ſo wohl den polniſchen Getreidehandel als andern wichtigen Verkehr allein benuzten; ferner, daß Kaiſer Ferdinand *IV.* 1629 die Jeſuiten in Glogau eingeführt hatte, welche durch ihren großen Einfluß die Proteſtanten, welche doch den größten Theil der Einwohner ausmachten, am kaiſerlichen Hofe anſchwärzten, verfolgten, allerhand ſchädliche Befehle wieder dieſelben auswirkten, und ſie ſolchergeſtalt in ihrer Nahrung und beßern Aufkommen hinderten. Zu allen dieſen Bedrückungen kam endlich noch, daß 1671 den 24 Januar eine abermalige Feuersbrunſt den größten Theil der Stadt nebſt dem Rathhauſe und einigen Kirchen in die Aſche legte.

Die Epoche zu Wiederherſtellung dieſer faſt verödeten Stadt war der Regierung Königs Fridrich *II.* in Preußen vorbehalten. 1741 den 9. März Früh um 1 Uhr eroberten die Preußiſchen Truppen unter Anführung des Prinzen Leopold von Deſſau dieſe Veſte mit Sturm, machten 855 Mann, worunter 40 Offizirs, zu Gefangenen, und erbeuteten 58 metallene Kanonen 4 dergleichen Mortiers, 1300 Centner Pulver, nebſt vielen andern Kriegsbedürfnißen mehr. Darauf wurden hier 1742 die

die hohen Landes-Dicasteria, als, die Kriegs- und Domainen-Cammer, die Oberamtsregierung, das evangelische Oberkonsistorium ꝛc. errichtet, und dem Stadtwesen überhaupt eine ganz andere Gestalt gegeben. Die Protestanten erhielten nun alle Gewissensfreiheit, gleiche Rechte mit den Katholicken, Handel und Wandel vergrößerte sich sichtlich, es wurden verschiedene neue Handlungsspeculationen gemacht, und durch diese Veränderungen hob sich Glogau jetzt auf einmal zu einer der vorzüglichsten Städte Schlesiens empor.

Im siebenjährigen Kriege ist Glogau von aller feindlichen Invasion verschont geblieben. Obgleich die Oesterreicher und Russen dieser Veste ziemlich nahe kamen, und die leztern ringsumher Dörfer und Städte theils plünderten, theils abbrannten: so haben sie doch nie eine Belagerung unternommen.

Allein, was der Feind nicht verwüstete, das verheerte 1758 ein nach einer langen Dürre ausgekommenes und schnell um sich greifendes Feuer, welches den 13. May Mittags im Jesuiterkollegio, wo ein Lazareth errichtet war, ausbrach, und nicht nur dasselbe, sondern auch die Pfarrkirche, die evangelische Friedenskirche vor dem preußischen Thore, die Pfarrwohnungen, Schulgebäude, das königl. Proviantamt mit einem sehr ansehnlichen Getreidemagazin, das Salzmagazin, den Stadtmarstall, die Custodie, 3 Malzhäuser, die Malzmühle, 7 Städtsche Baracken, 170 der wohlgebautesten bürgerlichen Vorderhäuser in der Stadt, und außer dem noch durch Flugfeuer den größten Theil

des ¼ Meile von Glogau entfernten Kämmerey-
Dorfes Brustau einäscherte.   Doch ist durch die
Wohlthätigkeit König Friedrich II. und mittelst der
Unterstützung aus der Feuersocietät der abgebrann-
te Theil der Stadt viel schöner und nach besserm
Geschmack wieder hergestellt worden.

   1775 den 9. October brannten auf der polnischen
Gasse 4 Bürgerhäuser ab, und am 22. August 1789
drohte eine abermalige starke Feuersbrunst der
Stadt das Verderben; es brannten an diesem Tage außer 4 Bürgerhäusern auf der Paulinergasse,
wo das Feuer bey einem Pfefferküchler ausbrach,
das Dominikanerkloster, die dazu gehörige Kirche,
und ein Hospital ab; es würde daraus ein weit
größeres Unglück entstanden seyn, weil es hierum
noch viel hölzerne Häuser giebt, wenn durch schleu-
nige Hülfleistung und Anstrengung aller Kräfte,
dem Feuer nicht wäre Einhalt gethan worden.

§. 2.

Gegenwärtige Verfassung.

   Glogau ist ein zimlich großer wohlbevestigter
Ort, eine Immediat- und die Hauptstadt dieses
ansehnlichen Fürstenthums.   Sie liegt 14 Meilen
von Breslau, 7 Meilen von Liegnitz, und eben so
weit von Wohlau und Sagan in einer fruchtbaren
angenehmen Ebene an der Oder, die zwischen der
Stadt und dem Dohme wegfließt, und ist nur 1¼ —
1¾ Meilen von der polnischen Grenze entfernt. Sie
hat 3 Thore, nämlich das Breslausche, das Preu-
ßische, und das Oderthor.   Gassen zählt man hier
über-

überhaupt 40, worunter die vorzüglichsten folgende sind: Die Preußischegasse, die Mälzergasse, die Langegasse, die große Odergasse, die Jesuitergasse, die Kupferschmiedegasse, die Polnischegasse, die große Kirchgasse, die Pauliner- oder Judengasse. Leztere hat ihren Namen von den vielen in diesem Quartier wohnenden Juden erhalten, und wird sonst auch die Judenstadt genannt. Alle Hauptgassen sind, so wie der länglicht angelegte Ring, so zimlich regulär gebauet, meist mit maßiven Häusern versehen, und die Stadt durchgehends gut gepflastert, die auch täglich immer besser bebauet, und nach dem neuesten Geschmack mehr verschönert wird.

Sonst siehet die Stadt nach ihrer Figur und innern Verhältnis bis an die Stadtmauern einem Zirkel nicht unähnlich, und ihr Flächen-Inhalt beträgt nach der neuesten Berechnung 18054 Quadratruthen.

Durch das Oderthor gelangt man mittelst einer langen hölzernen Brücke über die Oder auf den Dohm, welcher von einem Arm aus der Oder völlig umschlossen wird, eine Insel vorstellet, etwas bevestiget, auch mit ganz hübschen Häusern, worunter vorzüglich die Residenzen der Dohmherren gehören, nebst 3 Kirchen versehen ist, und fast das Ansehen einer kleinen besondern Stadt hat. Ausser dem Dohm aber sind sonst keine Vorstädte vorhanden, ausgenommen vor dem Preußischen Thore nur einige zerstreut liegende Häuser, als: der neue Kretscham, das neue Vorwerk, die dabey befindliche

the Ziegeley und Wohnhaus des Streichers, eine Windmühle, das Schießhaus, und die Wächterwohnung beym Judenbegräbnis.

Im Winter wird vom 1. October bis lezten April die Stadt seit dem Jahr 1765, desgleichen auch der Dohm, mit 300 Laternen erleuchtet, wovon 6 Stück auf der langen Oderbrücke angebracht sind.

Zur Garnison liegt hier das Infanterie-Regiment von Wolframsdorf nebst seinem Depot, und 1 Compagnie von der Vestungsartillerie. Von Glogau hat man zweyerley Prospekte, einen von Werthern, und einen von Schreibern, ein Plan aber kommt in der Schlesischen Kern-Kronik vor.

§. 3.

Gebäude.

Oeffentliche Gebäude sind hier folgende:

I. Kirchliche und dergleichen.

a) Die katholische Stadtpfarrkirche zu St. Nicolai. Weder von der Zeit ihrer Erbauung, noch von dem Stifter derselben finde ich etwas aufgezeichnet. Wahrscheinlich gab es hier schon eine ordentliche, wiewohl hölzerne Kirche, als die Stadt noch jenseits der Oder stand; und es mag bey Verlegung derselben an das diesseitige Ufer auch fast zu gleicher Zeit eine andere in der neuen Stadt erbauet worden seyn,

1442 stiftete der Stadtpfarrer Franz Launald bey dieser Kirche eine Kapelle, wozu er gewisse Mansionarien verordnete, welche vom Leiden Christi andächtige Lieder absingen mußten; und um das Jahr 1463 wirkte die verwittwete Herzogin Margaretha v. Cylli vom päbstlichen Legaten Rudolph die Erlaubnis aus, jeden Donnerstag in der Woche den noch gewöhnlichen Umgang mit der geweihten Hostie halten zu dürfen.

Diese Kirche hat das Unglück gehabt, fast in jedem Stadtbrande zugleich mit im Feuer aufzugehen; daher ist es kein Wunder, wenn sie, ihrer ersten alten Stiftung ohngeachtet, nach einem guten Geschmack erbauet ist.

Sie war von Anfang her in den Händen der Katholicken, und obgleich die Reformation Lutheri schon 1530 zu Glogau Eingang gefunden hatte, sich auch nach und nach der größte Theil von der Bürgerschaft dazu bekannte, so wußte es doch das dortige Dohmstift und die Mönche dahin zu bringen, daß die Protestanten keine Kirche erhalten konnten, sondern sich blos durch Privatandachten in ihren Häusern erbauen mußten. Endlich gelang es ihnen, 1564 den 30. November die Dominikanerkirche an sich zu bringen, wobey sie den M. Joachim Specht, einen gebohrnen Glogauer, der zuvor Rector in Freistadt gewesen, als Prediger anstellten, der dies Amt vorher zu Brostau, einem ohnweit Glogau liegenden Dorfe, versehen hatte. Allein dieser Besitz war von kurzer Dauer; denn die katholische Geistlichkeit trieb es mit ihren Vorstellungen am kaiserlichen Hofe so weit, daß schon 1565

1565 den 2. Sonntag nach Epiphaniä der evangelische Gottesdienst in Glogau wieder aufhören, und M. Specht nach Brostau zurückkehren mußte. Doch hatten die evangelischen Glogauer den Trost, daß sie ihren Religions-Uebungen in der Nähe obliegen konnten.

In dieser Verfassung blieb es bis 1579, da ihr Gottesdienst auch zu Brostau abgeschaft, der dortige Prediger vertrieben, und die Einwohner Glogaus genöthiget wurden, ihre Andacht jezt an weit entlegenen Orten zu pflegen. Sie bemüheten sich zwar, durch Bitten am kaiserlichen Hofe die Erlaubnis auszuwirken, auf eigene Kosten eine Kirche bauen zu dürfen, aber umsonst; und dies bewegte einige unruhige Köpfe, sich mit Gewalt eine Kirche zu verschaffen. Dem zufolge schließen am 18. Januar 1581 etliche Hundert Glogausche Protestanten einen Bund unter sich, daß sie sich der Pfarrkirche St. Nicolai bemächtigen wolten. Der Magistrat und der Landeshauptmann, Karl Bar. v. Biberstein, erhielten zwar zeitig genug von diesem Aufstande Nachricht, und wollten dies Unternehmen hindern, doch vergebens; die Verbundenen drangen in den Pfarrhof, forderten dem Pfarrer die Kirchschlüssel ab, nöthigten ihn, die Kirche selbst zu eröffnen, und sich, da seine Gegenwart jezt hier überflüßig geworden war, auf den Dohm zu begeben. Indessen ließ der Rath, der vielleicht schwere Ahndung besorgte, ein starkes Blech über das Schlüsselloch der Thüre schlagen, um zu verhüten, daß sich der Pöbel nicht eigenmächtig der Kirche bedienen möchte, stellte auch

wegen

wegen den Urhebern dieses Tumults verschiedene Untersuchungen an, ohne jedoch dieselben auszuforschen, und die Sociirten blieben, aller Vorstellung ohngeachtet, bey ihrem Entschluß, daß, wenn man ihnen nicht eine andere Kirche einräumte, sie die Schlüssel zur Pfarrkirche nie zurück geben würden. Sie war daher durch 4 Wochen 3 Tage gänzlich gesperret; als aber endlich die ganze evangelische Gemeine öfters den Rath um eine förmliche Eröfnung der Kirche anstehete, ließ dieser es am Sonntag Reminiscere unter feierlichem Geläute mit den Glocken geschehen, und der lutherische Gottesdienst nahm nun in der Pfarrkirche seinen Anfang, den das Volk vor der Hand unter sich selbst besorgte, bis ein ordentlicher Prediger beruffen wurde.

Die katholische Geistlichkeit hatte nicht ermangelt, diesen Vorgang an den kaiserlichen Hof zu berichten. Es erfolgte von daher ein Befehl nach dem andern, daß den Katholicken die Kirche wieder eingeräumet werden sollte. Als aber dies nichts verfangen mochte, erschien den 3. April die erste und dann im August die zweyte kaiserliche Kommission, welche leztere aus dem Bischof zu Breslau, Martin Gerstmann, Herzog Georgen II. zu Liegniz, Sigmund Freyherrn von Promniz auf Sorau, und dem Landeshauptmann Karl von Biberstein bestand. Den 29. August that die Kommißion an die zusammenberufene lutherische Gemeine den Vortrag; daß sie dem Kaiser gehorsamen und die Pfarrkirche wieder räumen sollten. Zum Gehorsam gegen ihren Landesherrn erklärten sich zwar die Bürger willigst, wegen Abtretung der Pfarrkirche

kirche aber schützten sie ihr gleichmäßiges Recht an dieselbe vor, erklärten sich jedoch, daß sie nachgiebig seyn, und den Katholicken vergönnen wolten, einen Tag um den andern abwechselnd darinn den Gottesdienst halten zu können. Nun mußten auch die Katholicken vor den Kommissarien erscheinen, und da sichs fand, daß die Lutheraner weit stärker an der Zahl als die katholischen Bürger waren, so erfolgte endlich von den Kommissarien der Ausspruch: „Daß die Evangelischluthrischen die Pfarrkirche St. Nicolai mit den Katholicken gemeinschaftlich besitzen, beyde Religionspartheien darinn Wechselsweise ihren Gottesdienst halten, die Schule nebst dem Pfarrhofe aber, desgleichen die Einkünfte und Dezimen den Katholicken bleiben, und die Evangelischen sich um eine Pfarrwohnung in der Stadt besorgen sollten."

So zufrieden auch die ganze Gemeine mit diesem Bescheide war, so mißfällig war solcher den Dohmherren. Am 31. August erschienen diese daher für den Kommissarien, und wollten den Ausspruch derselben gänzlich umstoßen. Allein die Kommißion blieb nicht allein bey ihren Worten, sondern der Bischof Martin wünschte noch beyden Glaubenspartheien zu dem geschlossenen Vertrage Glück, ermahnte sie zur brüderlichen Einigkeit, und vertrat selbst in seinem Kommißionsbericht an Kaiser Rudolph II. die Stelle eines Mittlers: Daß man die Evangelischen in dem gegenwärtigen Besitze der Pfarrkirche mit den Katholicken zugleich lassen, oder ihnen eine andere Kirche anweisen möchte. Ob nun zwar die Domherrn durch ihre

Sollt-

Sollizitationen zuwegebrachten, daß im December 1581 abermal eine kaiserliche Kommißion nach Glogau kam, so blieb es doch beym vorigen, und die Lutheraner erhielten sich in ihren Rechten, sezten auch 8 ordentliche Kirchenvorsteher an, die das Beste der Kirche besorgen mußten.

Allein 1602 fieng man an, sie aufs neue zu beunruhigen. Man streuete nicht nur allerhand Lästerungen gegen sie aus, sondern der Burgermeister, Valentin Klimm, und der Stadtschreiber, Peter Ladislaus, hatten auch die Lutheraner bey Hofe angegeben: „Daß sie den Dohm zu plündern, und das Rathhaus zu stürmen trachteten; daß sie stets bewafnet giengen, und die Katholicken ihres Lebens nicht sicher wären; daß fast täglich todte Leichname von ihnen gefunden würden; daß sie die Kirchen schändeten, allen Muthwillen darinn trieben, 2c. 2c. Diese Verläumdungen zogen wieder eine kaiserliche Kommißion nach sich, welche aus dem Breslauschen Bischof Johann IV. Herzog Karln zu Münsterberg, und Joachim Freyherrn von Malzan auf Militsch bestanden, in Breslau gehalten, und für welcher der damalige Glogausche Pastor M. Quartus nebst den 8 Vorstehern auf den 10. December zu erscheinen vorgeladen wurden; auf inständiges Anhalten aber ward die Kommißion nach Glogau verlegt, wo sich dann den 14. Marz 1603. der Bischof und noch ein böhmischer Edelmann, Popel von Lobkowiz, einfanden, und den 19. Marz auf dem Schloß die erste Sizung hielten. Die ganze Luthrische Gemeine fand sich dabey ein; man forderte von ihnen

unbe-

unbedingten Gehorsam, worunter die Abtretung der
Kirche mit begriffen war. Jedoch sie protestirten
dagegen, vertheidigten sich gegen alle Beschuldigungen und behaupteten ihre Rechte. Ein gleicher Vortritt geschahe auch den 20 und 21. Marz.
An diesem leztern Tage hatten sich einige hundert
Frauen und Jungfrauen versammlet, welche in guter Ordnung aufs Schloß zogen, einen Fußfall
thaten, und mit Flehen nicht eher nachliessen, bis
sie von den Kommissarien mit der Vertröstung:
daß alles gut gehen würde, zufrieden gestellt wurden.

Ich habe bereits oben von der weit stärkern
Anzahl der luthrischen Einwohner zu Glogau Er-
wähnung gethan, und glaube, daß ein Verzeichnis
sowohl der evangelischen als katholischen Bürger
vom Jahr 1619 hier nicht am unrechten Orte stehen wird.

Außer dem Rathe, der damals meist evangelisch
war, wurden gezählt   Evangelische. Kathol.

Stadtschöppen	3	—
Kaufleute, Künstler, Doctores ꝛc.	220	15
Reichkrämer	19	1
Barbirer und Bader	5	1
Bäcker	34	7
Beutler und Senkler	4	—
Brauer	30	8
Büttner	11	7
Fleischer	26	15
Gürtler	5	—
Hutmacher	7	1
Kürschner	77	7

Lein-

	Evangel.	Kathol.
Leinweber	38	2
Mälzer	31	15
Maurer	16	—
Nadler	4	—
Rade- und Stellmacher	10	1
Riemer	10	1
Rothgerber	8	9
Sattler	6	—
Schloßer und Schmiede	19	—
Schneider	48	2
Schumacher	38	2
Schwarz- und Schönfärber	3	3
Schwerdfeger	6	—
Seiler	10	1
Tischler	25	1
Töpfer	8	1
Tuchmacher	198	32
Weisgerber	13	4
Zimmerleute	20	3
Zinngießer	5	—
Summa	967	140

Zusammen also 1107 Bürger ohne die Handwerktreibende Wittfrauen, und diejenigen Männer, die kein eigentliches Handwerk hatten.

Die Evangelischen blieben also noch im getheilten Besitze der Pfarrkirche, aber nie ruhig; denn noch in eben dem Jahr den 25. September wurden die 3 Kirchenvorsteher nach Prag gefordert, wo man

man sie, ohne sie vorzulassen, 38 Wochen lang aufhielt, in welcher Zeit 2 davon starben; und obgleich hier die gegen die evangelische Glogauer angebrachte Beschuldigungen untersucht, erörtert, als falsch befunden, und die Angeber, Ladislaus, und Klimm, deswegen in Verhaft gesezt wurden: so nahm man sie doch noch ferner öfters in Anspruch, und ihre Wiedersacher sparten nichts, ihnen Verdruß zu machen.

Endlich kam es so weit, daß 1628 Herzog George Rudolph zu Liegniz, Karl Hannibal Burggraf zu Dohna, und der Landeshauptmann von Oppersdorf zu Kommissarien ernannt, und beordert wurden, den Katholicken die Kirche einzuräumen, die Evangelischen aber gänzlich aus dem Besitze derselben zu treiben: Als sich aber der genannte Herzog, als ein protestantischer Fürst diesem Geschäfte zu unterziehen entschuldigte, der Graf von Dohna hingegen erst von ferne zusehn wollte, wie es ablaufen würde, um alsdann desto nachdrücklicher verfahren zu können: so unternahm der von Oppersdorf dies Werk allein, doch, ohngeachtet er sich seines ganzen Ansehens bediente, es durchzusetzen, so gelang es ihm dennoch nicht, weil die Bürgerschaft die Stadtthore sperrte, Weiber und Kinder aber der Kirche zuliefen, solche umringten, und den von Oppersdorf hinderten, daß er nicht zur Installation eines Katholischen Pfarrers schreiten konnte. Weil also List und Zureden nichts verfangen wollte, beschloß man Gewalt zu brauchen. Eben war das Lichtensteinische Dragoner-Regiment in Schlesien eingerückt; der Graf von Dohna beorderte dasselbe ins

Beschr. v. Schl. X. B. 3. St.   O   Glo-

Glogauische, und ließ es, unterm Vorwande nach Crossen zu marschiren, ohnweit Glogau Halt machen. Den 26. October in der Nacht, wo eben durch Einverständnis alle Wachen der Stadt mit katholischen Bürgern besezt waren, ward das Regiment in der Stille durch die Muhlpforte in die Stadt eingelassen, und der Ring so wie die Gassen mit Soldaten besezt, welche die Häuser der Bürger beobachteten, damit keiner dem andern Nachricht geben konnte.

Der einbrechende Tag verbreitete unter den Einwohnern Furcht und Schrecken, weil jedermann die Absicht dieser Anstalten leicht errathen konnte. Nun fragte man nicht mehr nach der streitigen Kirche, sondern nach den Häusern der Lutheraner. Auf diese wurden die Quartire gemacht, solche mit Soldaten belegt, die Wirthe grausam gemißhandelt, geplündert, und mit aller nur möglichen Härte angetrieben, sich zur katholischen Religion zu bekennen. Wer sich einen Beichtzettel holte, ward sogleich von der Einquartirung befreiet. Anfangs ertrugen die Evangelischen alles mit größter Standhaftigkeit; als aber ihre Bedrängnisse sich täglich mehrten, wurden freilich viele dadurch kleinmüthig gemacht, und die Anzahl der Zettel holenden ward endlich so groß, daß die dazu bestellten Geistliche kaum Hände gnug zum Schreiben hatten. Den damalige Pastor, Valentin Preibisch, sezte man in engen Verhaft, und legte ihm ein Kreuz nebst einem Schwerdt vor, um sich nämlich Tod oder Abfall zu wählen; doch blieb er seiner gepredigten Religion

du treu; allein 2 Bürger,¹) die sich am heftigsten dem von Oppersdorf bey vorhabender Installation des katholischen Pfarrers wiedersezt hatten, mußten jezt ihren Eifer mit dem Leben büßen.

Nachdem nun der Graf von Dohna seinen Endzweck erreicht, die meisten Einwohner sich für katholisch erklärt hatten, die wenigen Beständigen aber mit Hinterlassung ihrer Güter nach Polen geflohen waren, schritte man zur förmlichen Uebergabe der Kirche. Am 1. November, als am Tage Allerheiligen wurde eine feierliche Prozeßion aus der Dominikanerkirche in die Pfarrkirche veranstaltet, bey welcher unausbleiblich alle Einwohner sowohl vom Rathe als von der Bürgerschaft erscheinen mußten; den darauf folgenden Sonntag geschahe vom Breslauschen Weihbischof, Balzer Lisch, die Einweihung der Kirche, und der katholische Gottesdienst nahm darinn nun wieder seinen Anfang. Als dies Geschäfte berichtiget war, nöthigte man die Bürgerschaft katholisch zu kommunizieren; der Rath hingegen mußte nicht nur unterm 2. April 1629 einen Revers, von der Gemeine mit unterschrieben, ausstellen: „Daß ihr Uebertritt zur katholischen Religion freiwillig und ohne allen Zwang geschehen wäre" sondern auch unterm 4. November 1628 schon ein Statut unterzeichnen: „daß künftig allen Evangelischen zu Glogau das Bürgerrecht wie auch alle bürgerliche Nahrung nebst der Ver-

---

¹) Hoppe und Hensel in der schlesischen Kirchengeschichte S. 274 geben 3 dieser Unglücklichen an, wovon 2 geköpft, und einer gehängt worden seyn sollen.

waltung öffentlicher Aemter untersagt seyn sollte," und so verloren die Lutheraner allhier auf einmal Kirche und Gottesdienst, die sie unter mancherley Verfolgungen doch standhaft durch 47 Jahr behauptet hatten.

Die Evangelischen erhielten zwar 1632, als sächsische Völker Glogau besezt hatten, die Kirche abermal zurück; allein 1633, wo die Kaiserlichen die Stadt occupirten, mußten sie solche schon wieder räumen; und da die Kirche bey der schwedischen Eroberung den 4. May 1642 im Feuer aufgieng, machten die Lutherener weiter nicht Anspruch darauf, sondern sie ist nach ihrer Wiederherstellung immer in den Händen der Katholicken geblieben.

Ueberhaupt sind bey dieser Pfarrkirche, so lange sie die Protestanten inne gehabt, 5 Pastores primarii, 8 Secundarii, 4 Tertii angestellet gewesen.

Sonst ist diese Kirche die ansehnlichste dieses Orts, und übertrift an Größe noch die Dohmkirche. Nach dem unglücklichen Brande von 1758 war sie bis zu 1773 größtentheils wüste, weil das Gewölbe eingestürzt war, und nur in einem kleinen Theil der Kirche gegen Mittag zu noch Gottesdienst gehalten werden konnte. Allein 1773 wurde mit dem Wiederaufbau vorgegangen, und solche in ein ganz massives Gebäude umgeschaffen. Der erste solenne Gottesdienst darinn ward am 6. Dezember, als am Fest des Patrons derselben, gehalten, und 1776 am 8. September geschahe durch den Weihbischof Mauriz von Strachwiz ihre feyerliche Einweihung.

Der an dieser Kirche befindliche vierecktgte Glo=
ckenthurm soll ein sehr altes Denkmal dieser Stadt
seyn, und laut einer Handschriftlichen Nachricht
schon im 10. Jahrhundert ¹) hier gestanden haben.
Er ist von einer ungemeinen Dicke und Höhe, war
vor dem Brande oben ganz glatt; nunmehr aber
ist solcher mit einem Ziegeldache versehen, und auf
der Spitze sowohl mit einem vergoldeten Knopfe
als einem spanischen Kreuze geziert. Er enthält
ein Geläute von 4 Glocken, welches zwar ganz gut
ist, dem vorigen aber bey weiten nicht gleich kommt.
Die 2 grösten Glocken, wovon eine 29, die andere
15 Centner wiegt, hat der lezt verstorbene Stadt=
pfarrer Franz Leopold Scholz auf seine eigene Ko=
sten giessen lassen.

Von innen ist die Kirche mit einem schönen
Hochaltar, wozu das Bild, so die Verkündigung
Mariä vorstellt, in Paris gemalt worden, geziert,
jedoch bis jezt weder dieses Altar, noch die Kanzel,
noch die große Orgel von 36 Registern staffirt.
Noch giebt es eine kleine Orgel von 12 Registern in
der Kirche.

Außer der Stadt ist noch ein sehr ansehnliches
Kirchspiel vom Lande dazu eingepfarrt, und zur Ad=
ministration ein Stadtpfarrer nebst 3 Kaplänen
dabey angestellt. Der gegenwärtige Pfarrer ist
Andreas Dufresne von Francheville, Canonicus
beim Dohmstift zu St. Johann in Breslau, wie
auch der Collegiatkirche zu Unser Lieben Frauen in

O 3   Glo=

---

1) Damals stand weder die Stadt noch der Dohm
hier. Was mag also dieser einzelne Thurm
wohl vorgestellt haben?

Glogau, und zum heil. Kreuz in Oppeln, Erzpriester im Glogauschen Kreiße.

b) Die Dohmstift- oder Collegiatkirche zu Unser Lieben Frauen. Die Gelegenheit zur Erbauung derselben soll folgende gewesen seyn. Nachdem das im Steinauschen Weichbilde liegende Dorf Preichau nebst dem dazu gehörigen Halt dem Dohmkapitel zu Breslau geschenkt worden, hatten sich einige der ersten Bischöffe Schlesiens diesen Ort zu ihrem Aufenthalt erwählt, und einer derselben hier eine Kirche erbauet, zu welcher ein dermaßen großer Zulauf des Volks war, daß Preichau dadurch mehr Nahrung gewann, als andere Oerter. Herzog Boleslaus *III.* (oder der Krauße) in Polen wollte diesen Vortheil seiner treuen Stadt Glogau zuwenden, stiftetete also daselbst 1120 eine Dohmkirche, zu welcher der Bischof Heimo, oder Omislaus, den Grundstein legte, und sezte Dohmherrn dabey an, die er mit guten Einkünften versah.

Damals stand Glogau noch jenseits der Oder, das Dohmstift hingegen wurde diesseits der Oder außerhalb der Stadt angelegt, und zwar, wie oben schon erwähnet, an eben der Stelle, wo gegenwärtig das Dominikanerkloster befindlich ist. Es wurden nicht nur bald mehrere Häuser dabey gebauet, über welche sich die Dohmherrn der Gerichtsbarkeit anmaßten, sondern es entstanden auf diesem Plaße auch Jahrmärkte, weil man wegen dem großen Zusammenfluß von Menschen bey den vielen Festen, die hier gefeiert wurden, verschiedene Waaren und Sachen zum Verkauf auskramte. Wahrscheinlich gab
dies

dies alles Anlaß, daß hernach die Stadt, als solche 1147 über der Oder abgebrannt war, herüber an dies Ufer verlegt und mit dem Dohme vereiniget wurde.

Da sich die Kapitularen vorher schon die Jurisdiction über das Dohmgebiete zugeeignet hatten, so suchten sie nun weiter zu greifen, und auch die Stadt selbst unter ihre Herrschaft zu bringen, nachdem sie sich in den Ringmauern derselben befanden. Anfangs glückte es ihnen ziemlich, denn der Landesfürst, Boleslaus der Lange, bekümmerte sich wenig um Glogau, und Herzog Heinrich der Bärtige war zu fromm, als daß er den Usurpationen der Geistlichen hätte Einhalt thun sollen. Allein nun kam Herzog Konrad II. zur Regierung; dieser, als er das Schloß zu Glogau zu seiner Residenz gemacht, schränkte die Gewalt der Kapitularen sehr ein; und da es dieserwegen noch mancherley Streitigkeiten gab, so versezte er 1270 das Dohmstift gar außerhalb der Stadt auf den sogenannten Werder, wo es noch gegenwärtig befindlich ist, baute ihnen dort diese ansehnliche Kirche, und hob solchergestalt alle geistliche Gerichtsbarkeit in der Stadt auf.

Diese Dohmkirche ist zwar ziemlich groß, gut und maßiv gebauet, auch in der Folge noch um vieles verbessert worden, innerlich mit einem fürtreflichen Hochaltar und einer Kanzel von Marmor geziert, äußerlich aber ohne alle Zierde; sie hat nur einen einmal durchsichtigen Thurm mit einer schlagenden Uhr und gut klingenden Geläute, welches jedoch, so wie auch die Seigerglocke, einen so schwachen

chen Klang hat, daß man in der Stadt nichts davon hört.

Das Dohmkapitel, so dem Bischof zu Breslau unterworfen ist, bestehet aus

6 Prälaten: als Probst, Kustos, Dechant, Scholasticus, Archidiaconus, Cantor,

4 Residenten,

10 Nichtresidenten,

zusammen aus 19 Kapitularen

Vikarii sind 7.

c) Die St. Anna-Kirche stehet auf dem Dohme nahe an der Stiftskirche auf der Abendseite, ist klein, sonst aber völlig maßiv, 1414. erbaut worden, und auf dem Dache mit einem Thürmchen versehen. Seit geraumer Zeit wird in derselben kein Gottesdienst mehr gehalten, sondern in solcher Mehltonnen und andere Naturalien aufbewahrt.

d) Die St. Georgen-Kirche befindet sich auf dem Dohme, ohnweit der Oderbrücke, ist klein, maßiv, hat einen runden Thurm, und ist 1388 vom Herzog Heinrich *VII.* Rappold genannt, aus der Beute gestiftet worden, die er in der Schlacht beim Dorfe Wetschüz den Polen abgenommen. Auch in diesem Kirchel wird kein Gottesdienst mehr gehalten, sondern es dienet, wie das vorstehende zur Aufbewahrung der Mehltonnen und königl. Magazinvorräthe.

e) Die Dominikaner-Kirche und Kloster zu St. Peter und Paul, stehet an der nämlichen Stät-

Stätte, wo vorher das Dohmstift gewesen. Denn als Herzog Konrad das Dohmkapitel außerhalb der Stadt verlegt hatte, führte desselben Gemalin Salome 1271 hier die Dominicaner ein, bauete ihnen ein Kloster, und übergab denselben die verlassene Stiftkirche. Sie ist verschiedenemale mit im Feuer aufgegangen, doch immer wieder hergestellt worden, und war sonst eine lichte, ganz hübsche Kirche; allein in dem Brande von 1789 im August ist sie nebst dem Kloster abermal sehr verwüstet worden, indem die Schindeldächer dieser Gebäude vom Flugfeuer entzündet wurden, auch ist der sonst ziemlich hohe 2mal durchsichtige Kirchthurm, der eine Zierde der Stadt war, bis auf das Gemäuer abgebrannt, und die darauf befindlichen Glocken geschmolzen.

In dieser Kirche befindet sich ein berühmtes Marienbild, mit welchem sonst am Rosenkranzfest eine ansehnliche Prozeßion in die Pfarrkirche angestellt wurde, die aber schon seit einigen Jahren unterblieben ist; und sodann eine zwar nicht allzugroße, aber herrlich klingende Orgel vom Kasparini, welche für die Beste in dieser Stadt gehalten wird.

Auch gehört zu dieser Kirche die sogenannte Rosenkranzbruderschaft, welche, da sie viel auswärtige Mitglieder hat, sehr zahlreich ist.

f) Die Franziskanerkirche und Kloster St. Stanislai, Bischofs und Martyrers. Im Jahr 1465 stiftete die verwittwete Herzogin Margareth von Chlli ein Franziskanerkloster in der Vorstadt; das Kloster St. Stanislai aber stand bereits, und

es befanden sich Bernhardiner Mönche in demselben. Als nun die Bernhardiner ihr Kloster in der Stadt verlassen hatten (oder wahrscheinlich von Herzog Hanns *II.* vor der Glogauer Belagerung daraus vertrieben worden) verlegte Kaiser Ferdinand *I.* 1533 die Franziskaner in die Stadt, und gab ihnen dies öde Kloster ein, jenes hingegen wurde niedergerissen.

Diese Kirche und das Kloster ist bis auf das Dach, welches noch mit Schindeln gedeckt ist, ganz maßiv erbauet. Auf ersterer befindet sich ein kleines durchsichtiges Thürmchen von Holz mit 2 Glocken, und neben derselben auf der Mittagsseite ein maßiver Thurm, in welchem die sogenannte Sterbeglocke hängt, ebenfalls mit einer einmal durchsichtigen hölzernen Kuppel.

In der Kirche ist eine besonders fundirte Kapelle, die Todtenkapelle genannt, befindlich, zwar bunt doch traurig gemalt, zu welcher sich eine sogenannte Todtenbrüderschaft hält, die, weil sich viel auswärtige in solche einschreiben lassen, ebenfalls sehr zahlreich an Mitgliedern ist.

g) Das Nonnenkloster, oder fürstliche Jungfernstift zum heil Kreuz *Ordinis St. Claræ* ist vom Herzog Heinrich *III.* oder dem Getreuen gestiftet worden. Es stehet demselben eine Abtißin vor, und hat ganz ansehnliche Güter, welche aber zum Theil in Polen liegen. Die bey dem Kloster befindliche Kirche ist ein ganz maßives Gebäude mit einem nicht allzu hohen doch mit einer zierlichen
Kup-

Kuppel, so durchsichtig, versehrnen Thurm, worauf ein ganz hübsches Geläute.

Das Messelesen und Predigen in dieser Kirche wird von den Franziskanern besorgt, und in derselben eine immer brennende Lampe, oder das so genannte ewige Licht, unterhalten, wozu die Kämmerey jährlich, anstatt des sonst gewöhnlichen Inseltzinses von 8 Stein, nun 16 Rthlr. in Gelde zahlt.

h) Die Kirche der Er-Jesuiten und das Kollegium. Dieser Orden wurde 1629 zu Glogau eingeführt, und ihm ein ansehnlicher Plaz nahe am Ringe zu Erbauung einer Kirche und des Kollegiums angewiesen. Zu besserer Subsistenz schenkte Kaiser Ferdinand *II.* den hiesigen Jesuiten das Dorf Milkau, und einige andere konfiscirte Freyenstandesherrliche Beuthensche Güter, welche sie aber sämmtlich, als der jetzige Fürst von Carolath-Schönaich unter der Regierung Friedrichs *II.* deswegen einen Rechtshandel gegen sie erhob, wieder abtreten musten. 1758 den 13. May kam im Kollegio Feuer aus, welches an diesem sonst schönen Gebäude und an der Kirche eine große Verwüstung anrichtete, die bis gegenwärtig noch nicht hergestellt worden. Nach Aufhebung des Ordens wurde das Seminarium von Liegniz nach Glogau verlegt, und dadurch der hiesige Schulenfond verstärkt. Es werden in diesem Seminario die untern 6 Klassen docirt, an welchen 5 Professores arbeiten; dasselbe befindet sich in dem 1788 — 1789 völlig ausgebesserten Kollegio, wo überhaupt auch
sämmt-

sämmtliche Priester des Glogauschen Schulen-Instituts wohnen.

i) *Die evangelische Friedenskirche.* Nachdem die Lutheraner aus dem Besitze der Pfarrkirche vertrieben worden, dieselbe abgebrannt war, und die Schweden Glogau erobert hatten, ließ der General Torstenson den evangelischen Gottesdienst erst in der Schule, dann auf dem großen Tanzsaal halten, bis man das Stadelmannsche Haus am Ringe zu einer Kirche, zum Schiflein Christi genannt, einrichtete, wozu Torstenson den Altar schenkte, und auf diese Art wurde der Luthrische Gottesdienst unter schwedischem Schutze bis 1651 ungestört fortgesezt.

Beym Westphälischen Friedensschluß war zwar den Glogauern erlaubt worden, eine eigene evangelische Kirche an einem außer der Stadt schicklichen Orte zu bauen, und ihre freie Religions Uebung halten zu dürfen; allein kaum waren 1650 den 3. August die Schweden abgezogen, als man auch schon die evangelischen Einwohner zu kränken anfieng. Am 3. Februar 1651 mußten die Kirchenvorsteher vor dem Landeshauptmann, Maximilian Freiherrn von Gersdorf, erscheinen, und einen kaiserlichen Befehl anhören, vermöge welchem ihr bisheriges Bethaus zum Schiflein Christi in der Stadt gesperret, die evangelischen Prediger nach Gramschüz verwiesen, und daselbst so lange bleiben sollten, bis die neue Gnadenkirche vor dem Thore fertig seyn würde. Die luthrische Gemeine bat zwar, daß sie wenigstens noch diesen Winter über in der Stadt ihren Gottesdienst halten möchten; aber

ber es half nichts, das Stadelmannsche Haus wurde versiegelt, mit Wache besezt, und am 8. Februar musten die Prediger wirklich exuliren.

Bisher waren wieder 4 Pastores primarii gewesen, nämlich:

    Erasmus Willich von 1632 bis 1633.
    Johann Faust von 1633 bis 1634.
    Jacob Margkius von 1642 bis 1650.
    Sigmund Pirscher von 1650 bis 1651.

Die Beschwerlichkeiten, mit welchen nun die lutherischen Glogauer ihren Gottesdienst in dem ¾ Meilen entlegenen Gramschütz besuchen musten, reizten sie, um Beförderung des Baues ihrer bewilligten Gnadenkirche am kaiserlichen Hofe bittlich einzukommen, von welchem sodann unterm 3. November 1651 an den Landeshauptmann der Bescheid ergieng:

„Lieber Getreuer. Wir haben aus dem vom 2. September und 2. October eingesendeten Gutachten vernommen ꝛc. Was nun anlangt den lutherischen Kirchenort und Bau, weil du berichtest, daß es 300. Schritte vor der Stadt nur mit Holz und Lehm zu bauen, so kanst du sammt dem Rath es auszeichnen zur Kirche und zum Pfarrhause, auch darauf Achtung geben, daß sie auch keine Mauern aufführen, auch das Kleibwerk nicht etwa zu dick oder Schußfrey machen sollen. Zum andern kanst du ihnen die Stühle und Kirchensachen, Obligationen und Schuldbriefe, so zu ihrem Exercitio gestiftet, folgen lassen; was aber von Schuldbriefen von den Lutherischen genommen, und etwa
in

in ihr Kirchenhaus ist transferirt worden, das muß den Katholischen verbleiben" ꝛc. ꝛc.

Hierauf wurde am 2. Dezember 1651 vor dem Broster, jetzt Preußischen Thore der Platz zur Kirche ausgezeichnet, und man berief die Prediger von Gramschütz zurück, die ihre geistlichen Handlungen indessen in einer bretternen Hütte verrichteten. Der Kirchenbau war zwar angefangen, aber mit vielen Beschwerden verknüpft, weil die evangelischen Einwohner durch Raub und Brand ihr Vermögen eingebüßt hatten, wenig beytragen konnten, und erst Hülfe bey ihren auswärtigen Glaubensgenossen suchen mußten. Doch wurde vom 8. October 1652 an bis zum Dezember dieses Jahrs mit diesem Werke so weit fortgeschritten, daß am 2. Advent darinn der förmliche Gottesdienst seinen Anfang nehmen konnte. Zum Unglück aber fiel die Kirche am 24. August 1654 bey einem Sturme wieder ein, und man war genöthiget, eine neue zu bauen, wozu die evangelischen Stände des Fürstenthums eine Kollecte veranstalteten.

Die Kirche nebst der Prediger-Wohnung hatte nun zwar ihr Daseyn erlangt, allein keine Schule wurde den Evangelischen erlaubt, bis zur Altranstädtschen Konvention 1708. Ueberhaupt lebten die Protestanten, der ihnen bewilligten Gewissens-Freyheit ohngeachtet, in einem großen Zwange; man machte ihnen noch das Bürgerrecht streitig, man erschwerte ihnen an Sonn- und Festtagen durch Sperrung der Thore die Besuchung ihrer Kirche, und nicht selten wurden die Prediger dem Hohn des Pöbels ausgesezt. Als König Fridrich II. von Preu-

Preußen 1741 Glogau belagerte, drohete der kaiserliche Kommendant, Wenzel Graf von Wallis, daß er die Friedenskirche seiner Vertheidigung wegen würde niederreissen lassen; allein der König gab dem Kommendant die Schriftliche Versicherung: daß er sich nie der evangelischen Kirche als eines Beförderungs-Mittels zur Eroberung der Stadt bedienen würde; und so blieb solche verschonet. Nach der wirklichen Besiznahme von Schlesien wurde den Einwohnern nicht nur vollkommene Gewissensfreiheit verstattet, sondern diese Friedenskirche, zur Hütten Gottes genannt, nachdem sie am 13. May 1758 mit abgebrannt war, nach Beendigung des siebenjährigen Krieges in die Stadt an denjenigen Ort versezt, wo sie noch gegenwärtig stehet.

Die Legung des Grundsteins zu dieser neuen Kirche, welche wieder den Namen zum Schiflein Christi führt, geschahe zwar schon am 29. August 1764, und es wurde mit dem Baue ziemlich vorgeschritten; wegen Mangel an Gelde aber blieb solcher in den Jahren 1769 und 1770 völlig liegen, und nahm erst 1771 aufs neue seinen Anfang. Zu Ausgang des Jahres 1772 war endlich der innere und äußere Bau vollendet; allein die Einweihung derselben wurde bis zum 14. Februar 1773 verschoben, wo sich sodann die ganze evangelische Gemeine in der Reformirten Kirche, in welcher sie bisher mit jenen Wechselsweise ihren Gottesdienst gehalten hatte, versammelte, und in Prozeßion unter Vortretung der Schule und Absingung des Liedes: Lobe den Herrn, den mächtigen König der Eh-

Ehren ꝛc. in diese ihre eigene neue Kirche einzog, auch unter gewöhnlicher Feierlichkeit der, erste Gottesdienst gehalten wurde.

Diese Kirche stehet an der Mittagsseite der Stadt ohnweit der Stadtmauer auf dem Platze, wo vor dem Brande der Marstall und der Fleischer Schlachthaus gewesen. Sie ist von Grund aus maßiv, und zeichnet sich ungemein gut aus. Ob sie gleich in der Länge und Breite der katholischen Pfarrkirche nicht gleichkommt, so kan man doch sicher behaupten, daß sie wegen ihren doppelten Chören vielmehr Menschen faßt als jene.

An der Abendseite ist sie mit 2 Thürmen versehen, die aber noch nicht ganz zu Stande gebracht sind, und bey dem Unvermögen der Kirche ohne eine anderweite Unterstützung auch wohl nie zur Vollkommenheit gelangen dürften. In einem dieser Thürme befinden sich 2 Glocken, die aus den Ueberbleibseln des schönen Geläutes bey der Friedenskirche zur Hütten Gottes nun wieder aufs neue gegossen, allein so übel dem Klange nach gerathen sind, daß dadurch, weil viel damit geläutet wird, die Ohren derjenigen, die nahe an der Kirche wohnen, nicht wenig belästiget werden.

Der Bau dieser Kirche kostet gegen 60000 Rtl. welche Kosten theils durch ein königl. Gnadengeschenke, theils aber aus den erhaltenen Kollectengeldern, wozu die hiesige evangelische Gemeine selbst ansehnliche Beiträge gemacht, bestritten worden. Ueberhaupt hat sich König Fridrich II wohl gegen keine Kirche in Schlesien so wohlthätig erzeigt, als gegen

gegen diese; denn seiner Gnade hat sie nicht nur gröstentheils ihr jeziges Daseyn zu verdanken, sondern auch erst noch in den Jahren

1775 — 4000 Rthlr.
und 1784 — 6000 Rthlr.

Zusammen also 10,000 Rthlr. zur Erbauung der noch fehlenden Prediger-Wohnungen und Schulhäuser erhalten. Doch ist mit diesem Bau bis jezt noch nicht vorgegangen worden.

Schon während dem Bau der Kirche stürzte ein Theil des Gewölbes derselben ein, und beschädigte einige Menschen. Hierauf wurde ein anderes sehr starkes Gewölbe gemacht, welches zwar noch hält, aber wegen seiner ausserordentlichen Schwere von allen Sachverständigen für gefährlich gehalten wird.

Die Kanzel ist zugleich im Hochaltar angebracht; diese Einrichtung und ein Fehler, der etwa im Gewölbe stecken muß, sind Ursache, daß die Stimme eines Predigers undeutlich wird, und sich durch einen zu starcken Wiederhall ganz verliert. Dieser Umstand ist für die Kirche sehr nachtheilig, weil die Gemeine, da sie von der Predigt wenig oder nichts verstehet, den Zweck des Kirchengehens verfehlet; nur mehr zerstreuet wird, und viele ihrer bessern Erbauung wegen den Gottesdienst entweder bey den Reformirten, oder bey der Garnison besuchen. Durch eine Abänderung der Kanzel, wenn solche nämlich, wie in großen Kirchen gewöhnlich ist, in die Mitte der Kirche angebracht würde, könnte diesem Fehler wohl abgeholfen werden.

Beschr. v. Schl. X. Th. 3. St.   P   Seit

Seit der ersten Stiftung der Friedenskirche sind folgende Pastores primarii gewesen:

Sigmund Pirscher, von	1651 —	1668
Kasper Knorr v. Rosenroth,	1668 —	1676
Michael Lerche, von	1675 —	1692
Samuel Lange, —	1692 —	1706
Augustin Wittich, —	1706 —	1723
David Benjam. Gerber,	1723 —	1725
Samuel Lucius, —	1725 —	1728
George Daniel Ulrich, —	1728 —	1733
Johann George Löbin, —	1733 —	1751

Hr. Johann Christian Ludovici, 1751 bis noch gegenwärtig; er ist zugleich Oberconsistorialrath, und Inspector. Nebst ihm sind noch 2 Prediger angestellt.

Noch ist hier zu merken; daß die hiesige evangelische Geistlichkeit das *Beneficium Ordinis* oder *Ascensionis* hat mittelst welchem bey erledigtem Pastorate immer der älteste im Amte zu solchem gelanget. Dies ist bereits seit 1581 ununterbrochen beobachtet worden; nur 1751 wurde es dem damaligen *Secundario* Conradi entzogen, doch unter der königlichen Versicherung, daß es künftig nie wieder geschehen sollte.

k) Die Garnison Kirche ist auf den Ruinen der ehemaligen Jesuiter-Apothecke und eines hinter derselben gelegenen zum Kollegio gehörig gewesenen Gebäudes auf Befehl Königs Fridrich Wilhelms *II.* nachdem Er dem Schulen-Institut den Platz und Materialien abgekauft, ganz maßiv, nach dem neuesten Geschmack erbauet worden. Die Anlegung derselben, besonders das Frontispiz
macht

macht ihrem Baumeister, dem königl. Bau-Director Herrn Scholz, Ehre: allein der innere Bau ist noch nicht vollendet. Noch gehörte zum Seminario ein bürgerliches Haus; dies hat der König für 2000 Rthl. ebenfalls erkauft, und wird zur Wohnung des Feldpredigers, des Küsters und der Garnisonschule eingerichtet.

1) **Die Kirche der Reformirten.** Bald nach Annahme der Lehre Lutheri zu Glogau hatten sich auch viele Anhänger Kalvins daselbst eingefunden, und vorzüglich gab es derselben noch mehrere auf dem Lande unter dem Adel. Da aber der kaiserliche Hof die wiedrigsten Gesinnungen gegen die Reformirten hegte, musten sie sich sehr verborgen halten, und ihre Religions Uebungen mit größter Beschwerde ausserhalb Landes suchen. Eine grosse Erleichterung war es ihnen also, da der König von Preußen 1741 Glogau eroberte. Der hier angesezte königliche Kommendant, Peter Ludwig du Moulin, war nicht nur selbst dieser Religion zugethan, sondern auch viele von seinem Regiment, die nun in Vereinigung mit ihren Glaubensgenossen vom Civilstande öffentlichen Gottesdienst zu halten anfiengen. Es fehlte ihnen blos an einem geräumigen Ort dazu; allein dies gab sich bald, weil der Kommendant einen großen Saal im Kommendantenhause anwies, der König aber einen fixirten Gehalt für den Prediger auswarf, und demselben nicht nur das Prädicat als Hofprediger ertheilte, sondern ihm auch, so weit sich die Jurisdiction des Glogauschen evangelischen Konsistorii erstreckt, die *Jura parochialia* einräumte. Als mitlerzeit

P 2   wegen

wegen Zuwachs der Reformirten Gemeine der Saal zu enge ward, muſte man auf einen größern Platz denken. Ein Theil des ſogenannten Schmetterhauſes auf dem Rathhauſe ſchien dazu ſchicklich zu ſeyn; auf Vermittelung einiger angeſehenen Perſonen erlaubte der König, daß dieſer Ort zu einer Kirche eingerichtet werden durfte, und aſſignirte zur Inſtandſetzung ſelbſt einige Gnadengelder, wozu noch beträchtliche Beiträge von der Gemeine einliefen. Am 11. Juli 1751 geſchahe die feierliche Einweihung der Kirche, die bisher noch an eben dem Orte verblieben iſt.

1758 als die evangeliſche Friedenskirche, abgebrannt war, und die Lutheraner zur Haltung ihres Gottesdienſtes hieher zu den Reformirten angewieſen wurden, geſchahe an dieſer Kirche eine große Erweiterung, weil der untere Theil des Schmetterhauſes noch dazu gezogen, und Chöre und Bänke angelegt wurden; in welchem Zuſtande ſie die Reformirten noch beſitzen. Während dieſem Simultaneum wurde an Sonntagen der Gottesdienſt von einer Religionsparthey Früh von 8 bis 10 Uhr, von der andern von 10 bis 12 Uhr gehalten; Nachmittags und an Wochentagen aber konnten ſich die Lutheraner der Kirche allein bedienen.

Der erſte Hofprediger iſt geweſen:
 Johann Michael Döbel von 1742 bis 1772; ihm folgte Herr Chriſtian Theophilus Zimmermann.

Zu den Kirchlichen Gebäuden ſind auch noch zu rechnen:
 m) Die jüdiſche Synagoge, oder Schule.

n)

n) 10 Pfarr- und Schulhäuſer.

o) 2 Hoſpitäler, wovon eines auf dem Dohme blos für Perſonen weibl. Geſchlechts geſtiftet iſt. Das andre bey den Dominikanern, iſt eigentlich das ſtädtiſche Hoſpital, worein männliche und weibliche Perſonen ohne Unterſcheid der Religion, auch Hülfe bedürftige Kinder aufgenommen werden. Es beſtehet aus 2 Gebäuden, und der Fond dieſer Stiftung beträgt 22800 Rthl ſo, daß den recipirten Hoſpitaliten von den Intereſſen der Unterhalt gereicht werden kan.

II. Königliche Gebäude.

a) Das Schloß. Das erſte Schloß zu Glogau baute Herzog Konrad II. 1260 on der Mittagſeite der Stadt. König Johann aber lies es niederreiſſen, und ein anderes an die Mitternachtſeite nahe bey der Oder auf einem erhabenen Ort aufbauen, wo es ſich noch, wiewohl in einer ganz andern Verfaſſung, befindet. Es iſt ein ziemlich reguläres Viereck, in deſſem innern Bezirk ein geraumer Hof befindlich iſt. Der Eingang iſt auf der Morgenſeite gegen die große Odergaſſe zu auf einer ſteinernen Brücke über den vorm Schloſſe liegenden zwar tiefen, aber trockenen Graben. Bald Eingangs in den Schloßhof erblickt man den berühmten runden Thurm, in welchem Herzog Hanns 1488 die Glogauiſchen Rathherrn einſperren und erhungern laſſen. Er iſt von einer außerordentlichen Dicke, gehet nur wenige Ellen über das Schloß, iſt oben platt, mit Schießſcharten für Kanonen verſehen, und hat einen Ausgang aus dem Schloßhofe gegen den Wall zu.

Auf diesem Schlosse halten die Landeskollegia ihre Sitzungen, und zwar *par terre* die königl. Krieges- und Domainen-Cammer, in der dritten Etage aber, oder 2 Stiegen hoch, die Oberamtsregierung; das Judicial- und Pupillar-Depositum ist hingegen, so wie die Kriegs- und Domainen-Casse in der untern Etage befindlich.

Die zweite Etage enthält die Königlichen und Prinzlichen Zimmer, auch den sogenannten Fürstensaal, in welchem die Bildnisse aller ehemaligen Herzoge aufgestellt sind. In der dritten Etage gegen Abend zu sind diejenigen Zimmer, welche des dirigirenden Ministre Excellenz bey ihrer Anwesenheit in Glogau zu bewohnen pflegen.

Uebrigens hat man aus dem Schloß von der Abend- und Mitternachtseite eine ungemeine schöne Aussicht; gegen Mittag zu ist ein zwar nicht grosser, doch gut angelegter Ziergarten, in welchen man aus den königlichen Zimmern mittelst einer von aussen angebrachten Treppe hinabsteigen kan. Der im Garten befindliche Salon wurde in dem Brande 1785 bis auf die Mauern mit verwüstet, wird aber wohl bald schöner als vorher wieder gebauet werden.

Vor dem Eingange in den Schloßgarten ist ein kleiner Hof, in welchem folgende Gebäude:

b) Die Wohnung des Schloßamts-Justitiarii, welcher das Prädicat eines königl. Schloßamtmanns hat. Auch befinden sich in diesem Hause die Haupt-Servis- und Feuersocietätskasse.

c) Die

c) Die Kastellanie. Die übrigen Gebäude sind:

d) Die Kaserne, ein maßives Gebäude von 3 Etagen mit 24 Stuben ist 1777 auf alten wüsten bürgerlichen Hausstellen zwischen dem Franziskaner-Kloster und dem Bischofhofe dicht an der Stadtmauer erbauet worden. Es befindet sich vor derselben ein geraumer Platz zum Exerziren der Soldaten.

e) 7 Proviant- und Magazingebäude, welche theils in der Stadt, theils auf dem Dohme zerstreut liegen incl. der Bäckerey.

f) 5 Accis-Ansagehäuser.

g) 1 Zeughaus in der Stadt, 2 Artillerie und 1 Pontonschuppen auf dem Dohme.

h) 6 Thorwachthäuser.

i) Das Vestungsgefängnis, die Hornburg genannt, von 2 Etagen vorm Breslauerthore, dienet für die zur Vestungsstrafe condemmirte Adeliche und Bürgerliche von Distinction. Die Geringern sind in der Sternschanze.

k) 5 mit Wetterableitern versehene Pulver-Magazine.

III. Städtsche Gebäude.

a) Das Rathhaus ist ein weitläuftiges ganz maßives Gebäude, welches auf 2 Seiten des Ringes nach gothischer Art irregulär erbauet ist und dessen größter Theil gegen Mittag, der kleinere aber gegen Abend Frontes macht. Im letztern befindet sich das eigentliche Rathhaus, in welches man mittelst einer von aussen auf 2 Seiten angebrachten bedeckten Treppe von 8 steinernen Stuffen steigt, und in den Vorsaal eintritt. Diese Etage enthält außer dem gewölbten ziemlich geräumigen Hausflur blos die große sogenannte Seßion mit verschiedenen daran stoßenden Gewölbern, und einem Partheizimmer. Hier versammelt sich all Mittwoch, wo Commun-Seßion gehalten wird, das ganze Magistratskollegium, Montags und Freitags aber nur der aus 8 Mitgliedern bestehende Polizei-Senat.

In der zweiten Etage ist das Justiz-Seßionszimmer, wo Montags und Freitags ebenfalls Sitzungen gehalten werden; ferner die rathhäusliche Registratur, das alte Archiv, und die Kanzeley.

Unter dem Rathhause ist der Rathskeller, wo das Priedomosler Bier geschenkt wird, und jährlich davon bis 1000. Achtel debitirt werden.

Zur linken Hand des Rathhauses gegen Morgen ist *par terre* die Kellerschenkstube, die Hauptwacht, darüber aber die reformirte Kirche, ehemals Schmetterhaus, zu welcher man auf einer dicht an der Hauptwacht angebauten Treppe aufsteigt.

Zur rechten Hand gegen Abend ist die Kämmerey, zu welcher man auf einer besondern Treppe gelanget.

Unter der Kämmerey befindet sich die Bürger-Wachtstube, an welche ein kleiner viereckigter Thurm gebaut ist, worinn ein Glöckchen vorhanden, welches sonst niemals als bey Ausführung eines Delinquenten zum Richtplatz geläutet, und daher das Armesünderglöckel genannt wird.

Auf

Auf eben dieser Seite ist *pat terre* die Raths-waage, und ein Gewölbe zur Niederlage der Kaufmannsgüter; eine Stiege hoch aber das Accis-Zoll- und städtsche Servis-Amt; in der 3. Etage die Arrestanten-Stube für bürgerliche Honoratiores, auch 2 Stuben für rathhäusliche Unterbediente.

An dem Theile gegen Mitternacht ist der Rathsthurm von einer ansehnlichen Höhe, und der höchste in der Stadt. Ehedem war er einer der höchsten Thürme in Schlesien, dreymal durchsichtig, worauf 1698 den 24 May der Knopf aufgesezt wurde; ist aber nachher wegen Baufälligkeit 1720 abgetragen, niedriger und nur einmal durchsichtig gemacht worden. Auf diesem Thurme wohnet beständig ein Wächter, der beym Ausbruch eines Feuers in der Stadt, oder auf den Stadtdörfern das Lermzeichen geben muß. Auch enthält der Thurm eine schlagende Uhr, welche nach 2 Minuten den Stundenschlag an die Viertelglocke wiederholet.

Von der ersten Erbauung des Rathhauses hat man keine Nachrichten; wahrscheinlich sind solche in den öftern Stadtbränden mit verlohren gegangen, da dieses Gebäude ebenfalls, und zwar das leztemal 1671 den 24. Januar ein Raub der Flammen, und 1683 wiederhergestellt worden.

b) Das Kommendantenhaus, ist eines der größten Häuser in der Stat, hat 4 Brauurbare.

c) Das Haus, worinn der Garnisonschef miethweise wohnet, ebenfalls der Kämmerey gehörig.

d) Der Redoutensaal über den Fleischbänken.

e) Der Marstall nebst der Malzmühle

P 5   *f*) Das

f) Das Garnisonlazareth.
g) 2 Stadt-Baraquen
h) Das Oderthorhaus.
i) Der Bauhof ꝛc.
k) Das neue Vorwerks-Wohngebäude.
l) 2 Ziegelstreicher Wohnungen.
m) 2 Kaufmanns-Niederlagshäuser aufm Dohm.
n) 3 Sprißenhäuser
o) 2 Salzmagazin-Gebäude.
p) 1 Baudenschuppen.
q) 3 Mauthhäuser an den Thoren.
r) Das Stockhaus.
s) 5 Brau- und Malzhäuser, so aber nicht der Kämmerey gehören.
t) Das Schießhaus, vorm preußischen Thore.
u) Das Judenwächterhaus auf ihrem Kirchhofe.

Zusammen also sind öffentliche Gebäude:

1. Kirchliche	27
2. Königliche	32
3. Städtsche	35
Summa	94
Privathäuser sind überhaupt	789
Summa aller Gebäude	883

Von den Privathäusern stehen 660 unter Magistrats, 129 unter verschiedenen andern Jurisdictionen. Mit Ziegeln waren 1789 überhaupt 593 gedeckt, und überdies noch 179 unwohnbare Hintergebäude, Stallungen ꝛc. mit Ziegeldächern versehen. Gasthöfe sind hier 7.

§. 4.

§. 4.
Einwohner.

Etwa ⅔ der Einwohner bekennen sich zur lutherischen und reformirten, ⅓ aber zur katholischen Religion. 1787 wurden gezählt:

a) Christliche

Männliche	2623	
Weibliche	3838	} 6461.

b) Jüdische

Männer	348	
Weiber	389	
Söhne	470	} 1791.
Töchter	393	
Famulizpersonen	191	

Summa aller Einwohner 8252.
Ohne das Militär, welches 1379 Mann betrug.

Populations-Liste von 1788.

	Getraute.	Gebohrne.	Gestorben.
Evangelische	14 Paar	93 —	89
Katholische	15 —	77 —	78
Summa	29 —	170 —	167
Juden	11 —	59 —	36
	40 —	229 —	203.

Das Consumo war: 1082 St. Rindvieh, 2854 St. Schweine, 4559 St. Hammel, 6238 St. Kälber, 7961 Scheffel Weitzen, 32555 Sfl. Korn, 6330 Sfl. Malz, 6647 Sfl. Brandweinschrot.

§ 5.
Nahrungszweige.

1) Mit dem Ackerbau beschäftigen sich sehr wenige

nige Einwohner, und es sind, außer den zur Kämmerey gehörigen Neuen-Vorwerksfeldern, nur 25 Scheffel Aussaat auf städtschem Fundo vorhanden.

2) Der Brauurbar haftet auf 422 Stellen, und ist ziemlich ansehnlich; denn außer der Menge Bier, so in der Stadt und von den vielen herein kommenden Landleuten getrunken wird, werden noch bis 1100 Achtel Bier auf die unter dem Ausschrotzwang stehende 34. Dörfer und den Dohm geholt.

3) Der Handel wird bey Christen und Juden von ohngefähr 12 Kaufleuten *en gros* und 60 Krämern getrieben; auch sind hier 27 Victualienhändler befindlich. Montag, Mittwoch, und Freytag ist Getreidemarkt. Jahrmärkte sind 3 und jeder steht 8 Tage

    1) An Stanislaus
    2) - Mariä Himmelfahrt
    3) - Luciä.

4) Handwerker und Künstler sind allhier: 2 Apotheker, 8 Bader und Barbirer, 40 Bäcker mit 40 Bänken, 2 Bildhauer, 8 Böttcher, 1 Borstenbinder, 6 Brandweinbrenner, 4 Brauer und Mälzer, 8 Buchbinder, 2 Buchdrucker, 1 Büchsenmacher, 9 Drechsler, 3 Färber, 5 Fischer, 33 Fleischer mit 40 Bänken, 6 Glaser, 6 Goldschmiede, 1 Gräupner, 9 Gürtler, 5 Holzarbeiter, 6 Handschumacher, 4 Hutmacher, 3 Kammmacher, 3 Klemptner, 1 Knopfmacher, 1 Korbmacher, 1 Kunstpfeifer, 19 Kürschner, 4 Kupferschmiede, 5 Leinweber, 6 Maler, 5 Maurer, 3 Nadler, 1 Orgelbauer, 1 Petschierstecher, 12 Perückenmacher, 2 Pfefferküchler, 4 Posamentirer, 4 Ra-

4 Rade- und Stellmacher, 4 Riemer, 4 Rothgerber, 3 Rothgießer, 5 Sattler, 7 Schiffer, 2 Schleifer, 6 Schlosser, 12 Schmiede, 65 Schneider, 3 Schornsteinfeger, 1 Schwerdtfeger, 52 Schuster mit 52 Bänken, 7 Seifsieder, 11 Seiler, 1 Siegellackmacher, 9 Stärkmacher, 5 Sporer und Zirkelschmiede, 12 Strumpfstricker, 20 Tischler, 7 Töpfer, 4 Tuchmacher, 3 Wachszieher, 3 Weisgerber, 3 Uhrmacher, 1 Ziergärtner, 4 Zimmerleute, 5 Zinngießer, 1 Zuckerbäcker.

Außer diesen Profeßionisten giebt es noch: 1 Kattundruckerey, 2 Wachsbleichen, 3 Strohflechter, 4 Tabackfabrikanten, 1 Vieharzt.

§. 6.
Allerhand.

Die Kämmerey allhier ist sehr ansehnlich und besitzt eigentlich 18 Dörfer, als: Beichau von 30 Poßeßionen, ist 1742 an die Stadt erkauft worden: Beuthnig 20 Poß. Brostau, 109 Poß. hat Herzog Heinrich 1290 den 17 Aug. der Stadt geschenkt. Klein-Gröditz, 72 Poß. Groß Vorwerk, 20 Poß. Gloggschdorf, 19 Poß. ist 1776 erbaut worden. Guhlau, 92 Poß. ist 1545 für 4500 Fl. erkauft. Häckricht, 62 Poß. 1474 vom Herzog Primislaus der Stadt übergeben. Jerschau, 117 Poß. 1299 vom Herzog Heinrich der Stadt geschenkt. Klein-Vorwerk, 21 Poß. Nilbau 86 Poß. 1434 vom König Johann in Böhmen dem Stadtgericht übergeben. Nostwiz, von 39 Poß. ist 1240 unter Stadtrecht gekommen. Rauschwiz 48 Poß. ist 1290 vom Herzog Heinrich der Stadt geschenkt. Schloin, 43 Poß.

Poß. Schmarse, 7 Poß. Schrepau, 12 Poß. Zarkau, 7 Poß. Zerbau, 91 Possessionen.

Darunter giebt es Vorwerke: 1 zu Klein-Grödiz, 1 zu Groß-Vorwerk, 1 zu Guhlau, 1 zu Klein-Vorwerk, 1 zu Höckricht, 1 zu Rauschwiz, 1 zu Neu-Vorwerk, zusammen 7. Sämmtliche Vorwerke sind verpachtet und bringen jährlich 5260 Rthlr. Zins ein.

Ziegeleyen hat die Kämmerey in allem 3.

Auch gehört der Stadt eine ansehnliche Heide, zwischen den Dörfern Höckricht und Guhlau an der polnischen Grenze, die einen Flächen-Inhalt von 10970 Morgen hat; doch giebt es wenig Eichen Holz in derselben. Ueberhaupt ist diese Waldung durch die starken nach den Stadtbränden vorgenommene Bauten etwas dünne gemacht worden. Was aber den Ruin des Stadtforstes noch verhütet, ist, die der Stadt vermöge eines alten Recesses vom Jahr 1692. den 30 August zugestandene Gerechtigkeit, das zu den Brücken und andern publiken Gebäuden benöthigte Holz unentgeltlich in der 2 Meilen entfernten Karolatschen sogenannten Niederheide fällen und abholen zu lassen.

Dann hat die Stadt auch die Wagen- und Vieh-Mauth nach dem großen Tarif, das Zerbauer Brückengeld, Schiff-Anlandegeld, die Hälfte des Eisenzolls, das Aufzugbrückengeld von denen durch die große Oderbrücke mit stehendem Seegel gehenden Schiffen, den Pflasterzoll, welcher für die Wagen, so Klafterholz vom königl. Holzplan auf dem Steindamm nach der Stadt fahren, gezahlet wird, und

und den Nebenzoll auf den Dörfern Wilkau und Golgowitz.

Ueberhaupt beträgt die jährliche Einnahme der Kämmerey 17000 Rthl. dagegen aber hat solche wieder viel wichtige Bauten zu bestreiten, welche die Einnahme oft übersteigen.

Im Feuer-Societäts-Catastro stehet Glogau auf 388100 Rthl. veranschlagt.

Im Rathskollegio sind: 2 Directores, 1 Syndicus, 10 Rathmänner.

Königl Dicasteria und Aemter sind hier folgende: Eine Königl. Krieges- und Domainen-Kammer, nebst der damit verbundenen Kammer Justiz-Deputation; unter derselben stehen in *Cameralibus* die Fürstenthümer Glogau, Liegnitz, Jauer, Sagan, Wohlau, Carolath, die freye Standesherrschaft Militsch, die Minderherrschaften Freyhan, Sulau, und Neuschlos; oder auch folgende 16 Kreiser: Freystadt, Glogau, Goldberg, Grünberg, Guhrau, Hirschberg, Jauer, Liegnitz, Löwenberg, Lüben, Militsch, Sagan, Schwiebus, Sprottau, Steinau, Wohlau, in welchen 1702 Dörfer, worunter 97 dem Könige, 181 den Geistlichen, 91 den Städten, die übrigen dem Adel gehören.

Drey Steuerräthliche Departements mit 44 Städten, worunter 25 Königl. *immediat* und 19 *mediat* Städte sind.

Menschen sind vorhanden:
in den Städten . . . 96721
auf den Dörfern . . . 476138
―――――――――
572859
worunter 3290 Weber.

Zu der Cammer gehören noch die Krieges- und Domainen-Cassen.

Eine Königliche Oberamtsregierung, and damit vereinigtes Pupillencollegium und Consistorium, unter welchem, in dem zu ihrem *Ressort* gehörigen Sachen folgende Districte gehören: Die Fürstenthümer Glogau, Sagan, Wohlau, Liegnitz und Carolath.

Eine Accise- und Zolldirection, deren ihr Sprengel so weit wie der Krieges- und Domainen-Kammer reicht.

Ein Königlich Criminalcollegium.

Ein Collegium Medicum.

Eine Salzfactorey.

Ein Accise- und Zollamt.

Ein Königliches Schlosamt, unter welchem die dasige Juden-Gemeine stehet.

Ein Königlches Steueramt.

Eine Haupt-Feuer-Societäts und Seraiscasse.

Eine Haupt-Manufactorcasse.

Ein Inquisitoriat.

Ein Landschafts-Directorium.

Ein Postamt.

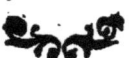

Von Polckwitz.

Polckwiz, oder wie sie in alten Urkunden vorkommt, Bolkewiz, Bolcowicz, Bolkwiz, Polkwize, Pulkwiz, im Lateinischen aber *Polcovitium*, ist eine königliche Immediatstadt, liegt 3 Meilen von der Fürstenthums Hauptstadt Großglogau, 2 Meilen von Lüben, 5 Meilen von Liegniz, 12 Meilen von Breslau, und soll sowohl ihre Erbauung als Benennung Herzog Boleslaus dem Langen zu danken haben; wenigstens existirte dieser Ort schon zu Ende des zwölften Jahrhunderts. 1342 verpfändete Herzog Johann von Steinau das *Oppidum* Bolkewiz, wie es genannt wird, an den König Karl in Böhmen für 400 Mark Groschen.[1] Im 16. Jahrhundert besas diesen Ort der Ritter Hanns von Schönaich, und nach ihm sein Sohn Fabian Freiherr von Schönaich, wahrscheinlich ebenfalls Pfandweise; auf was Art derselbe aber an diese Besitzer gekommen, oder wieder eingelöset worden, finde ich nirgends angemerkt. In den Jahren 1547 den 16. März und 1564 den 26 Julii brannte die Stadt völlig, 1572 am Ostermontag (den 7. April) aber bis auf eine Gasse ab. Im dreißigjährigen Kriege wurde sie von Freunden und Feinden hart mitgenommen, und im siebenjährigen Kriege bisweilen von Russen und Oesterreichern besucht, die freilich auch nichts mitbrachten, wohl aber von den Einwohnern Kontribution und Lieferungen verlangten. Sonst

[1] Johann Pet. von Ludewig Manuscr. und daraus Ehrhards Kirchengeschichte S. 207.

Beschr. v. Schl. X. B. 4. St.   Q

Sonst ist diese Stadt nur klein, ringsherum mit Wald umgeben, zwar meist, aber schlecht, gepflastert, hat 3 Thore, und gröstentheils eine Stadtmauer, an den Stellen hingegen, wo solche eingegangen, sind Palisaden gesezt.

Die hier befindlichen öffentlichen Gebäude sind:

a) Die katholische Pfarrkirche zu St. Michael genannt. Sie ist alt, zwar maßiv, aber weder groß, noch sonderlich gebauet. Die innere Decke bestehet aus Tafelwerk von Holz; in jeder Taffel siehet man einen Heiligen oder eine Heiligin gemalt mit dessen Namen, und Beischrift des Characters derjenigen Wohlthäter, die solche verfertigen lassen; und es ist sehr auffallend, wenn man z. E. lieset St. Barbara Postmeisterin, St. Catharina Burgermeisterin, u. s. w. auf dem Obern Altarblate hingegen ist der Kirchen Schuzpatron, Erzengel Michael zu sehrn mit der Unterschrift: *St. Michael Parochus Polckwicensis.*

In der Mitte des 16. Jahrhunderts unter den Besitzern von Polkwiz, Herrn von Schönaich, kam die Kirche an die hiesigen Evangelischen, die solche bis 1628 behielten, wo sie ihnen durch die Lichtensteir'schen Dragoner entzogen wurde. Während den dreißigjährigen Kriegesunruhen gelangten die Lutheraner zwar wieder in den Beßiz derselben, allein den 6 Februar 1654 musten sie solche aufs neue räumen, und es sind seit daher die Katholicken in der Posseßion geblieben.

Ein Stadtpfarrer und ein ihm zugeordneter Kapellan besorgen die geistlichen Geschäfte.

Das

Das Kirchenlehn hat der Magistrat.

b) Die St. Anna-Kirche außer der Stadt ist die Begräbniskirche der Katholicken.

c) Die evangelische Kirche ist 1746 zu erbauen angefangen, und 1747 an Pfingsten eingeweihet worden. Es sind dazu die Evangelischen aus der Stadt und Vorstadt Polckwitz, und dann aus den Dörfern: Nieder-Polckwitz, Ober-Zauche, Arnsdorf Musternick, Gusitz, Trebitsch, und die Kolonie Fridrichswalde eingepfarrt. Ein Pastor administrirt die Parochialia.

Das Patronat übt der Magistrat und die evangelische Bürgerschaft gemeinschaftlich aus.

d) 4 Pfarr- und Schulhäuser.
e) 3 Thor-Accisehäuser.
f) 1 Rathhaus.
g) 2 städtsche Offizianten Wohnungen.
h) 1 Spritzenhaus.
i) 1 Brauhaus.

Privathäuser sind in der Stadt	110
in der Vorstadt	85
Zusammen	195

Darunter sind in der Vorstadt 12 Windmühlen, 28 Freileute, 4 Bauern, welche beäckerte Bürger genannt werden.

In der Stadt sind 70 Häuser mit Ziegeln gedeckt; und die um den Ring seit dem siebenjährigen Kriege massiv gebaut; die andern noch von Holzwerk.

Q 2   Ein-

Einwohner sind 1787 allhier gewesen:
Männliche 545
Weibliche 743
Summa 1288 Seelen,
ohne die hier befindliche Garnison, welche aus 1. Eskadron des von Schmettowschen Dragonerregiments bestehet.

Das Consumo war in eben dem Jahr: 46 Stück Rindvieh, 518 St. Schweine, 1124 St. Hammel, 1091 St. Kälber, 418 Scheffel Weitzen, 2563 Sfl. Roggen, 758 Sfl. Malz, 120 Sfl. Brandweinschrot.

Der Nahrungs-Erwerb der Einwohner bestehet:

1) Im Ackerbau, welcher von einigen Bürgern in der Stadt, vorzüglich aber von den sogenannten vorstädtschen beäckerten Bürgern betrieben wird.

2) Im Brauurbar, womit 64 städsche Bürgerhäuser berechtiget sind. Unter dem Ausschrotszwange stehen 7 Dorf- und 2 Vorstadtkretscham, wohin jährlich gegen 140 Achtel Bier geholet werden.

3) Im Handel, der aber unbedeutend ist, und nur von 7 Krämern betrieben wird.

Jahrmärkte sind hier 5. bey jedem ist zugleich Viehmarkt, und wegen der herum liegenden vielen Dörfer gemeiniglich ein großer Zusammenfluß von Landvolk. Der 1. ist Sonntag nach Lichtmeß, der 2. Montag nach Exaudi, 3. Sonntag nach Margareth, 4. Sonntag vor Michaelis, 5. Sonnt. nach Martini. Jeden Sonnabend wird Wochenmarkt gehalten.

4)

4) In verschiedenen Handwerken und Künsten. Es befinden sich hier: 1 Apotheker, 3 Bader, 8 Bäcker mit 8 Bänken, 4 Brandweinbrenner, 2 Brauer, 1 Drechsler, 2 Färber, 8 Fleischer mit 12 Bänken, 2 Glaser, 1 Handschumacher, 2 Hutmacher, 16 Kürschner, 1 Maurer, 1 Oelschläger, 2 Rade- und Stellmacher, 2 Riemer, 4 Sattler, 2 Schlosser, 2 Schleifer, 3 Schmiede, 10 Schneider, 1 Schornsteinfeger, 12 Schuster mit 12 Bänken, 1 Seifensieder, 3 Seiler, 1 Stärkemacher, 3 Strumpfstricker, 2 Tischler, 5 Töpfer, 1 Tobackskopfmacher, 18 Tuchmacher, 1 Tuchscheerer, 2 Weisgerber, 11 Zeug- und Mesolanmacher, 2 Ziegelstreicher, 2 Zimmerleute.

Die unter diesen Handwerkern befindlichen Wollarbeiter haben im Jahr 1787 bis 1440 Stein Wolle consumirt.

Der Kämmerey gehört eigenthümlich:
1) Ein Antheil vom Dorfe Nieder-Polkwiz.
2) Ein großer Wald von mehr als 1000 Morgen.
3) Ein kleinerer Wald.
4) Eine Ziegeley.
5) Die Wagen- und Viehmauth nach dem kleinen Tarif von 1738 nicht nur bey der Stadt, sondern auch im Dorfe Parchau.

Die jährliche Einnahme beträgt bey der Kämmerey 1500 Rthlr.

Im Feuer-Societäts-Katastro ist die Stadt auf 52048 Rthl. angeschlagen.

Der Magistrat bestehet aus 1 Consul dirigens, 1 Pro

1 Proconsul, 1 Syndicus 3 Rathmännern, worunter der Kämmerer.

Das Accis- und Zollamt verwalten: 1 Einnehmer, 1 Controlleur, 5 Unterbediente.

Das Postamt administrirt 1 Postmeister.

Der Post-Cours ist hier theils wegen der großen Landstraße nach Berlin, theils wegen den kreuzenden Posten sehr ansehnlich, und kommen dabey folgende vor:

Ankommende Posten:

Sonntags: Die fahrende Post aus Lüben, aus dem Gebürge, aus Liegniz, Neumarkt, Breslau, Oberschlesien und Glatz, Vormittags um 10 Uhr. Die Bothenpost aus Rauden, Mittags um 12 Uhr. Die fahrende Post aus Glogau Mittags um 12 Uhr. Die fahrende aus Neustädtel, Grünberg, Sagan, Frankfurth, Berlin ꝛc. Abends 9 Uhr.

Montags: Die reitende aus Landeshut, Hirschberg, Goldberg, Hainau, Löwenberg, Bunzlau, und Sachsen Früh um $1\frac{1}{2}$ Uhr. Die reitende aus Glogau Früh um 2 Uhr. Die reitende aus Breslau, Neumarkt, Lüben, auch aus Schweidnitz, Jauer, Liegnitz, Wien, Glatz und Oberschlesien Früh um $4\frac{3}{4}$ Uhr. Die reitende aus Berlin, Pommern, Preußen, Westphalen, Holland, über Grünberg ꝛc. Früh um $9\frac{3}{4}$ Uhr.

Mittwochs: Die Bothenpost aus Rauden, wie Sonntags. Die fahrende aus Glogau, Nachmittags 4 Uhr. Die Berliner fahrende wie am Sonntage.

Donnerstags: Die reitende aus Glogau Früh um 6 Uhr. Die Berliner reitende wie am Mon-

Montage. Die reitende aus dem Gebürge über Hainau Früh um 7 Uhr. Die Breslauer fahrende wie am Sonntage. Die Breslauer reitende, Nachmittags 4¾ Uhr.

Abgehende Posten:

Sonntags: Die fahrende Post nach Neustädtel, Grünberg, Sagan, Freistadt, Frankfurth, Berlin, Pommern, Preußen ꝛc. Mittags um 11 Uhr. Die fahrende nach Glogau Nachmittags um 2 Uhr. Die fahrende nach Lüben, Parchwitz, Neumarkt, Breslau, auch nach Liegnitz, in das Gebürge, nach Oberschlesien und Sachsen ꝛc. Abends um 10 Uhr.

Montags: Die reitende nach Neustädtel, Wartenberg, Freystadt, Sagan, Grünberg, über Frankfurth, Berlin nach Pommern, Preußen ꝛc. Früh um 5 Uhr. Die reitende nach Lüben, Schweidnitz, Liegnitz ꝛc. Jauer, Breslau, ganz Oberschlesien, Glatz, Wien, Prag ꝛc. Früh um 10 Uhr. Die reitende nach Hainau, Goldberg, Hirschberg, Landeshut, Löwenberg, Bunzlau, und nach Sachsen ꝛc. Mittags um 11 Uhr. Die reitende nach Glogau, Mittags um 11½ Uhr. Die Bothenpost nach Rauden, Mittags um 12 Uhr.

Mittwochs: Die Breslauer fahrende wie Sonntags.

Donnerstags: Die Breslauer reitende wie Montags. Die reitende aus dem Gebürge wie Montags. Die Berliner fahrende wie Sonntags. Die Glogauer fahrende wie Sonntags. Die Berliner reitende, Abends um 5 Uhr. Die Glogauer reitende Abends um 5½ Uhr. Die Bothenpost nach Rauden, Abends oder im Winter Freytags Früh.

Von Schlawa.

Schon der Name dieses Städtchens giebt zu erkennen, daß es von den ehemaligen Schlawen erbauet worden, und also ein sehr alter Ort seye. In ältern Zeiten gehörte es unmittelbar den Herzogen zu Glogau. Heinrich II. verkaufte es zwar 1468 um 1000 Böhm. Mark an den Melchior von Rechenberg auf Windisch-Borau; allein Herzog Hans II. von Sagan entzog es demselben wieder, und es kommt auch unter dem Namen Slaw mit in derjenigen Friedensrezeßurkunde d. den 7. Junii 1481 vor, laut welcher König Matthias von Ungarn und Churfürst Albert von Brandenburg einige Städte im Glogauschen Fürstenthume an Herzog Hans von Sagan überließen. Als hierauf Herzog Hanns aus diesem seinem Fürstenthume vertrieben wurde, kam Schlawa an den Hanns von Rechenberg, einen Sohn des vorgedachten Melchiors; er starb 1536, und von ihm erbte es sein Bruder, Klemens von Rechenberg, welcher, als er 1567 mit Tode abgieng, die Herrschaft Schlawa seinem Sohne Balzern von Rechenberg vermachte, diesem aber succedirte wieder sein Sohn Melchior III. von Rechenberg, Freiherr auf Klitschdorf ꝛc. Gegenwärtig ist es ein Majoratgut des gräflichen Hauses von Fernemont.

Von den Schicksalen dieses Orts weiß man wenig merkwürdiges. Am 8. Julii 1765 entstand auf der Bleiche außerhalb der Stadt eine Feuersbrunst. Die Bürger eilten sämmtlich heraus zur Hülfe; allein während dem, daß sie bemühet waren, hier zu

zu löschen, trieb der Wind allerhand brennende Sachen in die Stadt, welche sogleich zündeten, und ehe die Einwohner zurück kommen konnten, war schon ein Theil ihrer Häuser in die Asche gelegt. Ohngeachtet aller noch getroffenen Rettungsanstalten gieng doch das ganze Städtchen vollends im Rauch auf; nur das Herrschaftliche Schloß, die katholische Kirche, und ein kleines Haus am Rädcher Thore blieben unverlezt stehen. Nach der Zeit ist Schlawa wieder neu und besser als vorher aufgebaut worden.

Es liegt nahe an der polnischen Grenze ohnweit einem großen See, ist zwar ein offener Ort, stehet aber unter der Accise.

Es giebt hier folgende Gebäude:

Die katholische Kirche, welche von 1524 an, wo der damalige Besitzer Hans von Rechenberg hier die Lehre Lutheri einführte, bis zum 17. Januar 1654 in den Händen der Evangelischen gewesen.

Die evangelische Kirche wurde Anfangs 1743 durch Beyträge der Bürgerschaft ohnfern vom Ringe erbaut, und den 14. Sonntag nach Trinitatis zu Ehren der heil. Dreieinigkeit eingeweihet; als solche aber in dem Stadtbrande 1765 mit im Feuer aufgieng, 1766 nahe zum Rädcher Thore auf einen bequemem Plaz verlegt.

Die Herrschaft hat über beyde Kirchen das Patronat. Eingepfarrt sind zu lezterer Kirche nebst der Stadt Schlawa, das nahe gelegene Dorf Schlawa, Pürschkau, Rädchen, Laubegast, Hammer, nier, Goile, Mäusewinkel, Sperlingswinkel, Anzug, Neusorge, Linden und Tarnau.

4 Pfarr- und Schulhäuser.

Das Hospital, liegt wüste.

3 Thor-Accisehäuser.

1 Hauptwache.

1 Stockhaus.

1 Brauhaus.

Privathäuser sind in der Stadt 83, in der Vorstadt 20, Summa 103.

Einwohner waren 1787 allhier in allem 543 Seelen.

Das Consumo betrug: 41 Stück Rindvieh, 212 St. Schweine, 231 Hammel, 365 Kälber, 110 Scheffel Weitzen 535 Sfl. Roggen, 383 Sfl. Malz.

Die Einwohner nähren sich:

1) Vom Ackerbau.

2) Vom Bierbrauen, wozu 31 Stellen berechtiget sind. 4 Dorfkretschame müssen Stadtbier holen. Das Consumo dahin beträgt 60 = 70 Achtel.

3) Vom Handel, womit sich aber nur 3 Krämer und 4 Victualienhändler beschäftigen.

Jahrmärkte sind 4, als 1) Montag vor Fastnacht, 2) am Pfingstdienstage, 3) an Michael. 4) an Allerheiligen. Bey jedem ist zugleich Viehmarkt. Wochenmarkt wird hier nicht gehalten.

4) Von verschiedenen Künsten und Handwerken, deren sind allhier: 1 Bader, 5 Bäcker mit 9 Bänken, 2 Böttcher, 1 Brauer, 1 Färber, 6 Fleischer mit 6 Bänken, 4 Kürschner, 1 Korduaner,

ner, 1 Kunstpfeiffer, 5 Leinweber, 2 Müller, 1 Pfefferküchler, 4 Rade- und Stellmacher, 2 Sattler, 1 Schleifer, 2 Schlosser, 1 Schifbauer, 2 Schmiede, 4 Schneider, 1 Schorsteinfeger, 18 Schuster mit 17 Bänken, 1 Seiler, 3 Tischler, 2 Töpfer, 28 Tuchmacher, 1 Zimmermann.

Die Kämmerey besitzt keine Güter noch andere Realitäten, und die jährliche Einnahme beträgt ohngefähr 250 Rthl.

Im Rathskollegio sind: 1 Burgermeister, 1 Proconsul, 3 Rathmänner.

Im Feuersocietäts-Katastro stehet die Stadt auf 16850 Rthl.

Das Accisamt verwalten: 1 Einnehmer, 1 Controlleur, 3 Unterbeamte.

C. Von denen Dörfern
im
Glogauschen Kreise.

1)

Altwasser, allhier befinden sich 1 Herrschaftliches Wohnhaus, 1 Vorwerk, 1 Freygut, 8 Dienstbauern, 8 Gärtner, 7 Häusler, 1 Kretscham, 1 Wassermühle, 12 verschiedene andere Häuser, zusammen 40 Feuerstellen mit 187 Einwohnern. Besitzer davon ist der Freiherr von Stosch.

2) **Andersdorf**, begreift unter sich 1 herrschaftliches Wohnhaus mit 1 Vorwerk, 6 Gärtner, 2 Häusler, 1 Kretscham, 6 andere Häuser, zusammen 17 Feuerstellen, und 91 Bewohner; einst besaß dies Gut Hanns Heinrich von Briesen, jezt gehört es dem von Kleist.

3) **Annaberg**, ist ein Wallfahrtsort, und enthält 1 katholische Kirche, 1 Pfarrhaus, 1 Kretscham, 7 Häusler, zusammen 9 Feuerstellen, 51 Menschen. Besitzer des Gutes ist der Hauptmann von Lüttwiz.

4) **Arnsdorf**, faßt in sich 1 herrschaftlich Wohnhaus nebst 1 Vorwerk, 1 Kretscham, 9 Gärtner, 13 Häusler, 3 Wassermühlen, 6 andere Häuser, zusammen 34 Feuerstellen, die von 179 Personen bewohnet werden. Besitzer ist der von Skopp.

5) **Aufzug**, enthält 1 Kretscham, 5 Gärtner, 7 Häusler, 1 anderes Haus dann gehört hieher noch 1 Feldvorwerk, welches Crempine heißt, zusammen 15 Feuerstellen mit 73 Menschen. Eigenthümer davon ist der Graf von Fernemont.

6) **Bäsau**, bestehet aus zwey Antheilen, nämlich:

1) Ober-Bäsau von 1 Vorwerk, 1 Kretscham, 9 Gärtnern, 3 Häuslern, 1 Windmühle, 6 anderen Häusern, Einwohnern 131.

2) Nieder-Bäsau von 6 Gärtnern, 6 Häuslern, 1 Windmühle, 6 andern Häusern, 102 Bewohnern. Zusammen sind im Dorfe 40 Feuerstellen. Beyde Antheile gehören dem von Kupperwolf.

7) **Bansau**, faßt in sich 1 herrschaftliches Wohnhaus, mit 1 Vorwerk, 7 Gärtner, 3 Häusler, 4 andere

der Häuser, 1 Windmühle, 2 Kretschams, wovon einer auffer dem Dorfe einzeln liegt, und Neuforge genannt wird; zusammen 19 Feuerstellen, 94 Bewohner.

Bartschgarten, kommt bey Rauschwitz Stadtantheil vor, s. N. 150.

8) Baunau, hat 1 herrschaftlich Wohnhaus, 1 Vorwerk, 1 Freygut, 1 Kretscham, 11 Gärtner, 4 Häusler, 1 Windmühle, 12 andere Häuser, zusammen 32 Feuerstellen, 157 Menschen, gehört dem Baron von Glaubiz.

9) Bautsch, bestehet aus zwey Antheilen, und Dominiis, nämlich:

Der 1. Antheil von 19 Bauern, 1 Freygut, 1 Schulhaus, 1 Kretscham, 4 Häuslern, 10 andern Häusern, 157 Einwohnern, gehört Sr. königl. Hoheit dem Prinz Heinrich.

Der 2. Antheil von 4 Freybauern gehört dem Graf v. Schmettow. Zusammen sind im Dorfe 40 Feuerstellen.

10) Beichau, enthält 6 Dienstbauern, 13 Häusler, 1 Kretscham, 11 andere Häuser, zusammen 31 Feuerstellen mit 156 Menschen. Es ist ein Eigenthum der Kämmerey zu Glogau.

11) Beitkau, faßt in sich 1 Vorwerk, 4 Gärtner, 1 Häusler, 1 anderes Haus, 60 Einwohner. Dann ist damit noch verbunden die sogenannte Juderey, die aus 1 einzeln liegenden Mühle nebst 1 Kretscham, und 1 Häusler bestehet. Besitzer von beiden Orten ist der v. Wiese.

12)

12) **Beitnig**, begreift unter sich 8 Dienstbauern, 1 Kretscham, 4 Gärtner, 1 Häusler, 5 andere Häuser, zusammen 19 Feuerstellen mit 97 Seelen; dies Gut gehört der Stadt Glogau.

13) **Beitsch**, allhier giebt es 1 herrschaftliches Wohnhaus nebst 1 Vorwerk, 1 Freigut, 8 Dienstbauern, 8 Gärtner, 7 Häusler, 4 andere Häuser, Einwohner 168.

Zu Beitsch gehört noch Jägerhaus, wo 1 abgesondert liegendes Försterhaus, 1 Häusler, und 1 Mühle befindlich ist; Einwohner sind hier 18. Besitzer von beiden Orten ist der Fürst von Schönaich zu Carolath.

14) **Bergvorwerk**, darinn befinden sich 1 Vorwerk, 10 Gärtner, 3 Häusler, 6 andere Häuser, zusammen 20 Feuerstellen mit 104 Personen; Besitzer ist der Hauptmann von Kreckwitz.

Bergvorwerk, ein einzelnes Feldvorwerk siehe Biegnitz N. 16.

Bergmühle, eine einzelne Feldmühle s. Gustau N. 55.

15) **Berndorf**, bestehet aus 1 Kretscham, 6 Gärtnern, 3 Häuslern, 2 Wassermühlen, 1 andern Hause, zusammen 13 Feuerstellen, 68 Einwohnern, und gehört dem v. Kleist.

16) **Biegnitz**, enthält 1 herrschaftliches Wohnhaus, 3 Vorwerke, wovon eines das Bergvorwerk genannt wird und einzeln liegt, 1 Kretscham, 3 Dienstbauern, 18 Gärtner, 16 Häusler, 15 andere Häu-

Häuser, 1 Mühle, die zum Bergvorwerk gehört, zusammen 58 Feuerstellen, 272 Seelen. Besitzer davon ist der Hauptmann von Bomsdorf.

17) Böckei, hat 1 Vorwerk, 9 Gärtner, 5 Häusler, 3 andere Häuser zusammen 18 Feuerstellen, 99 Einwohner, gehört dem Graf Clairon d' Haussonville.

18) Brieg, zu diesem Dorfe gehört noch das sogenannte Fährhaus und Lohmühle. Ueberhaupt befinden sich hier 1 herrschaftl. Schloß mit 1 Vorwerk, 1 Hospital, 1 katholische Kirche, 2 Kretschams, 6 Bauern 18 Gärtner, 34 Häusler, 2 Pfarr- 2 Schulhäuser, 8 Freygüter, 2 Wassermühlen, 17 andere Häuser, zusammen 94 Feuerstellen mit 149 Bewohnern. Eigenthümer davon ist der Hauptmann von Massow. 1550 besas es Sigmund von Glaubiz.

19) Brostau, ist ein ansehliches Dorf von 3 Antheilen und Dominiis.

Der 1. Antheil faßt 1 katholische Filialkirche, 2 Schulhäuser, 1 Freygut, 30 Dienstbauern, 17 Gärtner, 9 Häusler, 1 Kretscham, 36 andere Häuser, 517 Einwohner, und gehört der Stadtkämmerey zu Glogau.

Der 2. Antheil von 4 Dienstbauern, 1 andern Haus, und 40 Seelen stehet unter dem Dohmkapitel zu Glogau.

Der 3. Antheil gehört ebenfalls unter das Dohmkapitel, und hat 1 Häusler, 1 Windmühle, 1 ander Haus. Zusammen also faßt dies Dorf 104 Feuerstellen, 561 Menschen.

20)

20) Buchwald, diesseits der Oder, enthält 1 evangelische Kirche, 1 Pfarrhaus, 1 Schule, 1 Kretscham, 11 Dienstbauern, 7 Gärtner, 19 Häusler, 2 andere Häuser, 383 Seelen.

Dann gehört hieher noch die Schäferey, 1 Feldvorwerk, nebst 1 Bauer, und 1 Häusler. Einwohner sind hier 11. Feuerstellen zusammen 45. Eigenthümer davon ist der Landrath v. Sydow.

Ferner ist noch mit dieser Gemeine verbunden Neuheide, wo aber nur 1 Häusler befindlich ist mit 9 Einwohnern; es gehört dem nämlichen Besitzer.

21) Buchwald, jenseits der Oder; dieser Ort ist ein besonderes Dorf, welches auf der polnischen Oberseite liegt. Man zählt darinn 1 Vorwerk, 1 Kretscham, 2 Gärtner, 12 Häusler, zusammen 16 Feuerstellen, 89 Einwohner. Besitzer ist der Fürst v. Schönaich zu Carolath.

22) Burkau, begreift in sich 1 herrschaftliches Wohnhaus, 1 Vorwerk, 2 Dienstbauern, 6 Gärtner, 7 Häusler, 1 Windmühle, 6 andere Häuser, zusammen 24 Feuerstellen mit 123 Einwohnern. Es gehört dem Graf v. Kaiserling.

Carlsfeld kommt bey Tschepplau vor s N. 190.

23) Cattersee, allhier werden 1 Vorwerk, 1 Freygut, 6 Gärtner, 18 Häusler, 4 andere Häuser, zusammen 30 Feuerstellen, 142 Bewohner gezählt. Besitzer ist der Graf v. Fernemont.

Mit dieser Dorfgemeine ist auch noch combinirt Josephhof, ein besonders liegender Ort von 1 Vorwerk, 8 Häuslerstellen, und 32 Menschen.

Crempine ein Feldvorwerk, s. Aufzug N. 5.

24)

24) **Dalkau**, daselbst befinden sich 1 evaangelische Kirche, 1 Pfarrhaus, 1 Schule, 1 Kretscham, 1 herrschaftl. Wohnhaus, 2 Vorwerke, 10 Gärtner, 14 Häusler, 14 andere Häuser, zusammen 45 Feuerstellen, die von 232 Personen bewohnt werden. Eigenthümerin davon ist die verwittwete Frau Baronne von Stosch.

25) **Dammer**, enthält 1 herrschaftliches Wohnhaus, 5 Bauern, 8 Gärtner, 6 Häusler, 1 Wassermühle, 6 andere Häuser, zusammen 27 Feuerstellen, 171 Menschen. 1561 besas dies Gut Hanns von Loos. 1617 George v. Loos. 1681 Wolf von Kalkreuth, gegenwärtig gehört es Sr. königl. Hoheit dem Prinz Heinrich von Preußen.

26) **Denkwitz**, bestehet aus 1 Herrschaftlichen Wohnhause, 2 Vorwerken, 7 Dienstbauern, 9 Gärtnern, 11 Häuslern, 1 Kretscham, 1 Wasser- 1 Windmühle, 13 andern Häusern, zusammen aus 44 Feuerstellen mit 239 Bewohnern. Besitzer davon ist der von Bassewitz. 1662 besaß dies Gut Adam von Kottwitz.

27) **Doberwitz**, faßt unter sich 1 Vorwerk, 1 Freygut 10 Dienstbauern, 12 Gärtner, 38 Häusler, 1 Windmühle, 11 andere Häuser, wovon eines das Fährhaus heißt und einzeln liegt, zusammen 73 Feuerstellen, und 374 Einwohner. Es gehört dem von Stosch.

28) **Drogelwitz**, begreift 1 herrschaftliches Vorwerk und Wohnhaus, 2 Freygüter, 3 Dienstbauern, 8 Gärtner, 2 Windmühlen, 8 andere Häuser, zusammen 35 Feuerstellen, 235 Bewohner. Besitzer ist der Baron von Kottwitz.

Beschr. v. Schl. X. Th. 4. St.   R   29)

29) **Druse**, bestehet aus zwey Antheilen:

Der 1. Antheil hat 1 Vorwerk, 3 Bauern, 9 Gärtner, 2 Häusler, 1 Kretscham, 1 Windmühle, 8 andere Häuser, 134 Einwohner.

Der 2. Antheil, Pudel genannt, hat nur 1 Häuslerstelle, 5 Bewohner. Feuerstellen sind zusammen 26. Eigenthümer von beyden Antheilen ist der von Stosch.

30) **Eichberg**, allhier sind 1 Vorwerk, 4 Häusler, 28 Menschen. Es gehört dem von Luck.

Eichberg, s. Tscheppkau N. 190.

Eichberg-Vorwerk, s. Laubegast N. 100.

Eichmühle, s. Kummernick N. 96.

31) **Eisemost**, enthält 1 herrschaftliches Wohnhaus, 1 Vorwerk, 1 katholische Filialkirche von Gläsersdorf, 1 Pfarrwidmuth 1 Schulhaus, 4 Bauern, 7 Gärtner, 13 Häusler, 3 Wassermühlen, 5 andere Häuser, zusammen 36 Feuerstellen, und 236 Einwohner. Es gehört den v. Klobuczinskischen Erben.

Ernst-Vorwerk s. Kummernick N. 96.

Ertelsmühle, ist eine einzeln liegende Feldmühle mit 4 Menschen, dem Domkapitel zu Glogau gehörig.

Fährhauß, s. Brieg N. 18.

Friedenfeld-Vorwerk, s. Alt-Kranz N. 90.

32) **Fridrichsdorf**, faßt unter sich 1 Vorwerk, 4 Gärt-

4 Gärtner, 4 Häusler, und 39 Seelen. Eigenthümer davon ist der Freiherr v. Stosch.

33) **Fridrichswalde**, ist eine seit 1770 erbaute Kolonie von 1 Kretscham und 15 Häuslerstellen, zu jeder gehört etwas Acker. Einwohner sind 68. Besitzer ist der Baron von Stosch.

34) **Fröbel**, enthält 1 Freygut, 13 Dienstbauern, 21 Gärtner, 3 Häusler, 1 Mühle, 15 andre Häuser, zusammen 55 Feuerstellen mit 282 Bewohnern. Dies Gut ist ein Eigenthum des Bischofs zu Breslau.

Glashütte, s. Grünwald N. 50.

35) **Gläsersdorf-Ober-** faßt in sich 1 herrschaftliches Schloß, welches ganz gut angelegt ist, und wobey ein zwar nicht großer doch hübscher Lustgarten befindlich; 1 Vorwerk, an dessen Ende dem Schlosse gegen über eine maßiv gebaute ansehnliche Reitschule angebracht ist.; 1 katholische Mutterkirche, 1 Pfarrhaus, 1 Schule, 12 Bauern, 11 Gärtner, 11 Häusler, 1 Kretscham, 2 Windmühlen, 9 andere Häuser, zusammen 50 Feuerstellen, 319 Einwohner. Besitzer ist der Graf Clairon d'Houssonville.

36) **Gläsersdorf-Nieder**, liegt nahe an dem obigen, ist aber ein besonderes Dorf von 1 herrschaftlichen Wohnhause, 4 Vorwerken, 1 Schule, 2 Frey- 21 Dienstbauern, 24 Gärtnern, 36 Häuslern, 20 andern Häusern, zusammen 109 Feuerstellen, mit 738 Einwohnern. Das Gut gehört dem v. Stössel.

Mit diesem Dorfe ist noch verbunden Krikicht,

ein Vorwerk nebst 4 Häuslern, 3 Windmühlen, und 43 Menschen, eben dem Gutsbesitzer gehörig.

37) Gleinitz, enthält 1 herrschaftliches Schloß, 1 Vorwerk, 1 Dienstbauer, 1 Kretscham, 11 Gärtner, 9 Häusler, 3 Wassermühlen, 11 andere Häuser, zusammen 38 Feuerstellen, 234 Seelen.

Dann gehört hieher noch die Taubenmühle, eine einzeln liegende Feldmühle mit 4 Bewohnern. Besitzer ist der Ernst Gottfried von Niebelschüz. Dies Gut ist schon lange in dieser Familie, denn 1400 besaß es Nicolaus, 1499 Johann, 1573 Melchior, 1626 Johann Ernst, 1654 Johann Heinrich und 1710 Johann Ernst von Niebelschüz.

38) Glogischdorf, ist eine seit 1770 erbaute Kolonie von 1 Kretscham und 15 Häuslerstellen, wovon 11 Aecker besitzen. Einwohner sind 96. Sie gehört der Stadt Glogau.

39) Goible, allhier befinden sich 1 Vorwerk, 1 Kretscham, 7 Gärtner, 21 Häusler, 8 andere Häuser, zusammen 38 Feuerstellen mit 192 Einwohnern. Es gehört dem Graf von Fernemont.

40) Görlitz, hat 1 Freygut, 8 Dienstbauern, 1 Windmühle, 6 andere Häuser, 86 Seelen, und gehört unter das Glogausche Dohmkapitel.

Goldbachmühle, s. Großgrödiz N 45.

41) Golgowitz, bestehet aus 1 herrschaftlichen Schloß nebst 1 Vorwerk, 2 Kretschamen, 10 Gärtnern, 2 andern Häusern, zusammen aus 16 Feuerstellen, mit 114 Einwohnern, gehört dem Baron von Czettriz.

42)

42) **Golschwitz**, hier zählt man 1 Vorwerk, 8 Gärtner, 3 andere Häuser, 72 Einwohner. Besitzerin ist die verwittwete Rochow.

43) **Grabisch**, bestehet aus zwey Antheilen:

Der 1. hat 1 Pfarrhaus, 1 Schule 1 rittermäßige Scholtisey, 4 Freybauern, 2 Häusler, 1 Windmühle, 1 anderes Haus, 46 Seelen; gehört unter das Glogausche Schloßamt.

Der 2. von 1 Vorwerk, 1 Bauer, 1 Kretscham, 2 Freygütern, 5 Gärtnern, 2 Häuslern, 1 katholischen Kirche, 2 andern Häusern, 73 Personen, gehört der verwittweten Frau Generalin von Gersdorf.

44) **Gramschütz**, ist ein sehr ansehnliches Dorf, in welchem 1 katholische und 1 evangelische Kirche, 3 Pfarrhäuser, 2 Schulen, 1 herrschaftliches Schloß, 1 Vorwerk, 2 Frey= 34 Dienstbauern, 16 Gärtner, 78 Häusler, 2 Kretscham, 3 Wasser= und 1 Windmühle, dann noch 54 andere Häuser befindlich; die Menschenzahl ist 867, die Summa der Feuerstellen 197. Auch gehört hieher das Grenzvorwerk, eine einzelne Schäferey. Dies Gut ist ein Eigenthum Sr. Königl. Hoheit des Prinz Heinrich von Preußen.

Sonst ist Gramschüz wegen des Bieres bekannt, so hier gebrauen, und in verschiedene Städte verführet wird.

45) **Grädiz-Groß-**, faßt in sich 1 herrschaftliches Wohnhaus, Vorwerk, 1 Kretscham, 12 Gärtner, 12 Häusler, 1 Wassermühle, 5 andere Häuser, zusammen 33 Feuerstellen mit 167 Einwohnern.

Noch gehört dazu eine außerm Dorf befindliche Mühle, die Goldbachmühle genannt. Besitzer ist Hanns Ernst von Niebelschütz.

46) **Gradiz-Klein-**, hat zwey Antheile und zusammen 67 Feuerstellen.

Der 1 Antheil von 1 herrschaftlichen Wohnhause, 1 Vorwerk, 4 Bauern, 19 Gärtnern, 16 Häuslern, 2 Windmühlen, 1 Kretschom, 21 andern Häusern, und 351 Einwohnern, gehört der Stadt Glogau.

Der 2. Antheil von 1 herrschaftlichen Wohnhause nebst dazu gehörigem Vorwerk und 8 Einwohnern stehet unter dem Glogauschen Dohmkapitel.

Gränz-Vorwerk, s. Gramschüz N. 44.

47) **Gregersdorf**, dieser Ort stößt zwar an Hochkirch, ist aber ein besonders Dorf und Gemeine, hat 2 Kretscham, 10 Häusler, 1 ander Haus, 67 Menschen, und gehört dem Hans Ernst von Niebelschütz auf Großgrädiz.

48) **Greif**, enthält 1 Vorwerk, 5 Gärtner, 1 Häusler, 3 andere Häuser, zusammen 9 Feuerstellen, die 59 Menschen bewohnen. Eigenthümer davon ist der von Eckartsberg.

40) **Großvorwerk**, in diesem Dorfe giebt es 1 herrschaftliches Wohnhaus, 1 Vorwerk, 1 Kretscham, 8 Gärtner, 1 Häusler, 1 Windmühle, 8 andere Häuser, zusammen 21 Feuerstellen mit 128 Personen; es gehört der Stadt Glogau.

Grundmühle, heißt eine einzelne Mühle, dem Dohmkapitel in Glogau gehörig.

50)

50) **Grünwald**, faßt unter sich 7 Gärtner, 27 Häusler, 1 Kretscham, 1 Wassermühle, 5 andere Häuser, zusammen 41 Feuerstellen, 261 Bewohner Eigenthümer davon ist der Graf v. Schlabrendorf.

Auch gehört zu Grünwald noch:

a) Das Karschvorwerk, welches eine einzeln liegende Schäferey mit 12 Seelen ist.

b) Die Glashütte, so aus 1 Glashütte nebst 10 dazu gehörigen Fabrikantenhäusern, und 4 Kolonisten Häusern mit Acker, zusammen aus 15 Feuerstellen mit 114 Menschen bestehet.

51) **Guhlau**, enthält 2 Schulhäuser, 1 Vorwerk, 1 Kretscham, 1 katholische Filialkirche, 28 Dienstbauern, 4 Gärtner, 21 Häusler, 4 Windmühlen, 29 andere Häuser, zusammen 90 Feuerstellen, mit 459 Einwohnern, und ist das Eigenthum der Stadt Glogau.

52) **Gühlichen**, hat 1 Vorwerk, 7 Gärtner, 1 Häusler, 2 andere Häuser, 97 Einwohner, gehört den von Klobuczinskyschen Erben. Zu Ende des 16 Jahrhunderts finde ich hier einen von Bock als Gutsbesitzer.

53) **Gurkau**, begreift unter sich 1 Kretscham, 5 Dienstbauern, 1 Gärtner, 2 Windmühlen, 3 andere Häuser, zusammen 12 Feuerstellen, 54 Bewohner; gehört unter das Glogausche Dohmkapitel.

54) **Gusitz**, hier giebt es 1 herrschaftliches Wohnhaus, 1 Vorwerk, 1 Kretscham, 15 Gärtner, 11 Häusler, 1 Wassermühle, 6 andere Häuser, zusammen

36 Feuerstellen mit 183 Bewohnern. Besitzer ist der Obrist von Pape.

55) **Gustau**, bestehet aus 1 herrschaftlichen Wohnhause, 1 Vorwerk, 7 Dienstbauern, 9 Gärtnern, 17 Häuslern, 1 Windmühle, 1 Kretscham, 15 andern Häusern, zusammen 52 Feuerstellen, 242 Einwohnern.

Dazu wird noch eine einzeln liegende Mühle, die Bergmühle genannt, gerechnet, mit 10 Einwohnern. Besitzerin ist die verwittwete Frau Baronne von Stosch.

56) **Gusteutschel**, daselbst zählt man 14 Dienstbauern, 1 Kretscham, 3 Häusler, 178 Menschen; gehört unter das Glogausche Dohmkapitel.

57) **Guttenstadt**, ist eine Kolonie von 1 Kretscham und 5 Häuslerstellen mit Acker; Einwohner sind 28; sie gehört dem Landrath von Sydow.

58) **Hainbach**, enthält 1 Vorwerk, 1 Kretscham, 4 Dienstbauern, 13 Gärtner, 11 Häusler, 4 Wassermühlen, 12 andere Häuser, zusammen 46 Feuerstellen, und 257 Menschen. Eigenthümer ist Se. königl. Hoheit, der Prinz Ferdinand von Preußen.

59) **Hammer**, hat mit Einschluß der Oglischmühle, Mäusewinkel und Hammervorwerks, 1 Vorwerk, 1 Kretscham, 9 Gärtner, 26 Häusler, 2 Mühlhäuser, 1 ander Haus, zusammen 42 Feuerstellen, 192 Einwohner. Besitzer ist der Graf v. Fernemont.

Heide-Neu-, s. Buchwald N. 20.

60) **Heidevorwerk**, begreift in sich 1 Vorwerk, 6 Gärt-

6 Gärtner, 1 Häusler, 2 andere Häuser, 74 Seelen, und gehört dem Baron von Tschammer.

Heidevorwerk s. Tschepplau N. 190.

61) **Heinzendorf,** daselbst befinden sich 1 katholische Filialkirche, 1 Kretscham, 24 Bauern, 51 Häusler, 11 andere Häuser, zusammen 87 Feuerstellen, 500 Personen. Eigenthümerin ist die verwittwete Frau von Massow.

Helenenvorwerk, s. Töppendorf N. 188.

62) **Herbersdorf,** allhier zählt man 1 katholische Mutterkirche, 1 Pfarrhaus, 1 Schule, 2 Vorwerke, 1 Kretscham, 1 Freygut, 18 Dienstbauern, 12 Gärtner, 16 Häusler, 2 Wasser- 4 Windmühlen, 17 andere Häuser, zusammen 75 Feuerstellen mit 479 Bewohnern, gehört auch der verwittweten Frau von Massow.

63) **Hermsdorf,** enthält 1 katholische Filialkirche, 1 Pfarrhaus, 1 Schule, 1 herrschaftliches Wohnhaus, 1 Vorwerk, 2 Freygüter, 1 Dienstbauer, 15 Gärtner, 9 Häusler, 2 Windmühlen, 1 Kretscham, 11 andere Häuser, zusammen 45 Feuerstellen, 274 Bewohner. Besitzer dieses Guts ist der Graf von Schönaich.

64) **Herrndorf,** bestehet aus zwey Antheilen, nämlich:

a Ober-Herrndorf, in diesem Antheile sind 1 katholische Kirche, 1 Pfarrhaus, 1 Schule, 1 herrschaftliches Schloß, 2 Vorwerke, 2 Kretschame, 1 Freygut, 10 Dienstbauern, 22 Gärtner, 20 Häusler,

ler, 1 Waſſer- 1 Windmühle, 29 andere Häuſer, 397 Einwohner, gehört dem Majoratsherrn v. Berge.

b Nieder-Herrndorf, faßt 1 evangeliſche Kirche, 1 Pfarr- 1 Schulhaus, 1 herrſchaftliches Schloß, 2 Vorwerke, 2 Kretſchame, 1 Freygut, 8 Dienſtbauern, 19 Gärtner, 19 Häusler, 1 Waſſer- 1 Windmühle, 24 andere Häuſer 453 Seelen, und gehört dem Kammerherrn von Berge. Zuſammen ſind im Dorfe 170 Feuerſtellen.

65) Hochkirch, dieſer Ort hat wahrſcheinlich ſeinen Namen von dem hohen Berge, worauf er liegt, und von dem man eine weite Ausſicht, beſonders nach Glogau zu, haben würde, wenn ſolche nicht die Gramſchützer Anhöhen hemmeten; doch ſtehet man bey heitern Himmel die Thurmſpitzen von von dem 4 Meilen entfernten Frauſtadt, und die Probſtey Seitſch. Die hieſige Kirche, die auf dem höchſten Theile des Berges ſtehet, hat von außen kein ſonderliches Anſehen, von innen aber iſt ſie ſchön, geräumig, lichte, und mit verſchiedenen gut gemahlten Altären geziert. Auf dem hohen Altar befindet ſich ein Marienbild, zu welchem viele Wallfahrten ſo wohl aus Niederſchleſien als aus Polen geſchehen. Obgleich an jedem Sonntage und Marienfeſte ein großer Zuſammenfluß von Menſchen iſt, ſo ſind die gröſten Wallfahrts-Tage doch der Sonntag Trinitatis, wo, nebſt einer überaus großen Menge einzelner Wallfahrter, auch eine anſehnliche Prozeßion von der Probſtey Seitſch aus dem Guhrauſchen und den dazu gehörigen Leubuſſer Stiftsgütern hieher kommt; und dann das Feſt Mariä-Geburt, wo verſchiedene Prozeßionen aus den umher-

herliegenden Orten sich hier einfinden. An diesem Feste zeigt sich Bild und Altar vorzüglich in seiner ganzen Pracht, und es wird durch die ganze Octave jeden Tag feierlicher Gottesdienst gehalten.

Außer der Kirche giebt es hier noch 1 Pfarrhaus nebst einem Häuschen für 2 Kapläne, 1 Schulhaus, 2 Kretschame, wovon einer der Ober- der andere der Nieder-Kretscham heißt; 2 Gärtner, 26 Häusler, worunter verschiedene Handwerker; 2 andere Häuser, zusammen 35 Feuerstellen mit 171 Einwohnern. Das Dorf ist ein bischöfliches Gut, der hiesige Pfarrer aber *Usufructuarius* davon.

66) Höckricht, enthält 1 Vorwerk, 1 Kretscham, 1 Freygut, 10 Dienstbauern, 14 Gärtner, 13 Häusler, 2 Windmühlen, 13 andere Häuser, zusammen 55 Feuerstellen, 313 Menschen, und gehört der Stadt Glogau.

67) Hünerey, darinn zählt man 1 herrschaftliches Wohnhaus, 1 Vorwerk, 2 Kretschams, 6 Gärtner, 2 Häusler, 1 Wassermühle, 4 andere Häuser, zusammen 17 Feuerstellen 65 Einwohner; es gehört dem Lange.

68) Jacobskirch, bestehet aus 1 katholischen Mutterkirche, die auch ein Wallfahrtsort ist, 3 Pfarrhäusern, 2 Schulhäusern, 1 herrschaftl. Wohnhaus, 1 Vorwerk, 1 Kretscham, 2 Dienstbauern, 11 Gärtnern, 18 Häuslern, 1 Wasser- 1 Windmühle, 14 andern Häusern zusammen aus 55 Feuerstellen, und 302 Bewohnern. Auch ist daselbst 1 evangelische Kirche.

Dann gehört hieher das sogenannte Hintervorwerk,

werk, welches 1 Feldvorwerk mit einer Schäferey und 3 Einwohnern ist. Besitzer dieses Gutes ist der Hauptmann v. Bomsdorf.

Jägerhaus, s. Beitsch N. 13.

69) **Jätschine,** hat nur 1 Vorwerk, 6 Häuslerstellen, 54 Seelen, und gehört dem Graf von Schlabrendorf.

70) **Jätschau.** a) Städtscher Antheil begreift unter sich 1 katholische Kirche, 1 Pfarrhaus, 2 Schulhäuser, 1 Kretscham, 1 rittermäßige Scholtisey, 30 Dienstbauern, 26 Gärtner, 7 Häusler, 4 Wassermühlen, 43 andere Häuser, 554 Einwohner, und gehört der Stadt Glogau.

b) Kapitel-Antheil hat nur 1 Freygut, 1 anderes Haus, 10 Einwohner, und gehört unter das Glogausche Dohmkapitel. Zusammen sind im Dorfe 117 Feuerstellen.

71) **Ilgowitz,** enthält 1 Kretscham, 4 Gärtner, 1 anderes Haus, 34 Einwohner, und gehört der verwittweten Frau Gräfin von Schwerin.

72) **Immersat,** ist zwar ein Dorf für sich, gehört aber zur Gemeine Wilkau, N 204, wo der Besitzer und die Possestiones vorkommen.

73) **Josephhof,** ist auch ein besonderes Dorf, macht aber mit Cattersee eine Gemeine, aus, wo mehr davon vorkommt s. N. 23.

Juderey, s Beitkau N. 11.

Jungfern-Mühle, ist eine einzeln liegengende Feldmühle dem Jungfernstift zu Glogau gehörig.

74) **Raritsch**, allhier sind befindlich 1 Kretscham, 9 Bauern, 2 Gärtner, 1 Windmühle, 7 andere Häuser, zusammen 20 Feuerstellen, 92 Einwohner. Besitzer ist der Freiherr von Lüttwiz.

75) **Ratschütz**, faßt unter sich 1 herrschaftliches Wohnhaus, 1 Vorwerk, 1 Kretscham, 7 Gärtner, 5 Häusler, 1 Windmühle, 4 andere Häuser, zusammen 20 Feuerstellen, 97 Bewohner. Gutsbesitzer ist der Graf von Röder.

Ratsch-Vorwerk s. Grünwald 50.

76) **Rauer-Groß-**, man zählt in diesem Dorfe 1 katholische Kirche, 1 Pfarrhaus, 1 Schule, 1 Kretscham, 1 Vorwerk, 6 Gärtner, 6 Häusler, 3 Wassermühlen, 7 andere Häuser, zusammen 26 Feuerstellen, in welchen 115 Einwohner befindlich. Es ist das Eigenthum des Grafen von Schlabrendorf.

77) **Rauer-Klein-**, begreift unter sich 1 herrschaftliches Wohnhaus, 1 Vorwerk, 1 Hospital, 1 Kretscham, 7 Dienstbauern, 7 Gärtner, 4 Häusler, 1 Windmühle, 8 andere Häuser, zusammen 31 Feuerstellen mit 189 Einwohnern. Besitzerin ist die verwittwete Rochow.

78) **Kladau**, bestehet aus zwey Antheilen

Der 1. Antheil von 1 katholischen Kirche, 2 Pfarr- 2 Schulhäusern, 2 Kretschams, 1 Freygut, 21 Dienstbauern, 11 Häuslern, 2 Wasser- 1 Windmühle, 32 andern Häusern, zusammen 47 Feuerstellen mit

mit 274 Menschen, ist ein von Bergesches Majorat-Gut.

Der 2. Antheil von 1 Freygut gehört unter das Glogauische Dohmkapitel.

79) Klautsch. a) Ober-Klautsch, von 4 Dienstbauern, 4 Gärtnern 2 Häuslern, 1 Windmühle, 2 andern Häusern, 58 Einwohnern.

b) Nieder-Klautsch, von 1 Kretscham, 9 Dienstbauern, 3 Gärtnern, 7 Häuslern, 1 Windmühle, 2 andern Häusern mit 115 Bewohnern. Beyde Antheile gehören eben dem Dohmkapitel.

80) Kleinvorwerk, faßt 1 Vorwerk, 8 Gärtner, 6 Häusler, 8 andere Häuser, zusammen 23 Feuerstellen, 107 Seelen; es ist ein Kämmereygut der Stadt Glogau.

81) Klemnitz enthält 2 Vorwerke, 1 Kretscham, 8 Bauern, 11 Gärtner, 8 Häusler, 3 andere Häuser, zusammen 33 Feuerstellen, 284 Einwohner. Besitzer ist der Landrath von Sydow.

82) Klopschen, begreift in sich 1 katholische Kirche, 1 Pfarrhaus, 1 Schule, 1 Kretscham, 1 Lehngut, 30 Dienstbauern, 12 Gärtner, 50 Häusler, 4 Windmühlen, 25 andere Häuser, zusammen 125 Feuerstellen, mit 604 Einwohnern, und gehört dem Augustinerstift zu Sagan.

83) Köhlerey, hat 1 Vorwerk, 1 Kretscham, 5 Häusler, 1 Windmühle, 1 anderes Haus, 65 Einwohner; Besitzer ist der Fürst von Schönaich zu Carolath.

84) **Köllmichen**, gehört eben demselben, und bestehet aus 1 herrschaftlichen Wohnhause, 1 Vorwerk, 1 Kretscham, 9 Bauern, 10 Gärtnern, 5 Häuslern, 1 Windmühlen, 8 andere Häuser, zusammen 35 Feuerstellen mit 153 Einwohnern.

85) **Kolzig**, enthält 1 evangelische, und 1 katholische Kirche, 2 Pfarr= 2 Schulhäuser, 1 herrschaftliches Schloß, 1 Vorwerk, 2 Kretschams, 9 Dienstbauern, 9 Gärtner, 49 Häusler, 1 Windmühle, 1 Glashütte, 17 andere Häuser, zusammen 93 Feuerstellen mit 603 Einwohnern. Besitzer ist der Graf von Schlabrendorf.

Dann ist damit noch verbunden das Neuvorwerk, ein außerm Dorfe liegendes Vorwerk mit 10 Einwohnern.

Konsinsky-Mühle s. Pinquart N. 137.

86) **Kosel**, darinn giebt es 1 herrschaftlich Schloß, 1 Vorwerk, 1 Schulhaus, 1 Kretscham, 18 Dienstbauern, 9 Gärtner, 25 Häusler, 2 Windmühlen, 12 andere Häuser, zusammen 70 Feuerstellen, mit 362 Bewohnern. Eigenthümer ist der Obristlieutenant von Poser.

87) **Rößiadel**, bestehet aus 1 Lehngut, 13 Dienstbauern, 8 Gärtnern, 14 Häuslern, 3 Windmühlen, 7 andern Häusern, zusammen aus 45 Feuerstellen, mit 229 Einwohnern, und gehört unter das Glogausche Dohmkapitel.

Kosmels-Mühle, ist eine einzelne der Stadt Glogau gehörige Feldmühle.

88) **Rottwitz**, faßt in sich 1 herrschaftlich Schloß,

Schloß, 2 Vorwerker, 1 Kretscham, 16 Gärtner, 3 Häusler, 1 Windmühle, 12 andere Häuser, zusammen 36 Feuerstellen, 68 Einwohner, und hat zum Gutsbesitzer den Graf von Röder.

89) **Rogemeuschel**, enthält 1 Vorwerk, 1 Schule, 1 Kretscham, 1 Freygut, 16 Dienstbauern, 27 Gärtner, 16 Häusler, 3 Windmühlen, zusammen 77 Feuerstellen, 380 Einwohner, und gehört unter das königl. Schloßamt zu Glogau.

90) **Krantz-Alt-**, darinn zählt man 1 herrschaftliches Wohnhaus, 1 Vorwerk, 2 Kretschams, 2 Freygüter, 13 Dienstbauern, 13 Gärtner, 42 Häusler, 4 Windmühlen, 23 andere Häuser, zusammen 101 Feuerstellen, 501 Einwohner. Es gehört dem von Luck.

Mit dieser Gemeine sind auch noch verbunden:

1) Das Schäfereyvorwerk mit 12 Einwohnern.

2) Friedenfeld, ein dergleichen Feldvorwerk mit 5 Menschen.

91) **Krantz-Neu-**, hat 1 Vorwerk, 1 Kretscham, 9 Gärtner, 1 Windmühle, 1 ander Haus, zusammen 13 Feuerstellen, und 69 Einwohner. Eigenthümer davon ist der Fürst von Schönaich zu Carolath.

Hieher gehört das Ratsch-Vorwerk, so ausserm Dorfe einzeln liegt, mit 7 Personen.

92) **Kreidelwitz**, begreift unter sich 1 katholsche Filialkirche von Hochkirch, 2 Schulhäuser, 1 ansehnliches herrschaftliches Schloß, oben mit einer Kup-

Kuppel versehen, wodurch das Licht in den untern Stock fällt, und wobey ein hübscher Lustgarten befindlich; 3 Vorwerke, 6 Freybauern, 15 Dienstbauern, 20 Gärtner, 44 Häusler, zusammen 100 Feuerstellen, 564 Einwohner. 1540 besaß dies Gut Christoph von Stosch; 116 Alexander, 1652 George, 1656 Hans George von Stosch, und ist noch in dieser jezt Freyherrlichen Familie derer von Stosch.

93) **Krickicht**, ist ein besonders liegendes Dörfchen, macht aber mit Nieder-Gläsendorf eine Gemeine aus. s. N. 36.

Krickmühle, s. Tarnau N. 184

94) **Krolkwitz**, enthält 1 herrschaftliches Wohnhaus, 1 Vorwerk, 7 Gärtner, 5 Häusler, 1 Wasser- 1 Windmühle, 1 Kretscham, 5 andere Häuser, zusammen 22 Feuerstellen, 118 Bewohner, gehört der Amtsräthin Strempel.

95) **Kropusch**, hat nur 1 Vorwerk, 1 Gärtner, 1 Häuslerstelle, 26 Menschen, und gehört dem Hauptmann von Lüttwitz.

96) **Kummernick**, begreift unter sich 1 herrschaftliches Wohnhaus, 1 Vorwerk, 1 Kretscham, 1 Freygut, 2 Dienstbauern, 23 Gärtner, 5 Häusler, 1 Wassermühle, 10 andere Häuser, zusammen 45 Feuerstellen, mit 223 Einwohnern. Im Jahr 1674 besas dies Gut Adam von Köckriz, 1710 Wolfgang Frideich von Köckriz, gegenwärtig aber der General-Major Graf von Kalkreuth.

Hier befindet sich eine alte wüste evangelische Kirche, in welcher schon längst kein Gottesdienst mehr gehalten wird.

Beschr. v. Schl. X. B. 4. St. S Mit

Mit Kummernick ist auch noch combinirt

a) Das Ernst-Vorwerk, so einzeln außerm Dorfe liegt, nebst 1 Häusler, und 10 Menschen.

b) Die Eichmühle, eine einzeln liegende Mühle mit 3 Bewohnern.

97) Kuntzendorf, allhier sind 1 katholische und 1 evangelische Kirche, 2 Pfarr- 2 Schulhäuser, 1 herrschaftliches Wohnhaus, 3 Vorwerke, 1 Kretscham, 1 Freygut, 5 Dienstbauern, 24 Gärtner, 25 Häusler, 4 Windmühlen, 17 andere Häuser, zusammen 85 Feuerstellen mit 516 Einwohnern. Besitzer davon ist der von Eckartsberg.

98) Kutschwitz. Der erste Antheil ist 1 Freygut mit 9 Bewohnern und gehört dem Freyherrn von Glaubitz.

Der zweyte Antheil hat 1 Vorwerk, 1 Häusler, 9 Einwohner, und gehört dem von Kupperwolf.

99) Kuttlau. a) Ober-Kuttlau begreift in sich 2 Vorwerke, 3 Kretschams, 2 Freygüter, 17 Bauern, 15 Gärtner, 43 Häusler, 2 Windmühlen, 26 andre Häuser, 527 Menschen.

b) Nieder-Kuttlau hat 1 katholische Kirche, 1 Pfarrhaus, 2 Schulhäuser, 1 herrschaftliches Schloß, 1 Vorwerk, 1 Kretscham, 14 Bauern, 15 Gärtner, 18 Häusler, 5 Windmühlen, 16 andere Häuser, 363 Menschen. Feuerstellen sind zusammen 184. Dieser Ort ist ein Marktflecken, und gehört dem Erbprinz zu Karolath, der hier auch seinen Wohnsitz hat.

100)

100) **Laubegast,** hier zählt man 1 Freygut, 11 Dienstbauern, 4 Gärtner, 8 Häusler, 1 Kretscham, 2 Windmühlen, 2 andere Häuser, zusammen 29 Feuerstellen, 160 Bewohner. Besitzer ist der Graf von Fernemont.

Noch gehört zu diesem Dorfe Eichberg, ein Feldvorwerk mit 2 andern Häusern und 10 Personen.

101) **Leipe,** enthält 1 Vorwerk, 1 Freygut, 3 Dienstbauern, 14 Gärtner, 2 Häusler, 1 Windmühle, 12 andere Häuser, zusammen 34 Feuerstellen, 179 Einwohner. Eigenthümer ist der Landrath von Sydow.

102) **Lerchenberg,** faßt 1 Kretscham, 1 Freybauer, 3 Gärtner, 14 Häusler, 1 Windmühle, 5 andere Häuser, zusammen 25 Feuerstellen, 98 Einwohner, gehört unter das Glogausche Dohmkapitel.

103) **Leschkowitz,** bestehet aus 1 herrschaftlichen Wohnhause nebst 1 dazu gehörigen Vorwerk, 1 Kretscham, 9 Gärtnern, 9 Häuslern, 1 Windmühle, 6 andern Häusern, zusammen aus 28 Feuerstellen mit 148 Einwohnern, und gehört der verwittweten Frau von Richthofen.

104) **Leutbach,** darin giebt es 1 herrschaftliches Wohnhaus, 1 Vorwerk, 1 Kretscham, 6 Gärtner, 2 Häusler, 1 Windmühle, 3 andere Häuser, zusammen 15 Feuerstellen, die von 91 Seelen bewohnet werden. Eigenthümer dieses Gutes ist der Obristlieutenant von Seidliz.

105) **Liebenzig,** enthält 1 katholische Kirche,

1 evangelische Kirche, 2 Pfarrhäuser, 1 Schule, 1 herrschaftliches Wohnhaus, 2 Vorwerke, 2 Kretschame, 10 Dienstbauern, 12 Gärtner, 36 Häusler, 2 Windmühlen, 6 andere Häuser, zusammen 74 Feuerstellen mit 416 Einwohnern. Eigenthümer davon ist der Fürst v. Schönaich zu Carolath.

Noch gehört dazu das Teich-Vorwerk, ein außerm Dorfe liegendes einzelnes Vorwerk mit 7 Seelen.

106) **Linden**, bestehet aus zwey Antheilen und Dominiis:

Der 1. Antheil hat 1 katholische Filialkirche, 2 Schulhäuser, 1 herrschaftliches Wohnhaus, 1 Vorwerk, 9 Bauern, 10 Gärtner, 7 Häusler, 1 Kretscham, 1 Windmühle, 5 andere Häuser, 199 Bewohner, und gehört dem Balzer von Niebelschütz.

Der 2. Antheil hat auch 1 herrschaftl. Wohnhaus, 1 Vorwerk, 9 Bauern, 1 Kretscham, 14 Gärtner, 10 Häusler, 6 Windmühlen, 4 andere Häuser, 268 Einwohner, und gehört dem Landrath v. Unruhe. Zusammen sind im Dorfe 85 Feuerstellen.

107) **Lipke**, faßt 1 Vorwerk, 1 Kretscham, 5 Gärtner, 12 Häusler, zusammen 24 Feuerstellen, 136 Einwohner; Eigenthümer ist der Graf von Schlabrendorf.

108) **Logisch-Groß.** hier befinden sich 1 katholische Kirche, 1 Pfarrhaus, 1 Schule 3 Vorwerke, 1 Kretscham, 11 Dienstbauern, 28 Gärtner, 3 Häusler, 1 Windmühle, 28 andere Häuser, zusammen 77 Feuerstellen, 321 Einwohner. Besitzer ist der Landrath von Sydow.

109)

109) **Logisch-Klein**, ist ein besonderes Dorf von 2 Antheilen, die zusammen 48 Feuerstellen enthalten, nämlich:

a) Ober-Logisch, 1 herrschaftlich Wohnhaus, 1 Kretscham, 4 Bauern, 8 Gärtner, 5 Häusler, 1 Windmühle, 109 Menschen.

b) Nieder Logisch, 1 herrschaftlich Vorwerk, 1 Freigut, 1 Dienstbauer, 8 Gärtner, 8 Häusler, 1 Windmühle, 3 andere Häuser, 123 Einwohner. Beyde Antheile gehören dem Reichsgraf von Schönaich. 1468 und 1689 war es bey der Familie von Pusch.

Lohmühle, s. Brieg N. 18.

110) **Mahnau**, enthält 1 herrschaftliches Wohnhaus, 1 Vorwerk, 2 Kretschame, 11 Gärtner, 3 Häusler, 1 Windmühle, 6 andere Häuser, zusammen 25 Feuerstellen, mit 139 Einwohnern, Besitzer ist der von Scopp.

Auch ist mit diesem Dorfe das Marjanen-Vorwerk verbunden, so ein Feldvorwerk mit 3 Bewohnern ist.

111) **Malschwitz**, begreift unter sich 1 herrschaftliches Wohnhaus, 1 Vorwerk, 2 Bauern, 1 Kretscham, 8 Gärtner, 12 Häusler, 1 Mühle, 7 andere Häuser, zusammen 33 Feuerstellen mit 201 Einwohnern. Eigenthümer ist der v. Harthausen.

112) **Mangelwitz**, darinnen sind befindlich 1 Kretscham, 8 Bauern, 4 Gärtner, 11 Häusler, 1 Wassermühle, 9 andere Häuser, zusammen 34 Feu-

stellen, 171 Einwohner. Besitzer ist der Graf von Schlabrendorf.

Marienfeld, s. Tschepplau N. 190.

Mausewinkel, s. Hammer N. 59.

113) Mertzdorf, hat 2 Antheile, und zusammen 60 Feuerstellen:

Der 1. Antheil faßt 2 Vorwerke, 1 Kretscham, 14 Bauern, 14 Gärtner, 12 Häusler, 2 Windmühlen, 7 andere Häuser, 250 Seelen, und gehört dem Hauptmann von Kreckwiz.

Der 2. Antheil von 1 Vorwerk, 3 Gärtnern, 1 Häusler, 1 Windmühle, 2 andern Häusern, 46 Einwohnern, gehört dem Balzer von Niebelschüz.

114) Meschkau, enthält 1 herrschafel. Wohnhaus, 1 Vorwerk, 1 Kretscham, 3 Dienstbauern, 9 Gärtner, 7 Häusler, 1 Windmühle, 12 andere Häuser, zusammen 35 Feuerstellen, 184 Einwohner. Eigenthümer davon ist der Freiherr von Glaubiz. 1681 besaß dies Gut Ferdinand Seifried v. Briesen.

115) Modlau, begreift unter sich 1 herrschaftliches Wohnhaus, 1 Vorwerk, 1 Kretscham, 4 Bauern, 6 Gärtner, 6 Häusler, 1 Windmühle, 7 andere Häuser, zusammen 27 Feuerstellen, 130 Einwohner. Besitzer ist der Kißhöfer.

116) Morgenstern, enthält 1 Vorwerk, 5 Gärtnerstellen mit 38 Einwohnern; Eigenthümer davon ist der Landrath von Unruhe.

117) Noschwitz, daselbst befinden sich 1 Kretscham, 8 Bauern, 12 Gärtner, 3 Häusler, 12 andere Häu-

Häuser, zusammen 36 Feuerstellen, mit 169 Einwohnern. Es gehört unter das Glogausche Dohmkapitel.

118) **Mülchau**, hat 1 herrschaftliches Wohnhaus, 1 Vorwerk, 6 Gärtner, 4 Häusler, 3 andere Häuser, zusammen 15 Feuerstellen, 75 Einwohner; gehört dem Gläser.

119) **Mürschau**, bestehet aus 1 Vorwerk, 1 Kretscham, 4 Bauern, 2 Gärtnern, 5 Häuslern, 5 andern Häusern, zusammen aus 18 Feuerstellen mit 80 Bewohnern; Besitzer ist der Hauptmann von Lüttwiz.

120) **Musternick**, begreift unter sich 1 herrschaftliches Wohnhaus, 1 Vorwerk, 1 Kretscham, 4 Bauern, 8 Gärtner, 10 Häusler, 4 Wassermühlen, 10 andere Häuser, zusammen 39 Feuerstellen, 213 Einwohner. 1675 besas dies Gut Ludwig v. Schweiniz, nun der von Necker.

121) **Nenkersdorf**, enthält 1 herrschaftliches Wohnhaus, 1 Vorwerk, 1 Kretscham, 8 Bauern, 13 Gärtner, 11 Häusler, 1 Windmühle, 11 andere Häuser, zusammen 47 Feuerstellen, welche von 243 Menschen bewohnet werden. Eigenthümer davon ist der Fürst von Schönaich zu Carolath.

122) **Neudeck**, wird in Ober- und Nieder-Neudeck eingetheilt, hat nur einen Besitzer, und zusammen 1 Vorwerk, 1 Kretscham, 14 Gärtner, 2 Häusler, 1 Wassermühle, 3 andere Häuser, zusammen 22 Feuerstellen mit 117 Einwohnern, und gehört dem von Eckartsberg.

123) Neudorf, enthält 1 Vorwerk, 1 Kretscham, 1 Freygut, 15 Dienstbauern, 8 Gärtner, 11 Häusler 7 andere Häuser, zusammen 44 Feuerstellen mit 249 Einwohnern; Besitzerin ist die verwittwete Frau von Massow. Eben derselben gehört auch

124) Neuguth, woselbst sich 1 evangelisches Bethhaus, 1 Pfarrhaus, 1 Schule, 1 herrschaftliches Wohnhaus, 1 Vorwerk, 1 Kretscham, 12 Gärtner, 7 Häusler, 6 andere Häuser, zusammen 30 Feuerstellen mit 188 Menschen befinden.

125) Neuhammer.

a) Allhier zählt man 1 Kretscham, 23 Gärtner, 16 Häusler, 9 andere Häuser zusammen 45 Feuerstellen, 259 Einwohner; Besitzer ist der von Eckartsberg.

b) Der zweite Antheil dieses Dorfes von 7 Gärtnern, 1 andern Hause, 2 Mühlen, 64 Einwohnern, ist das Eigenthum des Landraths von Sydow.

126) Neuheide, hat 1 Kretscham, 22 Häusler 1 anderes Haus, zusammen 24 Feuerstellen mit 149 Einwohnern, und gehört eben demselben.

Neusorge, s. Bansau N. 7.

127) Nilbau, faßt in sich 1 katholische Filialkirche, 1 Pfarrhaus, 2 Schulhäuser, 1 Kretscham, 29 Dienstbauern, 9 Gärtner, 10 Häusler, 1 Wassermühle, 1 Freigut, 28 andere Häuser, zusammen 82 Feuerstellen, 462 Menschen, und gehört unter die Glogauische Stadtkämmerey.

128) Nostwitz, begreift unter sich 1 Kretscham,

15 Bauern, 6 Gärtner, 3 Häusler, 1 Windmühle, 12 andere Häuser, zusammen 38 Feuerstellen, 204 Einwohner, und gehört unter eben diese Kämmerey.

129) **Oberau**, enthält 1 Vorwerk, 3 Gärtner, 1 Windmühle, 1 ander Haus, 34 Einwohner, gehört dem Jungfernstift zu Glogau.

130) **Obisch-Groß** bestehet aus 1 Vorwerk, 10 Gärtnern, 1 Häusler, 1 Windmühle, 2 andern Häusern zusammen aus 15 Feuerstellen; es gehört Sr. königl. Hoheit dem Prinz Ferdinand von Preussen; eben desselben Eigenthum ist auch

131) **Obisch-Klein**, hat 1 herrschaftliches Schloß, 1 Vorwerk, 1 Kretscham, 8 Gärtner, 4 Häusler, 4 andere Häuser, zusammen 19 Feuerstellen mit 128 Bewohnern.

Außerhalb dieses Dorfes liegt eine einzelne Mühle, welche die Feldmühle heißt, 6 Einwohner hat, und zu dieser Gemeine und Dominio gehört.

132) **Odervorwerk**, ist ein Vorwerk mit 3 Häuslerstellen, und 16 Einwohnern, die für sich eine Gemeine ausmachen, und dem Jungfernstift zu Glogau unterthänig sind.

Oglisch-Mühle, s. Hammer N. 59.

133) **Oppachvorwerk**, ist auch nur ein Vorwerk mit 3 Häuslerstellen, und 16 Einwohnern, die für sich eine Gemeine ausmachen, und dem Jungfernstift zu Glogau unterthänig sind.

134) **Otterstadt-Neu**, ist eine Kolonie von 1 Kret-

Kretscham und 14 Häuslerstellen, zu deren jeder etwas Acker gehört, Einwohner 72, und gehört dem Graf Schlabrendorf.

135) **Parchau**, wird in die große und kleine Seite eingetheilt. In der ersten befinden sich 1 katholische Kirche, 2 Pfarrhäuser, 1 Schule, 1 herrschaftlich Schloß, 3 Vorwerke, 1 Kretscham, 1 Freigut, 20 Dienstbauern, 9 Gärtner, 20 Häusler, 1 Wasser- 3 Windmühlen, 33 andere Häuser, 492 Menschen.

In der zweiten sind 1 Vorwerk, 1 Kretscham, 8 Gärtner, 14 Häusler, 11 andere Häuser, 191 Bewohner. Zusammen hat das Dorf 130 Feuerstellen, und der Besitzer davon ist der königl. Cammerherr Baron von Kottwiz.

Perschke- Vorwerk s. Rheinberg N. 152.

136) **Petersdorf**, enthält 1 herrschaftliches Schloß, 1 Vorwerk, 1 Kretscham, 4 Gärtner, 7 Häusler, 1 ander Haus, zusammen 15 Feuerstellen mit 106 Einwohnern; und gehört dem Baron von Stosch.

137) **Pinguart**, faßt 1 Vorwerk, 6 Gärtner, 5 Häusler, 1 ander Haus, 84 Einwohner, gehört dem von Förster.

Damit ist noch eine einzelne Feldmühle, die Konsinskimühle genannt, verbunden.

138) **Polckwitz-Nieder-**, liegt nahe an der Stadt Polckwitz, gehört aber zum Lande, und hat 2 Antheile.

Der 1. Antheil von 1 herrschaftlichen Wohnhause, 2 Vorwerken, 1 Kretscham, 8 Gärtnern, 4 Häus-

4 Häuslern, 1 Windmühle, 4 andern Häusern, 128 Einwohnern, hat einen Kern zum Besitzer.

Der 2. Antheil von 13 Bauern, 19 Häuslern, 2 Windmühlen, 15 andern Häusern, gehört der Stadt Polkwitz.

Zusammen sind hier 70 Feuerstellen.

139) Porschütz, bestehet aus 2 Vorwerken, 1 Kretscham, 8 Bauern, 12 Gärtnern, 11 Häuslern, 1 Wassermühle, 9 andern Häusern, zusammen 49 Feuerstellen, 220 Einwohnern, und gehört der Frau Präsidentin Gräfin von Campanini.

140) Pridomost, das hiesige Schloß, welches nun meist eingegangen, war in ältern Zeiten eine Grenzveste gegen Polen, und der Wohnsitz Herzogs Conrad II. ehe derselbe seine Residenz nach Glogau verlegte. Dermalen wird das Dorf in drei Antheile getheilt.

Der 1. Antheil enthält 1 herrschaftlich Amtshaus, 1 Vorwerk, 1 Schule, 3 Kretschame, 1 Lehngut, 12 Dienstbauern, 34 Gärtner, 47 Häusler, 1 Wasser- 3 Windmühlen, 30 andere Häuser, 714 Seelen.

Dazu gehört noch Wilhelmsaue, ein Feldvorwerk mit 7 Bewohnern. Dieser Antheil stehet unter dem königl. Schloßamt zu Glogau.

Der 2. Antheil von 4 Bauern, 1 Häusler, 2 andern Häusern gehört unter das Dohmkapitel zu Glogau.

Der 3. Antheil von 3 Freygütern, 4 Dienstbauern, 2 Häuslern, 10 andern Häusern, 117 Personen

sonen, ist das Eigenthum des General-Major Graf von Kalkreuth.

Zusammen hat das Dorf 166 Feuerstellen. Auch hier wird ein gutes Bier gebrauen, und viel davon nach Glogau, und in andere Oerter verführt.

141) **Pudel**, hat 1 Vorwerk, 3 Gärtner, 4 Häusler, 6 andere Häuser, 52 Einwohner, und gehört dem Freyherrn von Luttwiz.

142) **Pürschen**, begreift unter sich 1 Vorwerk, 1 katholische Filial-Kirche, die für einen Wallfahrtsort gehalten wird; 1 Pfarrhaus, 10 Gärtner, 8 Häusler, 1 Windmühle, 4 andere Häuser, zusammen 25 Feuerstellen mit 122 Menschen. Eigenthümerin davon ist die verwittwete Frau von Richthofen.

143) **Pütschkau**, enthält 1 herrschaftliches Schloß, 2 Vorwerke, 1 Kretscham, 6 Dienstbauern, 26 Gärtner, 20 Häusler, 2 Windmühlen, 7 andere Häuser, zusammen 65 Feuerstellen, 361 Bewohner. Eigenthümer ist der Graf von Fernemont.

Dann gehört zu diesem Dorfe das Ziegelvorwerk nebst 4 Häuslern, 1 andern Haus, und 27 Menschen.

144) **Putschkau**, wird in Ober- und Nieder-Putschkau eingetheilt, hat einerlei Besitzer, den von Bienau, und faßt zusammen 1 herrschaftliches Wohnhaus, 1 Vorwerk, 19 Gärtner, 4 Häusler, 2 Windmühlen, 4 andere Häuser, zusammen 31 Feuerstellen mit 196 Einwohnern.

145) **Quaritz**, ist das größte Dorf, oder vielmehr ein Marktflecken, in diesem Kreise, und bestehet aus 1 evangelischen, 1 katholischen Kirche, 2 Pfarr- 2 Schulhäusern, 4 Kretschamen, 5 Lehngütern,

ern, 1 herrschaftl. Schloß, 1 Vorwerk, 46 Dienstbauern, 21 Gärtnern, 87 Häuslern, 7 Windmühlen, 87 andern Häusern, zusammen aus 263 Feuerstellen mit 1171 Einwohnern, und gehört dem Freyherrn von Tschammer. Dies Dorf ist in Schlesien sehr bekannt durch die vor einigen Jahren daselbst vorgefallen seyn sollenden Gespenster-Geschichten.

146) Quilitz, faßt unter sich 1 katholische Kirche, 1 Pfarrhaus, 1 Schule, 1 Kretscham, 1 Lehngut, 33 Bauern, 17 Gärtner, 29 Häusler, 4 Wassermühlen, 9 andre Häuser, zusammen 96 Feuerstellen mit 429 Seelen; und gehört dem Augustinerstift zu Sagan.

147) Rabsen, enthält 1 Kretscham, 8 Dienstbauern, 8 Gärtner, 12 Häusler, 1 Windmühle, 1 sandere Häuser, und gehört dem Jungfernstift zu Glogau.

148) Rädichen, hier befinden sich 1 Freygut, 13 Dienstbauern, 1 Kretscham, 4 Gärtner, 8 Häusler, 1 Wasser- 2 Windmühlen, zusammen 34 Feuerstellen, 156 Einwohner; Besitzer davon ist der Graf von Fernemont.

149) Ransdorf, begreift unter sich 1 Vorwerk, 1 Kretscham, 2 Dienstbauern, 24 Gärtner, 2 Häusler, 1 Wasser- 1 Windmühle, 18 andere Häuser, zusammen 50 Feuerstellen, mit 235 Einwohnern, und gehört dem Landrath von Sydow.

Ratsch-Vorwerk, s. Neu-Krantz N. 91.

150) Rauschwitz,
  a) Der Bischöfliche Antheil hat 1 Kretscham, 2 Bauern, 4 Gärtner, 2 Häusler, 2 Wassermühlen, 93 Einwohner, und gehört dem Bischof zu Breslau.

b) Der städtsche Antheil hat 1 Vorwerk, 1 Kretscham, 8 Bauern, 7 Gärtner, 3 Häusler, 3 Wassermühlen, 25 andere Häuser, 278 Menschen, und gehört der Stadt Glogau, so wie auch

c) Der Bantschgarten, von 1 Kretscham, 1 Lohmühle.

151) **Reike**, faßt 1 Vorwerk, 1 Kretscham, 6 Gärtner, 5 Häusler, 1 Wassermühle, 7 andere Häuser, zusammen 21 Feuerstellen, mit 110 Einwohnern. Besitzerin ist die verwittwete Frau Baronne von Stosch.

152) **Rheinberg**, hat 1 Kretscham, 9 Gärtner, 4 andere Häuser, 60 Einwohner, und gehört dem Freiherrn von Kottwitz.

Dann ist damit noch combinirt Perschke-Vorwerk, ein einzeln liegendes Feldvorwerk mit 8 Menschen.

153) **Rettkau**, enthält 1 gutes adeliches Wohnhaus, 2 Vorwerke, 1 Kretscham, 1 Schule, 1 Freygut, 8 Dienstbauern, 15 Gärtner, 20 Häusler, 5 andere Häuser, 1 Wassermühle, zusammen 55 Feuerstellen, 301 Einwohner. Eigenthümer ist davon ist der General-Major Graf von Kalkreuth.

154) **Rietschütz**, im Jahr 1782 unterm 17 Januar stiftete die damalige Besitzerin auf Rietschütz Frau Christiane Wilhelmine verwittwete Gräfin von Schwerin geb. Freiin von Schmettow hier ein Fräuleinstift, welches unterm 6. May d. J. auch vom König confirmirt wurde; sezte ihre Nichte Amalie Ferdinandine Wilhelmine Gräfin v. Schmettow

tow aus dem Hause Pommerzig zur Seniorin des Stifts ein, und verordnete, daß außer der Seniorin noch 4 andere von Schmettowsche Töchter aus dem Hause Pommerzig, oder doch solche, deren Mütter oder Großmütter wenigstens aus diesem Hause abstammen, auf dem Schloße zu Rietschüz nebst freyer bequemer Wohnung, freie Kost, Licht, Beheizung, Wäsche, Bedienung ꝛc. und noch ein jährliches Geldquantum, jede 100 Rthl. zur Anschaffung der Kleider und Wäsche erhalten solten; wenn sich aber nach der getroffenen Einrichtung der Fond vergrößert, soll auch die jährliche Pension einer jeden Fräulein von 100 bis 150 und 200 Rthl. steigen. Zur Unterhaltung dieses Stfts sind die Güter Rietschüz, Jlgowitz und Schabitzen angewiesen, von welchen die jedesmalige Seniorin *Usufructuaria* ist, und für die Competenzien der übrigen Stiftsfräulein sorgen muß.

Wenn die Seniorin sich verheurathet, oder mit Tode abgehet, so tritt jederzeit die älteste Fräulein in deren Stelle, und in den Genuß von diesen 3 Stiftsgütern.

Keine Person katholischer Religion, auch keine unter 12 Jahren alt wird in diese Stiftung angenommen.

Die Fräulein tragen ein graues Kleid mit bunten beliebigen Bändern, und ein grau emalirtes Kreuz mit doppelten spitzigen Ecken an einem himmelblauen Bande. Auf dem Brustschilde des Kreuzes befinden sich zwei gefaltene Hände mit der Ueberschrift:

Voeux

Voeux de Reconnoissance.

Auf der hintern Seite aber die Inschrift:

Pour la Famille de Schmettow.
le 17 Janvier 1782.

und zwischen den beiden obern Ecken des Kreuzes zwey in einander geschlungene C.

Sonst bestehet dies Dorf aus 1 katholischen Kirche, 1 Pfarrhaus, 2 Schulhäusern, 1 herrschaftlichen Schloß, 2 Vorwerken, 1 Kretscham, 1 Wassermühle, 7 andern Häusern, zusammen aus 49 Feuerstellen und 386 Einwohnern. 1497 besas es Ladislaus von Niebelschütz, 1510 Ernst — 1547 Sigmund, und 1599 Heinrich und Sigmund von Niebelschütz.

Mit Rietschütz ist noch verbunden

a) Das Waldvorwerk nebst 1 Schäferei mit 14 Seelen.

b) Das Teichvorwerk, welches so wie jenes einzeln auserm Dorfe liegt.

Rodewald-Garten, heißt eine einzelne Freyhäuslerstelle, dem Dohmkapitel in Glogau gehörig.

155) Sabel-Alt-, enthält herrschaftliches Schloß, 1 Vorwerk, 9 Gärtner, 2 Häusler, 1 Windmühle, 4 andere Häuser, zusammen 18 Feuerstellen mit 58 Seelen, Besitzer ist der Hofrath Knappe.

156) Sabel-Neu-, faßt 1 Kretscham, 6 Bauern, 8 Häusler, 2 andere Häuser, zusammen 17 Feuerstellen, 94 Einwohner, die unter das Dohmkapitel in Glogau gehören.

157) Sabinengrund, hat nur 1 Vorwerk, 4 Häusler, 23 Menschen, und gehört dem Fürst von Schönaich zu Karolath.

158) Sabor, begreift unter sich 1 Kretscham, 5 Bauern, 4 Gärtner, 4 Häusler, 6 andere Häuser, zusammen 20 Feuerstellen, 95 Menschen, und ist das Eigenthum des Grafen Kaiserling.

159) Salisch, enthält 1 herrschaftliches Schloß, 2 Vorwerke, 1 Kretscham, 3 Freygüter, 6 Dienstbauern, 6 Gärtner, 6 Häusler, 1 Windmühle, 8 andere Häusrr, zusammen 34 Feuerstellen, 183 Einwohner. Besitzer ist der Hauptmann von Kreckwiz.

160) Samitz, allhier sind 1 Vorwerk, 1 Kretscham, 2 Bauern, 9 Gärtner, 6 Häusler, 10 andere Häuser, zusammen 29 Feuerstellen, 147 Einwohner. Besitzerin ist die verwittwete Frau Baronne von Stosch.

Zu Samitz gehört die Sandmühle, so außerm Dorfe liegt.

161) Schabitzen, daselbst befinden sich 1 herrschaftliches Schloß, 2 Vorwerke, 2 Kretschame, 4 Dienstbauern, 15 Gärtner, 7 Häusler, 2 Windmühlen, 10 andere Häuser, zusammen 43 Feuerstellen, 260 Einwohner. Dies Gut gehört zum Schmettowschen Fräuleinstift in Rietschüz

Schäferey-Vorwerk, s. Buchwald diesseits der Oder N. 20.

162) Schlabrendorf, Neu- ist eine Kolonie von 1 Kretscham, 1 Windmühle, 25 Häuslerstellen mit 108 Einwohnern, und gehört dem Graf von Schlabrendorf.

Beschr. v. Schl. X. Th. 4. St. T   163)

163) **Schlatzmann**, hat 1 herrschaftliches Wohnhaus, 1 Vorwerk, 3 Bauern 1 Freygut, 1 Kretscham, 3 Gärtner, 4 Häusler, 1 Windmühle, 5 andere Häuser, zusammen 20 Feuerstellen mit 108 Einwohnern, und gehört dem Hofmann.

164) **Schlawa Dorf**, bestehet aus 1 herrschaftlichen Schloß, 10 Bauern, 4 Gärtnern, 15 Häuslern, 1 Windmühle, 4 andern Häusern, Summa 35 Feuerstellen, 227 Menschen. Besitzer ist der Graf von Fernemont.

Hieher gehöt eine einzeln liegende Schäferey nebst 3 Windmühlen, und 3 andern Häusern, mit 40 Einwohnern.

165) **Schloin**, enthält 1 Kretscham, 1 Freygut, 11 Dienstbauern, 1 Gärtner, 3 Häusler, 1 Windmühle, 17 andere Häuser, Summa 35 Feuerstellen, 176 Bewohner, und gehört der Stadt Glogau. 1705 besäs es Alexander von Kalkreuth.

166) **Schmarse**, *a*) Städtscher Antheil hat 2 Bauern, 2 Gärtner, 3 andere Häuser, 24 Einwohner, und gehört der Stadt Glogau.

b) Hofmanns Antheil hat 4 Bauern, 2 andere Häuser, 37 Menschen, und gehört dem Hofrath Hofmann.

c) Stiller-Antheil hat 1 Kretscham 1 Freygut, 6 Dienstbauern, 7 Gärtner, 8 Häusler, 6 andere Häuser, 104 Einwohner, und gehört den Stillerschen Erben.

167) **Schönau**, enthält 1 katholische, 1 evangelische Kirche, 2 Pfarrhäuser, 2 Schulen, 1 herrschaft-

schaftliches Schloß, 1 Vorwerk, 1 Kretscham, 3, 3 Freygüter, 15 Dienstbauern, 13 Gärtner, 27 Häusler, 5 Windmühlen, 32 andere Häuser, Summa 102 Feuerstellen mit 621 Einwohnern. Besitzer ist der Hauptmann von Lüttwitz. 1566 besaß dies Gut Christoph von Zedliz.

Scholtze-Mühle, ist eine einzelne Mühle der Stadt Glogau gehörig.

168) Schrepau,

a) Ober-Schrepau hat 5 Dienstbauern, 1 Gärtner, 1 Häuslern, 5 andere Häuser, 67 Einwohner, und gehört der Stadt Glogau.

b) Nieder-Schrepau von 1 Kretscham, 5 Dienstbauern, 8 Gärtnern, 3 Häusler, 5 andern Häusern, 97 Einwohnern, gehört unter das Dohmkapitel.

169) Schrien, enthält 1 herrschaftliches Wohnhaus, 1 Vorwerk, 1 Kretscham, 3 Dienstbauern, 10 Gärtner, 2 Häusler, 1 Windmühle, 7 andere Häuser, zusammen 26 Feuerstellen, 121 Bewohner, und gehört dem von Lucanus.

170) Schwein-Groß besteht aus 1 herrschaftlichen Wohnhause, 1 Vorwerk, 1 Kretscham, 3, Dienstbauern, 9 Gärtnern, 8 Häuslern, 1 Windmühle, 4 andern Häusern, zusammen 28 Feuerstellen mit 123 Menschen. Besitzer ist gegenwärtig die Frau Gräfin von Schmettow. In ältern Zeiten gehörte es 1499 dem Nicolaus, 1510 dem Balzer, 1570 dem George, 1614 dem Balzer und 1681 wieder einem Balzer von Pusch.

Damit ist auch noch verbunden die außer'm Dorf liegende Feldmühle mit 8 Einwohnern.

171) **Schwein-Klein,** daselbst zählt man 1 herrschaftliches Wohnhaus, 1 Vorwerk, 6 Gärtner, 1 Häusler, 5 andere Häuser, zusammen 14 Feuerstellen mit 87 Seelen. Eigenthümer ist der von Förster.

172) **Schwusen,** hier sind befindlich 1 herrschaftliches Schloß, 1 Vorwerk, 2 Beamtenhäuser, 1 Pfarrhaus, 1 Schule, 1 Kretscham, 1 Freygut, 5 Dienstbauern, 17 Gärtner, 17 Häusler, 2 Windmühlen, 18 andere Häuser, Summa 67 Feuerstellen mit 373 Einwohnern. Eigenthümerin davon ist die verwittwete Frau Gräfin von Logau.

173) **Seppau,** faßt in sich 1 herrschaftliches Schloß, 1 Vorwerk, 1 Kretscham, 9 Gärtner, 7 Häusler, 3 Wassermühlen, 8 andere Häuser, zusammen 30 Feuerstellen, 146 Einwohner. Besitzer ist der Graf von Schlabrendorf.

174) **Skeiden,** hat 2 Vorwerke, 1 Kretscham, 18 Gärtner, 7 Häusler, 1 Windmühle, 6 andere Häuser, zusammen 35 Feuerstellen mit 201 Personen. Eigenthümer ist der Freiherr von Stosch.

175) **Sieglitz,** enthält 1 Kretscham, 8 Dienstbauern, 6 Gärtner, 7 andere Feuerstellen, 118 Einwohner, und stehet unter dem Dohmkapitel.

176) **Simsen,** *a)* Ober-Simsen, hier befinden sich 1 katholische Filialkirche, 1 Pfarrhaus, 1 Schule, 1 herrschaftliches Wohnhaus, 1 Vorwerk, 7 Dienstbauern, 10 Gärtner, 15 Häusler, 1 Windmühle, 8 andere Häuser, 226 Einwohner.

Mit

Mit diesem Antheile ist vereiniget Walddorf, ein Vorwerk mit 4 Gärtnerstellen und 33 Bewohnern.

b) Nieder-Simsen, hat 1 Vorwerk, 5 Bauern, 6 Gärtner, 5 Häusler, 1 Windmühle, 1 Kretscham, 4 andere Häuser, 114 Einwohner.

Zusammen giebt es 72 Feuerstellen im Dorfe Alleiniger Eigenthümer desselben ist Se. königliche Hoheit der Prinz Heinrich von Preußen.

177) Sophien-Vorwerk, ist eigentlich nur 1 Vorwerk nebst 3 Gärtnerstellen und 27 Einwohnern, so eben demselben gehört.

178) Sperlingswinkel, enthält 1 Vorwerk, 1 Kretscham, 6 Gärtner, 14 Häusler, 1 Windmühle 3 andere Häuser, zusammen 26 Feuerstellen, 138 Menschen; Besitzer ist der Graf von Fernemont.

179) Steinitz, faßt 1 Vorwerk, 7 Häusler, 1 anderes Haus, 43 Einwohner und gehört dem Landrath von Unruh.

180) Stranz-Alt- daselbst giebt es 1 evangelische Kirche, 1 katholische Filialkirche, 2 Pfarrhäuser, 2 Schulen, ein altes wüstes Schloß, 1 herrschaftliches Wohnhaus, 2 Vorwerke, 1 Kretscham, 19 Dienstbauern, 7 Gärtner, 44 Häusler, 2 Wasser- 3 Windmühlen, 14 andere Häuser, Summa 97 Feuerstellen mit 446 Einwohnern; Besitzer ist der Justizrath von Lieres.

181) Stranz-Neu- gehört eben demselben, und hat 1 Vorwerk, 1 Kretscham, 13 Gärtner, 19 Häus-

Häusler, 1 Windmühle, 4 andere Häuser, zusammen 39 Feuerstellen mit 177 Einwohnern.

182) **Stumberg**, faßt 1 herrschaftliches Schloß, 1 Vorwerk, 1 Kretscham, 6 Bauern, 6 Gärtner, 5 Häusler, 2 Wassermühlen, 10 andere Häuser, Summa 32 Feuerstellen mit 172 Einwohnern, und gehört dem Ernst Gottfried von Niebelschütz.

183) **Suckau**, enthält 1 herrschaftliches Wohnhaus, 1 Vorwerk, 5 Gärtner, 6 Häusler, 2 Wassermühlen und Walken, 1 Pappiermühle mit holländischen Zilindern, in welcher viel und gutes Pappier verfertiget wird; 7 andere Häuser, zusammen 25 Feuerstellen, 142 Einwohner; gehört dem Jungfernstift zu Glogau.

184) **Tarnau**, bestehet aus 1 Vorwerk, 8 Dienstbauern, 16 Gärtnern, 3 Häuslern, 4 andern Häusern, 2 Wassermühlen im Dorfe, und 1 Mühle außerhalb des Dorfes, welche die Krickmühle genannt wird; zusammen 45 Feuerstellen, 271 Einwohner; Besitzer ist der Graf von Sternberg.

185) **Tarnau-Deutsch**, faßt in sich 1 Vorwerk, 1 Kretscham, 4 Bauern, 8 Gärtner, 10 Häusler, 6 andere Häuser, zusammen 30 Feuerstellen, 134 Bewohner; gehört dem Fürst von Schönaich zu Carolath.

Taubenmühle s. Gleinitz No. 37.

Teichvorwerk s. Liebenzig No. 105.

Teichvorwerk s. Rietschütz No. 154.

186) **Thamm**, hier werden gezählt 1 herrschaftliches Wohnhaus, 1 Vorwerk, 1 catholische Kirche, 1 Pfarr-

1 Pfarrhaus, 1 Kretscham, 12 Gärtner, 17 Häusler, 1 Wassermühle, 8 andere Häuser, zusammen 42 Feuerstellen, 316 Einwohner; Eigenthümer davon ist der Landrath von Sydow.

187 Thauer, bestehet aus 2 Antheilen, die jedoch nur einen Besitzer, Se. königl. Hoheit den Prinz Ferdinand von Preußen haben.

a) Ober-Thauer, hat 1 Vorwerk, 1 Kretscham, 7 Gärtner, 2 Häusler, 1 Windmühle, 4 andere Häuser, und 99 Bewohner.

b) Nieder-Thauer, hat 1 Vorwerk, 5 Gärtner, 2 Häusler, 1 anderes Haus, und 53 Seelen.

188) Töppendorf, daselbst befinden sich 1 herrschaftliche Wohnung, 2 Vorwerke, 1 Kretscham, 15 Gärtner, 1 Windmühle, 11 andere Häuser, Summa 31 Feuerstellen mit 180 Einwohnern. Gehört eben demselben Prinzen.

Hieher ist auch noch das Helenen-Vorwerk, ein einzeln liegendes Feldvorwerk mit 13 Seelen zu rechnen.

189) Trebitsch, faßt unter sich 1 herrschaftl. Wohnhaus, 9 Gärtner, 2 Vorwerke, 26 Häusler, 3 andere Häuser, 2 Pulvermühlen, 1 andere Mühle außerm Dorf, die Neumühle genannt; Summa 44 Feuerstellen mit 202 Einwohnern. Besitzer ist der Rittmeister und Marschkommissarius des Kreises von Werner.

190) Tschepplau, enthält 1 katholische Kirche, 1 evangelische Kirche, 2 Pfarrhäuser, 2 Schulen, 1 herr=
schaft-

schaftliches Schloß, 1 Vorwerk, 1 Hospital, 3 Freygüter, 43 Dienstbauern, 37 Gärtner, 48 Häusler, 5 Windmühlen, 49 andere Häuser, zusammen 192 Feyerstellen mit 982 Einwohnern. Eigenthümer dieses ansehnlichen Dorfes, welches nach Quariz das größte im Kreise, ist der Freiherr von Kottwiz.

Dann gehören zu diesem Gute noch:

    1) Eichberg ein Feldvorwerk mit 1 andern Hause und 9 Personen.

    2) Heidevorwerk, auch ein Feldvorwerk mit 4 Menschen.

    3) Karlsfeld, ein dergleichen Vorwerk mit 3 Häuslern und 15 Seelen.

    4) Marienfeld, ein Feldvorwerk mit 2 Gärtnerstellen und 11 Bewohnern.

191) Tschirne-Klein- begreift unter sich 1 evangelische Kirche, 1 Pfarrhaus, 1 Schule, 1 herrschaftlich Wohnhaus, 1 Vorwerk, 1 Kretscham, 6 Dienstbauern, 13 Gärtner, 22 Häusler, 1 Windmühle, 18 andere Häuser, Summa 65 Feuerstellen mit 388 Einwohnern, und gehört dem Baron von Stosch.

192) Tschirniz, wird in Ober- und Nieder-Tschirniz eingetheilt, und hat zusammen 1 herrschaftliches Schloß, 1 Vorwerk, 12 Gärtner, 20 Häusler, 7 andere Häuser, zusammen 41 Feuerstellen, 242 Seelen; Besitzer davon ist der Herr Landrath dieses Kreises von Wagner. Vor ihm besas es die verwittwete Frau von Lemberg, und 1570 Balzer von Metschelwiz.

193) Tschopitz, faßt 1 Kretscham, 13 Dienstbauern, 13 Gärtner, 20 Häusler, 2 Windmühlen, zusammen 61 Feuerstellen 289 Einwohner, und stehet unter dem königl. Schloßamt zu Glogau.

194) Vicarey, hier befinden sich 1 Vorwerk, 1 Kretscham, 6 Gärtner, 22 Häusler, 2 Windmühlen, 3 andere Häuser, Summa 35 Feuerstellen, 198 Menschen, die dem Fürst von Schönaich zu Carosath unterthan sind.

195) Walddorf, ist zwar ein Dorf für sich, aber zur Gemeine Ober-Simsen geschlagen, wo Besitzer und Einwohner vorkommen s. No. 176.

Waldvorwerk s. Kietschüz N. 154.

196) Waldvorwerk, hat 1 Vorwerk und 17 Häuslerstellen mit 83 Einwohnern; es gehört dem Justizrath von Lieres.

197) Weckelwitz, daselbst sind befindlich 1 Vorwerk, 1 Kretscham, 6 Gärtner, 1 Häusler, 3 andere Häuser, Summa 12 Feuerstellen mit 61 Einwohnern, und gehört dem Freyherrn von Stosch,

198) Weckeritz, ist nur ein einzelnes Vorwerk, gehört aber sonst zu keiner eigentlichen Gemeine, hat 4 Einwohner, und gehört dem von Luck.

199) Weichnitz, enthält 1 herrschaftliches Wohnhaus, 1 Vorwerk, 1 Kretscham, 13 Gärtner, 7 Häusler, 1 Windmühle, 9 andere Häuser, zusammen 33 Feuerstellen, 159 Einwohner, und gehört der verwittweten Frau Generalin von Gersdorf.

200) Weidisch, faßt 1 Kretscham, 1 Freygut, 5 Gärt-

5 Gärtner, 19 Häusler, 1 anderes Haus, Summa 27 Feuerstellen, 124 Einwohner. Eigenthümer davon ist der von Förster.

201) **Weisholtz**, bestehet aus 1 evangelischen Kirche, 1 Pfarrhaus, 1 Schule, 1 herrschaftlichen Wohnhaus, 1 Vorwerk, 1 Kretscham, 1 Freygut, 5 Dienstbauern, 14 Gärtnern, 8 Häuslern, 1 Windmühle, 12 andern Häusern, zusammen aus 46 Feuerstellen mit 262 Einwohnern. Gutsbesitzer ist der von Haak.

202) **Wetschütz**, begreift unter sich 1 herrschaftliches Wohnhaus, 1 Vorwerk, 1 Schule, 1 Kretscham, 9 Gärtner, 20 Häusler, 2 Windmühlen, 12 andere Häuser, zusammen 67 Feuerstellen, und 312 Einwohner. Eigenthümer davon ist der Kapitain von Liebermann.

203) **Wiesau**, hat 2 Antheile und zusammen 71 Feuerstellen.

Der 1. Antheil faßt 1 evangelische Kirche, 1 Schule, 1 herrschaftl. Wohnhaus, 1 Vorwerk, 1 Kretscham, 9 Dienstbauern, 17 Gärtner, 17 Häusler, 1 Wassermühle, 19 andere Häuser, 312 Einwohner und gehört dem Landrath von Sydow.

Der 2. Antheil hat nur 4 Häuslerstellen mit 24 Einwohnern, gehört dem von Kleist.

204) **Wilkau**, enthält 1 katholische Kirche, 1 Pfarrhaus, 2 Schulhäuser, 1 herrschaftliches Schloß, 1 Vorwerk, 2 Kretschame, 6 Dienstbauern, 10 Gärtner, 26 Häusler, 1 Wassermühle, 10 andere Häuser, zusammen 60 Feuerstellen, mit 232 Bewohnern.

Besi=

Besitzer davon ist der General-Major Baron von Schlichting.

Zu dieser Dorfgemeine gehört auch Immersatt, ein besonders liegender Ort von 1 Vorwerk, 12 Gärtner, 2 Häuslerstellen, und 6 andern Häusern. Einwohner 109. Es gehört eben demselben.

Wilhelmsaue s. Priedomost N. 140.

205) Wilschau, enthält 1 Vorwerk, 1 Dienstbauer 8 Gärtner, 5 Häusler, 2 andere Häuser, zusammen 17 Feuerstellen mit 101 Einwohnern. Besitzer ist der von Förster.

206) Woischau, faßt 1 Kretscham, 10 Dienstbauern, 13 Häusler, 1 Wassermühle, 5 andere Häuser, zusammen 30 Feuerstellen, mit 147 Einwohnern. Ist ein Bischöfliches Gut.

207 Wühleisen, hat 15 Häuslerstellen, 91 Einwohner und gehört dem Hauptmann v. Lüttwiz.

208) Würbitz-Groß- bestehet aus 2 Antheilen, wovon einer dem Baron von Glaubiz, der andere der verwittweten Baronesse von Stosch gehört. Ueberhaupt sind im Dorfe 1 Kretscham, 8 Dienstbauern, 5 Häusler, 1 Wassermühle, 8 andere Häuser und 95 Einwohner.

209) Würbitz-Klein- enthält 1 Kretscham, 4 Dienstbauern, 1 Windmühle, 4 andere Häuser, 38 Bewohner. Besitzer ist der von Kupperswolf.

210) Würchland, faßt 1 herrschaftliches Wohnhaus, 1 Vorwerk, 1 Kretscham, 1 Freygut, 3 Dienstbauern, 16 Gärtner, 1 Häusler, 1 Windmühle, 4 andere

andere Häuser, zusammen 29 Feuerstellen, mit 158 Einwohnern, und gehört dem von Wagenhof.

211) **Würchwitz**, begreift unter sich 1 herrschaftliches Wohnhaus, 2 Vorwerke, 1 Kretscham, 3 Dienstbauern, 14 Gärtner, 6 Häusler, 1 Wassermühle, 22 andere Häuser, 250 Menschen; Besitzer ist der Freiherr von Lüttwitz.

212) **Zarkau**, dies Dorf macht 3 Antheile aus.

Der 1. Antheil van 1 Vorwerk, 4 Gärtnern, 1 Häusler, 1 Lohmühle, 5 andern Häusern, 62 Bewohnern, gehört dem Jungfernstift in Glogau.

Der 2. Antheil von 2 Freibauern, 1 Häusler, 4 andern Häusern, 35 Einwohnern, gehört der Kämmerei zu Glogau.

Der 3. Antheil von 1 Vorwerk, 1 herrschaftlichen Wohnhause, 9 Bewohnern, gehört der Demoiselle Brendelin.

213) **Zauche**, enthält 1 herrschaftliches Wohnhaus, 2 Vorwerke, 1 Schule, 1 Kretscham, 2 Freygüter, 7 Dienstbauern, 16 Gärtner, 18 Häusler, 1 Windmühle, 13 andere Häuser, zusammen 62 Feuerstellen, 302 Einwohner; Besitzer ist der von Eckartsberg.

214) **Zerbau**, faßt unter sich 1 Kretscham, 3 Freygüter, 24 Dienstbauern, 8 Gärtner, 18 Häusler, 1 Windmühle, 38 andere Häuser, Summa 93 Feuerstellen, 411 Einwohner, und ist ein Eigenthum der Stadt Glogau.

215)

215) Ziebern, bestehet aus 1 katholischen Kirche, 1 herrschaftlichen Wohnhause, 1 Vorwerk, 1 Kretscham, 5 Dienstbauern, 9 Gärtnern, 5 Häusler, 1 Wassermühle, 13 andern Häusern, zusammen aus 36 Feuerstellen mit 195 Bewohnern und gehört dem von Vizthum. 1710 besaß dies Gut der Baron von Trach.

216) Ziegelvorwerk, kommt mit seinen Einwohnern und Possessionen bey Pürschkau vor, s. No. 143.

217) Zöbelwitz, allhier befinden sich 1 herrschaftliches Wohnhaus, 1 Vorwerk, 1 Kretscham, 9 Gärtner, 2 Häusler, 1 Windmühle, 7 andere Häuser, zusammen 22 Feuerstellen, 144 Einwohner; Eigenthümer davon ist der von Kupperwolf.

Zollkretscham, s. Klein-Tschirne No. 191.

Sechster Abschnitt.

Vom Grünbergschen Kreiße überhaupt.

Lage, Gränzen, Größe.

Die Gränzen sind gegen Mitternacht, das Fürstenthum Krossen, gegen Abend, das Marggrafthum Lausniz, gegen Mittag der Freystädtsche, und gegen Morgen der Glogausche Kreis.

Die Größe dürfte etwa 15 Schlesische Meilen betragen. Auf eine dergleichen Meile kommen 1832 Einwohner, auf eine geographische aber über 2000.

§. 2.

Beschaffenheit des Bodens und Producte.

Der Boden ist im Allgemeinen mehr leicht als stark, allein sehr tragbar zum Roggen, Erbsen, Hierse, ꝛc. besonders haben die Dörfer, welche an der Oder liegen, nicht nur gute Wiesen, sondern erbauen auch viel Weizen, Flachs, Hanf, Kraut, u. s. w. Auf den Bobering- und Miltziger Feldern gerathen die kleinen Steckrüben gut, die den Telrauschen gleich kommen, und bey einigen Dörfern um Saabor werden auch Linsen gezeugt. Da es hin und wieder verschiedene Sandberge und ganz sändige Aecker giebt, die für die Körner und andere Erdgewächse nicht sonderlich taugen; so sind auf diese

diese öde Flecken seit einigen Jahren her eine neue Art weisser Erdbohnen, oder Tartoffeln, gesteckt worden, welche eine reichliche Erndte gegeben haben. Der größte Theil dieses Gewächses wird zur Viehmastung verbraucht.

Im Ganzen genommen gewinnt der Kreis durch den Ackerbau nicht nur seinen eigenen Bedarf, sondern auch noch etwas Ueberschuß zum Verkauf.

Das Wieswachs geräth vorzüglich in den Gegenden an der Oder sehr gut, und es können damit andere Gemeinen im Kreise, denen es etwa daran fehlet, von hieraus genüglich versehen werden.

Sonst hatten die Einwohner auch gute Obstnutzung. Vor dem Winter 1788 befanden sich im Kreise 52000 tragbare Obstbäume; allein durch die große Kälte in diesem Winter sind beynahe die Hälfte davon verdorben; besonders haben die Nuß-und Pflaumbäume sehr gelitten, so daß Jahre erfodert werden, ehe der Landmann den Abgang ersetzen und seinen Garten wieder in den vorigen Zustand bringen wird.

Vom Weinbau komt bey der Stadt Grünberg das nöthige vor.

§. 3.
Berge, Mineralien.

Dieser Kreis ist in allem Betracht mehr bergigt als eben, besonders zeichnen sich aus

a)

a) Um Grünberg:

1) Der hier sogenannte hohe Berg, gegen Mittag der Stadt, auf dessen Spitze ein Weinhaus mit einem runden Thürmchen befindlich ist, so 1447 erbauet worden, und sehr weit gesehen werden kan.

2) Die Hirtenberge gegen Morgen und Südwärts.

3) Die Kaschenberge, gegen Abend auch Südwärts; es sind deren zwey, beyde von ansehnlicher Höhe, sie bestehen aus Gries, Kiesel, Sand, und sind mit Weinstöcken bepflanzt.

Diese drey Berg-Gegenden, wo mehrere Berge an einander hängen, haben den Vorzug, daß, wenn auch in den Grünberger Ebenen und Gärten Mitternachtwärts der Frost den Weinstöcken schadet, doch hier solcher weniger Schaden thut.

b) Zwischen Wittgenau und Schweinitz sind ebenfalls einige an einander hängende Sandberge von zimlicher Höhe und mit Kiefern bewachsen.

c) Zwischen Loos, Droschkau und Prittag giebt es hohe Sandberge, die größtentheils beackert und mit Roggen besäet werden.

Andere bemerkenswerthe Berge sind vorhanden, wohl aber Hügel und Anhöhen genug, jedoch von minderer Bedeutung.

In Ermangelung des Erz ergiebigen Gebürges giebt es hier auch keine vorzügliche Mineralien. Bloß Eisenstein wird auf den Wiesen am Ochelfluß gegraben, und in die Märkschen Hüttenwerke verführt. Gedachte Hüttenämter lassen solchen durch

durch ihre eigenen Gräber hier graben, und zahlen pro Kasten, welcher 14 Berliner Scheffel enthält, 6 Ggr. Forstgeld, tragen sodann auch die Transportkosten zur Oder nach Beschaffenheit der Entfernung, so daß der Kasten bey der Einschiffung gegen 14 bis 22 Ggr. zu stehen kommt.

§. 4.
Gewässer und Fische.

Außer dem Oderstrohm, welcher bey Saabor, wo eine Spedition ist, vorbey und durch einen großen Theil des Kreises lauft, sind wenig ansehnliche Flüße. Der vorzüglichste unter den verschiedenen kleinen Gräben und Bächen, die aber keinen besondern Namen haben, ist etwa der Ochelfluß, welcher zwischen Lättniz und Schweiniz auf den Wiesen entspringt, die Grenze zwischen dem Freystädt- und Grünbergschen Kreise hält, hinter Wartenberg, durch andere eingenommene Wässer sehr verstärkt, vorbey fließt, und sodann in die Oder fällt. In der Oder werden große Karpfen, Welze, Hechte, Zante, Aalen, bisweilen auch, doch selten, Lachse gefangen.

Der Ochelfluß liefert kleine Speisefische als Hechte, Kressen, Bärschken, Karsche u. s. w., die kleinern Gewässer aber, besonders die Krampe, Schmerlen, die man mit Körben zu fischen pflegt.

Teiche, jedoch nicht sonderlich große, werden von verschiedenen Dominiis unterhalten, worinn es Karpfen und Hechte von mittler Sorte giebt.

Einen Forellen-Teich hat der Freyherr von Keßlitz zu Schweinitz angelegt.

Bei Saabor ist ein See, welcher große Zanten und Hechte gewährt.

Indessen ist der Fischfang im Ganzen nicht hinlänglich zum Bedarf des Kreißes, sondern es werden noch viel Fische, besonders Karpfen, aus den Saganschen großen Teichen nach Grünberg zu Markt gebracht, so wie auch Krebse aus Rothenburg und Polen.

§. 5.
Waldungen, Wildpret.

Mit den Holz-Bedürfnissen ist der Kreis zur Gnüge versehen; denn längs der Oder hin giebt es rechts und linker Seits ansehnliche Eichwälder und Erlenbrüche, die das benöthigte harte Brennholz liefern, wovon die Klafter im Durchschnitt 1 Rtlr. 22 Sgr. zu stehen kommt; für 2 Rtlr. aber bis zur Stadt gebracht wird. Diesseits der Oder aber sind beträchtliche Kieferheiden, wiewohl meist Strauch- und Brennholz; jedoch wird auch in den Wartenberger, Leßner, Prittager, Drentkauer ɾc. Wäldern schönes und starkes Bauholz gefunden. Die Klafter weiches Brennholz kostet $1\frac{1}{4}$ bis $1\frac{1}{2}$ Rtlr.

Von Wildpret giebt es Rebhüner und Enten in Menge, anderes Flügelwild, Rehe, und Haasen zur Nothdurft, Schwarz- und Hochwild hingegen wenig, und lediglich in den Wartenberger Forsten.

In den Gegenden am Oderstrohm werden die grossen Waldschnepfen, Krammetvögel aber in den Prittagschen, Schweinizschen und Wartenbergschen, Ortolans in den Sawald- und Drentkauschen Wäldern gefunden.

§. 6.
Viehzucht.

Die Viehzucht und Nutzung davon ist in diesem Kreise nach Lage der Gegenden von verschiedener Beschaffenheit. Denn in den Dörfern an der Oder, wo gute Futterung vorhanden, sind die Kühe weit ansehnlicher, als an den Orten, wo Mangel an Wiesewachs ist, und hier wird auch eine Kuhe für 9 bis 12 Rthl. verpachtet, da sie dort höchstens nur bis 8 Rthl. in Anschlag kommt. Das Rindvieh ist meist von mittlerm Schlage. Die Pferde sind ebenfalls von mittlerer Gattung, aber von schlechter Beschaffenheit, weil man solche gemeiniglich zu jung anspannt; einige wenige Oerter ausgenommen, wo es etwas besser ausfällt; auch schaffen sich die Herrschaften starke Ochsenzüge an.

Der Schaafstand ist so zimlich bestellt; die davon erzielte Wolle mehr stark als fein, und diese wird theils mit polnischer theils anderer Wolle verarbeitet. Der höchste Preis derselben ist 8. und der niedrigste gewöhnlich 5—6 Rthl. gewesen.

1789 befanden sich im Kreise: 1570 Pferde, 4180 Ochsen, 5920 Kühe, 23600 Schaafe, von welchen leztern gegen 2980 Stein Wolle geschoren worden; 860 Bienenstöcke.

§. 7.
Wohngebäude.

Unter den verschiedenen adelichen Schlößern und Wohngebäuden in diesem Kreise zeichnen sich besonders aus:

1.) Das herrschaftliche Schloß zu Boyadel, mit 2 Seiten-Flügeln und 2 Etagen hoch, welches 1736 ganz neu erbauet worden. Die dabey befindlichen Wirthschaftsgebäude sind regulär ins Quadrat gebauet; beim Eingang in den Schloßhof siehet man 2 moderne Thürme, deren einer mit einer Sonnen= der andere mit einer Schlag-Uhr geziert ist. Der Garten beym Schloß ist schön, mit vielen gut ins Auge fallenden Verzierungen versehen, und vor einigen Jahren erst neu angelegt worden. Auch die Orangerie ist zahlreich und in bester Verfassung. Mitten durch den Garten gehet ein breiter Kanal, auf welchem man mit einem Lustschif fahren kan. Neben dem Lustgarten ist auch ein Thiergarten, worinn einige Hirsche und Rehe aufbehalten werden.

2.) Das herrschaftliche Schloß in Güntersdorf ist ebenfalls schön, gut angelegt, in einer Linie, 2 Etagen hoch, und fast ganz neu von der Frau Gräfin von Cosel erbaut worden. Die Wirthschaftsgebäude sind auch durchgehends neu, maßiv, und mit Ziegeln gedeckt. Ohnweit dem Dorfe nach Heinersdorf zu legte der vorige Gutsbesitzer, Herr Graf von Cosel, eine Fasanerie an, welche aber wieder in Verfall gekommen.

3.)

3.) Das herrschaftliche Schloß in Prittag ist groß, mit 2 Seitenflügeln, gemauerten hohen Giebeln versehen, und nach antiker Bauart angelegt. Der eine Flügel ist 1596, der andere hingegen zu Anfang dieses Jahrhunderts erbaut, nachher aber mehr erweitert, und zwischen beyden Flügeln mit einem schönen Portal, über welchem ein Salon und Altan angebracht ist, gezieret worden. Die Wirthschaftsgebäude sind desgleichen neu und maßiv, das Fruchthaus und die Orangerie in gutem Zustande, leztere sehr fruchtbar und ein dabey mit Treibebeeten versehener Kuchelgarten.

4.) Das herrschaftliche Schloß zu Saabor ist hoch, gleichfalls mit 2 Seitenflügeln versehen, und in den Jahren 1744 — 1750 vom sächsischen General-Lieutenant Graf von Cosel erbaut worden. Am linken Flügel befindet sich ein maßiver nach jezigem Geschmack angelegter Thurm mit einer Uhr; am rechten Flügel ist zwar das Fundament zu eben dergleichen Thurm auch bis unter das Dach aufgeführt, weil aber gedachter Graf während diesem Bau gestorben, so ist dieser Thurm unvollendet geblieben. Der dabey befindliche Garten war einst in allem Betracht schön, jezt aber, da das Schloß nicht bewohnt wird, hat solcher seine Zierde verloren.

5.) Das herrschaftliche Schloß zu Kontop von zwey Stockwerken kan durch Spannung der Graben unter Wasser gesezt werden; es sind aber die Brücken und Kanäle nach und nach eingegangen, und es wird jezt kein Gebrauch mehr davon ge-

gemacht. Der Garten und das Fruchthaus sind mehr zum Nutzen als zur Zierde angelegt.

6.) Das herrschaftliche Schloß zu Schweinitz, dem Freyherrn von Dyherrn gehörig, ist ein großes antickes Gebäude, maßiv, und mit hohen Giebeln. Hier nahm König Friedrich II. beym Einmarsch seiner Truppen in Schlesien 1740 den 17. December sein erstes Nachtlager in dieser Provinz. Die damalige Besitzerin des Schlosses war die Wittwe des weil. königlichen Kammerherrns Maximilian Gottlob von Stenzky geb. Freiin von Kittliz. Der Garten dabey ist nicht groß, aber gut und nutzbar angelegt.

Noch siehet man zu Schweiniz in dem Freyherrl. von Keßlizschen Antheile ein sehr altes hohes Gebäude, worinn ehedem, einer Tradition zufolge, Tempelherrn gewohnt haben sollen.

Andere gute herrschaftliche Wohngebäude sind noch: zu Buchelsdorf, zu Deutsch-Kessel, zu Ochelhermsdorf, zu Lättniz, und zu Külpenau, welches leztere erst 1787 von Grund aus neu und maßiv gebauet worden.

Die Wohnhäuser des gemeinen Landmanes sind mehr gut als schlecht, meist aber hölzern mit Lehm ausgeflochten, und mit Stroh gedeckt; unter den alten Häusern findet man hin und wieder einige von geschrotenem Holz. Die neuen Wohnungen werden gewöhnlich mit Fachwerk, gemauerten Schorsteinen gebaut und mit Schindeln gedeckt. Unter den Bauerhöfen verdient die Lehn- und Freyschölzerey zu Heinersdorf den Vorzug, welche 1783
ganz

ganz niederbrannte, nun aber völlig massiv, zwey Stockwerk hoch, wieder aufgebaut und mit Ziegeln gedeckt ist.

Ueberhaupt werden im Kreise gezählt:
    2 Städte, Grünberg und Wartenberg.
    2 unaccisbare Flecken, Kontop und Saabor.
  64 Dörfer, in diesen aber
        31 Kirchen, worunter 7 evangelische.
        25 Pfarrhäuser.
        41 Schulhäuser.
        37 herrschaftl. Schlösser u. Wohnhäuser.
        72 herrschaftliche Vorwerke.
        26 Kretschame
         1 Lehn- und Freyschölzerey.
    716 Bauern.
    607 Gärtner.
  1532 Häusler.
   109 Wasser- und Windmühlen.
     1 Hospital.
   754 andere Häuser.

Summa aller Feuerstellen 3961.

Von Kolonien befindet sich im Kreise nur eine einzige, Heinrichau genannt; sie liegt zwischen Wittgenau und Schloin, gehört dem Herrn von Knobelsdorf und enthält 17 Feuerstellen. Sonst giebt es auch bey verschiedenen Dörfern einzelne neu erbaute Häuslerstellen.

§. 8.
Einwohner.

Der Character der Kreisbewohner ist gut, und

ob es gleich darunter einige Querulanten geben mag, so darf man von wenigen doch nicht auf alle schliessen. Sie lassen sich zwar ihre Wirthschaft eifrigst angelegen seyn; weil aber die Ländereyen meist berg- und sandig, und daher nicht sonderlich ergiebig sind: so befindet sich ein Theil der Landleute nur in mittelmäßigen und der andere größere Theil gar in armseligen Umständen. Indessen verschaft die Tuchfabrick zu Grünberg vielen Dorfbewohnern durch Wollespinnen noch einigen Verdienst; im Sommer aber finden die Tagelöhner auch in den Weinbergen Arbeit und Nahrung. Blos die Unterthanen der Herrschaft Wartenberg, so ehedem unter der Botmäßigkeit der Jesuiten gestanden, sollen sehr mißtrauisch und zurückhaltend seyn, und die meisten weder lesen noch schreiben können.

Der größte Theil der Kreiseinwohner ist der evangelisch-luthrischen Religion zugethan. Katholicken giebt es wenig, außer in den Dörfern Dammerau, Kleiniz, Karschin, Sedezin, Wartenbergischen Herrschaft, Kunersdorf und Friedersdorf, wo die Einwohner ganz, dann Nittriz und Zauche, wo der größte Theil, und Bobernig, wo etwa die Hälfte katholisch ist.

Ihre Sprache ist durchgehends Deutsch, nur in dem jenseitigen Dorfe Kleiniz und in dem diesseitigen Dorfe Bobernig wird von den alten Wirthen noch das sogenannte Wasserpolnische gesprochen. Doch dürfte diese Sprache in einigen Jahren wohl ganz in Vergessenheit kommen, da die Jugend in den Schulen allgemein Deutsch gelehrt, und bey jeder Gelegenheit immer besser cultivirt wird.

Im

Im Jahr 1787 wurden Einwohner mit Ausschluß der Städte gezählt 20,193 Seelen.

§. 9.
Merkwürdigkeiten.

Das alte Schloß des Freyherrn von Keßliz zu Schweiniz soll ein Sitz der Tempelherrn gewesen seyn. Die dazu gehörige Kirche ist 1589 wüste, und statt derselben eine neue gebauet worden, von den vesten Mauern der wüst gewordenen Kirche bestehet nun der Grund der jetzigen evangelischen Kirche.

Eine Viertelmeile von Schweinz in der Gegend von Witgenau rechter Hand in einem angenehmen Erlen-Wäldchen ist eine Eremitage, welche 1774 von dem Kammerherrn und nachherigen Hofmarschall v. Prittwiz angelegt worden. Die Eremitage selbst ist auf einem steilen Berge im Kiefergehölze erbaut, und man steigt zu derselben aus einem anmuthigen Thale Stuffenweise hinauf. Von hier aus siehet man sodann durch eine Allee von gröstentheils ausländschen Gewächsen Ruinen, so einen Tempel vorstellen, und in der Entfernung von 2800 Schritten eine Pforte auf einem sehr hohen Sandberge, der nur wenig mit Holz bewachsen, und beynahe ganz kahl ist. Diese Ruinen des Tempels befinden sich in der Mitte, 1400 Schritt von der Etage, so daß von den Ruinen bis zur Pforte wieder 1400 Schritt sind, alles in gerader Linie. Unten am Fuß des Eremitagenbergs fließt durch das Erlen-Büschgen ein klares Wasser, welches mittelst

telst eines Sprunges einen Wasserfall bildet, welchem gegenüber auf einer Brücke eine Niesche mit Gefäßen angebracht ist. Viel Fremde besuchen diesen Lustort mit Beifall.

Ehedem wurden nach Kleinitz zu einem dortigen Marienbilde, welches in einer Eiche soll gefunden worden seyn, und an deren Stelle man sodann eine Kirche von geschrotenem Holz erbaute, am Tage Mariä Heimsuchung sowohl von Polen als Kreiseinwohnern große Wallfahrten und Prozeßionen angestellt. Einst soll dies Bild von den Polen seyn gestohlen worden, sich aber von selbst wieder in der Kirche zu Kleinitz eingefunden haben. Im siebenjährigen Kriege hörten die Wallfahrten auf, und das Bild wurde in die Kirche nach Wartenberg geschaft, wo es seitdem geblieben ist.

Sonst wird auch die Stadtpfarrkirche zu Grünberg am Tage St Hedwig, der Schutzpatronin derselben, von den meisten Katholicken im Kreise disseits der Oder besucht; es ist aber kein eigentlicher Wallfahrtsort.

§. 10.

Politische Verfassung.

In Justitzsachen stehet der Kreis unter der Glogauschen Oberamtsregierung, in Cammeralsachen unter der Glogauschen Cammer, in Werbesachen unter dem Canton des Dragoneregiments v. Bosse. In Ansehung der Steuern gehört solcher zur zweyten Classe, bey der Viehaßecuranz zur drit-

dritten Societät, und bey der Landschaft zum Glogau-Saganschen Fürstenthums-System.

Die Kreisofficianten sind: 1 Landrath, 1 Marschkommissarius, 2 Kreisdeputirten, 1 Kreisphysicus, 1 Steuereinnehmer.

B. Von denen Städten,

und zwar:

Von Grünberg.

§. 1.

Geschichte.

Grünberg gehört unter die wenigen Städte in Schlesien, von deren Erbauung sich doch etwas mit Gewißheit sagen läßt. Anfänglich war es freylich, so wie die meisten Städte, nur ein Dorf, und mag seinen Namen wahrscheinlich von den herumliegenden grünen Bergen erhalten haben, wie denn auch dieser Name zeigt, daß es von Deutschen erbauet worden. Nach einer geschriebenen alten Chronick wurde dies Dorf, so damals ein fürstliches Kammergut war, unter Herzog Heinrichs des Getreuen Söhnen 1321 in eine Stadt verwandelt, das heißt, mit einer Mauer umschlossen, den 31. May d. J. auf der Stelle, wo sonst eine Schäferey gestanden, der Grundstein zum Rathhaus gelegt, und den Einwohnern das Stadtrecht ertheilet. Indessen blieb dieſer Ort auch nach ſeiner Erhebung zur Stadt ein Kammergut; als aber der Landesherr wegen Geldmangel ſolche verpfänden wollte, gaben die Bürger ſelbſt den verlangten Pfandſchilling her, und benutzten dafür die Einkünfte der Stadt. Schade iſts, daß die rathhäuslichen Acten ſowohl den Namen des damaligen Fürſten, als das Jahr der Verpfändung entweder nicht aufbewahrt haben, oder verlohren gegangen ſind.

1341. rafte die Peſt allhier viel Menſchen weg. 1408 erkaufte der Rath das Dorf Sawadau und zwar die eine Hälfte vom Peter Günzel, Pfarrer zu Grünberg, die andere Hälfte aber von den Gebrüdern Lauſitz zur Kämmerey; ferner 1428 das Dorf Wittgenau, und endlich bald darauf auch das Guth Kühnau von dem Auguſtinerkloſter zu Sagan. Die Kaufbriefe darüber ſind zwar noch im rathhäuslichen Archiv vorhanden, allein in einem ſo unverſtändlichen Styl abgefaßt, daß man auch nicht einmal das Kaufgeld darinn ausgedrückt findet.

Schon 1418 erhielt die Stadt auch von den Herzgen Heinrich X. und XI. gewiſſe Statuten, oder ſo genannte Willkühren, welche hernach 1468 Freytag vor Hedwig aufs neue beſtättiget wurden; ſie beſtehen in einer genauen Gütergemeinſchaft unter Eheleuten und dem *Jure congrui* oder *vicinitatis*.

In den Unruhen, welche 1476 nach dem Tode Herzogs Heinrich XI. wegen der Erbfolge im Glogauſchen Fürſtenthum entſtanden, thaten die Croſſener 1477 den 27. Julii einen Einfall in das Grünbergbergsche, der ihnen aber übel bekam, weil sich die Grünberger herzhaft vertheidigten, und von den Crossenern 60 Mann erschlugen, 150 aber gefangen nahmen. Doch wurde Grünberg noch in eben dem Jahr von Herzog Hanns dem Unruhigen erobert.

1543 kaufte der Rath noch das Dorf Lausitz um 1100 Rthlr. Das Dorf Krampe hingegen setzte die Stadt selbst aus, wozu die Bürgerschaft einen Theil von ihren eigenen Grundstücken hergab; und 1561 erkaufte sie auch um 1733 Rthlr. die Obergerichte, womit sie zugleich das Recht einer freyen Rathswahl erhielt.

Die Einwohner Grünbergs waren zwar schon längst zur evangelisch-lutherischen Lehre übergetreten, und Luther selbst hatte ihnen auf Ersuchen des Raths 1547 ihren ersten Prediger, Namens Martin Beer, ordinirt, allein es gab wegen der Pfarrkirche Streitigkeiten; weil dieselbe nebst der dabey befindlichen Probstey das Eigenthum des Augustinerstifts zu Sagan war, und sowohl der Abt als der hiesige Probst den Evangelischen in solcher den Gottesdienst nicht erlauben wollten. Diesen Zwist zu endigen kaufte die Stadt 1570 unterm 13. Decemb. dem Abt Franz diese Kirche und Probstey für 3333 Rthl. völlig ab, muste aber auch noch dem Kayser Rudolph II. für die Bestättigung des Kaufes, welche unterm 19. Junii 1584 erfolgte, 2964 Rthlr. als ein freywilliges Geschenk zur Erkaufung der Herrschaft Pardewitz zahlen.

Den

Den 26. Julii 1582 brannten zwey Drittel der Stadt nebst der Pfarrkirche, Schule und dem Rathhause ab. Ob nun gleich die Wiederherstellung dieser und andern öffentlichen Gebäude der Kämmerey viele Kosten verursachte, so erkaufte der Magistrat dennoch unterm 27. Sept. 1596 vom Kayser Rudolph II. endlich die Stadt mit allen Regalien erblich, und löste sich solchergestalt selbst für einen Kaufschilling von 13000 Rthlr. von ihren bisherigen dem Landesherrn schuldigen Servituten. In dem darüber ausgestellten Kaufbriefe zwischen Verkäufer dem Kayser und Käufer dem Magistrat, wovon aber nur noch eine Copie vorhanden, heißt es:

„ꝛc. ꝛc. Sammt den Ober- und Niederge-
„richten, Bußen, freyen Rathscur, in und vor
„der Stadt den Zoll, Haasenjagdt, Stellwerk
„und Gehege, Schäfereyen, lebendigen, wilden,
„und gehegten Wässern, Wasserläuften, Brü-
„chen und ganzen Fischereyen, Fließwasser, sowohl
„das Zeichengeld von den Tüchern, und allen
„andern fürstlichen Ob- und Potmäßigkeiten,
„den Salzmarcht, und Fleischerzins, Getreide-
„zins ꝛc. und allen andern Herrlichkeiten, Hof-
„arbeiten, Dienstbarkeiten, Land- und Baufuh-
„ren, so Uns von Rechtswegen zuständig, und
„von Alters bis anhero sind in völligem Ge-
„brauch gewesen, ꝛc. und von Unsern Vorfah-
„ren Königen zu Böheimb und Obersten Her-
„zogen in Schlesien, Fürsten zu Großen Glogau
„genoßen, Wir Sy jetzo erblich besitzen, nichts
„davon ausgenumben, den Ersamen und Un-
„sern

„ sern lieben Getreuen Burgermeistern und Rath-
„ mannen und ganzen Gemeinde Unserer Stadt
„ Grünberg ihnen und ihren Nachkommen um
„ eine gewisse Summe Geldes, benanntlich Drey-
„ zehn Tausend Thaler ꝛc. ꝛc. ohne alle fernere
„ Belehnung, allermaßen Wir und unsere Vor-
„ fahren solche Güter vermöge des aufgerichteten
„ Urbarii inne gehabt, genossen, oder genießen,
„ und gebrauchen hätten, sollen, und können, und
„ wie Sy bishero durch Sy, die von Grünberg,
„ Pfandweise genossen worden, nichts davon, wie
„ obgemeldet, ausgeschloßen ꝛc. Jedoch halten
„ Wir Uns und Unsern Nachkommen hierinn
„ gänzlichen und ausdrücklichen bevor, Unser
„ Kaiserl. Königl. und Landesfürstl. Recht, als
„ Metall, Silber, Gold und alle andere Perg-
„ werk und Schäße, derer Ort erfunden würden,
„ auch alle Unsere hohe Obmäßigkeit, Purden,
„ Inzügen, Landes-Anlagen, Türken-Hülfs-
„ steuer, und Ritterdienst, Biergesell, Grenz-
„ zoll ꝛc. und Sy sollen auch die Stadt ihres
„ Gefallens und Vermögens zu bauen und zu
„ bevestigen allezeit gemechtiget seyn, jedoch also,
„ daß die Vestung Uns selbst als ihrem natürli-
„ chen Erb- und Schußherrn und höchsten Obrig-
„ keit und Unsern Erben und Nachkommen in
„ Feindes- und andern Nöthen und Zufällen
„ allzeit offen stehen, und zu beschützen seyn
„ soll ꝛc. Auch zur Recognition der Landes-
„ fürstlichen Obmäßigkeit einen ewigen Erbzins
„ als nemlich auf Johannis jährlich 50 Thaler
„ Uns, unsern Erben und Nachkommen in Unser
„ schle-

, schlesisch Rentamt gegen gebräuchliche Quittung
„ zu ewigen Zeiten schuldig seyn sollen ꝛc. ꝛc.

Sowohl aus den bisherigen beträchtlichen Ankaufungen, als auch aus den rathhäuslichen Nachrichten ergiebet sich, daß Grünberg in jener Periode, besonders seit 1560 in einem sehr blühenden Zustande gewesen, wozu die Tuchmanufactur wohl das meiste beytrug; auch führten damals die hiesigen Kaufleute einen ausgebreiteten Handel nach verschiedenen fremden Landen. Dies machte denn auch die Bürger übermüthig, welche 1599 große Streitigkeiten mit dem Magistrat anfiengen, die bis 1608 dauerten, und endlich durch eine besonders angestellte kayserliche Commißion beygelegt wurden.

Allein die folgenden Jahre brachten den Ort ziemlich von seinem Wohlstande herunter; denn 1608 den 30. Junii zündete der Blitz die Kirche an, und obzwar dieser Schaden für die Einwohner nicht bedeutend war, so folgte doch bald ein empfindlicherer, als 1627 den 25. April am Abend Jubilate die ganze Stadt nebst den Vorstädten ein Raub der Flammen wurde; auch nahmen zwey dahin gekommene Kompagnien Reuterey den Tuchmachern alle Tücher weg, und ruinirten die Walke. Kaum waren die Häuser wieder hergestellt, so gieng 1631 ein Drittheil von den Vorstädten, und 1638 den 11. März fast die ganze Niedergasse zum drittenmal im Rauch auf, 1651 am Abend vor Bartholomäi (24. Aug.) aber legte ein anderer großer Brand 665 Wohnhäuser nebst Kirche, Schule, Rathhaus ꝛc. in die Asche, und denjenigen Theil der Stadt, welcher diesmal verschonet blieb, verzehrte die Feuersbrunst, von welcher Grünberg abermal 1661 heimgesucht wurde.

Hier

Hierzu kamen noch andere Drangsalen, als die 1622 bis 1625 eingefallene außerordentliche Theurung, wo der Scheffel Korn bis 20 Rthlr. galt, und überdies der beste Nahrungszweig der Bürger, die Tuchmacherey, ganz darnieder lag; dann die 1631 ausgebrochene Pest, welche von 10,000 Einwohnern, die damals Grünberg hatte, 7000 wegraffte; und endlich der dreyßigjährige Krieg, der in dieser Stadt ebenfalls große Verwüstungen anrichtete.

Denn 1629, 1632, 1633 wurde der Ort jedesmal rein ausgeplündert, und im erstern Jahr zugleich dabey viele Bürger erschossen. Die Behandlung der Stadt muß damals überhaupt sehr grausam gewesen seyn, da der Chronickschreiber bey dieser Gelegenheit den Wunsch äußert: Gott helfe, daß Grünberg und kein anderer Ort solch Unglück mehr erfahren darf! — Hierauf standen 1638 durch zwey Monat lang 2000 Kroaten allhier, die von der Stadt unterhalten werden mußten, und sonst sehr übel hauseten. Auf diese folgten 1639 durch den ganzen Januar und Februar 4000 Schweden zur Einquartirung, die gleichfalls frey gehalten wurden; und noch in eben dem Jahr den 9. und 12. Julius plünderten die schwedischen Truppen den Ort ganz aus, so daß dadurch viele Bürger nach Polen zu flüchten bewogen wurden. 1640 lag der Herzog Franz Albrecht mit 20,000 Mann kayserlichen Völkern in dieser Gegend, die alles aufzehrten und die Dörfer verwüsteten, wodurch die hiesigen Einwohner wieder in große Hungersnoth geriethen. Im folgenden Jahr stand die kayserliche Armee wieder vom 4ten bis 13.

November allhier. Eine sechste allgemeine Plünderung der Stadt geschahe den 28. März 1642 von den Schweden, die siebende aber 1643 den 28. Februar von den Kayserlichen; und außer andern beschwerlichen Durchmärschen und Plackereyen trieben die Kayserlichen 1646 den Einwohnern noch zum Ueberfluß alles Vieh weg.

Unter solchen Umständen war es wohl natürlich, daß die Bürger außer Stand gesetzt wurden, ihre in den Bränden von 1651 und 1661 eingeäscherten Häuser wieder aufzubauen; sondern da die meisten in ihren Weinbergen kleine Häuserchen besaßen, so brachen sie nun solche dort ab, und bebaueten damit ihre Brandstellen, so gut als es sich thun ließ. Dies ist dann die Ursache, daß man gegenwärtig noch daselbst, besonders in den Vorstädten, so schlechte Wohnungen siehet, und die Stadt selbst so irregulär gebauet ist.

Aller dieser Unglücksfälle ohngeachtet würden sich die Einwohner durch ihren Fleiß und die Fabricken doch noch erholet haben, wenn die Religionsbedrückungen, die sie unter der vorigen Regierung erdulden musten, und wovon Herr Ehrhard in seiner Presbiterologie ausführlicher handelt, sich ihrer Aufnahme nicht entgegen gesetzt hätten. Denn da sich die hiesige Gemeine seit der Reformation Lutheri fast durchgehends zur evangelischen Relion bekannte, so traf sie auch die Verfolgung am härtesten; und weil noch die Brände in den Jahren 1675. 1677. 1700 1707. 1711. 1726. 1736, sowohl in als vor der Stadt verschiedene Häuser einäscherten, so hinderte dies

dies das Aufkommen der Bürger von Zeit zu Zeit um so mehr.

1679 wurde das neue Thor erbaut. 1683 zeichnete sich eine Recrutenaushebung gegen die Türken auf eine so sonderbare Art aus. Zwanzig Bürger musten nemlich mit einander würfeln, und der, den das Loos traf, war verbunden, einen Mann zu stellen, die übrigen 19 aber denselben zu montiren.

1687 Montag nach Jacobi ist zu Grünberg der erste Jahrmarkt gehalten worden.

1706 marschirten einige 30,000 Sachsen hierdurch; die Einwohner wurden daher sehr mit Einquartirung belästiget, durften aber der Mannschaft weiter nichts geben. Im folgenden Jahre aber rückte ein Commando Schweden den 29. August hier ein, und bedrückten die Einwohner durch freyen Unterhalt und ansehnliche Contributionen bis zum 19. September.

1740 den 16. Dec. rückten die ersten preußischen Truppen zu Grünberg ein. Den 20 Julius wurden zwey evangelische Mitglieder im Rathskollegio angestellt, und den 26. August huldigte die Bürgerschaft allhier dem König von Preußen. Unter der toleranten Regierung Friedrich II. gewann die Verfassung der Einwohner eine andere Gestalt; denn nun wurde vorzüglich die Tuchmanufactur begünstiget, für die Fabrikata neue Handlungsquellen eröfnet, die sich wieder unter sämmtliche Einwohner vertheilten, und 1755 den 7. Julii der erste Wollmarkt zu Grünberg gehalten.

X 2 Zwar

Zwar ist nachher der siebenjährige Krieg dieser Stadt besonders hart gefallen. Schon ihre Lage an der Landstraße von Berlin nach Breslau veranlaßte, daß sie fast beständig mit Durchmärschen, Einquartirungen und Transporten beschweret würde; noch trauriger aber waren für sie 23 feindliche Invasiones, wodurch sie in eine Schuldenlast von 33436 Rthlr. verfiel, die nach dem Frieden von der Bürgerschaft wieder getilget worden ist. Dennoch befanden sich die Einwohner in guten Umständen, weil zu jener Zeit die Tuchhandlung sehr florirte, die Tücher gut bezahlt wurden, und den Fabrikanten trefliche Nahrung verschaften.

§. 2.

Gegenwärtige Verfassung.

Grünberg ist eine königliche Immediat- und Weichbildstadt im Glogauschen Fürstenthum. Sie liegt 20 Meilen von Breslau, 7 bis 8 Meilen von Glogau an der Landstraße von Breslau nach Berlin zwischen nicht allzuhohen Bergen, die sämmtlich zum Weinbau angelegt sind, und ein sehr gutes Ansehen haben. Die Stadt ist mit einer Mauer umgeben, aber sonst nicht befestiget, und hat drey Thore nebst einer Pforte. Der Ring und die meisten Gassen sind gepflastert.

Zur Garnison liegt daselbst eine Eskadron vom Dragonerregiment v. Tschirschky.

§. 3.

§. 3.

Gebäude.

Oeffentliche Gebäude sind allhier folgende:

1. Die katholische Stadtpfarrkirche. Diese ist allem Vermuthen nach, so alt, als die Stadt selbst. Anfangs gehörte sie dem Augustinerstift zu Sagan, welches dabey eine Probstey errichtet, und hier einen Probst angestellt hatte, der die Pfarre administrirte; allein unterm 12. Dec. 1570 kaufte der Magistrat dem Abt Franz zu Sagan die Kirche nebst der Probstey für 5000 Floren eigenthümlich ab, und nun nahmen die Evangelischen solche in Besitz. Sie blieb in den Händen derselben bis zum Jahr 1628, wo die hiesigen lutrischen Prediger zum erstenmal vertrieben, die Katholicken aber in die Kirche eingewiesen wurden; und ob sie gleich während den Unruhen des dreyßigjährigen Krieges solche wieder an die Lutheraner abtreten musten, so behielten diese doch dieselbe nicht länger als zum Jahr 1651, wo sie den 15. März sodann von den kayserlichen Commissarien geschlossen, und den Katholicken aufs neue eingeräumet worden, die seitdem solche stets besessen haben.

In dem großen Stadtbrande 1582 gieng die Kirche, Pfarrwohnung und Schule mit im Rauch auf, wurde 1590 wieder hergestellt, verlohr aber 1608 den 30. Junius durch Zündung eines Wetterstrahls das Dach mit einem Theil vom Thurme; und ob sie gleich in dem Brande 1627 verschonet blieb, so ward sie doch 1651 zum zweytenmal völlig eingeäschert.

Sie ist gegenwärtig ganz maßiv, hat auswendig einen guten Glockenthurm, welcher 1776 während dem Gottesdienst in der Kirche einstürzte, eine Weibsperson todtschlug, 5 Personen beschädigte, und hierauf theils durch Kollectengelder und milde Beyträge, theils aus dem Kirchen-Aerario wieder erbauet worden; inwendig aber zeichnet sie sich weder durch schöne Gemälde noch sonst etwas besonders aus. 1775 wurde sie mittelst eines gewaltsamen Einbruchs beraubet. Der Magistrat hat das Kirchenlehn darüber. Ein Pfarrer, der zugleich Erzpriester im Grünbergschen Kreise ist, nebst zwey Kaplänen, besorgen dabey die Parochialia und den Gottesdienst.

2 Die evangelische Kirche. Seit dem Jahr 1651 war aller lutherischer Gottesdienst allhier abgeschaft und die Prediger vertrieben. Obgleich die zahlreiche evangelische Bürgerschaft zu verschiedenenmalen am kayserlichen Hofe um die Vergünstigung eine Kirche bauen zu dürfen solicitirte, so wurde doch ihr Gesuch schlechterdings abgewiesen. Endlich erhielten sie unter der preußischen Regierung was sie verlangten. 1741 den 24. Januar ward ihnen vom König Friedrich II. Martin Friedrich Frisch als Prediger zugeschickt, der Anfangs den Gottesdienst auf dem Rathhause hielt, und von da herab dem größtentheils auf dem Markte versammelten Volk predigte, bis darauf 1746 den 17. September der Grundstein zu der gegenwärtig noch stehenden evangelischen Kirche gelegt, und solche 1748 den 15. Decembr. feyerlich eingeweihet wurde. 1749 ließ die Tuchmacherzunft den hohen Altar dar-

darin errichten; 1755 wurde der schöne Taufstein in dieselbe geschenkt, auch die Orgel gebauet, welche 2000 Rthlr. kostet, und 1763 die große Glocke gegossen.

3. **Die katholische Begräbnißkirche.**

4. **Das Hospital.** Von demselben weiß man weder die Zeit der Stiftung noch den Stifter auszumachen, weil die alten Urkunden in den gewesenen Bränden verlohren gegangen sind. Einer Tradition zu Folge soll es durch freywillige Beyträge der Bürgerschaft erbaut worden seyn.

Es hat gegenwärtig noch ein Capital von 10857 Rthlr welches ehedem 17000 Rthlr. stark war, allein theils in Concursen, theils bey der Reduction der Münzsorten so weit herunter gekommen. Die Interessen davon und einige wenige Grundzinsen machen die Einnahme des Hospitals aus, die überhaupt in 649 Rthlr. 5 Sgl. bestehet; davon werden 21 Hospitaliten unterhalten welche in der großen Hospitalstube freye Wohnung und eine besondere Schlafkammer haben. Nebst dem bekommt jeder wöchentlich 5 Sgl. Kostgeld und 4 Sgl. auf Brodt.

Aus dieser öffentlichen Stiftung giebt es hier auch noch folgende milde Fonds:

a) Das Reich-Jeuthsche Stipendium, so unterm 15. Nov. 1611 von einem hiesigen Bürger, Balzer Jeuthe, und seiner Ehegattin Anna geb. Reichin gestiftet worden und in 1000 Mark Glog. oder 533 Rthlr. 10 Sgl. bestehet; von den davon fallenden Interessen 2 60 Mark erhalten die Hospi-

talisten 10 Mark oder 6⅔ Rthlr.; die Pfarrkirche 10 Mark oder 6⅔ Rthlr., ein Studirender 40 Mark oder 24⅔ Rthlr. Bey leßterem haben die Jeuthischen und Reichschen Anverwandten den Vorzug für andern. Jeder aber, der dies Stipendium länger als ein Jahr genießen will, muß darum wiederholte Nachsuchung thun.

b) Das **Lorenzsche Legat**, so unterm 12. März 1616 mit 1000 Mark, (oder 533 Rthl. 10 Sgl.) von einem Bürger Namens Tobias Lorenz, legirt worden. Es wird von der Familie des Stifters administrirt, und folgendergestalt angewendet:

Von den Zinsen der ersten 500 Mark, (oder 266⅔ Rthlr.), sollen die katholische Pfarrkirche, Pfarrwohnung und die Schule, im Baustande erhalten werden. Von den übrigen 500 Mark werden die Interessen jährlich am Tage Laurentii unter Aufsicht des Hospitalrendantens mit 6⅔ Rthlr. unter die Hospitaliten, mit 13⅓ Rthlr. aber unter die hiesigen Hausarmen vertheilt.

c) Das **Fleischer-Legat**, so noch aus 200 Rthlr. bestehet, und wovon die Zinsen durch die Familie des Stifters jährlich am Tage Jacobi an die Hausarmen ausgetheilt werden.

d) Das **Vogelsche Legat** von 200 Rthlr. wird ebenfalls durch die Verwandschaft des Stifters verwaltet, und die Interessen davon jährlich an etlich gewissen Tagen unter die Armen vertheilt.

Noch will ich hier von den zu Grünberg existirenden **Sterbecassen** Meldung thun, die zwar nicht

unter

unter die milden Fonds gehören, aber doch hier einen Platz verdienen.

Dergleichen Leichen-Societäten sind an diesem Ort fünfe, die aber in keiner Verbindung mit einander stehen, sondern jede subsistirt für sich selbst. Jede Gesellschaft bestehet aus 246 Mitgliedern, 2 Vorstehern und 4 Collecteurs; sowohl die Vorsteher als Collecteurs sind frey von allen Beyträgen; erhalten beym Tode eben die Quotam wie ein anderes Mitglied, genießen aber sonst für ihre Verwaltung kein Douceur. In drey Societäten bekommt jedes Mitglied im Sterbefall 30 Rthlr. in den zwey andern aber nur 20 Rthlr.; zu den drey erstern Classen ist der Beytrag bey dem Tode eines Mitgliedes 3 Ggr. zu den letztern hingegen nur 2 Ggr. Um beständig in den Cassen einen Geldvorrath zu haben, hat man bey Etablirung der Societäten auf einen eisernen Bestand Bedacht genommen, welcher in den erstern drey Classen in jeder 60 Rthlr. in den übrigen beyden 40 Rthlr. beträgt. Von diesem Bestande nun geschiehet sogleich am Sterbetage eines Mitgliedes die Auszahlung an die Erben desselben, und aus der hernach angestellten Collection der Beyträge wird alsdann der Cassenbestand wieder ergänzt. Die meisten Mitglieder sind nur bey einer Classe, verschiedene auch bey mehrern Societäten interessirt.

Diese Anstalten sind für Grünberg von großer Wichtigkeit; dann da sie nach einem ganz einfachen Plane eingerichtet sind, so kan dabey keine Bevortheilung statt finden. Die geringen Beyträge fallen den Interessenten nicht schwer, und am Ende erhal-

erhalten die Erben derselben nicht nur die Beerdigungskosten, sondern auch einen kleinen Ueberschuß.

Die übrigen öffentlichen Gebäude sind:

5. Sieben Pfarr- und Schulhäuser, darunter sind:

a) Die katholische Schule, welche nur von einem Rector bearbeitet wird, der für die kleine katholische Gemeine allhier hinlänglich ist.

b) Die evangelische Stadtschule, in welcher 1 Rector, 1 Conrector, 1 Subconrector die Jugend unterrichten, und die jetzt zu einer eigentlichen Bürgerschule umgeschaffen wird.

6. Ein Proviant- oder Magazingebäude.
7. Neun Accise- oder Zollhäuser.
8. Ein Wachthaus.
9. Das Rathhaus.
10. Zwey städtische Officiantenwohnungen.
11. Ein Kauf- oder Schmetterhaus.
12. Vier Magazinhäuser.
13. Ein Stockhaus.
14. Vier Malz- und Brauhäuser.
15. Acht andere städtische Gebäude.

Summa der öffentlichen Gebäude	43.
Privathäuser sind in der Stadt	131.
in der Vorstadt	939.
Vorwerke	28.
Zusammen	1098.

Dar-

331

Darunter befinden sich 3 Gasthöfe, 8 Wasser- 2 Lohmühlen, 3 Tuchwalken.

Unter den Privathäusern sind 101 mit Ziegeln gedeckt. Ohngeachtet der vielen Brände giebt es gegenwärtig hier doch nur noch 2 Brandstellen.

Scheunen werden 78 gezählt.

§. 4.

Einwohner.

Nie ist wohl Grünberg mehr bevölkert gewesen als 1631, wo 10,000 Menschen hier gezählt wurden, von welchen 7000 an der Pest starben. Nach der Zeit ist die Zahl der Einwohner niemals wieder so hoch gestiegen, und seit dem Antrit der königlichen preußischen Regierung sind in den Aufnahme-Tabellen nur zu finden:

	Männl.	Weibl.	Summa
Im Jahr 1740			3494
—— 1750	2176	2530	4706
—— 1760	2055	2455	4510
—— 1770	2245	2641	4886
—— 1786	2722	3075	5797
—— 1787	3117	3487	6604

Popu-

Populationsliste

Katholische	GetrautePaar.	Geb.	Gestorb.
Von 1741 bis 1750	45	202	70
— 1751—1760	100	314	234
— 1761—1770	61	239	212
— 1771—1780	64	313	212
— 1781—1788	60	320	194
Summa	330	1388	922

Evangelische	GetrautePaar	Geb.	Gestorb.
Von 1741—1750	367	1191	916
— 1751—1760	353	1224	1187
— 1761—1770	394	1555	1345

Das Consumo betrug pro 1787. 226 Stück Rindvieh, 1577 St. Schweine, 4029 St. Hammel, 1978 St. Kälber, 757 Scheffel Weitzen, 11048 Schfl. Roggen, 545 Schfl. Hafer, 2144 Schfl. Malz, 206 Schfl. Brandweinschrot.

§. 5.
Nahrungszweige.

Die fürnehmste Nahrung der Einwohner zu Grünberg bestehet:

a) In der Tuchfabrick und
b) Im Weinbau.

1. Was

1. Was die Tuchweberey betrift, so findet man von ihrem Anfang allhier in keinem dortigen Archiv einige Nachrichten; wahrscheinlich muß sie also schon seit Erbauung der Stadt daselbst im Gange gewesen seyn; denn in der Gewerklade dieser Zunft wird ein Privilegium im Original vom Herzog Johann zu Sagan und Glogau d. 1479 aufbewahrt, laut welchem nur die wirklich gelernten Tuchmacher zu Grünberg Wolle einzukaufen berechtiget sind, jedem andern aber, er sey wer er wolle, bey Strafe der Confiscation verboten wird. Ferner: daß der Gewandschnitt nur allein den Tuchmachern gestattet seyn soll, und zwar: Weil das Gewerk diese beyden Gerechtsame schon vor Alters her besessen hätte.

Ein anderes Privilegium ist vom Herzog Karl zu Münsterberg und Amtshauptmann zu Glogau d. 1531, welches eine Vorschrift wegen Besiegelung der Tücher nach ihrer Qualität enthält. Dann ist noch eine Confirmation vom Kayser Leopold d. 1661 verhanden, mittelst welcher das Tuchmacher-Gewerk in dem Besitz der Schönfärberey bestättiget wird, so wie sie solche von Alters her exercirt hat; und in einem alten Meisterbuche ist angemerkt, daß 1631 zur Zeit der Pest, die Tuchmacherzunft aus 700 Meistern bestanden habe.

Sonst hat sich diese Manufactur seit ihrer Entstehung allhier, selbst bey den vielen Drangsalen, so die Stadt betroffen, immer in Flor erhalten, und muß schon 1479 sehr blühend gewesen seyn, weil die hiesigen Tuchmacher nicht so viel Wolle bekommen konnten, als sie zur Verarbeitung brauchten; daher

her würdigte dann der Landesherr diese Zunft seiner Aufmerksamkeit, und gab ihnen durch oben gedachtes Privilegium das ausschließende Recht zum Wolleaufkauf. In ältern Zeiten wurden die Tücher, theils von gefärbter Wolle, theils auch weis gefertiget und dann erst gefärbt; seit mehr als hundert Jahren aber werden sehr wenig weiße Tücher gemacht, sondern alles in gefärbter Wolle gearbeitet, weil das hiesige Wasser sowohl zum Walken nicht viel taugt, als auch diese Art von Tüchern hier gar nicht gesucht wird. Zum Behuf der Färbung besitzt das Tuchmachergewerk eigenthümlich eine Schönfärberey, die in einem großen Hause mit allen zu dieser Sache gehörigen Nothdurften bestehet.

Laut rathhäuslichen Nachrichten führten die Grünberger Tuchmacher ehedem einen starken Handel nach Frankfurt am Mayn, Frankfurt an der Oder, Leipzig, Naumburg, Braunschweig, Erfurt, in verschiedene churmärkische Städte, vorzüglich aber nach Pohlen über Thoren und Gnesen, woselbst die hiesige Tuchmacherzunft eine eigene Niederlage besaß, dabey einen Buchhalter unterhielt, und durch diesen Weg ihre Tücher bis nach Rußland versendete.

Anfangs wurden hier nur ordinaire sogenannte 3. 2. und 1 Siegler ⅔ breite Tücher fabricirt; allein im Jahr 1766 fieng man an sich um feineres Gespinnste zu bemühen, und seine sogenannte 4 Siegler, oder Dreyßiger ⅘ breit zu fertigen, die im Auslande Beyfall und guten Absatz fanden.

Von

Von dieser Gattung sind gemacht worden:

Im Jahr	Stück
1766	22
1767	42
1768	628
1779	1239
1785	2371
1789	2471

Durch diese feine Tücher hat sich die Manufactur im Auslande besondern Credit erworben, so daß nun von verschiedenen Orten her Musterkarten und Bestellungen einlaufen, und die Tuchmacher vollauf zu thun haben, um solche befriedigen zu können.

Laut den alten Schauregistern sind überhaupt Tücher allhier gefertiget worden:

Im Jahr	Stück
1670	10809
1671	11500
1672	11805

Seit dieser Zeit sind unter voriger Regierung nie unter 9000, nie aber auch über 13000 Stück gemacht worden. In diesem Verhältniß blieb die Manufactur lange Jahre; denn noch wurden fabricirt unter der jetzigen Regierung:

Im Jahr	Stück	ins Ausland debit. Stück
1740	9468	7003
41	7942	5931
42	8917	5217
43	10670	7763
44	10683	6981

Im

Im Jahr	Stück.	ins Ausland debit.	Stük
1745	12228	9394	—
1746	12368	8603	—
47	12678	8936	—
48	11027	6903	—
49	11268	8955	—
50	10761	8265	—
51	10633	8105	—
52	11693	9071	—
53	12173	8969	—
54	12604	9168	—
55	12238	8404	—
56	12180	8915	—
57	12211	8358	—
58	10586	7534	—
59	10903	8589	—
60	10369	7192	—
61	10565	6678	—
62	10639	7179	—
63	10314	6836	—
64	9890	6932	—
65	9627	6040	—
66	10605	6635	—
67	11435	7457	—
68	11144	6153	—
69	11551	8015	—
70	11479	8875	—

Und so balancirte die Anzahl der Fabricata ferner fort bis zum Jahr

1779 wo über 13000 Stück,
1782 wo über 15000 Stück,
1786 aber 19994 Stück

gefertiget worden sind; wobey zu merken, daß man

in dieser letztern Periode angefangen hat auch melirte Tücher zu arbeiten.

Die Anzahl der Meister ist von 1740 bis jetzt größtentheils zwischen 400 — 500, die Anzahl der gehenden Stühle aber zwischen 300 — 400 gewesen, und nur bisweilen um etwas weniges überstiegen worden.

Von 1740 bis 1770 sind gegen 500,000 Stein Wolle verarbeitet worden.

178⅔, wo die stärkste (oben angeführte) Zahl von Tüchern gemacht wurde, bestand die Fabricke aus 521 Meistern, 269 Gesellen, 498 gehenden Stühlen. Das Consumo der Wolle betrug 30778 Stein, 2 Pfund.

178⁴⁄₇ aber befanden sich allhier 514 Tuchmacher, 28 Tuchscheerer und Bereiter, 232 Gesellen, 493 gehende Stühle. Das Consumo der Wolle war 28165 Stein.

Der Absatz der Tücher ins Ausland geschiehet dermalen noch nach Danzig, Konitz, Warschau und mehrere polnische Städte, auch nach Rußland, dann nach Frankfurt an der Oder, Leipzig, Naumburg, Iserlohn, und seit 1762 auch nach Königsberg in Preussen, welche letztere Handlungsquelle der sich um die Fabricke überhaupt sehr verdientgemachte damalige Stadtdirector Hofmann eröfnet hat.

Indessen fängt gegenwärtig diese sonst so ansehnliche Manufactur etwas an zu sinken. Die Ursache davon ist der hohe Wollepreis. Bestellungen ins Ausland laufen zwar genug ein; da aber die

Beschr. v. Schl. X. B. 5. St. Y Wol-

Wolle nicht mit dem Preis der Tücher im Verhältniß stehet, so bleiben manche Commißionen unerfüllt. Dis war auch Ursache, daß 1789 nur 16871 Stück Tücher, und also gegen das 1786ste Jahr 3123 Stück weniger fabricirt worden sind.

Seit zwey Jahren bedient man sich zwar auch der spanischen Wolle und verfertiget daraus extra feine $\frac{11}{4}$ breite Tücher, von welcher Gattung 1789 bereits 107 Stücke zu Stande gekommen und debitirt worden sind. Zur Appretur derselben braucht man die nach englischer Art in der Trautenauer Fabricke in Ostpreussen gemachten Tuchpreßspäne, weil die Breslauer hierzu nicht tauglich sind; und obgleich verschiedene Meister sich durch den Gebrauch der spanischen Wolle mit der feinen Arbeit schadlos zu halten suchen, die Fabricke auch dadurch sehr empor kommen könnte, so werden doch Jahre und viele Kosten dazu erfodert, um das Handwerkszeug erst recht dazu einzurichten. Ueberdies ist dieses nur ein Werk für Vermögende, die übrigen hingegen bleiben in ihrer Nahrung zurückgesetzt, und die Manufactur muß, im Ganzen betrachtet, unter dem hohen Preis der ordinairen Wolle immer leiden; es stehet aber zu hoffen, daß die Ausländer sich an die höhern Preiße gewöhnen werden.

2. Den Weinbau belangend, so ist derselbe schon seit ältern Zeiten allhier betrieben worden, und hat einen großen Einfluß auf das Wohl sowohl der Stadt- als Landbewohner; denn zu geschweigen, daß solcher vielen tausend armen Leuten Arbeit und Verdienst verschaft, so ist die Paßion der hiesigen Wirthe auf diese Beschäftigung so groß, daß jeder Bürger

ge karge und spart, so viel er von seiner Profeßion erübrigen kann, um sich einen Weinberg ankauffen zu können; oder falls er schon einen besitzt, solchen in erforderlichem Stande zu erhalten. Trift nun ein fruchtbares Jahr ein, so wird seine Sparsamkeit mit drey auch vierfachem Wucher belohnet, und mancher kan sich auf einmal aus allen seinen deshalb gemachten Schulden retten, besonders wenn mit einer guten Weinerndte auch eine gute Obsterndte verbunden ist. Fallen aber einige magere Jahre hinter einander ein, wie es oft zu geschehen pflegt, so gerathen viele, die sich aus den Schulden zu helfen hoften, auch wohl noch tiefer in dieselben, weil der Weinbau jährlich eine beträchtliche Auslage erfordert, da die benöthigte Düngung hier von Zeit zu Zeit seltener wird, und ein Fuder Dünger mit 16 Sgr. auch bis 1 Rthlr. 8 Sgr. bezahlet werden muß. Indessen lassen die Weinbauer beym Mißwachs ihren Muth nicht sinken, sondern wenden ihr letztes an, weil sie die Erfahrung belehrt hat, daß nach etlichen dürren Jahren wieder ein gutes kommt, wo ihr gehabter Schade vergütet wird. Auch der Wein mißräth nie ganz, sondern nur nach der Lage der Weinberge; und jedes Jahr, wenn es gleich noch so schlecht ist, wird doch immer etwas eingeerndtet, wie aus nachstehendem Verzeichniß zu ersehen ist:

Im Jahr ——— sind erbauet worden:
1740 waren die Weinstöcke alle erfroren.
1741 ——— 231 Eymer.
1742 ——— 245 —
1743 ——— 1720 —
1744 ——— 4663 —

Im Jahr	sind erbauet worden	Eymer
1745	—	4267 —
46	—	9753 —
47	—	3993 —
48	—	10171 —
49	—	7838 —
50	—	9885 —
51	—	8124 —
52	—	6285 —
53	—	2182 —
54	—	4466 —
55	—	5876 —
56	—	13176 —
57	—	9532 —
58	—	11014 —
59	—	11965 —
60	—	14124 —
61	—	14260 —
62	—	5421 —
63	—	3421 —
64	—	8805 —
65	—	2553 —
66	—	12312 —
67	—	12120 —
68	—	12430 —
69	—	2568 —
70	—	3895 —
71	—	5539 —
72	—	5649 —
73	—	14420 —
74	—	21410 —
75	—	21480 —
1776	—	16580 —

Im

Im Jahr	sind erbauet worden	Eymer.
1777	——	30604 ——
78	——	12800 ——
79	——	13937 ——
80	——	6746 ——
81	——	19062 ——
82	——	5460 ——
83	——	18054 ——
84	——	12850 ——
85	——	22978 ——
86	——	4245 ——
87	——	1332 ——
88	——	3652 ——
1789	——	29099 ——

Dieses macht denn in 49 Jahren 498,092 Eymer.

Der Preis des Weines ist nach Beschaffenheit der Jahre und der Güte desselben verschieden. Gewöhnlich wurde sonst der Eymer a 80 Quart, für 3 bis 3⅓ Rthlr. verkauft; er hat aber auch schon 5. 6. 7. 8 Rthlr. und das Gewächse von 1775 gar 10 Rthlr. gegolten. In der letzter Periode des siebenjährigen Krieges bezahlte man das Viertel so 3 Eymer enthält, mit 40 — 60 — 80 Rthlr. in damaligen Münzsorten. Gegenwärtig gilt der Eymer 3⅓ Rthlr. und beträgt also der Gewinn im 1789sten Jahr für die gewonnenen 29099 Eymer 96996 Rthlr., woraus sich beurtheilen läßt, wie einträglich der Weinbau für Grünberg sey.

Der erbaute Wein wird theils hier consumirt, größtentheils aber nach andern schlesischen, märkschen

schen und polnischen Städten in Gebinden zu 1 Viertel (3 Eymer) verschickt, und das übrige zu Eßig verbrannt, der ebenfalls aller Orten guten Absatz findet. Vor dem Jahr 1720 war das Eßigmachen nicht üblich, und man fabricirte nicht mehr, als etwa zur Nothdurft am hiesigen Orte erfordert wurde; nachher aber fieng man an dies Gewerbe stärker zu betreiben, so daß 1756 jährlich schon gegen 600 Eymer dazu consumirt wurden, und noch mehr kam es bey Gelegenheit des siebenjährigen Krieges in Gang, wo man viel Weineßig in die Lazarethe bedurfte, und von hier verschrieb. Nun werden jährlich bis 2000 Eymer zu diesem Behuf verbraucht, welches den Wein in einem erträglichen Preis erhält, und den Weinbauern ebenfalls viel Nutzen schaft. Weinberge sind hier 1989.

Die übrigen Nahrungszweige der Einwohner bestehen:

3. Im Ackerbau, der aber meist nur von denjenigen, besonders den Vorstädtern, betrieben wird, die keine Weinberge besitzen.

4. Im Brauurbar, welcher auf 53 Stellen haftet. Die Stadt verlegt folgende Dörfer mit Bier: Lonsitz, Woischke, Krampe, Sawaden, Kühnau, Wittgenau, Schertendorf, Heinersdorf, Lawoldau. Dahin werden jährlich etwas über 300 Achtel verschroten. Der Ausschrot auf Lawoldau und Schertendorf war ehedem von der Stadt abgekommen, ist aber wieder reluirt worden.

Der

Der Brandweinurbar ist allhier von geringem Belange, weil die Einwohner ihre Sorgen lieber im Wein als Brandwein vertrinken.

5. Im Handel, welcher von 12 Großisten, meist mit Tüchern, und 10 Krämern mit Specereywaaren getrieben wird. Es giebt hier 12 privilegirte Handlungsgerechtigkeiten, davon jede bis 1000 Thaler gilt.

Montags und Freytags wird Wochen- und Getreidemarkt gehalten.

Jahrmärkte sind viere, nämlich: 1. an 3 König, 2. am Pfingstdienstag, 3. an Jacobi, 4 an Michaelis.

Wollmärkte hat die Stadt drey, als: 1. an Reminiscere, Montag zuvor, 2. au Margareth desgleichen, 3. an Martini desgleichen.

Viehmärkte sind überhaupt fünfe.

6. In verschiedenen Künsten und Handwerkern. Es befinden sich hier 1 Apothecker, 4 Bader, 18 Bäcker mit 20 Bänken, 15 Böttcher, 1 Borstenbinder, 3 Brandweinbrenner, 2 Brauer und Mälzer, 3 Buchbinder, 3 Drechsler, 1 Farbendrucker, 4 Färber, 18 Fleischer mit 20 Bänken, 2 Glaser, 1 Goldschmied, 8 Gräupner, 5 Gürtler, 3 Handschumacher, 4 Hutmacher, 2 Kammmacher, 4 Kammsetzer, 1 Kunstpfeiffer, 11 Kürschner, 1 Klempner, 1 Knopfmacher, 1 Korbmacher, 1 Korduaner, 3 Kupferschmiede, 1 Lederfabricke, 13 Leinweber, 1 Leistenschneider, 5 Maurer, 8 Müller, 5 Nadler, 1 Nagelschmied, 5 Perückenmacher, 1 Pfefferküch-

ler, 4 Posamentirer, 5 Rade- und Stellmacher, 3 Riemer, 3 Rothgerber, 3 Sattler, 7 Schlosser, 3 Schleifer, 7 Schmiede, 28 Schneider, 24 Schuster mit 24 Bänken, 1 Schornsteinfegen, 3 Seifsieder, 6 Seiler, 2 Sporer und Zirkelschmiede, 1 Steinbrücker, 2 Strohflechter, 9 Strumpfstricker, 1 Strumpfwirker, 9 Tischler, 4 Töpfer, 514 Tuchmacher, 28 Tuchscheerer, 6 Tuchwalker, 3 Weisgerber, 14 Weineßigmacher, 48 Winzer, 1 Zeugmacher, 1 Ziegelstreicher, 2 Ziergärtner, 7 Zimmerleute, 2 Zinngießer, 1 Zuckerbäcker.

§. 6.
Allerhand.

Die Stadtkämmerey besizt eigenthümlich 6 Dörfer, nämlich: Kuhnau, Sawadau, Krampe, Lausitz, Woischke, Birgenau, und in denselben 4 Vorwerke, als zu Krampe, Lausitz, Woischke, und Teichhaus; auch sind zu Krampe und Lausitz ansehnliche Schafereien.

Dann gehört derselben den Pflasterzoll in der Stadt und der Brückenzoll zu Sawadau.

Auch eine Ziegelei.

Eine Waldung von 3847 Morgen, 25 Quadratruthen, worunter 1415 Morgen 75 Quadratruthen Eichwaldung sind.

Ueberhaupt beträgt die jährliche Kämmerey-Einnahme gegen 6800 Rthl.

In dem Feuersocietäts-Catastro stehet die Stadt auf 168811 Rthl.

Der

Der Magistrat bestehet aus 1 Director, Proconsul, 1 Polizeiburgermeister, 1 Syndicus, 1 Kämmerer, 5 Rathmännern, 3 Unterbedienten. Der Schöppenstuhl aus 4 Scabinen.

Das Obertuchschauamt verwalten: 1 Präses, 2 Fabrickeninspectores, 1 Schauschreiber.

Königliche Beamten sind:

a) Beym Accisamt: 1 Einnehmer, 2 Controleurs, 8 Unterbediente.

b) Beym Zollamt: 1 Einnehmer, 1 Controleur.

c) Beym Salzamt: 1 Salzfactor, 1 Salzbereuter.

d) Beym Creissteueramt: 1 Steuereinnehmer, 1 Creisphisicus.

e) Beym Postamt: 1 Postmeister.

Ankommende Posten:

Sonntag und Mittwoch, die fahrende Post aus Berlin, die reitende aus Züllichau, die reitende von Berlin, Hamburg ꝛc.

Montag und Freytag, die fahrende aus Breslau und Oberschlesien, die reitende von Breslau dem Schlesischen Gebürge und Wien.

Abgehende Posten:

Sonntag und Mittwoch, die fahrende nach Breslau über Wartenberg, Glogau ꝛc und die reitende eben dahin.

Montag und Freytag, die reitende nach Krossen, die fahrende eben dahin, und die reitende nach Züllichau.

Von Wartenberg.

Dieser Ort ist ein offenes Städtchen, jedoch der Accise unterworfen, liegt am Fluß Ochel, und wird zum Unterscheid einer andern Stadt Wartenberg in Oberschlesien: Wartenberg, an der Ochel, jenes hingegen insgemein Polnisch-Wartenberg, genannt. Im Jahr 1441 brannte es ganz, und 1701 größtentheils ab; sonst ist mir von der Erbauung, vom Erbauer und den übrigen Schicksalen dieses Städtchens nichts bekannt. Vormals gehörte es nebst 6 Dörfern den Jesuiten, welche eine Residenz allhier hatten; seit 1788 aber besitzt diese Wartenbergsche Herrschaft der Herzog zu Kurland und Sagan.

Gebäude sind daselbst:

Die katholische Pfarrkirche, zu welcher, wegen einem in solcher befindlichen Marien-Bilde an gewissen Festtagen viele Wallfahrter kommen. Ein Pfarrer mit 2 Kaplänen versehen die geistlichen Amtsgeschäfte.

Die ehemalige Jesuiter-Residenz mit der dazu gehörigen Schloßkirche, welche aber zum Lande geschlagen ist.

Die ordentliche Pfarrwohnung.

Die Schule,

Das Rathhaus.

Das Accishaus.

Das Stockhaus.

Das Brauhaus.

Eine

,r Eine Städtsche Beamtenwohnung.
 Privathäuser sind in der Stadt 82
 in der Vorstadt 33
 Zusammen 115.

Welche meist von Holz sind, und nur 5 haben Ziegeldächer. Scheunen giebt es 41.

1787 waren Einwohner allhier:
 Männliche 352.
 Weibliche 347.
 Summa 699 Seelen.

Das Consumo derselben war: 14 Stück Rindvieh. 217 St. Schweine, 238 St. Hammel. 303 St. Kälber. 212 Scheffel Weitzen. 921 Sfl. Korn. 415 Schfl. Malz. 115 Schfl. Brandweinschrot.

Die Einwohner treiben Nahrung:

1) Mit Ackerbau und Viehzucht.

2) Mit Bierbrauen, welches auf 75 Stellen haftet, aber nicht sonderlich einträglich ist, theils weil die Stadt keine Garnison und wenig Einwohner hat, theils weil nur 1 Dorfkretscham unter dem Ausschrott stehet.

3) Mit Handel, der jedoch auch unbedeutend ist, und blos von 3 Krämern und 2 Victualienhändlern betrieben wird.

Wochenmarkt wird nicht gehalten.

Jahrmärkte sind 4 als: 1) Sonnt. Septuagesimä, 2) Himmelfahrt, 3) Mariä Geburt, 4) Galli, bey jedem ist zugleich Viehmarkt.

4) Mit

4) Mit allerhand Profeßionen. Es giebt daselbst 1 Bader, 6 Bäcker mit 6 Bänken, 5 Böttcher, 1 Brandweinbrenner, 1 Brauer, 2 Färber, 5 Fleischer mit 6 Bänken, 2 Glaser, 1 Hutmacher, 4 Kürschner, 2 Maurer, 6 Rade- und Stellmacher, 1 Riemer, 2 Schindelmacher, 3 Schleifer, 1 Schlosser, 2 Schmiede, 11 Schneider, 1 Schorsteinfeger, 10 Schuster mit 10 Bänken, 1 Seifensieder, 5 Seiler, 4 Tischler, 2 Töpfer, 1 Weisgerber, 3 Zimmerleute.

Die Stadt besitzt keine eigenthümliche Fundos, und die Einkünfte der Kämmerey, die in der Viehmauth zu Jahrmarktzeiten, und in den Beyträgen der Bürgerschaft bestehen, betragen jährlich gegen 400 Rthlr.

Im Feuersocietäts-Catastro ist Wartenberg auf 13980 Rthlr. angeschlagen.

Im Rathe sitzen 1 Bürgermeister, 1 Feuerbürgermeister, 2 Rathleute, 1 Syndicus.

Die Stadt gehört zum zweyten Glogauschen Steuerräthlichen Departement.

Das Accis- und Zollamt verwalten 1 Einnehmer, 1 Controlleur.

Das Postamt ein Postmeister.

Ankommende Posten:

Sonntags. Die fahrende Post aus Grünberg, von Ber-

Berlin nach Breslau ꝛc. früh um 10 Uhr. Die fahrende aus Breslau, Oberschlesien, aus dem Gebürge ꝛc. nach Berlin Abends um 9 Uhr.

Montags. Die reitende aus Berlin, Grünberg, nach Breslau Früh um $2\frac{1}{4}$ Uhr. Die reitende aus Breslau ꝛc. nach Berlin ꝛc. Mittags um $11\frac{1}{4}$ Uhr.

Mittwochs. Die Berliner fahrende wie Sonntags.

Donnerstags. Die Berliner reitende wie Montags. Die Breslauer fahrende wie Sonntags. Die Breslauer reitende wie Montags.

Abgehende Posten:

Sonntags. Die fahrende nach Glogau, desgleichen nach Polkwitz ꝛc. und Breslau ꝛc. Liegnitz, Mittags um 11 Uhr. Die fahrende aus Breslau nach Berlin Abends um 11 Uhr.

Montags. Die reitende nach Breslau, Liegnitz ꝛc. Früh um 2 Uhr. Die reitende nach Berlin Mittags um 12 Uhr.

Mittwochs. Die Breslauer fahrende wie Sonntags.

Donnerstags. Die Berliner fahrende wie Sonntags. Die Breslauer reitende wie Montags. Die Berliner reitende Nachts um 12 Uhr.

C. Vom

C. Vom Grünbergschen Kreise insbesondere.

Namen der Dörfer.

Anmühle, kommt bey Klein-Heinersdorf vor No. 13.

Bergmühle, gehört zu Külpenau No. 26.
Bergmühle, gehört zu Loos No. 33.
Bergvorwerk, gehört zu Ochelhermsdorf, No 39.

1. **Bobernig,** enthält mit Einschluß Kukawe 1 Vorwerk, 2 Schulhäuser, 3 Kretschame, 41 Dienstbauern, 37 Häusler, 1 Windmühle, 14 andere Häuser, Summa 99 Feuerstellen und 604 Einwohner. Eigenthümer ist der Herzog von Kurland.

2. **Boyadel,** begreift unter sich 1 Vorwerk, wobey 1 herrschaftlich Schloß, 1 evangelische Kirche, 1 Schule, 1 Kretscham, 49 Dienstbauern, 12 Gärtner, 46 Häusler, 8 Windmühlen, wovon 3 außerhalb des Dorfes liegen; 18 andere Häuser, Summa 134 Feuerstellen, und mit Einschluß der hieher noch geschlagenen Oerter: Hammerkretscham, Dickstrauch, Kern-Mesche, Polke, Schußlawe, Schusnofke, Schwenten-Vorwerk, von denen die Besitzungen im gehörigen Orte bemerkt sind; 1549 Einwohner. Dieses ansehnliche Gut ist schon seit 200 Jahren in den Händen der Familie derer v. Kottwitz. 1619 hieß der Besitzer Ernst Heinrich, 1743 Rudolph Gotthard, gegenwärtig aber Adam Rudolph Karl Freyherr von Kottwitz, königlicher Kammer=

merher und Canonicus zu Roßberg. Dann gehören hieher auch noch die Boyadler Fährhäuser, welche aus 17 Häuslerstellen und einem andern Hause bestehen; die Einwohner sind oben mitgerechnet.

3. **Buchelsdorf**, allhier sind befindlich 1 herrschaftliches Wohnhaus, 1 Vorwerk, 1 Schule, 6 Dienstbauern, 10 Gärtner, 23 Häusler, 1 Wasser= 1 Windmühle, 13 andere Häuser, zusammen 56 Feuerstellen mit 256 Seelen. 1681 besaß dies Gut George Heinrich v. Glaubiz, 1722 Christoph Heinrich v. Glaubiz, 1743 Kaspar Gottlieb v. Knobelsdorf und jetzt dessen Sohn.

Buschvorwerk, gehört zu Deutschkessel No. 19.

Buschmühle, gehört zu Lawalde No. 30.

4. **Cunersdorf**, faßt in sich 1 Kretscham, 9 Dienstbauern, 2 Gärtner, 16 Häusler, 10 andere Häuser, zusammen 38 Feuerstellen mit 188 Personen, und gehört dem Herzog zu Kurland.

5. **Dammerau** daselbst giebt es 1 Schulhaus, 22 Dienstbauern, 4 Gärtner, 19 Häusler, 2 Windmühlen, 4 andere Häuser, Summa 52 Feuerstellen mit 329 Seelen, und gehört unter das Dohmkapitel zu Glogau.

6. **Dickstrauch=Vorwerk**, ist eigentlich ein Vorwerk, so zu Boyadel gehört, liegt aber besonders, und macht ein Dörfchen aus von 1 Vorwerk, 1 Schäferhaus und 6 Häusler. Einwohner und Gutsbesitzer s. Boyadel No. 2.

Doberau=Vorwerk, s. Lättwiz No. 28.

Dornkrug, s. Polnisch=Kessel No. 20.

7. **Drent=**

7. **Drentkau,** *a)* mit den sogenannten Hintergütern machen einen Antheil aus, von 1 katholischen Kirche, 1 Pfarrhause, 1 Schule, 1 herrschaftlichen Wohnhause, 2 Vorwerken, 4 Dienstbauern, 21 Gärtnern, 44 Häuslern, 5 Wassermühlen, 23 andern Häusern, zusammen 102 Feuerstellen mit 546 Einwohnern. Besitzer sind gewesen 1611 Hans von Kalkreuth, 1681 Erdmann Christoph v. Rothenburg, 1688 die Wittwe v. Knobelsdorf, 1722 Christian Ernst v. Rothenburg und Sigmund v. Knobelsdorf, 1743 Gottlieb Ehrenreich Freyherr von Gersdorf, 1781 der Graf v. Schlabrendorf, 1782 die Frau Gräfin v. Cosel, 1785 ihr Sohn, und seit 1789 ist es der v. Johnstohn.

b) Der zweyte Antheil dieses Dorfes hat 1 herrschaftliches Wohnhaus, 1 Vorwerk, 2 Dienstbauern, 2 Gärtner, 5 Häusler, 2 andere Häuser, Summa 13 Feuerstellen mit 68 Einwohnern. 1722 gehörte dieser Antheil dem Otto Sigfried v. Unruh, 1743 dem Gustav Christ. v. Prittwiz, 1761 dem Baron v. Gersdorf, und seit 1768 der Frau v. Knobelsdorf.

8. **Droschkau,** enthält 1 katholische Filialkirche, 1 Pfarrwidmuth, 1 Schule, 18 Dienstbauern, 11 Gärtner, 20 Häusler, 4 Wassermühlen, 21 andere Häuser, Summa 77 Feuerstellen mit 435 Personen und gehört dem Fürst v. Schönaich zu Carolath.

Feldvorwerk, s. Mittel-Ochelhermsdorf No. 39.

9. **Friedersdorf,** enthält 1 katholische Kirche, 1 Pfarrhaus, 1 Schule, 23 Dienstbauern, 8 Gärtner, 19 Häusler, 1 Windmühle, 27 andere Häuser,

ſer, zuſammen 80 Feuerſtellen mit 441 Einwohnern. Eigenthümer davon iſt der Herzog von Curland.

Gansmühle, gehört zu Saabor No. 45.

Gebitzvorwerk, zu Schwarmiz No. 55.

Gemauerte Mühle, zum folgenden.

10. **Güntersdorf**, hier werden gezählt 1 katholiſche und 1 evangeliſche Kirche, zu welchen die Dörfer Drentkau, Kulpenau, und aus dem Freiſtädtſchen Kreiſe noch Heide, Hainchen und Fürſtenau eingepfarrt ſind, 2 Pfarrhäuſer, 2 Schulen, 1 herrſchaftlich Schloß, Vorwerke, 1 Kretſcham, 32 Dienſtbauern, 13 Gärtner, 27 Häusler, 2 Waſſermühlen, wovon eine die gemauerte Mühle heißt; 46 andere Häuſer, zuſammen 129 Feuerſtellen mit 591 Einwohnern. 1608 gehörte dies Gut dem Balzer v. Unruh, in dieſer Familie blieb es bis 1757, wo es einer v. Scopp erkaufte, dann kam es 1774 durch Kauf an die Frau Gräfin v. Coſel, und 1789 an den gegenwärtigen Beſitzer den v. Johnſton.

11. **Hammer**, beſtehet aus zwey Antheilen, und zwar:

1. **Ober Hammer**, wozu das Mühlvorwerk und die Rogwizmühle gehört; hat 1 Vorwerk, 14 Gärtner, 7 Häusler, 1 Waſſermühle, 3 andere Häuſer, 138 Einwohner und gehört dem Kammerherrn Baron von Kottwiz.

2. **Nieder-Hammer**, hat 1 herrſchaftlich Wohnhaus, 1 Vorwerk, 6 Gärtner, 7 Häusler, 4 andere Häuſer, zuſammen 19 Feuerſtellen, 127 Einwohner und gehört dem Fürſt zu Carolath.

Beſchr. v. Schl. X. B. 5. St. 3 Ham-

Hammerkretscham, s. Bonadel No. 2.

Heidemühle, s. Klein-Heinersdorf No. 13.

Heidevorwerk, s. Ludwigsthal No. 34.

12. Havelze-Vorwerk, enthält 1 Vorwerk, 16 Gärtner, 9 Häusler, 1 Mühle, 3 andere Häuser, zusammen 30 Feuerstellen, und gehört dem Freyherrn v. Kottwiz zu Kontopp, s. No. 22.

13. Heinersdorf, Klein- begreift unter sich 1 Schulhaus, 1 Lehn- und Freyschölzerey, 15 Dienstbauern, 14 Gärtner, 63 Häusler, 1 katholische Kirche, 10 Wassermühlen, wovon einige eigene Namen haben, als die Anmühle, die Herrnmühle, die Hummelmühle, die Langemühle, die Prüfermühle, die Schulzenmühle, die halbe Meilmühle; 5 andere Häuser; zusamen 109 Feuerstellen, 552 Seelen. Dies Gut ist ein Eigenthum des Jungfernstift zu Sprottau.

14. Heinrichau, ist eine Kolonie von 17 Freystellen, liegt zwischen Wittgenau und Schloin, gehört zum Hauptdorfe Schloim, wo die Menschenzahl mitgerechnet ist, und mit diesem dem v. Knobelsdorf.

Hoppe-Vorwerk, zu Lawalde No. 30.

Hummelmühle, zu Klein-Heinersdorf No. 13.

15. Janny-Vorwerk, hier befinden sich 1 Vorwerk, 1 Schule, 22 Häusler, 5 andere Häuser, zusammen 25 Feuerstellen. Die Einwohner kommen bey Polnisch-Kessel vor, weil sie zu jener Gemeine und demselben Dominio gehören, s. No. 20.

16.

16. **Jonasberg**, enthält 1 katholische Kirche, 1 Pfarrhaus, 1 Schule, 1 herrschaftlich Wohnhaus, 1 Vorwerk, 9 Gärtner, 3 Häusler, 1 Wassermühle, 1 anders Haus, Summa 18 Feuerstellen, 104 Einwohner. 1603 besaß dies Gut Peter v. Grünberg, 1654 Bartel v. Stenzsch, 1681 Conrad v. Troschke, 1743 Ernst Rudolph v. Schweinchen, 1744 der Burgermeister Dehmel zu Grünberg, 1746 der Baron v. Borrwiz, 1747 die Frau v. Gladis, 1749 der v. Gladis, 1754 der v. Broun, 1759 der v. Nassau, 1761 der v. Stosch, 1763 der v. Löben, 1784 der v. Poser, 1787 der Baron v. Tschammer.

17. **Karschin**, faßt unter sich 1 herrschaftliches Wohnhaus, 1 Vorwerk, 11 Gärtner, 23 Häusler, 1 Windmühle, 1 Schule, 4 andere Häuser, Summa 42 Feuerstellen mit 283 Personen und gehört dem Herzog zu Curland.

18. **Kern-Vorwerk**, ist zwar ein besonders liegendes Dorf, macht aber mit Bonabel, wo die Einwohner mitgerechnet sind, ein Dorf aus, und hat 1 Vorwerk, 13 Gärtner, 7 Häusler, 1 Mühle, 5 andere Häuser, in allem 27 Feuerstellen. Die Besitzer s. Bonabel No. 2.

19. **Kessel, Deutsch-** daselbst sind befindlich 1 katholische Kirche, 1 Pfarrhaus, 1 Schule, 1 herrschaftlich Schloß, 2 Vorwerke, wovon eines das Buschvorwerk heißt; 2 Kretschame, deren einer der Seekretscham genannt wird; 10 Dienstbauern, 12 Gärtner, 23 Häusler, 3 Wasser- 1 Windmühle, 11 andere Häuser, Summa 67 Feuerstellen mit 383 Seelen. 1638 war hier Gutsbesitzer Wenzel Rudolph,

dolph, und 1681 Maximilian Rudolph v. Stenzsch, 1723 Johann Fabian v. Grünberg, 1743 Balzer Nicolaus Baron v. Hock, 1774 der Landrath von Stenzsch, und seit 1776 Johann Ernst v. Stenzsch.

20. **Kessel, Polnisch-** enthält 1 herrschaftliches Wohnhaus, 2 Vorwerke, wovon eines das Krampe-Vorwerk heißt; 18 Dienstbauern, 6 Gärtner, 21 Häusler, 2 Windmühlen, 1 Schule, 14 andere Häuser, Summa 65 Feuerstellen, und mit Einschluß des hieher geschlagenen Dorfes Janny-Vorwerk und Dornkrug 589 Seelen. 1591 besaß das Gut Joachim, 1611 Johann George, 1648 Wenzel Rudolph, 1666 Karl Friedrich, 1723 Balzer, 1743 George Alexander sämmtlich v. Stenzsch, und nun die Erben desselben.

21. **Kleinitz,** allhier giebt es 1 katholische Kirche, zu welcher die Dörfer Karschin und Sedezin eingepfarrt sind, und wobey ein Local-Kaplan angesetzt ist; 1 herrschaftlich Schloß, 2 Vorwerke, 1 Pfarrhaus, 1 Schule, 48 Dienstbauern, 18 Gärtner, 61 Häusler, 3 Windmühlen, 12 andere Häuser, Summa 148 Feuerstellen und 1149 Einwohner. Eigenthümer davon ist der Herzog zu Curland.

22. **Kontop,** das Dorf begreift unter sich noch die Oerter Polame, Schafhorst, Striemene, Waldvorwerk, welche zusammen 1 katholische Kirche, 2 Pfarrhäuser, 1 Schule; 1 Hospital, 1 herrschaftlich Schloß, 2 Vorwerke, 15 Dienstbauern, 19 Gärtner, 6 Häusler, 1 Wasser- 3 Windmühlen, 15 andere Häuser; nebst einer evangelischen Kirche, deren Prediger zugleich auch die Kirche zu Boyadel mit

mit versiehet; Summa 67 Feuerstellen und mit Einschluß des Haweltze-Vorwerk 831 Menschen. Gutsbesitzer sind gewesen 1510 v. Dyherr, 1579 v. Kottwiz, 1688 Adam Wenzel von Kottwiz, 1722 Mariane v. Kottwiz, 1743 Adam Heinrich Baron v. Kottwiz, und seit 1788 v. Luck.

23. **Kontop**, ist ein unaccisbares Städtchen, oder offener Flecken, der ebenfalls zum Lande gehört, und aus 2 herrschaftlichen Wohnhäusern, 2 Kretschams, 44 Häuslern, 7 andern Häusern, zusammen aus 55 Feuerstellen, 284 Einwohnern bestehet. Die Besitzer siehe oben.

24. **Krampe**, faßt 1 herrschaftliches Wohnhaus, 1 Vorwerk, 1 Schule, 1 Kretscham, 38 Häusler, 2 Wassermühlen, 2 Papiermühlen, 11 andere Häuser, Summa 57 Feuerstellen, 308 Seelen, und gehört der Stadtkämmerey zu Grünberg.

Krampermühle, s. Lawalde No. 30.

Krampervorwerk, s. Polnisch-Kessel No. 20.

Ruckawe, s. Bobernig No. 1.

25. **Rühnau**, hat 1 Schulhaus, 23 Dienstbauern, 3 Gärtner, 32 Häusler, 5 andere Häuser, zusammen 63 Feuerstellen mit 372 Einwohnern, und gehört auch der Stadt Grünberg.

26. **Külvenau**, daselbst zählt man 1 herrschaftliches Schloß, 1 Vorwerk, 8 Dienstbauern, 24 Häusler, 2 Wassermühlen, 18 andere Häuser, zusammen 54 Feuerstellen mit 372 Seelen. 1681 besaß dies Gut Hanns v. Rothenburg, 1723 Christoph Geor-

ge v. Unruh, 1780 die Wittwe Frau v. Unruh geb. v. Broun, und seit 1783 der Landrath Freyherr v. Kottwiz.

27 Läßichen, faßt in sich 1 herrschaftliches Schloß, 1 Vorwerk, 1 Schule, 1 Kretscham, 13 Dienstbauern, 22 Gärtner, 10 Häusler, 1 Wasser- 1 Windmühle, 17 andere Häuser, Summa 68 Feuerstellen, 387 Einwohner. Die Besitzer kommen bey Seedorf vor.

28. Lättnitz, enthält 1 evangelische Kirche, die von dem Prediger zu Lippen im Crossenschen mit respicirt wird; auch 1 katholische Kirche, zu beyden ist eingepfarrt Cosel aus dem Saganschen Kreise; 2 Pfarrhäuser, 1 Schule, 1 herrschaftliches Schloß, 2 Vorwerke, wovon eines das Doberau-Vorwerk genannt wird; 16 Dienstbauern, 10 Gärtner, 30 Häusler, 4 Wasser- 1 Windmühle. 25 andere Häuser, zusammen 92 Feuerstellen mit 468 Personen. 1681 gehörte dies Gut dem Hanns v. Neßliz, 1688 dem Hanns v. Schenkendorf, 1706 der Frau Susanna v. Rothenburg, geb. v. Nimtsch, 1722 der Frau Susanna v. Stenzsch, geb. v. Nimtsch, 1743 dem Hanns Ernst v. Diebitsch, und nun der verwittweten Baronne v. Diebitsch.

Lange-Mühle, s. Klein-Heinersdorf No. 13.

29. Lansitz, hier befinden sich nebst dem Teichvorwerk und der Teichmühle 1 Vorwerk, 18 Dienstbauern, 18 Gärtner, 32 Häusler, 1 Wassermühle, 10 andere Häuser, zusammen 81 Feuerstellen, 431 Einwohner und gehört der Stadt Grünberg. Auch ist hier eine katholische Filialkirche mit 1 Schule.

30.

30. **Lawalde,** faßt in sich 1 katholische Kirche, 1 Schule, 1 Vorwerk, 8 Bauern, 18 Gärtner, 17 Häusler, 4 Wassermühlen, wovon eine die Buschmühle eine die Krampermühle heißt; 10 andere Häuser, zusammen mit Einschluß des Hoppe-Vorwerks 96 Feuerstellen, 371 Einwohner. 1681 gehörte das Gut dem Joh. Friedrich v. Unruh, 1722 dem Otto Sigm. v. Unruh, 1743 dem Gustav Christ. v. Prittwitz, 1761 dem v. Stosch, nun den v. Stoschschen Erben.

31. **Leßen, Groß-** hier werden gezählt 1 katholische Kirche, 1 Pfarrhaus, 1 Schule, 1 herrschaftlich Schloß, 2 Vorwerke, 3 Kretschams, 14 Dienstbauern, 22 Gärtner, 20 Häusler, 1 Wasser- 1 Windmühle, 28 andere Häuser, Summa 88 Feuerstellen mit 506 Personen. 1681 besaß dies und das folgende Gut Johann, 1772 Matthäus Lorenz, und seit 1788 dessen adoptirter Sohn v. Arnold.

32. **Leßen, Wenig-** hat mit Einschluß der Sauermanns-Mühle 1 Kretscham, 15 Dienstbauern, 5 Häusler, 1 Wassermühle, 5 andere Häuser, überhaupt 27 Feuerstellen mit 146 Seelen. Die Besitzer siehe Oben.

Lippe-Vorwerk, s. Nieder-Hammer No. 11.

Lodenberg-Vorwerk, s. Loos No. *ut infra*.

33. **Loos,** faßt in sich 1 katholische Kirche, 1 Pfarrhaus, 1 Schule, 2 Vorwerke, wovon eines den Namen das Sattelvorwerk hat; 10 Dienstbauern, 22 Gärtner, 21 Häusler, 1 Wasser- 1 Windmühle, 14 andere Häuser, zusammen 73 Feuerstellen mit

578 Perſonen. Eigenthümer davon iſt der Fürſt v. Schönaich zu Carolath.

Die Loofser Fährhäuſer beſtehen aus 4 Stellen, und gehören auch hieher.

34. **Ludwigsthal**, hat 1 Vorwerk, das Heidevorwerk genannt, 14 Häusler, 4 andere Häuſer, Summa 19 Feuerſtellen, 91 Einwohner, und gehört demſelben Fürſt v. Schönaich.

Meileichen-Gaſthof, ſ. Seifersholz No. 58.

Meil, (halbe) **Mühle**, ſ. Klein-Heinersdorf No. 13.

35. **Meſche-Vorwerk**, iſt ein beſonders liegender Ort, macht aber mit Boyadel eine Dorfgemeine aus, wo auch die Einwohner mitgerechnet ſind; und hat 1 Vorwerk, 7 Gärtner, 1 Häusler, 3 andere Häuſer, zuſammen 12 Feuerſtellen, und gehört dem Kammerherrn Baron v. Kottwiz.

36. **Milzig**, enthält mit Inbegrif des Proßke-Vorwerk 1 katholiſche Kirche, zu welcher Dammerau und die ſämmtlichen Saaborſchen Dörfer eingepfarrt ſind; 1 Pfarrwidmuth, 2 Schulhäuſer, 18 Dienſtbauern, 18 Gärtner, 36 Häusler, 2 Windmühlen, 10 andere Häuſer, überhaupt 88 Feuerſtellen mit 547 Seelen. 1607 war Gutsbeſitzer Chriſt. v. Dyhern, 1681 Wolf Alexander v. Stoſch, die übrigen wie bey Saabor.

37. **Mühldörfel**, liegt beſonders, iſt aber zur Gemeine Schwarmitz geſchlagen, wo die Einwohner mit gerechnet ſind; und hat 3 Gärtner, 11 Häusler, 1 Krets

1 Kretscham, 1 ander Haus, zusammen 16 Feuerstellen; den Besitzer siehe Schwarmitz No. 54.

Mühl-Vorwerk, s. Ober-Hammer No. 11.

38. Nittritz, enthält 1 katholische Kirche, 1 Pfarrhaus, 1 Schule, 1 Vorwerk, 55 Dienstbauern, 7 Gärtner, 36 Häusler, 1 Kretscham, 3 Windmühlen, 27 andere Häuser, in allem 132 Feuerstellen mit 785 Einwohnern. Eigenthümer davon ist der Herzog zu Curland.

39. Ochel-Hermsdorf, bestehet aus zwey Antheilen, nämlich:

a) Ober-Ochelhermsdorf, womit noch Thumgarten vereiniget ist, hat 1 katholische Kirche, 3 Pfarrhäuser, 1 herrschaftlich Schloß, 2 Vorwerke, 8 Dienstbauern, 11 Gärtner, 39 Häusler, 3 Wassermühlen, 26 andere Häuser, zusammen 93 Feuerstellen, 486 Personen. 1614 besaß diesen Antheil Frau Barbara v. Dohna, 1681 Otto von Unruh, 1722 Christoph Erdmann v. Nassau, in dieser Familie blieb es bis 1789, wo es an den Graf von Schlabrendorf gekommen.

b) Mittel-Ochelhermsdorf nebst Waldhaus, haben 1 evangelische Kirche, zu welcher Droseheide aus dem Freystädtschen eingepfarrt ist, 1 Pfarrhaus, 1 Schule, 1 herrschaftliches Schloß, 9 Dienstbauern, 10 Gärtner, 44 Häusler, 3 Wassermühlen, 21 andere Häuser, Summa 92 Feuerstellen mit 501 Einwohnern. 1640 gehörte dieser Antheil auch der Frau v. Dohna, 1681 dem Otto v. Unruh, 1722 dem David v. Schwemmler, nach ihm dessen Sohn dem

dem Kreisdeputirten v. Schwemmler, und seit 1789 dem Justizkommissarius Schneider.

40. **Pirnig**, enthält mit Einschluß der hieher gehörigen Waldmühlhäuser, Wildebürsche-Vorwerk und Ziegelvorwerk überhaupt 1 herrschaftliches Wohnhaus, 1 Vorwerk, 1 Schule, 10 Dienstbauern, 18 Gärtner, 28 Häusler, 1 Wasser- 1 Windmühle, 10 andere Häuser, Summa 71 Feuerstellen mit 668 Einwohnern. Eigenthümer davon ist der Fürst v. Schönaich zu Carolath seit 1765. Vor diesem aber hatten dies Gat 1681 Wolf Alexander v. Stosch, 1722 Johann Tobias v. Knobelsdorf, 1748 der Baron v. Zedliz.

Die **Pirniger Fährhäuser** bestehen aus 2 Gärtnern, 2 Häuslern, 1 andern Haus, und machen mit obigem Hauptdorfe eine Gemeine aus.

41. **Plotow**, allhier werden gezählt 1 herrschaftliches Wohnhaus, 1 Vorwerk, 1 Schule, 10 Dienstbauern, 18 Gärner, 26 Häusler, 2 Wassermühlen, 9 andere Häuser, zusammen 68 Feuerstellen, 386 Personen. 1654 war hier Besitzer Sigmund von Lessel, 1681 Eva v. Lessel geb. v. Gersdorf, 1688 Carl Sigmund v. Lessel, 1722 Rudolph und Gottlob Ehrenreich Baron v. Gersdorf, 1743 Andreas v. Pförtner, 1753 der Graf v. Rothenburg, und seit 1788 der Herzog zu Curland.

42. **Plotow**, ein anderer besonderer Antheil und Dominium, hat 1 Vorwerk, 1 Gärtner, 6 Häusler, 3 andere Häuser, zusammen 11 Feuerstellen mit 65 Einwohnern, und gehört eben dem Herzog.

Polk-

Polke-Vorwerk, ein einzeln liegendes Vorwerk nebst 6 Gärtnern und 1 Häusler, ist mit Bonadel verbunden, s. No. 2.

43. Polaner-Vorwerk, faßt 1 Vorwerk, 9 Häusler, 2 andere Häuser, zusammen 12 Feuerstellen und gehört dem Freyherrn v. Kottwitz.

44. Prittag, begreift unter sich 1 evangelische und 1 katholische Kirche, zu welchen das Janny-Vorwerk und Deutsch-Kessel eingepfarrt sind; 1 Pfarrhaus, 1 Schule, 1 herrschaftliches Schloß, 2 Vorwerke, wovon eines das Waidvorwerk heißt; 14 Dienstbauern, 22 Gärtner, 30 Häusler, 3 Wassermühlen, 31 andere Häuser, Summa 105 Feuerstellen, 686 Einwohner. Besitzer sind gewesen 1591 Joachim, 1611 Johann George, 1648 Wenzel Rudolph, 1668 Maximilian Rudolph, 1681 Karl Friedrich, 1710 Joh. Ernst und Maximilian Gottlob, 1722 Johan Ernst, 1745 Maximilian Rudolph, und seit 1783 Johann Ernst v. Stenzsch.

Proßker-Vorwerk, s. Milzig No. 36.

Prüfer-Mühle, s. Klein-Heinersdorf No. 13.

Raaben-Mühle, s. Saabor No. 45.

Ragewiz-Mühle, s. Güntersdorf No. 10.

45. Saabor, das Dorf enthält 1 katholische Kirche, zu welcher Droschkau, Ober- und Nieder-Hammer, Loos, Milzig und Zaahn eingepfarrt sind; 1 herrschaftliches Schloß, 14 Dienstbauern, 15 Gärtner, 26 Häusler, 1 Windmühle, 2 Wassermühlen, wovon eine die Gansmühle, die andere die Raabenmühle

mühle heißt; 23 andere Häuser, zusammen 83 Feuerstellen mit 479 Einwohnern. Besitzer sind gewesen 1607 Christoph v. Dyherr, 1681 der General Graf v. Dunnewald, 1743 der Gräfin v. Pachtail. Creditores, 1744 die Gräfin v. Cosel, und nach ihr deren Sohn der Graf Cosel in sächsischen Diensten, 1782 der Graf v. Schlabrendorf, und seit 1785 der Fürst v. Schönaich zu Carolath.

46. Sattel-Vorwerk, von 1 Vorwerk, 12 Häuslern, 4 anderen Häusern, macht mit Loos eine Gemeine aus, und gehört auch jenem Besitzer.

Sauermanns-Mühle, s. Wenig-Lessen No. 32.

47. Sawadau, daselbst sind 1 evangelische Filial- oder Begräbnißkirche, 1 Schulhaus, 22 Dienstbauern, 25 Gärtner, 22 Häusler, 11 andere Häuser, zusammen 81 Feuerstellen mit 513 Personen. Es ist ein Eigenthum der Stadt Grünberg.

48. Schaafhorst, hat nur 1 Vorwerk, 3 Häuslerstellen. Eigenthümer davon ist der Baron von Kottwiz.

49. Scherkendorf, enthält 1 herrschaftliches Wohnhaus, 2 Vorwerke, 1 Schulhaus, 16 Dienstbauern, 14 Gärtner, 33 Häusler, 1 Wassermühle, 13 andere Häuser, zusammen 81 Feuerstellen, 425 Einwohner. 1681 gehörte dies Gut der Frau Elisabeth v. Troschke, geb. Löbin, und dem Christoph Melcher v. Landskron, 1688 dem Christoph George v. Troschke, 1722 dem Melchior v. Pförtner, 1748 dem Ferdinand v. Rabenau, 1784 dem Graf v. Rothenburg, und seit 1788 dem Herzog zu Curland.

50.

50. Schlöin, bestehet aus 1 katholischen Kirche, 1 Pfarrhaus, 1 Schule, 1 herrschaftlichen Schloß, 1 Vorwerk, 1 Kretscham, 8 Dienstbauern, 9 Gärtnern, 35 Häuslern, 4 Wassermühlen, 14 andern Häusern, Summa aus 75 Feuerstellen mit 338 Einwohnern. Besitzer waren 1607 Sebastian v. Schwarz, 1681 Balzer v. Unruh, 1722 Balzer Tobias v. Knobelsdorf, 1743 Kasper Gottlob von Knobelsdorf, und ist noch in dieser Familie.

Schulzemühle, s. Klein-Heinersdorf No. 13.

51. Schuslawe-Vorwerk, von 1 Vorwerk, 11 Häuslern, 2 andern Häusern.

51. Schusnovke-Vorwerk, von 1 Vorwerk und 4 Häuslerstellen.

53. Schwenten-Vorwerk, von 1 Vorwerk und 4 Häuslerstellen, gehören sämmtlich dem Kammerherrn Baron v. Kottwiz zu Bojadel.

54. Schwarmitz, begreift unter sich 1 herrschaftlich Wohnhaus, 1 Vorwerk, 13 Dienstbauern, 21 Gärtner, 36 Häusler, 1 Schulhaus, 13 andere Häuser, 1 Wind- 1 Wassermühle, zusammen 87 Feuerstellen mit 629 Einwohnern, inclusive der Menschenzahl von Mühldörfel, Wald- und Gebiz-Vorwerk. Eigenthümer waren 1604 Wulfen von Grünberg, 1681 Sebastian v. Troschke, 1722 Erasmus Baron v. Klix, 1744 der Kriegsrath Bone, jetzt stehet es unter der Sequestration.

55. Schweinitz, das Dorf Schweinitz ist eines der ältesten Dörfer in diesem Kreise, und hat schon laut einigen vorhandenen Urkunden 1221 gestanden.

Es bestehet aus zwey Antheilen, das Keßlitzsche und Dyherrnsche, wovon ersteres auch die Junkernseite, das andere aber die Herrnseite genannt wird. Beyde Antheile werden durch einen mitten im Dorfe laufenden Bach, welcher Forellen mit sich führt, von einander geschieden.

Das Dyherrsche Antheil bestehet eigentlich wieder aus drey Theilen, nämlich 1) die Sodau, welche von Anfang des Kunzendorfer Weges bis zum Schulzen Reiche gehet. 2) Der Schweiniz Theil, der sich von da bis hinter die evangelische Kirche erstreckt. 3) Der Rosenberg Theil, welcher bis ans Ende des Grünberger Weges grenzt. Diese drey Theile, oder der Dyherrnsche Antheil, enthalten zusammen 1 katholische Kirche, zu welcher die Dörfer Lättniz, Ochelhermsdorf, Schlein und Buchelsdorf eingepfarrt sind; 1 evangelische Kirche, wozu die Dörfer Schlein, Buchelsdorf und Kunzendorf aus dem Saganschen gehören; dann 2 Pfarrhäuser, 2 Schulhäuser, 1 Kretscham, 1 herrschaftliches Schloß, 2 Vorwerke, wovon eines das Waldvorwerk heißt; 17 dienstbare Bauern, 17 Gärtner, 49 Häusler, 3 Wassermühlen, 31 andere Häuser, 643 Einwohner. Von den ehemaligen Besitzern dieses Antheils sind folgende bekannt: 1520 Baltzer v. Kittlitz, welcher 1553 alt 99 Jahr starb. In dieser Familie ist das Gut sodann geblieben bis 1702, wo es laut Kaufbrief von eben dem Jahr Abraham v. Diebitsch käuflich an sich brachte, von welchem es 1721 wieder durch Kauf an den Maximilian Gottlob v. Stenzsch kam; 1738 ererbte solches Ernst Rudolph v. Stenzsch des vorigen Sohn, der es 1773 an seinen Schwager

ger den königl. Hofmarschall v. Prittwiz verkaufte, durch deſſen Abſterben es 1786 an deſſen einzige hinterlaſſene Tochter Chriſtiane Friedericke v. Prittwiz erblich fiel, und die es 1789 an ihren Gemahl Melchior Gotthard Freyherr v. Dyherrn verkaufte, der es noch beſitzt. Uebrigens hat dieſer Antheil Stadt- und Marktgerechtigkeit, den Salzſchank und eine herrſchaftliche Privatmauth. Auch iſt ein königlicher Zoll allhier.

Der v. Keßlizſche Antheil, wozu Waldhaus gehört, faßt in ſich 1 herrſchaftliches Schloß, 1 Vorwerk, 2 Kretſchame, 13 Bauern, 6 Gärtner, 57 Häusler, 5 Waſſermühlen, 29 andere Häuſer, 564 Einwohner; Beſitzer davon iſt der Freyherr v. Keßliz. Zuſammen ſind im Dorfe überhaupt 239 Feuerſtellen, 1207 Menſchen; es iſt alſo das gröſte Dorf in dieſem Kreiſe, und ſoll in den älteſten Zeiten den Tempelherrn gehört haben.

56. Sedezin, darinn giebt es 1 Vorwerk, 14 Häusler, 83 Seelen, und gehört dem Herzog zu Curland.

57. Seedorf, faßt in ſich 1 Vorwerk, 10 Bauern, 7 Gärtner, 4 Häusler, 1 Windmühle, 4 andere Häuſer, Summa 24 Feuerſtellen, 132 Einwohner. 1681 beſaß es Johann v. Arnold, 1722 Carl Ludewig v. Arnold, und iſt noch in dieſer Familie.

Seekretſcham, ſ. Deutſch-Keſſel No. 19.

58. Seifersholz, enthält mit Einſchluß des Meileichen-Gaſthofs 1 herrſchaftlich Wohnhaus, 1 Vorwerk, 1 Kretſcham, 14 Gärtner, 8 Häusler 6 andere

dere Häuser, Summa 31 Feuerstellen mit 166 Personen. 1654 besaß dis Gut Christian v. Schwarz, 1681 Christoph Melchior von Landskron, und seit 1743 ist es in der v. Arnoldschen Familie

59. Striemene-Vorwerk, hat 1 Vorwerk, 7 Häuslerstellen, und gehört dem Freyherrn v. Kottwiz.

Thumgarten, s. Ober-Ochelhermsdorf No. 39.
Teichvorwerk und Mühle, s. Lansiz No. 29.
Waldhaus, s. Mittel-Ochelhermsdorf No. 39.
Waldhaus, s. Schweiniz No. 55. Keßl. Antheil.
Waldmühlhäuser, s. Pirnig No. 40.

60. Waldvorwerk, besteht aus 1 Vorwerk, 6 Häuslern, 2 andern Häusern, und gehört dem Freyherrn v. Kottwiz.

Waldvorwerk, ein Feldvorwerk nebst 2 Häuslern, 5 andern Häusern, gehört zu Prittag No. 44.

Waldvorwerk, ein dergleichen Vorwerk mit 8 andern Häusern, gehört zu Schwarmiz No. 54.

Waldvorwerk, s. Schweiniz No. 55. Dyherrn Antheil.

Wildebürsche-Vorwerk, s. Pirnig No. 40.

61. Wartenberg-Vorwerk, dazu gehören 1 herrschaftlich Schloß, 1 Vorwerk, 5 Gärtner, 1 Wassermühle, 16 andere Häuser, überhaupt 24 Feuerstellen, 94 Einwohner. Die Wartenbergschen Güter besaß ehedem ein gewisser Zebeler, nachher einer v. Rechenberg, der solche den Jesuiten schenkte, und die nun aus der Administration der Herzog zu Curland erkauft hat.

62.

62. **Wittgenau**, enthält 1 Kretscham, 16 Dienstbauern, 2 Gärtner, 15 Häusler, 13 andere Häuser, 1 katholische Filialkirche, zusammen 41 Feuerstellen, 186 Personen, und gehört der Stadt Grünberg.

63. **Wolschke**, daselbst sind befindlich 1 Vorwerk, 15 Häusler, 2 andere Häuser, Summa 18 Feuerstellen, 72 Seelen, gehört auch der Stadt Grünberg.

64. **Zaahn**, allhier zählt man 1 Vorwerk, 1 Schule, 14 Bauern, 6 Gärtner, 11 Häusler, 7 andere Häuser, zusammen 40 Feuerstellen, 232 Menschen. 1607 gehörte es dem Christoph v. Dyherrn, die übrigen Besitzer s. Saabor.

65. **Zauche**, enthält 1 Vorwerk, 1 katholische Filialkirche, 1 Schule, 18 Bauern, 3 Gärtner, 7 Häusler, 16 andere Häuser, Summa 46 Feuerstellen, 230 Menschen, gehört dem Herzog zu Kurland.

Ziegelvorwerk, s. Pirnig No. 40.

Dann wird auch noch zum Lande gezählt

66. **Saabor**, ein offenes unacciisbares Städtchen, in welchem sich 1 Kirche, 1 Pfarr. 1 Schulhaus, 1 Vorwerk, 2 Kretschams, 47 Häusler, 7 andere Häuser, zusammen 59 Feuerstellen, 284 Einwohner befinden. Die Besitzer s. oben Saabor Nb. 45.

Beschr. v. Schl. X. B. 5. St.   A a   Sie-

Siebender Abschnitt.

Vom Guhrauschen Kreise überhaupt.

§. 1.
Lage, Gränzen, Größe.

Dieser Kreis ist meistens eine Fläche, grenzt gegen Morgen mit dem Königreich Polen, gegen Mittag mit dem Wolauschen Fürstenthum, gegen Abend mit dem Glogauschen Kreise, gegen Mitternacht mit dem Königreich Polen. Seine Größe beträgt ohngefähr 8 Quadratmeilen.

§. 2.
Beschaffenheit des Bodens.

Der Boden ist fast durchgehends gut, und trägt alle Sorten von Getreide, so daß der Kreis nicht nur sein eigenes hinlängliches Brodt gewinnt, sondern auch jährlich noch viel Ueberschus auswärts, besonders ins Gebürge verkauft werden kann.

Heu gewinnt man zwar eine ziemliche Quantität, es ist aber zur Consumtion noch nicht hinreichend. Sollte indessen der Theil des sogenannten polnischen Bruches, welcher einen Strich des Kreises durchgehet, einmal geräumet werden, so würde diesem Mangel abgeholfen, und darinn Heu genug erzielet werden.

Maulbeerbäume sind 4790 Stück.

§. 3.

§. 3.
Berge, Mineralien.

Große Berge hat der Kreis nicht, einige kleine zwar, sie sind aber von keiner Bedeutung, haben auch keinen besondern Namen. Man findet daher auch nirgends einige Mineralien.

§. 4.
Gewässer und Fische.

Seen und große Teiche sind ebenfalls nicht vorhanden. Nebst einigen kleinen Graben ohne Namen fließen die Oder und die Bartsch durch den Kreis, in welchen aber wenig Fische gefangen werden. Es mangelt daher am Fischbedarf sehr; doch haben die Liebhaber derselben Gelegenheit genung, sich dergleichen aus dem benachbarten Polen, Schlawa, Militsch u. s. w. anzuschaffen.

§. 5.
Waldungen.

Ansehnliche Wälder hat der Kreis gar nicht. Einige Dominia und die Kämmerey zu Guhrau haben zwar etwas Eichen, auch lebendiges Holz; es ist aber bey weiten nicht zur Nothdurft hinlänglich, sondern das benöthigte Holz muß theils aus dem Herrnstädtschen Amte, oder von Liebchen und Rützen im Wohlauschen Kreise geholt werden. Die Klafter hart Holz kommt daher auf 2 Rthlr., weiches auf 1¼ Rthlr. zu stehen. In Ermangelung der Wälder ist also auch das Wild hier sehr rar.

§. 6.

§. 6.
Viehzucht.

Die Viehzucht ist allhier so wohl gut bestellt, als auch einträglich. Die Kühe sind zwar nur von der mittelmäßigen Art, allein ergiebig, und es würde die Butter hier in wohlfeilerm Preiße seyn, wenn die vielen Aufkaufer solche nicht vertheuerten, und nach der Mark Brandenburg in großen Quantitäten verführten. Die Pferde sind durchgehends vom kleinen Schlage, da der Kreis weder Stuttereyen noch eine besondere Pferdezucht hat, und die meisten Pferde aus dem angrenzenden Polen angeschaft werden. Es befanden sich im Kreise überhaupt 1960 Pferde, 3110 Ochsen, 7838 Kühe, 30124 Schafe, 776 Bienenstöcke.

§. 7.
Wohngebäude.

Die besten adelichen Wohnhäuser und Gärten sind zu Ober-Tschirnau, Konradswalde, und bey der Probstey Seitsch; die übrigen sind entweder nur mittelmäßig, oder von keiner sonderlichen Bedeutung. Die Wohnungen des gemeinen Manes befinden sich in so ziemlichem Baustande, sind meist von Holz und Lehm, gemauerte trift man wenig an.

Kolonien, die erst seit zehn Jahren erbaut worden, giebt es im Kreise folgende sechse: Ober-Friedrichswalde, Mittel-Friedrichswalde, Nieder-Friedrichswalde, der Kämmerey zu Guhrau gehörig;

hörig; Johanisfeld, dem v. Woyrsch auf Birkenfeld gehörig; Friedrichsau, der Frau v. Klobuczinska auf Ober-Lanken; und Friedrichshuld, dem v. Lilienhof-Adelstein auf Ronicken gehörig.

Der Kreis faßt in sich drey Städte, nämlich Guhrau, Köben, Tschirnau, 79 Dörfer, incl. der genannten Kolonien, worunter eine Probstey, namentlich Seitsch.

Von diesen Dörfern sind 53 adeliche Güter, 10 geistliche Güter, 10 Kämmereygüter, 6 Bürgerliche, Summa 79.

In den Dörfern befinden sich 2 evangelische Kirchen, 4 katholische Pfarres, 7 katholische Filial, 4 katholische Hauskapellen, Summa 17.

Dann giebt es in denselben zusammen:

12 Pfarrhäuser.
32 Schulen.
1 Hospital zu Seitsch.
41 herrschaftl. Schlösser u. Wohnhäuser.
92 Vorwerke.
16 Freygüter.
499 Bauern.
1253 Gärtner.
351 Häusler.
328 Auszügler.
819 verschiedene andere Häuser.

148 Windmühlen.
  5 Brettmühlen.
  2 Walken.
  1 Bleiche,

Summa 3002 Feuerstellen.

§. 8.
Einwohner.

Die Kreisbewohner sind noch so ziemlich kultivirt, von aufrichtiger Gemüthsart, arbeitsam, und auf vernünftige Vorstellungen sehr folgsam. Ihre Sprache ist durchgehends deutsch, die Religion des grösten Theils katholisch, des kleinern Theils evangelisch, und die Menschenzahl betrug 1787 ohne die Städte 16621 Seelen, 1790 aber 16738.

§. 9.
Merkwürdigkeiten.

Bey Köben und zu Konradswalde sind zwey eingegangene Kirchen. Zerstörte Schlösser und dergleichen Rudera giebt es im Kreise nicht; auch Urnen oder alte vergrabene Münzsorten u. s. w. sind mir nirgends entdeckt worden.

Einige tausend Schritte von der Stadt Guhrau im Walde stehet die Frohnleichnamskirche, so zur städtschen Parochie gehört, mit einer Einsiedeley, die

die ein Eremit bewohnet. Man gehet zu solcher durch eine schöne Allee von Linden, zwischen welchen viele Kapellen angebracht sind. Die Kirche selbst ist mit einem Berge umgeben, auf welchem ebenfalls verschiedene Kapellen befindlich; doch wird in der Kirche selten Gottesdienst gehalten, ausgenommen am Kreutzfest, wo sich eine große Menge Menschen sowohl aus der Nachbarschaft als von weiten her Wallfahrtsweise hier einfindet.

Noch verdient das Guhrausche Weitzenmehl hier bemerkt zu werden, welches allenthalben berühmt ist, und in großen Quantitäten auswärts, besonders nach Berlin und Potsdam verführt wird.

§. 10.
Politische Verfassung.

Der Kreis gehört unter das Glogausche Cammer- und Oberamts-Departement; in Ansehung der Assecuranz zur 2ten Societät, im Steuerwesen zur 2ten Klasse, und in Rücksicht der Werbung ist solcher dem Kanton des Infanterieregiments von Wolframsdorf unterworfen.

Die Kreisbeamte sind folgende: Ein Landrath, Marschkommissarius, Kreisdeputirte, Kreisphysikus und Steuereinnehmer.

B. Von denen Städten,

und zwar:

Von Guhrau.

§. 1.
Geschichte.

Guhrau hat das Schicksal der meisten Städte Schlesiens, daß man weder von der Zeit ihrer Erbauung noch von ihrem Stifter etwas bestimmtes sagen kan. Die Meinung des Schickfus *), daß diese Stadt von Herzog Heinrich dem Bärtigen ihren Ursprung habe, ist offenbar irrig. Derselbe hat sich zwar wohl der Jagd wegen in diesen Gegenden aufgehalten, und mag vielleicht hier, so wie zu Köben, ein Jagdschloß erbauet haben; allein der Erbauer der Stadt selbst war er nicht. Dieser Herzog lebte, wie bekannt ist, zu Anfang des 13 Jahrhunderts; beim Dlugoß aber kommt das veste Schloß Gora bereits 1109 vor, wo solches Herzog Suatopolk belagerte, da er als Bundesgenosse dem Kaiser Heinrich entgegen eilte; ja Herr Pastor Ehrhard gedenkt einer Urkunde *), woraus sich ergiebt, daß die hiesige Pfarrkirche schon 1058 gestanden; und in einer Urkunde 1067, die eine Abschrift des Fundations-Briefes über verschiedene Einkünfte dieser Pfarrkirche ist, wird ausdrücklich eines Bürgermeisters, städtscher Rechte ꝛc.

---

1) Schickfus IV. Buch. S. 151.
2) Diplom. Beitr. S. 36.

te ꝛc. gedacht, und Guhrau eine Stadt genannt. Dieser Ort stand also schon lange vor der Lebens- und Regierungszeit Heinrichs des Bärtigen, und mag auch wohl noch vor 1067 eine Reihe von Jahren nöthig gehabt haben, um zu einer Stadt zu werden. Guhrau kan füglich mit unter die ältesten Oerter Schlesiens gezählet werden.

Herzog Heinrich der Bärtige gab der Stadt 1214. Deutsches Recht; wahrscheinlich ist Schickfus dadurch zum Irthume verleitet worden, daß er denselben als den Erbauer angesetzt.

Ich glaube eher, daß Guhrau ihren Ursprung den Polen zu danken habe; denn dies zeigt ihr anfänglicher Name Goran, welcher polnisch ist, und in der deutschen Sprache einen Berg, oder Anhöhe, bedeutet; vermuthlich hat zu dieser Benennung der kleine Berg in der Stadt Anlaß gegeben, worauf noch gegenwärtig die katholische Pfarrkirche stehet.

In den Feldzügen, welche Heinrich der Bärtige und nach ihm sein Sohn Heinrich der Fromme wegen ihren Ansprüchen auf Großpolen unternahm, mußte diese Stadt nebst der ganzen umliegenden Gegend viel leiden, und konnte sich von ihrer Verwüstung so bald nicht wieder erholen. Allein Herzog Heinrich III. ordnete hier einen wöchentlichen großen Getreidemarkt an, auf welchem sich nicht nur gewisse Dorfschaften einfinden mußten, sondern es kamen auch viele Polen mit Getreide hieher, und durch den starken Verkehr damit so wohl

als durch den großen Zusammenfluß von Menschen wurde dieser Ort so ziemlich wieder ins Aufnehmen gebracht. ¹)

Eben dieser Herzog schenkte 1310. den Bürgern zu Guhrau den bey dieser Stadt gelegenen sehr ansehnlichen Ober- und Unterwald, wovon ersterer 1330 Morgen und 167 Quadratruten, letzterer 1164 Morgen, 12 Quadratruten Fläche enthält; und in demselben Jahr gab er der Stadt eine Urkunde über den Gerichtssprengel von Gora. ²)

1313 erhielt Guhrau vom Herzog Heinrich III. ein Privilegium über das Dorf Schlabitz, welches zwar jetzt dem Jungfernkloster zu Glogau gehört; allein die Gemeine muß der Stadt, statt der ungemeßenen Dienste, zu denen sie verpflichtet war, nun noch in die Kämmerey allhier jährlich 5 Rthlr. 23 Ggr. 4 d. Geschoß, dann 10 Rthlr. Dienstgeld zahlen; dagegen giebt die Kämmerey jährlich wieder ins Jungfernstift 16. Ggr. Schultergeld. Ferner schenkte Heinrich III. der Stadt 1321. die Dörfer Alt-Guhrau, Jägersheim und Kainzen; auch begünstigte er sie in eben dem Jahr mit den Obergerichten, und mit dem alleinigen Salzmarkt durch das ganze Weichbild.

Während den Zerstückelungen des Fürstenthums Glogau hatte Guhrau ebenfalls verschiedene Herren. Nach dem Tode Heinrichs IV. und bei der geschehenen Ländertheilung bekam Johann I. von Stei-

¹) Rathhäusl. Archiv. Nachrichten.
²) Erhards Diplom. Beitr. S. 36

Steinau die Stadt 1331. zu seinem Antheile, welcher derselben o wohl das Privilegium über den Salzmarkt, als die obgedachten Dörfer bestättigte, und ihr einen Belehnungs Brief auf die damals einträgliche Roßmühle gab. 1343. verpfändete er diese Stadt nebst dem Schloße und dazu gehörigen Gebiete für 800. Mark Prager Groschen an den Marggraf Karl in Mähren mit dem ausbedungenen Genuß der Revenüs auf Lebenslang davon. Nach seinem 1354 erfolgten Tode nahm Herzog Konrad I. zu Oels Besitz von Guhrau, und nach dessen Ableben 1360 sein nachgelassener Sohn Conrad II. Dieser stiftete 1379 das Manngerichte für das Guhrausche Weichbild, bestättigte die sämmtlichen Privilegien der Stadt, versicherte sie: daß die Mannschaft weder auser Landes dienen, noch Jemand von den Einwohnern auserhalb des Kreises beschieden werden sollte, und der Magistrat das Recht einholen möchte, wo er es einzuholen befügt wäre.

Nach Konrads II. Tode kam Guhrau 1414 an die Herzoge von Teschen. Der erste derselben war Primislaus II. welcher 1416 vom König Wenzel damit belehnet wurde; ihm succedirte Boleslaus II. der Anfangs die väterlichen Länder mit seinen 3 Brüdern gemeinschaftlich regierte, nachher aber das Guhrausche seinem Bruder Uladislaus II. (auch Wladko genannt.) überlies, welcher zu Guhrau residirte, und sich seit dem Jahr 1442 Herr zu Großen Glogau und Gor schrieb. Er bestättigte der Stadt alle bisher erlangten Freiheiten, und gab ihr einen Gnadenbrief: daß die Bürger nicht auseraußerhalb der Stadt zum Kriege mit Gewalt gezogen, sondern wenn es ja aus Noth geschehen sollte, sie mit allen Nothwendigkeiten versehen werden, ihnen auch aller Schaden vergütiget, und Falls sie gefangen würden, sie bald wieder ausgelöst werden sollten. Er starb 1463 an einer 1458 vor Breslau empfangenen Wunde.

Nun erbte dessen jüngster Bruder Primislaus III. die Stadt Guhrau, und besas solche bis 1477 da sein Tod erfolgte; und dessen Schwägerinn Margareth gebohrne Gräfin von Tilly, Wittwe des vorgedachten Uladislai, auf eine ungewöhnliche Art in das Erbe ihres Schwagers eintrat. Sie bestättigte den Guhrauern ihre Privilegien, besonders den ihnen 1310 geschenkten Ober- und Unterwald; dagegen waren ihr die hiesigen Bürger dergestalt zugethan, daß, als Margareth auf dem Schloß zu Glogau vom Herzog Hanns belagert wurde, sie derselben mit gesammter Hand zu Hülfe zogen; da aber ihr Succurs keinen Nachdruck hatte, sondern Margareth sich ergeben mußte, zog sie nach Guhrau, wo sie 1480 den 21. Juli aus Bekümmereis über die erlittenen Drangsale starb. Guhrau aber bekam nun wieder mit dem Fürstenthum Glogau einerlei Herrn, den es auch in der Folge behalten.

Im Jahr 1508 machte diese Stadt ein Bündnis wieder die Landschaft. ¹)

¹ In ältern Zeiten hatte Guhrau nicht nur die Münzgerechtigkeit, sondern war auch eine Veste

*) Walter S. 352.

nach damaliger Art, und hatte ein eigenes Zeughaus; von wem sie aber das Recht zu Münzen erlangt, oder um welche Zeit gemünzt worden, finde ich nicht. Im Orte werden nur folgende Beweise davon angegeben: a) ein auf der Burggasse gelegenes Haus, welches noch gegenwärtig die Münze genannt wird; und b) ein alter Bürger will eine dergleichen Münze mit dem Guhrauschen Stadtwappen, und dem Name Gor gesehen haben.¹) Was das Zeughaus betrift, so weis man nicht nur genau die Stelle anzugeben, wo es gestanden, sondern es sind noch wirklich in der rathhäuslichen Registratur verschiedene Acten über die darinn befindlich gewesene Artillerie von Falkonetten, Feldschlangen, Böllern, Doppelhaken ꝛc. und anderm Schanzzeug vorhanden; auch daß dieser Ort ziemlich veste gewesen, beweisen noch die 2 Ellen dicken Stadtmauern mit 10 Thürmen oder Basteien, desgleichen der hohe ansehnliche Wall, der sonst die Stadt umgab, jetzt aber in Gärte verwandelt ist.

Ueberhaupt soll sich der Tradition zu folge der Umfang von Guhrau ehedem viel weiter, und zwar bis an die sogenannte Färberey=Wiese hinter Kainzen erstreckt, dies Dorf selbst, auch 6 Kirchen in sich begriffen haben, und sehr volkreich gewesen seyn. Nimmt man an, daß nach wahrscheinlichen Nachrichten in ganz alten Zeiten gegen 900 Tuchmacher gewesen, und daß noch gegenwärtig 130 Fleischbankgerechtigkeiten, auch eben soviel

Bä-

1) Nach einer mir vom Herrn Proconsul Vater mitgetheilten Nachricht.

Bäckergerechtigkeiten vorhanden, wovon aber nun freilich die meisten schlafen: so hat diese Sage viel Grund; allein die Trübsalen, Krieg, Hunger, Pest Brand, Religions Bedrückung, welche im 17. Jahrhundert über ganz Schlesien ergiengen, haben auch diesen Ort sehr ins Enge gezogen, und in Verfall gebracht.

Denn in den Jahren 1601 1607 1612 raffte die Pest einen großen Theil der Einwohner weg. 1628 fing hier die grosse Religions Verfolgung an; die hiesigen zahlreichen evangelischen Einwohner wurden vom Bürgerrecht ausgeschlossen, in ihrer Nahrung gehemmet, und auf allerhand Art gedrückt. Dies zog dann häufige Auswanderungen nach sich, welche diese Stadt dergestalt entvölkerten, daß von denen im Jahr 1627 in der Stadt bewohnten 244 Häusern 197, in der Vorstadt bewohnten 455 Häusern 390, zusammen von 699 Häusern 587 leer wurden. Und nach einem rathhäuslichen Protocoll vom 12. Januar 1631 sollen von den hiesigen Lutherischen Einwohnern während jener Reformation blos 4000 Seelen nach Lissa in Polen gezogen seyn, ohne die noch zu rechnen, welche nach Fraustadt, Meseriz, Bojanowa, Jutroschin, Zduny, Schlichtingsheim ꝛc. ausgewandert sind. Hierzu kam 1632 ein großer Brand, welcher die meisten Häuser verzehrte, und die Unruhen des dreyßigjärigen Krieges, während welchem die Stadt 157000 Flr. an die feindlichen Truppen hat bezahlen müssen, ohne den Schaden von mehr als einer Tonne Goldes, den sie durch Plün-

Plünderungen, Einquartirung und andere Verwüstungen erlitten. ¹)

Der Friede brachte zwar den Einwohnern Ruhe; sie bauten ihre zerstörten Hütten auf, und würden sich einiger maßen wieder erholet haben; allein 1656 brach hier abermal eine Pest aus, welche dergestalt wütete, daß an derselben 1200 Personen starben, vom Rath nur 3 nebst 6 Paar Eheleuten übrig blieben, in allem aber 700 Häuser in der Stadt und Vorstadt öde wurden. ²) Man schrieb die Schuld dieser Pest einem Todtengräber, Namens Adam Henning zu, welcher die Brunnen vergiftet haben sollte, daher den Vorurtheilen jener Zeit ein Opfer bringen mußte, und 1656. den 30. August als ein Zauberer hingerichtet wurde. Die Inquisitions-Acten sind noch vollständig in der rathhäuslichen Registratur vorhanden, und ich liefre hier ihrer Sonderbarkeit wegen sowohl als zum Beweise der gerichtlichen Verfahrungsart jener Zeit einen Auszug aus dem Guhrauschen Stadtbuche von 1628 bis 1658.

„Demnach Anno 1656 allhier in der kaiserlichen und königlichen Stadt Guhr uns Gott mit der gräulichen Pest angegriffen, welche also grausam graßirt, daß in der Stadt nicht mehr als 4 Paar Eheleute, auch in der Stadt nicht mehr als 2 Häuser überblieben, da die Pest nicht nein kommen; Ich Heinrich Felbiger als der Zeit Stadt Voigt bin aber hierinnen blieben, dem Armuth beigesprungen, als bin ich Willens etwas weniges zu beschreiben, wie es hergegangen mit den Todtengräbern. ꝛc."

„An-

1) und 2) Rathhäusliche Nachrichten.

„Anno 1656 als die schöne Stadt Lissau ganz von Polacken weggebrant ward, hat sich alhier funden viel fremde Leute Christen und Juden, welche eine Staupe mit sich bracht. Als aber 14 Tage vor Johann auf der Mielegasse die Pest in 2 Häusern gespüret worden, hat man Kristof Kinglern zum Todtengräber angenommen, weil es aber bald weiter kommen, ist auch Kristof Pursse dazu angenommen worden, welche beyde Greber aber in 10 Tagen gestorben. Darnach ist angenommen worden Baltzer Beirre ein alter Mann, welcher aber aus Leichtfertigkeit einen todten Mann lassen liegen und den leeren Sarg begraben ꝛc. ist auch bald krank worden, und den dritten Tag gestorben. Darauf ist angenommen worden Adam Henning von Fraustat, der alte Bösewicht, welcher den vorigen Todtengräber begraben. Nun half den vorigen ein Weib begraben, Namens Anne, und zwar nach dem Pest Brauch nie nicht beym Verstande. Ein Kind aber starb, welches der alte Bösewicht gepülvert, und damit gestreut auf der Gassen und Brunnen, daher in 8 Tagen es allenthalben eingerißen, daß alle Bäcker gestorben; es sturben auch alle Bierbrauer und Mälzer, daß also große Noth war unter den Leuten, daher ich selber angefangen zu bräuen. Weil aber die Menschen so häufig sturben, gieng unter den Leuten das Geschrey, als wären die Todtengräber davon Ursache, ware aber kein Fundament."

"Weil aber etliche Bürger des Todtengräbers Weib in Verdacht hielten, auch etwas Pulver bey dem Thore funden, ward der Verdacht größer, daher

her ich sie vorgenommen mit scharfen Fragen, aber nichts erhalten können. Darauf ich sie für eine Hexe gehalten und sie mit dem Schwemmen ꝛc. probirt, und weil sie geschwommen nach Hexenart, hat man sie angegriffen, hat aber nichts bekannt, sondern der Teufel ihr im Gefängnis den Hals gebrochen, und ist verbrannt worden. Der alte Bösewicht war auch von mir eingezogen, er sollte bekennen, wo er das Kind hingethan, das forne gemeldet: Weil er aber vorgegeben, er hätte es zum vorn genannten Todtengräber Beirre begraben, hat man gesucht, aber nichts finden können, darum man ihm scharf zugesetzt, da ihm denn der böse Feind 3 Stricke gebracht, sich zu entleiben.„

"So wollte ihn der Stockmeister nicht angreifen aus Furcht der Pest bis auf den 22. Tag, da man ihn angegriffen, und sind, weil er gesessen, alle Tage in die 24 bis 25 Personen gestorben, und war unter den Leuten groß Verlangen, nach seinem Todt. ꝛc. Als ich aber gesehen, daß es je länger je ärger ward, lies ich den alten Bösewicht im neuen Teiche baden, auch bald darauf in der Malzmühle ihn martern, und als er zur Thüre hineingangen blieb er stehen, und lies sein Wasser auf die Schwelle, daraus ich muthmaßte, das er ein Hexer seyn möchte, und ihn befragte: warum er das thäte? und verbat den Leuten darüber zu gehen; aber der Stadtmeister und Florian Fahrenholz meine Schöppen verlachten mich, und giengen darüber, mußten auch in etlichen Tagen sterben. In der Marter, als ich ließ aufs schärfste anziehen, fieng im andern Gang der Teufel an, ihn heftig zu schütteln,

Beschr. v. Schl. X. B. 5. St.   B b   schweng-

schwengte ihn mit der Leiter auf und nieder wie einen Schoben. Darüber erschrack der Stockmeister heftig und meinten, es müßte alles zerspringen; da rief ich den Leuten zu, daß sie ein Vater unser bethen sollten, und sprach: Du verfluchter und vermaledeyter Teufel!!! hast du ihn verführt, und er hat dir vorgedienet, so ist er in meinen Gerichten, daß ich ihn darum strafen laße — hielt ihn auch so veste, daß ihn der Teufel zufrieden ließ, und fing sanft an zu schlafen, und schwitzte auch so große Tropfen als Plasen eine gute Viertelstunde, darauf fing er an zu bekennen:

Nun folgt das lange Bekenntnis auf die ihm vorgelegten Fragen, worunter wohl! manches seyn mag, woran er vielleicht nicht gedacht hat, sondern nur durch den heftigen Schmerz von ihm ausgepreßt worden.

Das wichtigste davon war in der ersten Tortur: "Daß er 3 Kinder gepülvert, eines zu Brünn, eines zu Ollmütz, eines hier zu Guhrau, daß er die Herzen davon gefressen, das Pulver aber in alle Gassen und Brunnen ausgestreut, daß er dergleichen auch durch ein Weib zu Tschirnau ausstreuen lassen, um die Pest allenthalben zu erregen, und daß er diese Kunst von einem Todtengräber zu Ollmütz, Namens Bartel, erlernt.

In der 2. Tortur, welche den 29. August gehalten wurde: "Daß er sich dem Teufel auf 30 Jahre verschrieben, die Hexerei bey einem Bader in Fraustadt gelernet, zu verschiedenen Malen mit ausgefahren, und viel Böses gestiftet hatte.„

"Auf

„Auf dieses (so fährt nun der Protokolist weiter fort) ist er alles gestanden, und darauf gelitten, was ihm auferlegt worden. Weil kein Urtel der Pest wegen hat können geholet werden, haben wir ihn auf diese Weise richten laßen:

1. Auf allen 4 Ecken mit glüenden Zangen an Brüsten und Armen reißen laßen.

2. Vor dem Glogauer Thore gegen der Mühlgasse, weil er allda zum ersten mal gestreut das Pulver, ist ihm die rechte Wade am Bein ausgerissen worden.

3. Auf der Guhrgasse die linke Wade.

4. Beym Gerichte 2 lange Riemen aus ihm vom Haupt bis auf die Füße lebendig geschnitten,

5. Geviertelt, und

6. Als ein Hexer verbrannt worden.

Dies ist geschehen den 30. August. 1656. ¹)"

Ich überlasse die Betrachtung hierüber einem Jeden selbst zu machen, und eile von dieser Scene, wofür heut die Menschheit zurückschaudert, wieder zum Verfolg der Geschichte.

Im siebenjährigen Kriege mußte Guhrau viel von den feindlichen Invasionen ausstehen, und nicht nur grosse Lasten an Einquartirung, Lieferung ꝛc. tragen, sondern auch schwere Kontributionen

---

1) Ziegler gedenkt dieser Hinrichtung auch in seinem Schauplatz der Zeit. Die beiden Riemen aber sind bis 1759 noch auf dem Rathhause zum Andenken aufbewahrt worden, und damals mit verbrannt.

onen zahlen. Der unglücklichste Tag aber für die Einwohner war der 10. October 1759, wo die Stadt von den vereinigten Oesterreichern und Rußen, erst rein ausgeplündert, dann in Brand gesteckt, und dergestalt zerstört wurde, daß auch nicht ein Haus übrig blieb. Rathhaus, Kirchen, Schulen, alle öffentliche Gebäude brannten ebenfals mit nieder, und blos die Ueberbleibsel von den wenigen damals maßiven Häusern nebst den Schutthaufen von den andern zeugten, daß ehedem eine Stadt hier gestanden. Daß diese Einäscherung nicht aus Zufall oder Soldaten-Wuth sondern würklich auf höhern Befehl geschehen, beweißt der Wink, den kurz vorher einige von der feindlichen Armee einem und dem andern Einwohner zur Rettung gegeben. Wahrscheinlich geschahe es, damit die Preußen kein Winterquartier in Guhrau als einer Grenzstadt beziehen, und von hier aus die Rußen oder ihre Magazine in Polen nicht beunruhigen sollten.

Die Stadt wurde zwar nach dem Frieden theils aus den Feuer-Societäts-Geldern, theils von einem ansehnlichen Gnadengeschenke, welches ihr König Fridrich II. gab, wieder aufgebaut, und ist nun ganz maßiv; allein die ehedem wohlhabenden Einwohner waren durch den Brand und Plünderung um das ihrige gekommen, musten die Invasions-Schulden der Stadt, die sich auf 4705 Rthlr. beliefern, bezahlen, sind dadurch sehr herunter gebracht worden, und werden sich, besonders da dieser Ort weder ansehnliche Manufacturen, noch grosses Handlungs-Verkehr hat, auch wohl so bald noch nicht wieder erholen.

§. 2.

§. 2.

Gegenwärtige Verfassung.

Guhrau, eine königliche Immediat- und Weichbildstadt, verdient nach ihrem vorgedachten Wiederaufbau immer einen vorzüglichen Rang unter den mittlern Städten Schlesiens. Sie liegt 4 kleine Meilen von Glogau, 2 von Köben, Herrnstadt, eben so weit von Reußen und Bojanowa in Polen, 1 Meile von Tschirne, 1¼ Meile von der Oder, 1 Meile vom Bartschfluß in einer fruchtbaren und schönen Gegend, weil sie gegen Mittag, Morgen, und Mitternacht von einem anmuthigen Eichen- Kiefern- Erlen- Linden- Buchen- und Rüstern- Wald umgeben ist, der den Einwohnern gute Spatziergänge darbeut, worunter sich besonders derjenige auszeichnet, welcher von der Stadtpforte an neben einer Reihe Gärten vorbei in einer Allee nach der Frohnleichnams-Kirche, sodann auf einem gut angelegten Damm durch den übrigen Wald, und über eine Viehweide abermal in einer Linden-Allee nach dem ohnweit liegenden Koloniedorfe Friedrichswalde führt. Nahe um die Stadt herum, besonders gegen Alt-Guhrau zu, siehet man 57 Windmühlen, welche, wenn sie alle in Bewegung sind, dem ankommenden Fremden einen besondern Anblick gewähren. An die Guhrauer Vorstadt stößt das Dorf Kairzen. Die Stadt selbst wird von einer 2 Ellen dicken Mauer mit 10 Thürmen umschlossen, ist fast durchgehends gepflastert, und hat 2 Thore, nämlich das Glogauische, und polnische Thor; ersteres ist überbaut, und dient zur Zierde der Stadt, beym letztern wurde vor wenig Jahren

ren eine in der Aussenseite der Mauer gegen den Wall zu angebrachte Nische mit einem Sitze, darinn aber ein Scelet von einem Menschen entdeckt, der wahrscheinlich vor Jahrhunderten hier vermauert worden. Die gemeine Volkssage hält es für einen Mönch, und zwar weil vor einigen Säculis ein Franziskaner Kloster zu Kainzen an dem noch jetzt so genannten Mönchsteiche gestanden haben soll; allein wie kam denn der Mönch in die Thormauer zu Guhrau?— Außer gedachten 2 Thoren sind auch noch 2 Pforten, die zu Jahrmarktzeiten geschlossen bleiben, sonst aber offen stehen.

Das Stadtwappen enthält ein halbes Rad zwischen 3 Thürmen.

Zur Guarnison liegt hier 1 Eskadron Husaren vom v. Czettritzschen Regiment.

§. 3.
Gebäude.

Oeffentliche Gebäude sind allhier folgende:

a) Die katholische Pfarrkirche zu St. Katharina genannt. Dieselbe ist sehr alten Ursprunges, und laut dem Stiftungsbriefe, wovon noch eine Abschrift d. 1067 vorhanden, um das Jahr 1032 bis 1037 von einem polnischen Grafen Namens Maurus de Malta gestiftet, von einem polnischen königlichen Landpfleger, Ludovicus Modestus, aber ansehnlich dotirt worden. Nachher wurde sie um das Jahr 1058 zu einer Provinzialkirche ernannt,
und

und derselben alle disseits des Bartschflusses von Herrnstadt bis Fraustadt befindliche Kirchen unterworfen. König Boleslaus in Polen verlieh dem Pfarrer verschiedene Privilegien; ein gewisser v. Donyn aber schenkte 1302 ein Vorwerk in der Vorstadt und drey Gärten zu Alt-Guhrau, als Unterthanen der Kirche, woraus die jetzige Pfarrwidmuth entstanden ist.

Vom Jahr 1528 bis 1628 war die Kirche in den Händen der Evangelischen, und die Uebergabe derselben an die Katholicken geschahe hier ebenfalls durch den sich in der schlesischen Kirchengeschichte bekannt gemachten v. Oppersdorf; der letztgewesene luthrische Pfarrer hieß David Huberg.

In dem Brande von 1759 wurde sie gleichergestalt sehr verwüstet, nach und nach aber wieder hergestellt, und seit 1783 ist darin ein schöner Hochaltar, woran der Bildhauer Jäschke, und der Maler Kynast aus Breslau ihre Kunst geübt, errichtet, auch eine neue Orgel vom Orgelbauer und Senator supernum. Liebeherr zu Guhrau gebauet worden.

Ueberhaupt ist diese Kirche ein schönes großes Gebäude, welches wegen seiner alten, aber doch regulären Bauart gesehen zu werden verdient. Das Patronat bey Ansetzung des Pfarrers und der Schulbedienten hat der Magistrat. Die Parochialgeschäfte ꝛc. besorgt ein Stadtpfarrer, gegenwärtig Herr Bernhard Kinzel, nebst 2 Kaplänen. Eingepfarrt sind dazu außer der Stadt und Vorstadt noch die Dörfer: Alt-Guhrau, Juppendorf, Jästersheim,

Tschiläsen, Ober- Mittel- Nieder-Friedrichswaldau, Kaltebortschen, Heinzebortschen, Kainzen, Groß- und Klein-Kloben.

Bey dieser Kirche ist ein Stipendium für ein oder zwey auf einer katholischen Universität studirende Stadtkinder vorhanden. Der Stifter dessen war der breslausche Bischof Jakob Salza, welcher 1534 den Getreidezins, welchen 7 Bauergüter im Stadtdorfe Giesbach sonst an zwey Altaristen zu Guhrau entrichten musten, nun zur Unterstützung der Guhrauschen Bürgersöhne anwies. Es wird vom Magistrat vergeben.

b) Die kleine Kirche zum heil. Kreuz stehet auf dem Kirchhofe bey der großen Pfarrkirche. Einer Urkunde nach scheint sie älter als die große Pfarrkirche selbst zu seyn. Das Jahr ihrer Erbauung aber ist nicht bestimmt.

c) Die Frohnleichnamskirche, ist zugleich die Begräbnißkirche der Katholicken, und liegt etwa 2000 Schritte vor der Stadt im Walde. Man gehet dahin auf einem sehr anmuthigen Wege in einer Allee, welche in gewissen Distanzen mit 6 Kapellen das Leiden Christi vorstellend besetzt ist. Bey der Kirche befindet sich eine sogenannte heilige Stiege, welche 1721 von einem Guhrauschen Stadtfarrer, Alexius Abar, auf eigene Kosten gestiftet worden, und wegen welcher jährlich am Fest Kreuzerhöhung viel 1000 Menschen sowohl aus der Nachbarschaft als aus Polen hieher wallfahrten kommen; auch ist dabey eine Einsiedeley die ein Eremit bewohnet, der die Glöck-

nerstelle bey der Kirche vertritt. Von ihrer Erbauung hat man keine Nachrichten. Den Gottesdienst dabey, wenn dergleichen zu gewissen Zeiten gehalten wird, besorgt der Stadtpfarrer.

d) Die Bleich- oder auch Kreuzkirche genannt, ist eine kleine hölzerne Kirche, welche außerhalb der Stadt Mittagswärts auf der sogenannten Bleiche stehet, und daher den Namen die Bleicherkirche hat. Auf dem dabey befindlichen Kirchhof werden die Evangelische begraben, in der Kirche aber nur Leichenreden und Kollecten gehalten. Ehedem waren die Lutheraner im völligen Besitze derselben; und als solche 1734 den 16. May einstürzte, fand man im Knopfe die Nachricht, daß sie auch von den Lutheranern bey Gelegenheit der Pest 1607, wo von Jakobi an bis zu Ende dieses Jahrs 1677 Personen an der Pest gestorben, und die übrigen Kirchhöfe zu klein wurden, gebauet worden. Allein 1756 ergieng nach einem lang geführten Prozeß um diese Kirche vom königlichen Oberamt zu Glogau eine Sentenz, daß die Kirche zwar den Evangelischen zum fernern Gebrauch freygelassen werden, den Katholiken aber eigenthümlich zugehören sollte. Daher kommt es, daß gegenwärtig alle Einkünfte von den Begräbnissen der Evangelischen bey dieser Kirche, als Grabstätten- Klingelbeutel- Büchsengeld ꝛc. an die Pfarrkirche der Katholiken verrechnet und abgegeben werden müssen.

Vorgedachte katholische Kirchen hatten ehmals zusammen ein ansehnliches Vermögen von mehr als 20,000 Thalern; da aber davon nach dem Brande die Pfarrkirche, Kreuzkirche, Pfarrwohnung ꝛc wieder erbauet worden, so sind ihre Kapitalien sehr geschmolzen.

Noch gab es einst hier folgende katholische Kirchen:

1. Die Nicolaikirche auf der alten Guhrgasse, zum Hospital gehörig, ist eingefallen.

2. Die Marienkirche vorm polnischen Thore am Steinwege, gehörte dem Tuchmachermittel, hies daher auch die Knappenkirche, und ist im letztern Stadtbrande mit zerstöret worden.

3. Die Klosterkirche der Franziskaner zu Kainzell, welche zur Zeit der Reformation Lutheri eingegangen seyn soll.

c) Die evangelische Kirche, ist 1744 mit königl. Genehmigung gebaut, im Stadtbrande 1759 aber mit eingeäschert worden. Die noch fortdauernden Kriegsunruhen, und vorzüglich der Mangel an Gelde, machten, daß man zum Wiederaufbau einer neuen nicht eher schreiten konnte bis 1765, wo am 17. Sept. endlich der Grundstein dazu geleget wurde. Durch Hülfe einiger bewilligten Landeskollecten, verschiedene andere Beyträge, und vorzüglich durch ein Gnadengeschenke des Königs von 8000 Rthlr. kam der äusere Bau, wozu der Oberbaudirector v. Machui die Zeichnung gemacht, endlich 1781 zu Stande, so daß es nur noch an der innern Auszierung fehlte; doch auch hierzu wurde Rath. Der verstorbene Baron v. Hock auf Ober-Schüttlau schenkte nicht nur allerhand Silbergeschirre und Ornate hinein, sondern auch 4000 Rthlr. zur Ausstaffirung derselben; und durch Unterstützung anderer Wohlthäter mehr ist diese Kirche nun eine der schönsten modernsten in Schlesien. Ihre Erbauung hat, ohne die innere Auszierung, 19000 Rthlr. geko-

het. Wenn man ja etwas daran auszusetzen hat, so ists die unschickliche Lage derselben, weil sie mitten am Ringe stehet, wo durch das viele Laufen und Fahren so wohl der Gottesdienst beunruhiget, als auch durch das öftere Läuten die Ringbewohner sehr belästiget werden. Ferner wird sie durch einen alten Thurm sehr verunziert, der sonst zum Rathhause gehörte, nun aber an der Kirche als Glockenthurm beybehalten worden. Der Geldmangel und die Hofnung etwas zu ersparen war Ursache, daß man sich beym Kirchbau des alten Mauerwerks vom Rathhause bediente.

Eigenes Vermögen hat die Kirche nicht, sondern ihre Ausgaben müssen blos vom Klingelbeutel, Stellengeld ꝛc. bestritten werden; und da die hiesige evangelische Gemeine eben nicht groß ist, so läßt sich leicht folgern, daß dergleichen Einkünfte nicht sonderlich seyn müssen.

Wegen Ansetzung der Geistlichen bey dieser Kirche hat zwischen dem Magistrat und der Bürgerschaft lange ein Prozeß obgeschwebt, welcher endlich von der Glogauschen Oberamts-Regierung dahin entschieden worden: d. 28. Februar 1763 daß der Majestrat 3 Subjecte vorzustellen, die Bürgerschaft aber aus diesen dreyen eines durch die Mehrheit der Stimmen zu erwählen das Recht haben soll. Die Schullehrer hingegen werden blos vom Kirchen-Collegio, welches aus den beiden Geistlichen, den sämmtlichen evangelischen Rathsgliedern, und 12 Beisitzern aus den Zechen besteht, gewählt. Gegenwärtig sind Prediger dabei Herr Christian Gottl. Menzel Pastor primarius und Senior. Herr Christian Ehrenfried Hederich Pastor secundarius. Eingepfarrt sind nebst der Stadt und Vorstadt noch die Dörfer: Konradswalde, Geisbach, Gleinig, Graben, Guhlau, Alt-Guhrau, Jästershaim, Kainzen, Groß- und Klein-Kloden, Ober- und Nieder-Lanken, Nardten, Saltschütz, Tschiläsen, Friedrichsau, Ober-Mittel-Nieder-Fridrichswalde.

f.) 4 Pfarr- und Schulhäuser als:

Zwey evangelische Predigerwohnungen am Ringe, die der Kirche gehören.

Die katholische Pfarrwohnung, so nun erst gebaut wird.

Das katholische Schulhaus.

Das evangelische Schulhaus so wohl als die Wohnungen für die Schullehrer fehlen noch, und müssen zur Beschwernis der Kirchkasse Privathäuser dazu gemiethet worden.

g.) Das Hospital scheint uralter Stiftung zu seyn, ist ein hölzernes Gebäude, welches nun täglich den Einsturz drohet, und führt den Namen zu St. Nikolaus. Es gehört dazu ein Stück Acker, eine Wiese, eine alte Gerechtigkeit auf einem Bauergute zu Kainzen, welches jährlich ins Hospital 6 Scheffel Korn, 1 Achtel Bier, und ein bestimmtes Brennholz zinsen muß. 1750 betrugen die Hospital-Kapitalien schon 1417 Rthlr.

Dermalen geniessen einige alte Arme darinn freie Wohnung, welche mit mehrern Stadtarmen in 2
Klas-

Klassen getheilt sind, und von den Einkünften monatlich 9 — 19 Sgl. an Geld erhalten.

h.) Das **Rathaus**, ist noch nicht wieder erbaut, sondern der Magistrat hat zu den Seßionen 3 Zimmer in einem Hause gemiethet.

i.) Das **Garnison Lazareth**, ehedem die fürstliche Burg.

k.) Ein **Wachthaus**.

l.) Ein **Sprizenhaus**.

m.) 2 **Thorschreiberhäuser**.

n.) 2 **Malz- und Brauhäuser**.

o.) Die **Scharfrichterei**, oder Kustodie.

p.) Ein **Zechhaus** den Tuchmachern.

q.) Ein **Schlachthaus** den Fleischern gehörig.

r.) Ein **Schießhaus**.

s.) Eine **Ziegelbrennerey**.

t.) 3 **städtsche Beamtenhäuser**.

Zusammen sind öffentliche Gebäude		26
Privathäuser, in der Stadt	208	
in der Vorstadt	258	
Zusammen		466
Wüste Stellen		1
Scheunen		62
Summa aller Gebäude		555

Die Privathäuser in der Stadt sind alle mit Ziegeln gedeckt. Ehedem waren viele derselben, besonders am Ringe, mit Lauben versehen, die aber nach dem Brande von 1759 gänzlich abgeschaft worden.

Bey

Bey der Stadt sind 7 Gasthöfe, 1 Roßmühle und 1 Lohmühle.

§. 4.
Einwohner.

Die Einwohner sind theils der evangelischen, theils der katholischen Religion zugethan, doch mögen der letztern mehrere seyn als der ersten. Ihre Sprache ist, ob Guhrau gleich nahe an der polnischen Grenze liegt, demohngeachtet ganz deutsch, und ihr Character gut gesittet.

Die ganze Anzahl der Einwohner 1787 war:

Männliche	von Adel	5	
	Wirthe	295	
	Insgemein	925	
	Zusammen		1225
Weibliche	von Adel	13	
	Wirthinnen	66	
	Insgemein	1427	
	Zusammen		1506
	Summa aller Seelen		2731

Ohne die Garnison. Juden sind hier nicht.

Das Konsumo war: 92 Stück Rindvieh, 535 St. Schweine, 687 St. Hammel, 596 St. Kälber, 389 Scheffel Weizen, 3758 Schefl. Korn, 1710 Schefl. Malz, 210 Schefl. Schrot zum Brandwein, 540 Schefl. Hafer.

§. 5.
Nahrungszweige.

Viel Einwohner nähren sich vom Ackerbau und der

der Viehzucht. In den Gärten um die Stadt werden viel Spargeln erbaut, auswärts verschickt, und sind allenthalben beliebt.

Der Brauurbar haftet auf 237 Stellen, und es ist hier zum bessern Betrieb derselben eine Malz- und Hopfenkasse errichtet, woraus den unvermögenden Braueigenern das Benöthigte vorgeschossen wird.

Unter dem Ausschrotzwang stehen folgende 21 Dörfer: Alt-Guhrau, Konradswalde, Groß-Reichen, Nardten, Geisbach, Gleinig, Guhlau, Jästershain, Juppendorf, Kaltebortschen, Heinzebortschen, Kainzen, Neuguth, Groß- und Klein-Kloden, Saltschütz, Schlabiz, Tschildsen, Ober- Mittel- Nieder- Friedrichswaldau.

Demohngeachtet scheint der Bierverlag dahin nicht sonderlich zu seyn, weil auf diese 21 Dörfer und 5 Vorstädtsche Kretschame doch nicht mehr als gegen 300 Achtel jährlich verschroten werden.

Der Handel wird von 6 Krämern und verschiedenen Victualienhändlern getrieben; einige Bürger treiben mit Butter, Käse ꝛc. starken Verkehr in die Mark Brandenburg; die vorzüglichste Nahrung haben die bey der Stadt befindlichen 54 Windmüller, welche nicht nur das Gebürge mit Mehl verlegen, sondern jährlich auch viele 1000 Scheffel nach Berlin und Potsdam versenden.

Wie wichtig ehedem die Tuchmanufactur allhier gewesen, läßt sich daraus schließen, daß diese Zunft eine eigene Kirche, Prediger, und Hospital gehabt, und aus 900 Meistern bestanden haben soll. Selbst vor 12 bis 15 Jahren war dies Gewerk noch ziemlich stark; weil aber die Fremdlinge nach Verfliessung

sung ihrer Benefizien-Jahre wieder weggezogen sind, so befinden sich jetzt im Mittel nur noch 83 Meister, wovon aber mehr als die Hälfte arm sind, und bey den übrigen als Gesellen arbeiten müssen. Die Ursache ihres Verfalls ist der hohe Wollepreis, der wenige Absatz, und weil hier kein Tuchkaufmann ist, der eine Schönfarberei anlegte, und die Tücher zu verschleissen suchte. Eine Walke hat das Mittel in Suckau.

Vor einigen Jahren hat der Schöppe Rondtke eine Pottaschsiederei allhier etablirt.

Sonnabends ist Wochen- und Getreide-Markt.

Jahrmärkte sind 3 als Donnerstag vor Jacobi, vor Palmarum, und vor Hedwig.

Handwerker und Künstler giebt es daselbst 1 Apothecker, 4 Bader, 9 Becker, mit 23 Bänken; 5 Böttcher, 6 Brandweinbrennner, 1 Brauer, 2 Buchbinder, 1 Büchsenmacher, 2 Drechsler, 2 Färber, 13 Fleischer, mit 31 Bänken; 2 Glaser, 2 Goldschmiede, 2 Gürtler, 3 Handschumacher, 2 Hutmacher, 1 Musik. Instrumentmacher, 2 Kammmacher, 11 Kürschner, 2 Kupferschmiede, 16 Leinweber, 1 Leistenschneider, 1 Lohgerber, 3 Maurer, 2 Nadler, 1 Oelschläger, 1 Orgelbauer, 2 Perückenmacher, 1 Pfefferküchler, 2 Posamentir, 5 Rademacher, 3 Riemer, 2 Sattler, 3 Schlosser, 9 Schmiede, 1 Schieferdecker, 2 Sporer, 15 Schneider, 1 Schornsteinfeger, 31 Schuster, mit 27 Bänken; 2 Seifsieder, 4 Seiler, 1 Steinbrücker, 2 Strumpfstricker und 3 Wirker, 9 Tischler, 4 Töpfer, 83 Tuchmacher, 1 Tuchscherer, 2 Uhrmacher, 1 Ziergärtner, 3 Zimmerleute, 1 Zinngiesser.

§. 6.

§. 6.

Allerhand.

Guhrau hat auch gelehrte und berühmte Männer gehabt. Darunter zeichneten sich besonders aus Flaminius Gasto Leibarzt der Herrzoge zu Liegniz und Brieg, der 1618 am 5. Februar starb; und der vorige Stadtphysicus D. Rogis, desgleichen dessen Nachfolger in diesem Amte D. Stier, welcher dem Pabst Pius VI. sein Gutachten über dessen Augenkrankheit einsandte, und dafür ein sehr gnädiges Breve zurück erhielt.

Die Stadt stehet unter dem 3. Glogauschen steuerräthlichen Departement, und die Kämmerey besitzt eigenthümlich die Dörfer, Alt Guhrau, Jästershain, Geisbach, Tschiläsen, Saltschütz, Kainzen, Ober- Mittel- Nieder-Friedrichswaldau; auch ansehnliche Waldung, woraus jeder Braueigener jährlich 4 Schock Reisig unentgeltlich blos gegen Erlegung des Schlagerlohns erhält. Die Jährlichen Einkünfte derselben betragen gegen 3400 Rthlr.

Im Feuersocietäts Katastro stehet die Stadt auf 133486 Rthlr.

Im Rathe sitzen 1 Consul dirigens, 1 Proconsul, 1 Syndicus L Kämmerer, 6 Rathmänner.

Die übrigen königlichen Aemter sind: das Accisamt, so 1 Einnehmer, 1 Controlleur verwalten.

Das Postamt, wobei 1 Postmeister.

Von Köben.

Köben, lateinisch *Cobena*, ist eine kleine, offene, aber doch accisbare Stadt, liegt an der Oder 3 Meilen von Glogau, 3 von Steinau, und 2 Meilen von Herrnstadt. Anfangs soll es nur ein geringes Dörfchen von einigen Häusern gewesen seyn, welche von den alten Slaven erbauet worden, die diesen Platz zu ihrer Fischerey sehr bequem gefunden, bis hernach Herzog Heinrich der Bärtige diesen Ort in eine Stadt umgeschaffen hat, der sodann unter den folzenden Regenten, Herzog Heinrich II. auch Konrad dem II. und III. immer mehr in Aufnahme kam. Besonders gab Konrad III. (*Gibbosus*) den Bürgern zu Köben ansehnliche Privilegien, weil sie 1303 nebst den Steinauern und Raudtnern geholfen hatten, ihn aus seinem Arrest zu befreien, und schenkte hierauf das Städtchen an einen Burggrafen von Dohna. Doch scheinet es, daß es bald wieder an die Herzoge Glogauscher Linie gekommen, denn als 1327 Herzog Johann von Steinau seine Steinauschen Ländereien an den König Johann in Böhmen verkaufte, war darunter, laut dem Kaufbriefe, auch *Gobena* (Köben) mit begriffen; allein 1339 ist vermöge einer Köbenschen Urkunde der Ort abermals an die Burggrafen von Dohna verkauft worden, und von denselben in der Folge an die Herren von Kottwitz gekommen. Schon 1477 besas solchen Sigmund von Kottwitz, nach ihm sein Sohn George der ältere, der die Lehre Lutheri hier einführte, und ist seitdem in dieser Familie stets geblieben; die gegenwärtige Besitzerin ist die Frau Baronesse von Kottwitz.

Im

Im Jahr 1480 den 25. April wurde Köben und die umliegenden Dörfer von Herzog Hannsens II. Soldaten rein ausgeplündert. 1616 den 28. Julii brannte die Stadt völlig ab, und ob sie zwar bald wieder aufgebauet worden, so lies es doch der eingefallene dreyßigjährige Krieg nicht zu, daß sich die Bürger hätten erholen können, besonders da sie am 3. September 1632, am 10. October 1633, am 31. October 1634, und 28. April 1642 abermals totale Plünderungen leiden mußten, und wegen dem hier befindlichen Paß über die Oder bald von Kaiserlichen bald von Schweden und Sachsen sehr beunruhiget wurden. 1761 ist es durch angelegtes Feuer wieder größten Theils abgebrannt, und ietzt ein neu gebauter Ort. Es befindet sich hier eine Oderfähre, und eine königliche Salzfactorey.

Die Gebände sind nachstehende:

a.) Die katholische Pfarrkirche, welche wahrscheinlich mit der Stadt zugleich von Herzog Heinrich dem Bärtigen gestiftet worden. Sie stand Anfang auser der Stadt, wurde die Dohmkirche genannt, und Sebastian der ältere von Kottwiz räumte sie 1540 den Evangelischen ein, nachdem die Reformation Lutheri bereits vor 1535 durch Vorschub seines Vaters Melchiors des ältern von Kottwiz in Köben Eingang gefunden hatte. Sebastians Sohn, George der jüngere von Kottwiz brachte das evangelische Religionswesen in noch bessern Stand, und schrieb in seiner Verordnung, die er für die Stadt Köben 1591 machte, ausdrücklich:

Cc 2 „Auch

„Auch sollen alle meine liebe Getrewe und Unterthanen allhier bey der wahren und rechten Augspurgischen Confession, bey der ich selbst erzogen, die auch allhier zu Köben bey der Gemeine über 50 Jahr ungeirrt exerziret worden, von mir und meinen Nachkommen, den Herrschaften, geschützet, und zu ewigen Zeiten dabei ungeirrt gelassen, und zu keiner andern Religion genöthiget oder gezwungen werden."

Als hierauf diese Dohmkirche wegen Alter sehr baufällig geworden war, lies er 1587 eine neue Pfarrkirche in der Stadt erbauen, erneuerte hernach auch noch die alte Dohmkirche, und verordnete, daß der Lutherische Gottesdienst wechselweise an Sonntagen bald in der neuen bald in der alten Kirche gehalten werden mußte. Letztere ist nach der Zeit (wahrscheinlich entweder im Stadtbrande von 1616 oder im dreyßigjährigen Kriege) völlig eingegangen, die neue Stadtpfarrkirche aber am 22. Januar 1654 ten Evangelischen entzogen, und den Katholiken übergeben worden, die solche noch besitzen. Das Patronat ist herrschaftlich.

Noch merke ich hier an, daß die Dohmkirche eigentlich diesen Namen von den Bischöffen hatte, welche zu jener ersten Zeit noch viel in der Diözes herum reiseten, und gemeiniglich wurden die Kirchen, wo sie sich oft aufhielten, und des Gottesdienstes pflegten, Dohmkirchen genannt.

b.) Die evangelische Kirche, ist eine von den neuesten, welche erst unter Königlicher Preußscher Re-

Regierung erbauet worden. Ihre Einweihung geschahe 1769, seit 1741 aber wurde der evangelische Gottesdienst schon auf dem Rathhause gehalten. Sie stehet ebenfalls in der Stadt am Ringe. Ein Prediger dabei besorgt die Parochialia.

Eingepfarrt sind dazu nebst der Stadt Köben die Dörfer: 1. die Schloß- und Dohmgemeine, 2. Alt- und Neu-Heide, 3. Nehrschütz, 4. Laskau, 5. Radschütz, 6. Gurkau.

c.) 3 Pfarr und Schulhäuser.

d.) Das Hospital, welches wahrscheinlich zu der ehemals allhier gewesenen Kommende der Ordensbrüder vom heiligen Geist gehöret hat, wovon eine Urkunde in Herrn Pastor Ehrhards Beiträgen zur schles. Diplom. St. 3 S. 129. vorkommt.

e.) 2 Brauhäuser.

f.) Das Rathhaus.

g) Ein Wachthaus.

h.) 5 Salzfactorei- und Niederlagsgebäude.

i.) 2 städtsche Wohnhäuser.

Privathäuser zählt man in der Stadt 87, in der Vorstadt 14. Zusammen 101. 6 Scheunen, 1 wüste Stelle, 25 Privathäuser sind mit Ziegeln gedeckt.

Einwahner waren 1787 daselbst 326 Männliche, 442 Weibliche. Summa 768. Ohne die Garnison, die aus 1 Eskadron vom von Czettritzschen Husarenregiment bestehet.

Die Consumtion betrug 55 Stück Rindvieh,

384 St. Schweine, 408 St. Hammel, 305 St. Kälber, 178 Scheffel Weizen, 2264 Schfl. Korn, 384 Schfl. Malz, 59 Schfl. Brandweinschrot.

Die Einwohner haben ihren Nahrungs-Erwerb

1. Vom Ackerbau und der Viehzucht.

2. Vom Bierbrauen, welches auf 60 Häusern haftet; doch hat die Stadt keinen Ausschrot auf die Dörfer.

3. Vom Handel, der aber sehr unbedeutend ist, und von 9 Krämern und 2 Victualienhändlern getrieben wird.

4. Von verschiedenen Handwerken. Man zählt daselbst folgende: 1 Apothecker, 3 Bader, 7 Bäcker mit 8 Gerechtigkeiten, 4 Böttcher, 1 Brauer, 3 Fischer, 7 Fleischer mit 9 Gerechtigkeiten, 2 Glaser, 3 Kürschner, 1 Leinweber, 1 Maler, 1 Maurer, 3 Müller, 1 Pfefferküchler, 1 Riemer, 2 Rothgerber, 1 Sattler, 1 Schieferdecker, 8 Schiffer, 2 Schlosser, 5 Schneider, 1 Schornsteinfeger, 10 Schuster mit 13 Gerechtigkeiten, 1 Seifensieder, 2 Seiler, 1 Strumpfstricker, 2 Tischler, 3 Töpfer, 26 Tuchmacher, 1 Weisgerber, 1 Zimmermann.

Jahrmärkte und Viehmärkte sind viere.

Wochenmarkt ist Sonnabends.

Die Kämmerey hat weder Güter noch andere Grundstücke. Ihre jährliche Einnahme ist etwan 740 Rthlr.

Die Stadt gehört zum 3ten Glogauschen steuerräthlichen Departement, und ist im Feuersocietäts-Catastro auf 29746 Rthlr. angeschlagen.

Im Rathskollegio sind 1 Burgermeister, 1 Polizeyburgermeister, 2 Rathmänner.

Im Accis- und Zollamt 1 Einnehmer, 1 Controlleur.

Im Salzamt 1 Salzfactor, 1 Controlleur.

Das Postwesen wird von Lüben aus hieher durch eine Botenpost besorgt, welche Dienstags und Freytags ankommt, Mittwochs und Sonnabends aber wieder abgeht.

Von Groß-Tschirne.

Diese kleine Stadt liegt nahe an der polnischen Grenze, 4 Meilen von Glogau in einer ziemlichen Ebene, und hat gegen Abend zu einen großen Bruch. In alten Urkunden wird Czernina, Czyrna, auch Scyrna genannt. Einige wollen diesen Namen aus dem polnischen herleiten, in welcher Sprache es eine Dornhecke bedeutet, oder von Czarni, welches im polnischen einen Morast, auch schwarzes Erdreich heist; andere hingegen glauben, daß der Name der Stadt von dem Geschlecht der Edlen von Czirn herkomme, welche in ältern Zeiten diesen Ort in Besitz gehabt haben. Was das Prädicat Groß: betrift so soll solches zur Unterscheidung von mehrern Orten in Schlesien dienen, die ebenfalls Tschirne heissen; selbst ohnweit dieser Stadt liegen zwey Dörfer, wovon eines Ober-Tschirne, das andere Nieder-Tschirne genannt wird.

Groß-Tschirne war Anfangs auch nur ein Dorf und gehörte, wie vorgedacht, dem Geschlechte derer von Tschirn oder Czirn, 1430 kam es an einen gewissen Magnus v. Label und dann 1492 an den Heinrich Burggraf v. Dohna, unter welchem es hierauf 1515 mittelst eines Privilegii vom K. Uladislaus II. d. Prag am Tage Kreutzerfindung Stadtrecht erhielt. Sodann brachten diese Stadt 1538 die Herren v. Stosch für 12000 Ducaten an sich, welche dieselbe durch 167 Jahr in Besitz hatten, und worunter Balzer II. v. Stosch 1584 mit Vergünstiguug Kayser Rudolph diesem Orte erst recht die Gestalt einer Stadt gab, bis der letzte aus dieser Linie George Abraham v. Stosch 1705 starb, worauf Groß-Tschirne an seine älteste Schwester Hedwig Helena v. Stosch, verwittwete v. Schweinitz auf Liebenau fiel. Nach dem Tode derselben kaufte ihr Schwiegersohn Adam Melchior v. Lestwitz auf Groß-Wirsewitz die Stadt und dazu gehörigen Güter. Dieser starb 1718, und nun erbte solche sein ältester Sohn George Abraham v. Lestwitz, welcher 1747 mit Tode abgieng und die Stadt seinem einzigen Sohne, dem noch gegenwärtigen Besitzer Herr v. Lestwitz hinterließ.

Die merkwürdigsten Begebenheiten dieses Städtchens sind kürzlich folgende: 1628 kam ein Trup von den Lichtensteinschen Reformatoren nach Groß-Tschirne, um ihre Bekehrungsmethode auch hier auszuüben; als aber die Bürger 3800 Gulden an solche bezahlten, blieben sie diesmal in ihrer Religion noch ungestört. 1632 wurde die Stadt durch Ueberfälle der Kayserlichen, Schweden und Sachsen sehr geängstiget und hart mitgenommen. 1633 im August kamen einige von denen bey Steinau geschlagegenen Schweden hieher, und plünderten durch zwey Tage lang die Einwohner; und was diese Völker etwa noch übrig gelassen hatten, raubten 1634 am 8. Junii der Obriste Stachwitz mit seinen Soldaten, welche allen Getreidevorrath mitnahmen, und die rathhäuslichen Bücher ruinirten. 1635 den 19. Julii erfolgte eine abermalige Plünderung von den Sachsen und Schweden. 1642 den 13. Febr. fiel eine schwedische Parthey hier ein, erbrachen die Kirche, raubten die darin geflüchteten Sachen der Einwohner, zerhieben die in der Gruft stehenden herrschaftlichen kupfernen und zinnernen Särge, warfen die Leichname heraus, ruinirten die Orgel, rissen alles Kupfer vom Kirchthurm ab, und nahmen alles Metall mit sich hinweg. Dergleichen Bedrängnisse dauerten bis zum Frieden, und es war kein Jahr, wo die Einwohner nicht bald von kayserlichen, bald von schwedischen Invasionen heimgesucht wurden, die entweder plünderten, oder doch schwere Contributiones forderten.

1687 am Tage Jacobi wurde hier eine Schützenbrüderschaft errichtet. 1692 gab Kayser Leopold der Stadt ein Privilegium, bey den gewöhnlichen zwey Jahrmärkten auch zugleich Roß- und Viehmarkt zu halten. 1723 verlieh Kayser Karl VI. derselben noch den dritten Jahrmarkt an Cantate zu halten. 1742 entstand in der polnischen Vorstadt ein Brand, welcher 2 Häuser und 5 Scheunen einäscherte.

Im siebenjährigen Kriege ist Groß-Tschirne von den Russen außerordentlich mitgenommen worden. Den 1. Jul. 1758 kam das erste rußische Commando do unterm Befehl des Kosakenobristen Puschkanof hieher, forderten 1500 Rthlr. Brandschatzuug, ließen sich aber mit 300 Rthlr begnügen. Am 31. May 1759 wurden durch ein anderes rußisches Commando die Häuser geplündert, alles in denselben zerschlagen, die Mannspersonen grausam gemißhandelt, die Weibspersonen geschändet, die Kirchen beraubt, und sonst noch allen ersinnlichen Muthwillen verübt. Dergleichen feindselige Ueberfälle währten dies ganze Jahr, auch noch 1760 und 1761 fort, wo endlich die ganze rußische Hauptarmee unterm General Buturlin hierdurch und zurück marschirte.

Die öffentlichen Gebäude sind:

a) Die katholische Pfarrkirche stand bereits, als Tschirne noch Dorf war, denn 1496 verliehe Pabst Alexander VI. derselben einen Ablaßbrief, welcher denn viele Wallfahrter hieher zog, die aber in der Folge wieder ausblieben, besonders als 1551 durch Beförderung des Balzer I. v. Stosch die evangelische Lehre hier eingeführt, und die Kirche den Lutheranern übergeben wurde. 1585 ließen die Gebrüder Balzer III. und Lassel v. Stosch den Anfang zum Bau des Kirchthurms machen, der nach funfzehn Jahren erst fertig wurde. Den 8. Dec. 1653 ist sie gesperrt, und darauf am 29. Jan. 1654 durch die bischöfliche Reductionscommißion den Katholicken eingeräumet worden, die noch im Besitze derselben sind. Sie führt den Namen zum heiligen Laurentius. Ein dabey angestellter Pfarrer, der zugleich Erzpriester im Guhrauschen Kreise ist, besorgt die geistlichen Geschäfte.

b) Die

b) Die evangelische Kirche ist 1742 zu erbauen angefangen, und am Sonntag Sexagesimä eingeweihet worden. Der Platz, worauf sie stehet, gehört nicht zur Stadt, sondern zum angrenzenden Dorfe Ober-Tschirne, und war ehedem ein Theil des herrschaftlichen Lustgartens. Eingepfarrt sind dazu nebst der Stadt noch die Dörfer: Ober-Tschirne, Sulkau, Neusorge, Katschkau, Nieder-Ellguth, Ober-Ellguth, Polnisch-Bortschen, Nieder-Tschirne, Gabel, Ronicken, Friedrichshold, eine Kolonie. Ein Pastor besorgt die Parochialia.

c) Eine kleine evangelische Begräbnißkirche.

d) 5 Pfarr- und Schulhäuser.

e) Das Hospital.

f) Das Rathhaus.

g) 4 städtsche Beamtenhäuser.

h) Das Stockhaus.

i) Das Lazareth.

Privathäuser sind in der Stadt 83, in der Vorstadt 20, Summa 103. Wüste Stellen sind noch 17. Die Bürgerhäuser sind alle mit Schindeln gedeckt und wenige maßiv darunter.

Einwohner waren 1787: Männliche 362 und Weibliche 452, Summa 844 Seelen, ohne die Garnison, 1 Esquadron vom Husarenregiment v. Czettriz.

Das Consumo war 56 Stück Rindvieh, 196 St. Schweine, 142 St. Hammel, 141 St. Kälber. 111 Schfl. Weitzen, 832 Schfl. Korn.

Wolle ward hier verarbeitet 2134 Stein.

Die Nahrungszweige der Einwohner sind:

1. Der Ackerbau und die Viehzucht, womit sich viele Bürger beschäftigen.

Den Brauurbar übt allein das Dominium aus, und geht dadurch den Bürgern viel an ihrer Nahrung ab.

2. Der Handel, welcher aber sehr gering ist, und der von zwey Krämern getrieben wird.

Donnerstags ist Wochenmarkt.

Jahr- und zugleich Viehmärkte sind drey: als 1) an Cantate, 2) an Laurentii, 3) an Martini.

3) Mancherley Handwerke und Künste: 1 Bader, 5 Bäcker mit 5 Bänken, 4 Böttcher, 1 Färber, 2 Fleischer mit 6 Bänken, 1 Glaser, 1 Holzarbeiter, 5 Leinweber, 1 Maler, 1 Maurer, 2 Rade- und Stellmacher, 2 Riemer, 2 Schmiede, 6 Schneider, 1 Schornsteinfeger, 9 Schuster mit 10 Bänken, 1 Seifensieder, 1 Seiler, 4 Tischler, 1 Töpfer, 62 Tuchmacher, 1 Tuchscherer, 1 Weisgerber, 4 Müller.

Die Stadt gehört zum 3ten Glogauschen steuerräthlichen Departement.

Im Feuersocietätscatastro ist sie auf 20989 Rthl. angeschlagen.

Die

Die Kämmerey besitzt keine eigenthümliche Fundos, weder andere Gerechtigkeiten; ihre jährliche Einnahme beträgt nur gegen 180 Rthlr.

Der Magistrat bestehet aus 1 Burgermeister, 1 Polizeyburgermeister, 2 Rathmännern.

Das Accis- und Zollamt: 1 Einnehmer, 1 Controlleur.

Das Postwesen wird hieher vom Postamt zu Guhrau besorgt.

C. Von denen Dörfern

Namen der Dörfer.

1.

Birkendorf, gehörte 1558 der Familie v. Köckriz und noch 1615 besaß es Caspar v. Köckriz, nun ist der v. Woyersch Eigenthümer davon; und hat 1 herrschaftlich Wohnhaus, 2 Vorwerke, 1 Schule, 2 Bauern, 8 Dresch- 3 Freygärtner, 4 andere Häuser, in allem 21 Feuerstellen mit 130 Einwohnern.

2. Braunau, gehört unter das Stift Leubus, und enthält 1 Freygut, 23 dienstbare Bauern, 28 Freyhäusler, 5 Windmühlen, 20 andere Häuser, Summa 73 Feuerstellen, 339 Seelen.

3. Brodelwiz, ist das Eigenthum des v. Tschammer, und faßt unter sich 1 herrschaftlich Wohnhaus, 1 Vorwerk, 2 Frey- 10 Dreschgärtner, 6 Häusler, 1 Windmühle, 4 andere Häuser, zusammen 25 Feuerstellen, 151 Einwohner.

Buschvorwerk, ist mit Nistiz No. 54 verbunden, und bestehet aus einem besonders liegenden Vorwerk, die Personenzahl kommt beym Hauptdorfe vor.

4. **Conradswalde,** begreift unter sich 1 herrschaftlich Schloß, 2 Vorwerke, 1 Pfarrhaus, 1 Schule nebst einer alten öden Kirche, 3 dienstbare Bauern, 4 Frey. 16 Dreschgärtner, 1 Häusler, 1 Windmühle, 10 andere Häuser, Summa 40 Feuerstellen; 258 Personen.

5. **Ellguth,** bestehet aus zwey Antheilen, nämlich:

a) Ober-Ellguth, worin 1 herrschaftlich Schloß, 1 Vorwerk, 2 Frey. 4 Dreschgärtner, 3 Häusler, 3 andere Häuser, 93 Menschen befindlich.

b) Nieder-Ellguth, hat 1 Vorwerk, 6 Dienstbauern, 2 Frey. 8 Dreschgärtner, 4 Windmühlen, 11 andere Häuser, 179 Seelen. Ersterer Antheil gehört dem Freyherrn v. Stosch, letzterer dem von Lestwiz.

Fährhaus, s. Neuheide No. 21.

Fährhaus, s. Kahrau No. 30.

Fährhaus, s. Zeipern No. 85.

Feldmühle, s. Gabell No. 11.

Feldmühle, s. Kraschen No. 38.

Feldmühle, s. Tschirnau, Nieder- No. 79.

Fischerhaus, s. Zeigern No. 85.

6. **Fridrichsau,** ist eine seit 1770 erbaute, dem v. Klobuczinska gehörige Kolonie von 20 Freystellen, zu denen etwas Acker gehört, mit 86 Seelen.

7. Fridrichshuld, eine Kolonie von 7 Freystellen ebenfalls mit Acker und 39 Einwohnern, ist des v. Adelstein Eigenthum.

8. Fridrichswaldau, Ober- auch eine Kolonie von 8 Freystellen mit Acker und 31 Menschen.

9. Fridrichswaldau, Mittel- desgleichen von 11 Ackerstellen und 52 Seelen.

10. Fridrichswaldau, Nieder- desgleichen von 11 Freystellen mit Acker, und 4 andern Häusern mit 90 Einwohnern. Vorstehende drey Kolonien sind 1770 von der Stadtkämmerey zu Guhrau erbauet worden, und ein Eigenthum derselben.

11. Gabell, allhier befinden sich 1 herrschaftlich Schloß, 2 Vorwerke, 1 Schulhaus, 10 Dienstbauern, 9 Frey- 16 Dreschgärtner, 4 Windmühlen, wovon eine die Feldmühle heißt; 13 andere Häuser, Summa 52 Feuerstellen mit 354 Einwohnern. Gutsbesitzer davon ist der v. Dollfus.

12. Geisbach, gehört unter die Kämmerey zu Guhrau, hat 2 Freygärtner, 1 Windmühle, 5 andere Häuser, Summa 19 Feuerstellen mit 104 Menschen.

13. Giebse, gehört eigentlich zum Dominio Schlaubitz, ist aber ein besonders liegendes Dorf von 6 Freygärtnerstellen, 1 Windmühle, 39 Einwohnern, und gehört dem Junfernstift zu Glogau.

14. Gleinig, daselbst giebt es eine katholische Filialkirche, 1 Pfarrhaus, 1 Schule, 1 herrschaftliches Schloß, 2 Vorwerke, 10 Dienstbauern, 14 Frey- 13 Dreschgärtner, 2 Häusler, 4 Windmühlen,

len, 2 andere Häuser, Summa 50 Feuerstellen, 371 Personen, und gehört dem v. Stosch.

15. **Graben**, enthält 2 Vorwerke, 1 Schulhaus, 5 Dienstbauern, 7 Frey- 13 Dreschgärtner, 1 Windmühle, 13 andere Häuser, zusammen 42 Feuerstellen, 264 Menschen. Eigenthümer davon ist der General Schlichting.

16. **Guhlau**, bestehet aus 1 Vorwerk, 7 Bauern, 3 Frey- 8 Dreschgärtnern, 3 Häuslern, 1 Windmühle, 7 anderen Häusern, Summa 30 Feuerstellen, 165 Einwohnern, gehört dem Grafen v. Kalkreuth.

17. **Guhrau, Alt-** ist ein Eigenthum der Stadtkämmerey zu Guhrau, hat 1 Schulhaus, 1 Freygut, 23 dienstbare Bauern, 17 Frey- 3 Dreschgärtner, 3 Häusler, 7 Windmühlen, 12 andere Häuser, in allem 60 Feuerstellen, 341 Personen.

18. **Guhren**, gehört dem Baron v. Wechmar, faßt in sich 1 herrschaftlich Schloß, 1 Vorwerk, 1 katholische Filialkirche, 1 Pfarrhaus, 1 Schule, 11 Dienstbauern, 10 Frey- 12 Dreschgärtner, 17 Häusler, 2 Windmühlen, 8 andere Häuser, Summa 64 Feuerstellen, 414 Personen.

19. **Guckelitze**, enthält nur 1 Vorwerk nebst 4 Gärtnerstellen und 27 Einwohnern; Besitzer davon ist ein gewisser Schrot.

20. **Heide, Alt-** darin zählt man 1 Vorwerk, 3 Gärtner, 6 Häusler, 42 Einwohner, und gehört der Frau v. Kottwiz, desgleichen auch das folgende.

21. **Heide, Neu-** worin 1 Vorwerk, 1 Schulhaus, 5 Gärtner, 6 Häusler, 1 Windmühle, 1 ander

der Haus, Summa 16 Feuerstellen mit 81 Seelen befindlich.

22. Heinzebortschen, begreift in sich 1 Vorwerk, 7 dienstbare Bauern, 6 Frey- 9 Dreschgärtner, 3 Häusler, 1 Windmühle, 3 andere Häuser, zusammen 31 Feuerstellen und 172 Einwohner. Eigenthümer davon ist der Freyherr v. Stosch.

23. Heinzendorf, hier sind eine evangelische Kirche, 1 Pfarrhaus, 1 Schule, 2 Vorwerke, 29 dienstbare Bauern, 9 Frey- 7 Dreschgärtner, 12 Häusler, 4 Windmühlen, 21 andere Häuser, Summa 84 Feuerstellen und 469 Einwohner. Gutsbesitzer ist der v. Borrwitz.

24. Hockenau, enthält 1 Vorwerk, 4 Gärtner, 3 andere Häuser, 46 Einwohner, und gehört dem Major v. Prittwitz.

Hundspaß, s. Nieder-Schittlau No. 68.

25. Jastersheim, ist ein Kämmereygut der Stadt Guhrau, hat 1 Schulhaus, 2 Frey- 12 Dienstbauern, 3 Gärtner, 9 Häusler, 3 Windmühlen, 8 andere Häuser, überhaupt 38 Feuerstellen und 192 Seelen.

26. Ibsdorf, daselbst befinden sich 1 herrschaftlich Schloß, 1 Vorwerk, 5 Frey- 8 Dreschgärtner, 3 Häusler, 1 Windmühle, 4 andere Häuser, Summa 29 Feuerstellen, 120 Einwohner. Eigenthümer davon ist der v. Lediwary.

27. Johannsfeld, ist eine seit 1770 erbaute Kolonie von 9 Freystellen mit etwas Acker und 33 Personen, dem v. Woyersch gehörig.

Beschr. v. Schl. X. B. 6. St.   Dd   28.

28. Juppendorf, faßt unter sich 1 Schloß, 1 Vorwerk, 8 Dienstbauern, 10 Frey- 8 Dreschgärtner, 4 Häusler, 2 Windmühlen, 12 andere Häuser, zusammen 46 Feuerstellen, 225 Menschen, und gehört dem Baron v. Schlichting.

29. Kahlau, enthält ein herrschaftlich Schloß, 1 Vorwerk, 2 Dienstbauern, 3 Frey- 5 Dreschgärtner, 1 Mühle, ein ander Haus und 85 Einwohner. 1485 besaß dies Gut Fridrich v. Köckriz, gegenwärtig der Doctor Knoll.

30. Kahrau, bestehet aus 1 herrschaftlichen Schloß, 2 Vorwerken, 1 Schule, 3 dienstbaren Bauern, 2 Frey- 13 Dreschgärtnern, 14 Häuslern, 1 Windmühle, 6 andern Häusern, zusammen 43 Feuerstellen und 232 Einwohnern, gehört der Frau Landräthin v. Massow.

31. Kaltebortschen, begreift in sich 1 herrschaftlich Wohnhaus, 1 Vorwerk, 1 Schulhaus, 2 Dienstbauern, 5 Frey- 8 Dreschgärtner, 1 Windmühle, 9 andere Häuser, überhaupt 28 Feuerstellen mit 147 Einwohnern. Besitzer davon ist der Baron v. Diebitsch.

32. Kaintzen, ist ein Kämmereygut der Stadt Guhrau, und hat 1 Schulhaus, 1 Freygut, 19 Dienstbauern, 2 Gärtner, 9 Häusler, 8 andere Häuser, Feuerstellen 58 mit 307 Einwohnern.

33. Ratschkau, allhier sind befindlich 1 Vorwerk, 1 Schulhaus, 19 Dienstbauern, 12 Frey- 4 Dreschgärtner, 2 Häusler, 15 andere Häuser, Summa 54 Feuerstellen mit 345 Einwohnern, und gehört dem v. Lestwiz.

34. **Rittlau**, dem Graf v. Dyherrn gehörig, hat 1 Vorwerk, 2 Frey- 7 Dreschgärtner, 1 anderes Haus, Summa 11 Feuerstellen mit 68 Personen.

35. **Kloden, Groß-** daselbst giebt es 1 herrschaftlich Schloß, 1 Vorwerk, 3 Frey, 10 Dreschgärtner, 2 Häusler, 1 Windmühle, 4 andere Häuser, in allem 22 Feuerstellen und 127 Seelen. Gutsbesitzer ist der v. Borrwitz.

36. **Kloden, Klein-** ist ein vom erstern unterschiedenes Dorf, so aus 1 herrschaftlichen Schloß, 1 Vorwerk, 3 Frey- 6 Dreschgärtnern, 1 Windmühle, 3 andern Häusern, zusammen aus 15 Feuerstellen mit 104 Einwohnern besteht, und dem Schrot gehört. 1664 besaß dies Gut ein Christian v. Luck.

37. **Köben**, enthält 1 herrschaftlich Schloß, 2 Vorwerke, 1 Kretscham, 2 Frey, 12 Dreschgärtner, 4 Häusler, 2 Windmühlen, 8 andere Häuser, überhaupt 32 Feuerstellen mit 179 Einwohnern.

Kohlhäuser, heissen 2 Freygärtnerstellen, so einzeln liegen, 17 Einwohner haben, und dem von Gladis gehören.

38. **Kraschen**, faßt unter sich 1 herrschaftlich Schloß, 2 Vorwerke, 1 katholische Mutterkirche, 1 Pfarrhaus, 1 Schule, 1 Freygut, 41 Dienstbauern, 3 Frey- 27 Dreschgärtner, 34 Häusler, 4 Windmühlen, 41 andere Häuser, Summa 155 Feuerstellen mit 725 Personen. Eigenthümer dieses ansehnlichen Gutes und grösten Dorfes in diesem Kreise ist das Jungfernstift zu Glogau.

Dd 2

39. Lantenau, stehet unter dem Stift Leubus, und hat 17 Freygärtner, 4 Freyhäusler, 7 andere Häuser, 1 Windmühle, Summa 29 Feuerstellen, 139 Seelen.

40. Lanken, Ober- und Nieder- enthält zusammen 1 herrschaftlich Schloß, 3 Vorwerke, 1 Freygut, 22 Dienstbauern, 13 Frey- 18 Dreschgärtner, 13 Häusler, 4 Windmühlen, 22 andere Häuser, in allem 99 Feuerstellen mit 468 Einwohnern, und gehört dem v. Klobuczinska.

41. Leeskau, dem Freyherrn v. Kottwiz gehörig, hat nur 6 Freygärtner, 2 Häusler, 33 Menschen.

42. Logschen, bestehet aus zwey Antheilen, nämlich:

a) Ober Logschen, worin 1 herrschaftlich Wohnhaus, 1 Vorwerk, 1 Windmühle, 3 Frey- 6 Dreschgärtner, 12 Häusler, 3 andere Häuser, zusammen 26 Feuerstellen und 128 Menschen befindlich, gehört dem Doctor Knoll.

b) Nieder-Logschen, von 1 herrschaftlichen Wohnhause, 1 Vorwerk, 4 Frey- 5 Dreschgärtnern, 1 Häusler, 1 Windmühle, einem anderen Hause, zusammen 15 Feuerstellen, 71 Einwohnern, und gehört der Frau Richter.

43. Mechau, begreift ebenfalls unter sich zwey Antheile, als:

a) Ober-Mechau, hat 1 herrschaftliches Schloß, 1 Vorwerk, 1 Schule, 3 Dienstbauern, 3 Frey- 6 Dreschgärtner, 2 Häusler, 4 andere Häuser, 125 Seelen.

b) Nie-

b) Nieder-Mechau, faßt 1 herrschaftlich Wohnhaus, 1 Vorwerk, 5 Frey- 8 Dreschgärtner, 2 Windmühlen, 3 andere Häuser, Summa 20 Feuerstellen, 126 Einwohner. Ersterer Antheil gehört dem von Tempsky, der zweyte Antheil dem v. Köckriz.

44. **Mühlgast,** ist das Eigenthum der Demoiselle Hoyern, und bestehet aus 3 Dienstbauern, 12 Frey- 9 Dreschgärtnern, 2 andern Häusern, Summa aus 26 Feuerstellen mit 110 Einwohnern.

45. **Narthen,** faßt unter sich 1 herrschaftliches Schloß, 2 Vorwerke, 1 Schulhaus, 10 Dienstbauern, 10 Frey- 14 Dreschgärtner, 4 Häusler, 3 Mühlen, 17 andere Häuser, zusammen 60 Feuerstellen, 349 Einwohner. Gutsbesitzer ist der Freyherr von Buddenbrock.

46. **Nechlau,** daselbst giebt es 1 herrsches Schloß, 1 Vorwerk, 2 Dienstbauern, 6 Frey- 8 Dreschgärtner, 1 Häusler, 4 andere Häuser, überhaupt 25 Feuerstellen und 158 Einwohner. Besitzer davon ist der General Baron v. Schlichting.

47. **Nerschütz,** dem Freyherrn v. Kottwiz gehörig, begreift in sich 1 herrschaftliches Schloß, 2 Vorwerke, 1 Schulhaus, 4 Bauern, 27 Gärtner, 2 Häusler, 1 Wasser- 1 Windmühle, 7 andere Häuser, in allem 45 Feuerstellen, 277 Einwohner.

48. **Neuguth,** allhier befinden sich 1 Freygut, 19 dienstbare Bauern, 7 Freygärtner, 2 Freyhäusler, 3 Windmühlen, 10 andere Häuser, Summa 49 Feuerstellen, 243 Einwohner, gehört dem Jungfernstift zu Glogau.

62. Ronicken, faßt unter sich 1 herrschaftliches Schloß, 2 Vorwerke, 1 Kretscham, 6 Dienstbauern, 6 Frey. 15 Dreschgärtner, 2 Häusler, 2 Windmühlen, 6 andere Häuser, Summa 40 Feuerstellen, 263 Einwohner, und gehört dem v. Abelstein.

63. Saltschütz, bestehet aus zwey Antheilen, die zusammen 70 Feuerstellen haben.

Der erste Antheil gehört der Stadt Guhrau, und hat 5 Bauern, 1 Windmühle, 2 andere Häuser, 43 Einwohner.

Der zweyte Theil von 1 herrschaftlichen Schloß, 1 Vorwerk, 3 Dienstbauern, 11 Frey. 6 Dreschgärtner, 1 Windmühle, 4 andern Häusern, 166 Einwohnern, gehört dem General Baron v. Schlichting.

64. Sandhäuser, so heissen sieben seit 1770 neu erbaute Kolonistenstellen, mit 29 Einwohnern, dem Graf v. Dyherrn gehörig.

65. Sandhügel, ist ein anderes Dörfchen von 6 Freygärtnerstellen nebst 1 andern Hause mit 40 Seelen, gehört dem Major v. Prittwiz.

66. Schabenau, enthält 1 Schloß, 2 Vorwerke, wovon eines ein besonders liegendes Feldvorwerk ist; 1 katholische Mutterkirche, 1 Pfarrhaus, 1 Schule, 12 Frey. 10 Dreschgärtner, 4 Häusler, 1 Windmühle, 11 andere Häuser, zusammen 42 Feuerstellen, 218 Einwohner, und gehört dem General Graf von Kalkreuth.

67. Schüttlau, Ober- daselbst befinden sich 1 herrschaftliches Schloß, 1 Vorwerk, 3 Dienstbau-

Bauern, 3 Frey- 12 Dreschgärtner, 6 Häusler, 1 Windmühle, 4 andere Häuser, Summa 31 Feuerstellen, 199 Einwohner. Eigenthümer ist der General Baron v. Schlichting.

68. **Schüttlau, Nieder-** ist ein besonderes Dorf dem Major v. Prittwitz gehörig, von 1 Vorwerk, 1 Schule, 1 Kretscham, 11 dienstbaren Bauern, 6 Frey- 73 Dreschgärtnern, 1 Windmühle, 1 Häuslern, 15 andere Häusern, überhaupt 49 Feuerstellen mit 304 Menschen.

69. **Schlaubitz,** gehört unter das Jungfernstift zu Glogau, und bestehet aus 2 Frey- 16 Dienstbauern, 10 Freygärtnern, 10 Häuslern, 5 Windmühlen, 17 andern Häusern, Summa 57 Feuerstellen, 272 Menschen.

Schleswitz, ist ein einzelnes Vorwerk mit drey Menschen, welches unter das bischöfliche Amt zu Breslau gehört.

70. **Schmögerle,** darinn giebt es 1 herrschaftliches Schloß, 1 Vorwerk, 3 Frey- 7 Dreschgärtner, 3 Häusler, 1 Windmühle, 4 andere Häuser, Summa 19 Feuerstellen mit 100 Einwohnern. Besitzer davon ist der v. Gladis.

Schäfervorwerk, s. Zapplau No. 84.

Schäfervorwerk, s. Zeipern No. 85.

Schützervorwerk, heißt ein einzeln liegendes Feldvorwerk nebst einer Schmiede mit 10 Einwohnern, dem v. Haugwiz gehörig.

Schwärvorwerk, s. Niebe No. 53.

71. Seitsch, allhier ist eine unter das Stift Leubus gehörige Probstey, und eines der grösten Dörfer im Kreise, welches aus 1 katholischen Mutterkirche, 1 Pfarrhaus, 1 Schule, 1 Hospital, 1 herrschaftlichen Schloß, 1 Vorwerk, 1 Freygut, 27 Frey- und 39 Dreschgärtnern, 27 Häuslern, 7 Windmühlen, 33 andern Häusern, zusammen aus 134 Feuerstellen bestehet, die von 733 Personen bewohnet werden, und eben demselben Stift unterthan sind.

72. Seifersdorf, gleichfalls dem Stift Leubus gehörig, hat 2 Freygüter, 17 Dienstbauern, 14 Freygärtner, 6 Häusler, 4 Windmühlen, 17 andere Häuser, Summa 58 Feuerstellen, 270 Einwohner.

73. Sulkau, enthält 1 Vorwerk, 1 Schule, 7 Dienstbauern, 7 Frey- 5 Dreschgärtner, 2 Freyhäusler, 2 Mühlen, 5 andere Häuser, Summa 29 Feuerstellen, 166 Einwohner, gehört dem v. Lestwiz.

Straßkretscham, heißt ein zu Wieschüz gehöriger Feldkretscham.

74. Stroppen, ist ein Eigenthum des Freyherrn v. Buddenbrock, hat 1 herrschaftliches Wohnhaus, 1 Vorwerk, 10 Frey- 6 Dreschgärtner, 1 Häusler, 1 Windmühle, 2 andere Häuser, zusammen 22 Feuerstellen mit 124 Menschen.

75. Tarpen, Besitzer dieses Gutes ist einer von Podworowsky, und es begreift in sich 1 Schloß, 3 Vorwerke, 6 Bauern, 9 Frey- 12 Dreschgärtner, 1 Häusler, 2 Mühlen, 5 andere Häuser, zusammen 39 Feuerstellen mit 217 Einwohnern.

76. **Thiervorwerk**, bestehet nur aus 1 Vorwerk nebst 2 Dreschgärtnern und 9 Menschen, gehört dem Baron v. Kottwiz.

77. **Tschilesen**, ist ein Kämmereygut der Stadt Guhrau von 4 Bauern, 3 andern Häusern und 36 Personen.

78. **Tschirnau, Ober-** dem v. Lestwiz gehörig, enthält 1 Schloß, 1 Vorwerk, 1 Schulhaus, 18 Bauern, 15 Gärtner, 20 Häusler, 7 Mühlen, 27 andere Häuser, 507 Einwohner.

79. **Tschirnau, Nieder.** Gutsbesitzer ist der Freyherr v. Tschammer, und es befinden sich hier 1 Schloß, 2 Vorwerke, 18 Dienstbauern, 16 Frey- 24 Dreschgärtner, 3 Häusler, 5 Windmühlen, 16 andere Häuser, Summa 83 Feuerstellen mit 499 Einwohnern.

80. **Tschwirtschen**, faßt unter sich 1 Vorwerk, 1 Bauer, 14 Gärtner, 8 andere Häuser, 118 Einwohner, und gehört dem Graf v. Logau.

Wäldchen, heißen 3 Freyhäuslerstellen mit 19 Menschen, dem Baron v. Kottwiz gehörig.

81. **Waldhäuser**, sind 6 Freygärtnerstellen mit 30 Bewohnern, dem v. Borrwiz gehörig.

Waldhaus, ist zu Kahlau No. 30 geschlagen.

Waldvorwerk, ist ein einzelnes Feldvorwerk mit 2 Gärtnerstellen und 15 Personen, dem Baron v. Schlichting gehörig.

Wasser

Waffermühle, ist mit Nistiz verbunden.

Waffermühle, s. Polnischbortschen, beydes sind Feldwassermühlen, die bey gedachten Dörfern nebst ihren Bewohnern schon mitgerechnet sind.

82. Weschkau, begreift unter sich 1 Freygut, 16 Dienstbauern, 2 Freygärtner, 2 Häusler, 3 Windmühlen, 10 andere Häuser, Summa 31 Feuerstellen, 173 Einwohner, und gehört unter das Stift Leubus.

83. Wischütz, daselbst zählt man 1 katholische Filialkirche, 2 Pfarrhäuser, 2 Schulen, 1 Schloß, 2 Vorwerksgebäude, 16 Dienstbauern, 31 Gärtner, 4 Häusler, 1 Wasser- 2 Windmühlen, 29 andere Häuser, Summa 88 Feuerstellen, 440 Seelen. Gutsbesitzer ist der Freyherr v. Nostiz.

84. Zapplau, enthält 1 Vorwerk, 1 Schulhaus, 11 Frey- 18 Dreschgärtner, 14 Häusler, 2 Windmühlen, 9 andere Häuser, zusammen 56 Feuerstellen, 317 Seelen, und gehört dem General Graf von Kalkreuth.

85. Zeipern, hat 1 herrschaftliches Wohnhaus, 1 Vorwerk, 1 Schulhaus, 3 Bauern, 11 Frey- 7 Dreschgärtner, 2 Häusler, 1 Windmühle, 9 andere Häuser, Summa 35 Feuerstellen, 213 Seelen, gehört dem Jungfernstift zu Glogau.

Dritt-

Achter Abschnitt.

Vom Sprottauschen Kreise überhaupt.

§. 1.
Lage, Gränzen, Größe.

Dieser Kreis ist mehr eben als bergicht und macht eine ziemlich angenehme Gegend aus. Seine Grenzen sind gegen Morgen der Glogausche Kreis, gegen Mittag das Fürstenthum Jauer, gegen Abend das Fürstenthum Sagan, und gegen Mitternacht der Freystädtsche Kreis. Die Größe desselben beträgt gegen 11 Quadratmeilen.

§. 2.
Beschaffenheit des Bodens.

Der Boden ist durchgehends sehr steinigt, in verschiedenen Gegenden auch sandigt, überhaupt aber von kalter Art, und nur hin und wieder findet man gute Weitzenflecke; doch ist auch der schlechte Boden, wenn solcher nur gehörig bearbeitet wird, ergiebig genug, und trägt nicht nur guten theils reinen, theils aber mit etwas Trespe vermischten Roggen, sondern auch andere Sommerfrüchte, so daß die Kreisbewohner eher Ueberfluß als Mangel an Brodt und Futter haben.

Der Acker wird hier auch, wie sonst üblich in drey Felder eingetheilt, als das Sommer- Winter- und Brachfeld, wovon letzteres immer zur Viehhuttung bestimmt ist.

Der

Der Flachsbau wird hier stark und mit gutem Vortheil betrieben.

Gutes Wiesenheu hat der Kreis zwar wenig, indessen wird doch auf den Bruchflecken am Sprotaufluß so viel gewonnen, daß davon noch die Oerter, denen es daran fehlt, auskömmlich versorgt werden können. Jährlich werden über 4000 Fuder eingeführt.

Obstbäume sind gegen 63020 Stück.

§. 3.
Berge, Mineralien.

Eigentliche Berge giebt es in diesem Kreise nicht, nur einige Hügel und Anhöhen, die aber keinen besondern Namen führen, und also hier nicht erst angemerkt werden.

Auch Mineralien sind nicht vorhanden, ausgenommen Eisenstein, bey dessen Grabung sich 55 Arbeiter beschäftigen.

§. 4.
Gewässer und Fische.

Seen befinden sich im Kreise gar nicht. Einige Dominia haben auf ihren Gütern kleine Teiche, die mit Fischen zur eigenen Hausnothdurft besetzt sind, und nur in den Herrschaften Primkenau und Mällmitz giebt es etliche größere Teiche, woraus Karpfen und Speisefische verkauft werden; sie sind aber auch von keinem großen Belange.

Die

Die beträchtlichsten Flüsse so den Kreis durchlaufen sind folgende zwey:

1. Der Bober, welcher auf der Mittageseite an verschiedenen Dörfern, dann nahe an der Stadt Sprottau vorbey durch Eulau nach Mallmiz zufließt und endlich ins Saganische fällt, wo er sich mit dem Queis vereiniget.

2. Der Sprottafluß war vor seiner Nivellirung an theils Orten ziemlich groß, und breitete sich besonders auf den Bruchflecken gegen $\frac{1}{4}$ Meile aus; auch war solcher vormals sehr fischreich, enthält aber jetzt so wenig Fische als der Bober in dieser Gegend, woraus sich also beurtheilen läßt, daß der Kreis nicht den hinlänglichen Bedarf an Fischen hat, sondern dergleichen auswärts kaufen muß.

§. 5.

Waldungen.

Am Holz ist hingegen kein Mangel, denn nicht nur die Herrschaften Primkenau und Mallmiz nebst der Kämmeren zu Sprottau haben sehr ansehnliche Waldungen, sondern auch alle Dominia und sogar viele Bauern besitzen eigenes Buschwerk, welches im Kreise fast durchgehends in Fichten, Kiefern und dergleichen Nadelholz nebst allen andern Sorten bestehet. Eichen giebt es aber sehr wenig. Die Klafter hartes Holz kostet in der Stadt $1\frac{1}{4}$ Rthlr. bis $1\frac{2}{3}$ Rthlr. Die Klafter weiches $1\frac{1}{8}$ Rthlr. bis $1\frac{1}{2}$ Rthlr.

§. 6.

§. 6.
Viehzucht.

Die Viehzucht und Nutzung davon ist in diesem Kreise gut, und dergestalt, daß wenn das Gras reichlich wächst, sich sogar der arme Mann, der nur eine Kuh hat, davon nähren kan. In den Gegenden, wo wegen dem strengen Boden tief geackert werden muß, ist das Zugvieh vom starken Schlage; da aber, wo es sandige, leichte Aecker giebt, von mittelmäßiger oder kleiner Art. Auch auf die Schafzucht legt man sich mit vielem Fleiß, und nicht nur alle Dominia, sondern auch die Bauern zu Boberwitz, Ebersdorf, Eulau, Giesmannsdorf, Gläsersdorf, Hartau, Heinersdorf, Johnsdorf, Hirtendorf, Kortnitz, Krampf, Mückendorf, Petersdorf, Wolfersdorf und Zirkau, halten Schafe. Die Wolle davon ist mittelmäßig, doch an einem Orte nach Beschaffenheit der Weide besser als an andern.

Im Kreise wurden überhaupt gezählt 883 Pferde, 3052 Ochsen, 5461 Kühe, 20641 Schafe, 1292 Bienenstöcke.

§. 7.
Wohngebäude.

Gute adeliche Schlösser giebt es in Mallmitz, Ottendorf, Hartau, Langheinersdorf, Metschlau, Neuthau, Sprottischdorf, Zauche und Zeisdorf. Die besten herrschaftlichen Wohnhäuser sind zu Nieder-Giesmannsdorf, Wengeln und Wichelsdorf.

In

In Zauche befindet sich ein schöner Lustgarten, der erst angelegt worden; dergleichen trift man auch zu Mallmiz, Hartau, Heinersdorf, N. Ottendorf, Reuthau und Sprottischdorf an; die übrigen sind nur Kuchel- und Obstgärte.

Die Gebäude des gemeinen Landmannes sind durchgehends von Holz und Lehm; nur an den Orten wo es Kalksteine giebt, ist der Unterstock gemeiniglich von Mauerwerk aufgeführt.

Man hat im Kreise nur zwey eigentliche Koloniedörfer, nämlich:

1. **Eckartswalde**, so aus 15 Gärtner- und 13 Häuslerstellen bestehet, liegt ¼ Meile von Zauche, 1 Meile von Sprottau an der Straße nach Bunzlau, und ist seit 1770 vom Dominio Zauche erbauet worden.

2. **Sprottischwalde**, von 16 Stellen, ist von der Kämmerey zu Sprottau ausgesetzt worden, liegt 1 Meile von der Kreisstadt in der Sprottauschen Heide, wo die Straße von Liegniz nach Sprottau und die Salzstraße nach Bunzlau sich durchkreuzen.

Ueberhaupt sind im Kreise

- 2 Städte, Sprottau und Primkenau.
- 75 Dörfer, und in denselben
- 15 Kirchen, als 4 evangelische, 11 katholische.
- 26 herrschaftliche Schlösser und Wohnhäuser.
- 17 Pfarrhäuser.
- 32 Schulen.
- 56 Vorwerke.
- 1 Freygut.

430 dienstbare Bauern.
462 Gärtner.
963 Häußler.
127 verschiedene andere Häuser.
41 Mühlen.
1 hoher Ofen.
1 Frischfeuer.
1 Luppenfeuer.

Summa aller Feuerstellen 2152.

§. 8.

Einwohner.

Die Einwohner haben einen ganz guten Character, und wenden viel Fleiß auf ihre Wirthschaft an. Ihre Sprache ist durchgehends deutsch, die Religion größtentheils evangelisch, nur Woltersdorf ist ganz, Peschen etwa die Hälfte, in den übrigen Dörfern aber eine geringe Anzahl katholisch.

Die Anzahl der Kreisbewohner war ohne die Städte 15028 Seelen.

§. 9.

Merkwürdigkeiten.

Von alten zerstörten Schlössern rc. sind keine Spuren vorhanden.

Die

Die Kirche zu Kupper ist sehr alt, und soll der Tradition zufolge ein heidnischer Tempel gewesen seyn.

Bey Ober-Gießmannsdorf liegt Morgenwärts eine kleine Anhöhe, auf welcher Urnen und verschiedene Geräthschaften von Eisen ꝛc. vormals gefunden worden. Es scheinet auch, als wenn auf diesem Hügel in vorigen Zeiten ein Tempel oder Burg gestanden, weil davon noch einige Rudera zu sehen gewesen, die aber nun vollends unkenntlich geworden sind.

Nach Waltersdorf kommen jährlich an Mariä Geburt viele Wallfahrten.

Sonst zeichnet sich kein Dorf durch etwas besonderes aus.

§. 10.
Politische Verfassung.

Der Sprottausche Kreis stehet in Cammeral- und Justizsachen unter dem Glogauschen Cammer- und Oberamtsdepartement. In Ansehung der Assecuranz gehört solcher zur 3ten Societät. Den Canton hat das Dragonerregiment von Tschirschky.

Bey der Steuer gehört der Kreis zur 2ten Klasse.

Die Kreisbeamten sind wie in allen, ein Landrath, Marschkommissarius, Kreisdeputirte, Steuereinnehmer und Kreisphysikus.

B. Von denen Städten,

und zwar:

Von der Stadt Sprottau.

§. 1.

Geschichte.

Von der Erbauung dieses Ortes sind wenig oder fast gar keine Nachrichten aufzufinden. Cureus und aus ihm andre Geschichtschreiber geben zwar den polnischen Herzog Boleslaus, den Schiefmäuligen, zum Stifter von Sprottau, wenigstens vom hiesigen Schlosse, an; allein wahrscheinlicher ists, daß der Grund dazu schon im 11ten Jahrhundert unter dem ersten polnischen Könige Boleslaus Chrabri gelegt worden. Denn da dieser Fürst bey seinen kriegerischen Gesinnungen in öftere Streitigkeiten bald mit den Marggrafen zu Meissen, bald andern Nachbarn lebte, so bauete er verschiedene veste Schlösser, um durch solche theils seine Grenzen gegen feindliche Einfälle zu sichern, theils seinen Streifrotten Zufluchtsörter zu verschaffen, wohin sie sich mit ihrer gemachten Beute wohlbehalten zurückziehen konnten. Die hiesige Gegend am Boberfluß war wegen der daselbst befindlichen Waldung und andern Umständen mehr hierzu vorzüglich bequem, und es läßt sich kaum denken, daß König Boleslaus solche zu einer Grenzveste gegen die Lausiz nicht sollte benuzt haben. Doch ists nur Muthmassung, nicht Behauptung, und es bleibt einem Jeden sein über die Erbauung

die-

dieses Orts etwa gegründeteres Urtheil unbenommen.

Gleiche Bewandniß hat es auch mit dem Namen dieser Stadt. Nach der Angabe des Ptolomäi soll hier in ältern Zeiten der große Semaner Wald, der bey Lugidun (heut Glogau) angefangen, und durch diese sumpfige Gegend noch weiter hin sich ausgedehnet, gewesen seyn, und sodann dieser Ort vom Ausroden der Stöcke, Wurzeln, Strauchwerk ꝛc. in der Slavischen Sprache den Namen Sprottau erhalten haben.

In der Geschichte kommt Sprottau zuerst 1279 bis 1280 vor, bey Gelegenheit der Ländertheilung, welche Herzog Konrad II. von Glogau unter seinen Söhnen anstellte, und wobey diese Stadt dem Przemislaus zufiel. Derselbe war Herr davon bis 1290, wo er den 27. Febr. in dem Kriege gegen den polnischen Herzog Wladislaus Locticus bey Szieiwor in einem Ueberfalle blieb, als er, wie Dlugoß schreibt, kaum seine Volljährigkeit erreicht hatte. Es ist nur eine einzige Urkunde von ihm vorhanden, welche die Versetzung des Augustinerstifts aus der abgebrannten Stadt Naumburg nach Sagan betrift. ¹)

Nach dem Tode Przemislaus fiel Sprottau an seinen ältern Bruder Konrad, Herzog zu Glogau; da dieser 1304 starb, kam die Stadt an dessen dritten Bruder Herzog Heinrichen III.; sodann aber

---

1) Luck gedenkt in seiner Chronik S. 283 irrig dieser Versetzung 1267, damals regierte Konrad noch, und nicht Przemislaus, der in diesem Jahre kaum geboren gewesen.

finde ich, daß 1312, als Heinrichs *III.* Söhne die Länder ihres verstorbenen Vaters unter sich theilten, Sprottau an einen gewissen Wolfgang v. Panowiz verpfändet gewesen, der in der Urkunde Herzogs Konrads, die derselbe 1299 den Juden zu Glogau gab, als Zeuge mit aufgeführt ist, [1]) und daß dieser Ort damals als ein Theil des Fürstenthums Sagan angesehen worden, mit welchem ihn dann auch Herzog Heinrich *IV.* 1329 dem König Johann in Böhmen zu Lehn übergab, [2]) und wobey solcher geblieben ist, bis Herzog Johann *I.* Sagan zu einem besondern Fürstenthum machte, und solches ganz von Glogau abtrennte, da denn auch Sprottau vom Saganschen getrennet, und wieder zum Glogauschen geschlagen wurde.

Unter Herzog Heinrich *VIII.* erhielt Sprottau deutsches Recht, die Meilengerechtigkeit, die Obergerichte, nebst andern Privilegien mehr; allein 1473 hatte diese Stadt das Unglück völlig abzubrennen, bey welchem Brande zugleich sämmtliche Urkunden und Nachrichten verloren gegangen sind, welches wohl die Hauptursache ist, daß man so wenig Gewisses von ihrer Geschichte hat.

In dem Erbfolgekriege, welchen Herzog Hanns von Priebus nach dem Tode Herzog Heinriches *XI.* zu Glogau gegen seine angebliche Mitcompetenten erhub, muste auch Sprottau mancherley Ungemach erfah-

1) Sommersberg Tom. I. Cod. Silef. Diplom. XCV. S. 869.

2) Idem Tom. I. Cod. Diplom. LXVIII. Schickfus 2. B. I. Cap. S. 5.

erfahren. 1476 wurde die Stadt von den Völkern Herzog Johanns belagert und eingenommen, welcher drauf 1477 Hieronymum den Bischof von Havelberg gefangen hieher bringen ließ, und ihn nöthigte, sich mit 1000 Ducaten zu lösen. 1450 rückte des Königs Matthias Kriegsvolk für Sprottau. Ob sich gleich die herzogliche Besatzung Anfangs tapfer vertheidigte, so mußten sie sich endlich doch auf Discretion ergeben, und die Stadt zur Strafe ihres geleisteten Widerstandes eine ansehnliche Brandschatzung erlegen.

1568 trieb man hier die Bienenzucht sehr stark, es war daselbst ein Bienenmeister Nicolaus Jacob, der eines der ersten Bienenbücher schrieb, so 1614 wieder aufgelegt worden.

Während dem dreißigjährigen Kriege gieng es den hiesigen Einwohnern nicht besser. Bald war der Ort in kayserlichen, bald in schwedischen oder sächsischen Händen; eine Kontribution, eine Bedrückung folgte der andern, und endlich kam hierzu noch das Unglück, daß die Stadt 1630 den 11ten May vom Blitze angezündet, und nebst Kirche, Rathhaus und Schloß wieder in einen Aschenhaufen verwandelt wurde. Doch scheinen sich die Einwohner nach der Zeit völlig erholt zu haben, weil dieser Stadt 1671 eine Steuer-Indiction von 30280 Floren 30 Kr. 10½ Hl. aufgelegt, und solche höher klaßificirt wurde, als jede andere Glogauische Fürstenthumsstadt, nur Guhrau ausgenommen. 1672 den 19. Junii brannte die Stadt abermals ganz ab. 1702 brannte Sprottau zum drittenmale ganz ab. Im siebenjährigen Kriege machte dieser Ort 7514 Rthlr. Kriegsschulden.

§. 2.
Gegenwärtige Verfassung.

Sprottau ist eine königliche Immediat- und Weichbildstadt, liegt am Bober- und Sprottefluß, die sich hier mit einander vereinigen, in einer ziemlich sumpfigten Gegend, 5 Meilen von Glogau, 2 von Sagan und 16 Meilen von Breslau. Sie ist mit einer Mauer umschlossen, hat 2 Thore nebst 1 Pforte und einen ganz ordentlichen Ring, der so wie die Hauptgassen gepflastert ist.

Zur Garnison liegt daselbst eine Eskadron vom Dragonerregiment v. Bosse.

Oeffentliche Gebäude sind hier:

1. Die katholische Stadtpfarrkirche, soll unter der Regierung Herzogs Heinrich des Frommen zu Liegnitz 1240 erbauet worden seyn. Das Jungfernstift zu Sprottau hat das Kirchenlehn darüber, und der dabey angesetzte jedesmalige Stadtpfarrer ist zugleich Probst bey dem Stifte.

2. Das Jungfernkloster, *Ordinis St. Mariæ Magdal. de Pœnitentia*, dessen Erbauung nach der Einäscherung der Stadt Beuthen erfolgt ist; denn da das vorhin dort gewesene Jungfernstift eingegangen, so ist solches nach Sprottau verleget worden. Es wohnen darinnen gegen 18 Personen, die unter der Aufsicht einer Priorin stehen. Kayser Carl *VI.* gab 1713 den 20. Jan. die Erlaubniß, daß das Gut Nieder-Leschen vom Kloster besessen werden könne; und 1318 wurde dem Kloster das Bergvorwerk geschen-

schenket; die übrigen Besitzungen kommen bey den Dörfern vor.

3. Das St. Georgenkirchel, ist eigentlich eine Hospitalkirche und 1630 mit durchs Feuer verwüstet worden.

4. Die evangelische Kirche, wurde auf Vergünstigung Königs Friedrich II. 1746 erbauet, und 1747 den 13ten Sonntag nach Trinitatis eingeweihet. Die hiesigen Einwohner hatten zwar schon zeitig die Lehre Lutheri angenommen, und die Pfarrkirche im Besitz; weil aber das Jungfernstift als Collator eifrigst dagegen protestirte, musten die Evangelischen endlich daraus weichen, und sich mit der kleinen St. Georgenkirche begnügen, bis sie zur Zeit, wo das Glogausche Fürstenthum an den Fabian v. Schönaich auf Carolath-Beuthen verpfändet war, aufs neue die Erlaubniß erhielten, die Pfarrkirche zu ihrem Gottesdienste zu gebrauchen. Doch es dauerte nicht lange; die Lichtensteinschen Dragoner verrichteten ihr Apostelamt 1628 den 23. Nov. auch hier, verschlossen die Kirche, und nöthigten den Prediger M. Abraham Menzel so wohl Amt als Stadt zu verlassen. Während dem dreyßigjährigen Kriege war sodann die Kirche, so wie kayserliche oder schwedische Besatzung mit einander abwechselte, bald in katholischen bald in evangelischem Händen, bis solche endlich 1651 den letztern auf immer entrissen, und die Protestanten gezwungen wurden, ihren Religionsübungen in Privathäusern, oder in der Ferne obzuliegen. Beym Antritt der preußischen Regierung in Schlesien erlaubte König Friedrich II. auch den Sprottauern nicht nur den freyen

evangelischen Gottesdienst, sondern auch den Bau einer eigenen Kirche, und verordnete den in Berlin ordinirten M. Gottlieb Weinreich aus Stargard 1741 zum Prediger hieher. Doch kam die Kirche erst, wie oben gedacht, 1747, die dabey befindliche geistliche Amtswohnungen aber 1750 zu Stande.

9. Fünf Pfarr- und Schulhäuser.
10. Das Hospital.
13. Drey Zoll- und Accishäuser.
14. Ein Wachthaus.
15. Das Rathhaus.
20. Fünf städtsche Officiantenwohnungen.
24. Vier Magazingebäude.
25. Das Stockhaus.
27. Zwey Malz- und Brauhäuser.
43. Sechzehn andere publique Gebäude.

Privathäuser in der Stadt 229, in der Vorstadt 102, zusammen 331; wüste Stellen 7, und 44 Scheunen.

Unter den Privatgebäuden befinden sich in- und vor der Stadt: 6 Landwirthschaften, 6 Gasthöfe, 2 Wassermühlen, 1 Brettmühle, 1 Lohmühle, 3 Walkmühlen, 1 Rübsmühle.

105 Bürgerhäuser sind mit Ziegeln gedeckt.

Einwohner waren 1787 allhier 932 Männliche, 1255 Weibliche, Summa 2187 Seelen. Ohne die Garnison, welche 115 Mann betrug.

Das

Das Consumo war 49 Stück Rindvieh, 605 St. Schweine, 928 St. Hammel, 1092 St. Kälber. 470 Scheffel Weitzen, 6835 Schfl. Roggen, 1725 Schfl. Malz, 446 Brandweinschrot. 1214 Stein Wolle sind verarbeitet worden.

Die Einwohner nähren sich von folgenden Gewerben:

1. Vom Ackerbau, welchen viele Städter und Vorstädter betreiben.

2. Vom Brauurbar, wozu 132 Stellen berechtiget sind, und der ziemlich ansehnlich ist, weil 22 Dorfkretschams unter dem Ausschrotzwang stehen, wohin jährlich bis 980 Achtel Bier verführet werden.

3. Vom Handel, der aber nur im Kleinen von 21 Krämern getrieben wird.

4. Von mancherley Künsten und Handwerken. Es giebt allhier 1 Apothecker, 7 Bader und Barbirer, wovon jedoch nur einer eine privilegirte Badstube besitzt; 13 Bäcker, die 26 Bänke haben, 5 Böttcher, 10 Brandweinbrenner, 2 Brauer und Mälzer, 3 Buchbinder, 1 Büchsenmacher, 2 Drechsler, 1 Farbendrucker, 3 Färber, 5 Fischer, 15 Fleischer mit 28 Gerechtigkeiten, 2 Glaser, 1 Goldarbeiter, 2 Gürtler, 1 Holzarbeiter, 5 Handschumacher, 1 Hutmacher, 3 Kirschner, 1 Klemptner, 1 Korduaner, 2 Kupferschmiede, 16 Leinweber, 1 Leistenschneider, 3 Maurer, 6 Nadler, 1 Oelschläger, 2 Perückenmacher, 1 Pfefferküchler, 1 Plüsch- und Velpemacher, 2 Posamentirer, 6 Ra-
des

de- und Stellmacher, 6 Rothgerber, 3 Roth- und Gelbgießer, 2 Sattler, 4 Schleifer, 5 Schlosser, 7 Schmiede, 15 Schneider, 1 Schornsteinfeger, 25 Schuster mit 20 Gerechtigkeiten, 6 Seiffsieder, 6 Seiler, 1 Sporer, 1 Steinbrücker, 6 Strumpfstricker, 5 Tischler, 5 Töpfer, 23 Tuchmacher, 1 Tuchscheerer, 1 Zeugmacher in Seide, 3 Zeug- und Mesolanmacher, 1 Ziergärtner, 2 Zimmerleute, 2 Zinngießer. Noch sind daselbst: 1 Bleicher, 1 Ziegelstreicher, 6 Müller, 1 Kunstpfeiffer, 2 Garnhändler, 1 Tabacksspinner, 1 Tabackskopfmacher.

Die hiesige Kämmerey ist sehr ansehnlich, und besitzt eigenthümlich 14 Dörfer, als: Boberwitz, Dittersdorf, mit 1 Vorwerk; Ebersdorf, mit 1 Vorwerk; Küpper, mit 1 Vorwerk; Küpper Antheil Sagan, Leschen, Ober- mit 1 Vorwerk; Hertwigswalde, mit 4 Vorwerken; Mückendorf, Rückersdorf Anth. Sprottischwalde, Ablaßbrunn, Zirkau, Wachsdorf mit 1 Vorwerk; Wittgendorf mit 2 Vorwerken; Summa 11 Vorwerke.

Dann hat die Kämmerey die Wagen- und Viehmauth nach dem mittlern Tarif nicht nur in der Stadt Sprottau, sondern auch in den Filial-Mauthämtern Ober-Leschen und Mallmiz zu erheben. Zu Ober-Leschen besitzt dieselbe auch ein Eisenhüttenwerk, wobey 1 Hüttenfactor, 1 Hüttenschreiber, 1 Hohenofenmeister angesetzt sind. Ueberhaupt belaufen sich die Einkünfte der Kämmerey jährlich gegen 17200 Rthlr.

Im Feuersocietäts-Catastro stehet die Stadt auf 77530 Rthlr. im Anschlage.

Das

Das Magistratskollegium bestehet aus 2 Bürgermeistern, 1 Syndicus und 9 Rathmännern, worunter einer Kämmerer ist.

Königl. Beamten sind hier beym Accise- und Zollamt 1 Einnehmer, 2 Controlleurs, 7 Unterbediente.

Beym Kreissteueramt, s. Beschreibung des Kreises überhaupt.

Beym Postamt 1 Postmeister.

Beym hiesigen Postamte kommen folgende Posten vor: Die fahrenden Posten von Glogau und Sagan.

Von Primkenau.

Dieses kleine offene Städtchen, welches 3 Meilen von Glogau, 1½ Meile von Sprottau, und 13 Meilen von Breslau liegt, hat diesen Namen von seinem Erbauer Herzog Primislaus I. erhalten, der wahrscheinlich 1280 bis 1290 den Grund dazu geleget, und wird im Lateinischen *Primkenaw, Primicavia, Primislavia,* in alten deutschen Urkunden aber Prymkenow und Prymke genannt. Im 16ten Jahrhundert gehörte es nebst der damit verbundenen Herrschaft denen v. Rechenberg, und Hahns v. Rechenberg auf Schlawa führte auch hier die Reformation Lutheri ein. 1637 kam die Stadt und Güter an den kayserlichen Obristen Leon Cropello de Medices, welcher 1640 starb, und seine Herrschaft den Jesuiten vermachte, die damit auch

Besitz von Primkenau nahmen, solche aber nur bis 1667 behielten. Hierauf brachten solche die Grafen v. Reder an sich; 1641 besaß dieselbe Karl Abraham Graf v. Reder, Königl. Preuß. Etatsminister und Oberpräsident bey der Glogauschen Oberamtsregierung ꝛc. 1752 kaufte sie der Königl. Preuß. Hofmarschall Heinrich IX. Graf v. Reuß, nach seinem Tode aber gelangte sie 1781 an den jetzigen Besitzer Karl Ferdinand Sigmund Freyherrn von Seherr-Thoß.

1642 wurde die Stadt von den Schweden angezündet, und am 24. Aug. 1681 brannte sie wieder nebst der Pfarrkirche bis auf 4 Häuser ab. Andere Merkwürdigkeiten sind mir davon nicht bekannt.

Gebäude zählt man hier folgende:

a) Die katholische Pfarrkirche, hat wahrscheinlich ihr Daseyn mit der Stadt zugleich erhalten, ist aber vermuthlich im 15ten Jahrhundert entweder vergrößert, oder wieder ganz neu gebauet, und zur Ehre Mariä eingeweihet worden, wie sich aus einem Ablaßbriefe ergiebt, den sie 1418 d. 28. April vom Concilio zu Costniz erhielt. Von 1524 bis 1637 war sie in den Händen der Lutheraner; der eifrig katholische Grundherr Leo Cropello v. Medizes aber vertrieb in diesem Jahr die evangelischen Prediger, und setzte bey der Kirche katholische an; und obgleich zur Zeit der schwedischen Prädomination während dem dreyßigjährigen Kriege die Protestanten solche wieder in Besitz nahmen, so wurde sie ihnen doch 1654 am 9. Februar für immer weggenommen und den Katholicken übergeben. Es ist dabey ein Pfarrer.

b) Die

b) Die evangelische Kirche, zu welcher 1744 den 13. April der Grundstein gelegt, und die am 9. Aug. 1744 eingeweihet worden. Es sind dazu die zur Herrschaft Primkenau gehörigen Dörfer Lauterbach, Langen, Neidhardt, Krampf, Wolfersdorf, Gläsersdorf, Petersdorf, Karpfreiß, Ludwigsmühle, Armenborn und Neuvorwerk eingepfarrt. Das Patronat über beyde Kirchen hat das Dominium.

c) Vier Pfarr- und Schulhäuser.

d) Ein Hospital.

e) Zwey Brauhäuser.

f) Ein Stockhaus.

g) Drey andere städtsche Gebäude.

Privathäuser sind in der Stadt 116, in der Vorstadt 19, Summa 135. Alle sind schlecht gebaut, und bis auf eines mit Schindeln gedeckt.

1787 waren allhier 819 Einwohner. Diese consumirten 25 Stück Rindvieh, 129 St. Schweine, 182 St. Hammel, 153 St. Kälber. 167 Schfl. Weitzen, 2219 Schfl. Korn, 339 Schfl. Malz.

Ihre Nahrung bestehet:

1. Im Ackerbau und Viehzucht.

2. Im Braurecht, der auf 63 Stellen haftet. Doch hat die Stadt keinen Bierverlag auf die Dörfer.

3. Im Handel, der auch sehr geringe ist, und nur von 7 Krämern getrieben wird.

Wochen-

Wochenmarkt ist nicht. Jahr- und Viehmärkte sind viere, als an Lätare, Mariä Himmelfahrt, Lichtmeß und Simon Judä.

4. In verschiedenen Handwerken; es sind daselbst 2 Bader, 5 Bäcker mit 7 Bänken, 11 Böttcher, 1 Brauer, 1 Farbendrucker, 1 Färber, 8 Fleischer mit 12 Bänken, 1 Glaser, 1 Handschumacher, 1 Hutmacher, 1 mathemat. Instrumentmacher, 3 Kürschner, 1 Leinweber, 1 Maurer, 1 Oelschläger, 8 Rade- und Stellmacher, 1 Riemer, 1 Rothgerber, 2 Sattler, 1 Schlosser, 11 Schmiede, 7 Schneider, 1 Schorsteinfeger, 9 Schuster mit 9 Bänken, 1 Seiffsieder, 1 Seiler, 3 Strumpfstricker, 3 Tischler, 3 Töpfer, 2 Tuchmacher, 1 Weisgerber, 1 Zimmermann.

Im Feuersocietätscatastro stehet die Stadt nur auf 6840 Rthlr. im Anschlage.

Die Einkünfte der Kämmerey sind jährlich etwa 500 Rthlr.

Die Stadt gehört unter das 2te Glogausche steuerräthliche Departement.

Im Rathe sind 1 Burgermeister, 1 Feuerburgermeister, 1 Notarius, 2 Rathmänner.

Das Accisamt verwalten 1 Einnehmer, 1 Controlleur.

Das Postwesen besorgt hieher das Postamt zu Neustädtel.

C. Von

C. Von denen Dörfern.

Namen der Dörfer.

1.

Armadebrunn, gehört zur Herrschaft Primkenau dem Freyherrn v. Seherr-Toß, hat nur 1 Freygärtner, 13 Häusler, 2 andere Häuser, überhaupt 16 Feuerstellen und 94 Einwohner. Von den Besitzern kommt mehr bey Primkenau vor.

2. **Bergvorwerk**, ein kleines Dörfchen von 1 Vorwerk, 1 Dreschgärtner, 5 Häuslern, 2 andern Häusern und 64 Einwohnern. In ältern Zeiten gehörte dies Gut den drey Gebrüdern Johann, Eberhard und Pezko Grelle, welche dasselbe laut der Ceßionsurkunde vom Jahr 1318 für ihre drey Schwestern Catharina, Margaretha und Agatha, dem Jungfernstift zu Sprottau, wo sie in den Orden eintraten, zur Mitgabe überlassen haben.

3. **Beyerhaus**, daselbst befinden sich 14 dienstbare Häusler nebst 1 andern Hause und 87 Menschen. Es gehört zur Herrschaft Primkenau dem Baron v. Seherr-Toß, s. Primkenau.

Beyerhaus, s. Ober-Leschen No. 26.

4. **Boberwiz**, enthält 1 Schulhaus, 1 Kretscham, 1 Freygut, 16 dienstbare Bauern, 17 Häusler, 13 andere Häuser, Summa 49 Feuerstellen mit 230 Einwohnern. Eigenthümer von diesem Gute ist die Stadt Sprottau.

Bruchhäuser, s. Lauterbach No. 25.

Beschr. v. Schl. X. Th. 6. St.   Ff   5. Dit-

5. Dittersdorf, faßt unter sich 1 herrschaftlich Vorwerk, 1 Schulhaus, 1 Kretscham, 8 Dienstbauern, 8 Dreschgärtner, 9 Häusler, 2 Mühlhäuser, 12 andere Häuser, zusammen 42 Feuerstellen und 222 Seelen. Ist auch ein Eigenthum der Stadt Sprottau. Die Katholicken halten sich nach Nieder-Leschen, die Lutheraner nach Sprottau zur Kirche.

6. Ebersdorf, bestehet aus 2 Antheilen, nämlich:

a) Ober Ebersdorf, worin 1 katholische Filialkirche, 1 Pfarrhaus, 2 Schulhäuser, 1 Vorwerk, 12 dienstbare Bauern, 9 Dreschgärtner, 9 Diensthäusler, 12 andere Häuser befindlich, gehört der Stadt Sprottau.

b) Nieder-Ebersdorf aber von 1 Freygut, 17 dienstbaren Bauern, 11 Dreschgärtnern, 16 Häuslen, 20 andern Häusern, ist des Kasper Adolph Erdmann v. Knobelsdorf Eigenthum, und schon seit vielen Jahren in der Familie der Freyherrn v. Knobelsdorf gewesen. Ueberhaupt sind im Dorfe 111 Feuerstellen, 638 Seelen.

7. Eckartswalde, allhier befinden sich 16 Häuslerstellen mit Acker, und 12 Häuslerstellen ohne Acker, 135 Einwohner, ist eine seit 1770 erbaute Kolonie, und dem Herrn Landrath Ernst Ludwig Heinrich v. Eckartsberg gehörig.

Eichel-Vorwerk, gehört zu Kaltdorf, No. 16.

8. Eulau, Klein- begreift unter sich drey Antheile, nämlich:

1. Eulau, Klein- von 1 Vorwerk, 2 Dienstbauern, 11 Dreschgärtnern, 14 Häuslern, 10 an-

hern Häusern. Besitzer dieses Gutes ist der Herr Graf v. Dohna.

2. Ober-Eulau hat 1 Vorwerk, 1 Schulhaus, 9 Dienstbauern, 8 Frey- 8 Dreschgärtner, 14 Häusler, 8 andere Häuser, und gehört eben demselben.

3. Nieder-Eulau, faßt 1 Vorwerk, 1 katholische Filialkirche, wozu nebst den 3 Antheilen dieses Dorfes noch Kortniz und ein Theil von Schadendorf eingepfarrt sind; 1 Pfarrhaus, 1 Schule, 11 Dienstbauern, 2 Freygärtner, 17 Häusler, 1 Mühle, 12 andere Häuser. Dieser Antheil ist auf folgende Art an das Jungfernstift zu Sprottau gekommen: 4 Huben nebst 6 Scheffel Weitzen, 6 Scheffel Korn und 6 Scheffel Hafer, von jeder Hube schenkte Reyncon Grelle und dessen Sohn Johann Grelle dem Stifte wegen Aufnahme der oben gedachten drey Grelleschen Töchter in dasselbe, so Herzog Heinrich zu Glogau 1334 konfirmirte. 2 Huben erkaufte das Stift für baare Bezahlung vom obigen Johann Grelle laut Verreichbrief vom Herzog Heinrich d. 1342, 6 Huben nebst der Schölzerey brachte Sophia, eine Tochter des Tizko v. Hefelich, laut des Bestättigungsbriefes vom Bischof Heinrich d. 1318 dem Kloster zu; 3 Huben erkaufte das Stift vom Heinrich v. Langenow, laut Verreichbriefes vom Herzog Heinrich d. 1323. Ein Bauergut daselbst brachte das Stift laut Kaufbrief d. 1407 von einem hiesigen Burger Andreas Bogener, die Mühle aber laut Verreich d. 16. August 1578 vom Nicolaus v. Kottwitz an sich; so daß das Stift nun Eigenthümer dieses ganzen Antheils ist. Zusammen sind im ganzen Dorfe 137 Feuerstellen mit 710 Einwohnern.

Georgenmühle, gehört zu Lauterbach No. 25.

9. Giesmannsdorf, ist ein sehr ansehnliches Dorf, und wird seiner Länge nach in Ober- Mittel- und Nieder-Giesmannsdorf eingetheilt.

a) Ober-Giesmannsdorf, enthält 16 Dienstbauern, 1 Freygärtner, 17 Häusler, 21 andere Häuser und 274 Menschen. Im 15ten Säculo gehörte dieser Antheil noch der Stadt Sprottau, dann kam solcher an die Herrn von Schönaich auf Beuthen-Carolath. George v. Schönaich schlug dies Gut mit zum Fond des von ihm zu Beuthen gestifteten Gymnasii, als dasselbe 1629 eingieng, bekamen zwar die Jesuiten sämmtliche Beuthenschen Schulgüter, doch blieb Ober-Giesmannsdorf in den Händen derer v. Schönaich, und gehört noch dem Fürst zu Beuthen-Carolath.

b) Mittel-Giesmannsdorf, daselbst befinden sich 1 katholische Filialkirche, 3 Pfarr- 2 Schulhäuser, 1 evangelische Kirche, wozu die Dörfer Zauche, Eckartswalde, ein Theil von Lang-Heinersdorf, Metschlau und Walddorf eingepfarrt sind; 2 Vorwerke, 19 dienstbare Bauern, 8 Dreschgärtner, 34 Häusler, 26 andere Häuser, 459 Seelen. In ältern Zeiten gehörte dieser Antheil der Familie von Kittliz auf Zauche, von welchen derselbe an die von Pusch kam, bis solchen endlich, nachdem er vorher durch einen gewissen Johann Beneck war administrirt worden, Christian Heinrich von Eckartsberg kayserlicher Rittmeister zu Lehn empfieng, welcher 1680 das Schloß in Zauche bauete. Ihm folgte im Besitze des Gutes Heinrich Ludwig, dann Christian Ferdinand von Eckartsberg, gegenwärtig aber gehört

gehört das Gut dem Herrn Landrath des Kreises Ernst Ludwig Heinrich v. Eckartsberg. Unter den in diesem Antheil befindlichen 19 Bauern, wovon 2 nebst 1 Gärtner zur katholischen Kirche gehören, sind auch 4 Freybauern, welche Heinrich Burggraf von Dohna 1602 freygelassen; sie wurden darauf 1670 vom damaligen Grundherrn Karl Moritz Graf von Reder in ihrer Freyheit bestättiget, und heissen von daher noch die Rederschen Bauern.

c) Nieder-Giesmannsdorf, hier sind 1 herrschaftlich Wohnhaus, 1 Vorwerk, 15 Dreschgärtner, 3 Häusler, 4 andere Häuser, 128 Einwohner. Ehedem besaßen diesen Antheil die v. Lestwiz, dann die v. Niebelschütz, darauf die v. Haugwiz, bis solchen endlich Christian Ferdinand v. Eckartsberg an sich kaufte, denselben seinem ältesten Sohne Karl Friedrich überließ, der das Gut wieder an seinen Bruder, den gegenwärtigen Besitzer, Herrn Landrath v. Eckartsberg verkauft hat. Zusammen sind im ganzen Dorfe 173 Feuerstellen.

10. Gläsersdorf, Klein, gehört zur Herrschaft Primkenau dem Freyherrn v. Seherr-Toß, und begreift unter sich 1 Freygut, 7 Dienstbauern, 2 Gärtner, 11 Häusler, 9 andere Häuser, Summa 30 Feuerstellen mit 173 Seelen.

Gränzhäuser, gehören zu Krämpf No. 20.

11. Harthau, enthält 1 katholische Mutterkirche, wozu noch Walddorf eingepfarrt ist; 1 Pfarr-, 1 Schulhaus, 1 herrschaftlich Schloß, 1 Vorwerk, 1 Kretscham, 16 dienstbare Bauern, 24 Dreschgärtner, 13 Häusler, 1 Mühle, 46 andere Häuser,

in

in allem 104 Feuerstellen mit 571 Einwohnern. Dies Gut erkaufte Hanns Gottlieb von Stosch zu seiner Familie; nach dessen Tode fiel es an seinen ältesten Sohn Balzer Ferdinand, gegenwärtig besitzt es die Wittwe desselben mit ihrem Sohne Hanns Gottlieb v. Stosch, und drey verheuratheten Töchtern gemeinschaftlich.

12. **Haselbach**, bestehet aus 1 Vorwerk, 6 Dreschgärtnern, 3 Häuslern, 1 Mühle, 4 andern Häusern, Summa 15 Feuerstellen und 93 Einwohnern. 1744 kaufte der Graf Karl Albrecht v. Reeder dieses Dörfchen der verwittweten Frau Generalin und Gräfin v. Palfy für 14000 Thlr. schlesisch ab, und schlug solches zur Herrschaft Primkenau, wozu es noch gehört.

13. **Heintzendorf, Klein-** ist ebenfalls ein Appertinenz zur Herrschaft Primkenau, dem Freyherrn v. Seherr-Toß gehörig, faßt in sich 1 rittermäßige Scholtisey, 6 Dienstbauern, 3 Dreschgärtner, 11 Häusler, 8 andere Häuser, in allem 29 Feuerstellen und 172 Einwohner.

14. **Hittendorf**, daselbst giebt es 1 Vorwerk, 9 Dienstbauern, 7 Frey- 6 Dreschgärtner, 9 Häusler, 13 andere Häuser, zusammen 39 Feuerstellen und 177 Einwohner. 1294 erkaufte Ulrich Sybler und dessen Mutter dies Gut von einem gewissen Nicolaus v. Osla; dieser verkaufte es 1311 wieder an drey Brüder Otto, Arnold und Petzold, die es sodann 1315 käuflich an das Jungfernstift zu Sprottau überließen, welches noch Besitzer davon ist.

15.

15. **Johnsdorf**, gehört zur Herrschaft Mallmitz dem Herrn Graf v. Dohna, und enthält 1 herrschaftlich Vorwerk, 11 Dienstbauern, 13 Dreschgärtner, 22 Häusler, 12 andere Häuser, zusammen 59 Feuerstellen mit 284 Einwohnern.

16. **Kaltdorf**, ist eben des vorigen Eigenthum, und begreift unter sich 1 Vorwerk, 6 Dreschgärtner, 10 Häusler, 2 andere Häuser, Summa 19 Feuerstellen, 124 Einwohner.

Mit diesem Dorfe sind noch verbunden:

1. **Eichel-Vorwerk**, ein besonders liegendes Feldvorwerk nebst 1 andern Stelle.

2. **See-Kretscham**, 1 einzeln liegender Feldkretscham nebst 1 Hirtenhause.

17. **Karpfreiß**, dem Freyherrn v. Seherr-Toß zu Primkenau gehörig, faßt unter sich 6 Dreschgärtner, 15 Häusler, 1 Mühle, 5 andere Häuser, in allem 24 Feuerstellen 160 Personen.

18. **Roberbrunn**, dem Graf v. Dohna zu Mallmitz gehörig, enthält 11 Häusler, 8 andere Häuser, überhaupt 19 Feuerstellen mit 105 Seelen.

19. **Kottnitz**, allhier befinden sich 1 Vorwerk, 1 Schule, 1 Kretscham, 9 Dienstbauern, 2 Freye, 5 Dreschgärtner, 8 Häusler, 12 andere Häuser, Summa 39 Feuerstellen und 212 Einwohner. In ältern Zeiten besaßen dies Gut die Gebrüder Karl und Nicolaus v. Kottwitz, dann 1671 Johann George v. Siegert, hierauf Gottfried Albrecht v. Haugwitz, welcher dasselbe 1684 an das Jungfernstift zu

Sprottau käuflich überließ, und das noch im Besitze davon ist.

20. **Krampf,** daselbst zählt man 1 herrschaftlich Wohnhaus, 1 Vorwerk, 1 Schule, 4 Freygüter, 8 Dienstbauern, 4 Dreschgärtner, 26 Häusler, 13 andere Häuser, Summa 58 Feuerstellen und 382 Einwohner. Gutsbesitzer ist der Freyherr von Seherr-Toß auf Primkenau.

Mit dieser Gemeine stehen auch in Verbindung noch die Gränzhäuser, welche in 1 Kretscham nebst 2 andern Stellen bestehen.

21. **Küpper, Groß- und Klein-** ist ein Eigenthum der Stadt Sprottau und hat 1 katholische Mutterkirche, die sehr alten Ursprungs ist, und ein heidnischer Tempel gewesen seyn soll; eingepfarrt sind dazu die Dörfer Mückendorf, Klein-Polkwiz und ein Theil von Schadendorf; 1 Pfarrhaus, 2 Schulhäuser, 1 Freygut, 16 dienstbare Bauern, 11 Dreschgärtner, 24 Häusler, 2 Vorwerke, 15 andere Häuser, zusammen 73 Feuerstellen mit 314 Personen.

22. **Kunichen,** enthält 1 Kretscham, 25 Häusler, 1 ander Haus, Summa 27 Feuerstellen, 142 Einwohner, und ist auf eben die Art Schenkungsweise wie Bergvorwerk No. 2 zum Jungfernstift in Sprottau gekommen.

23. **Langen,** gehört dem Freyherrn v. Seherr-Toß zu Primkenau, und begreift unter sich 1 Schulhaus, 1 Freygut, 8 Dienstbauern, 5 Dreschgärtner, 20 Häusler, 16 andere Häuser, zusammen 51 Feuerstellen mit 342 Einwohnern.

24.

24. **Langheinersdorf**, ist das gröſte Dorf in dieſem Kreiſe, hat 200 Feuerſtellen und beſtehet aus 8 Antheilen und Dominiis, nämlich:

1. Der Stifts-Antheil von 3 Dienſtbauern, 4 Häuslern, 4 andern Häuſern, 68 Einwohnern. Eigenthümer dieſes Antheils iſt das Junfernkloſter zu Sprottau, und zwar 8 Huben davon hat eine Bürgerstochter aus Sagan Margaretha Hechard bey ihrem Eintritt in den Orden dem Stifte 1299 zugebracht; 2 Huben aber ſind durch Otto v. Grunberchs Tochter aus Freyſtadt Chriſtina genannt 1312 als Ausſtattung mit ans Stift gekommen.

2. Das Ober-Vorwerk, hat 1 Vorwerk, 5 Dienſtbauern, 2 Freygärtner, 1 Häusler, 7 andere Häuſer, 88 Einwohner.

3. Das Nieder-Vorwerk, wobey 1 herrſchaftlich Schloß, 1 Vorwerk, 5 Dienſtbauern, 7 Gärtner, 3 Häusler, 13 andere Häuſer und 175 Seelen befindlich. Dann gehört zu dieſem Antheile auch die Wegemühle, eine einzeln liegende Feldmühle nebſt 1 andern Hauſe.

4. Das Kirch-Vorwerk, ſo in 1 Vorwerk, 3 Dreſchgärtnern, 4 Häuslern, 5 andern Häuſern und 53 Perſonen beſtehet. Vorſtehende drey Antheile gehörten in ältern Zeiten denen v. Warkotſch, hernach der Familie v. Noſtiz, endlich kaufte dieſelben Balzer von Lüttwiz, der nebſt ſeinen Deſcendenten in den Freyherrnſtand erhoben wurde an ſich, und nun iſt Karl Freyherr v. Lüttwiz Beſizer davon.

5. Der Mittel-Antheil, worinn 1 Vorwerk, 1 Schulhaus, 4 Dienſtbauern, 9 Dreſchgärtner, 15 Häuſ-

Häusler, 1 Mühle, 16 andere Häuser befindlich, nebst 282 Einwohnern.

6. Der Nieder-Antheil, enthält 1 katholische Mutterkirche, 1 Pfarrhaus, 1 Schule, 2 Dienstbauern, 5 Gärtner, 9 Häusler, 1 Mühle, 5 andere Häuser, 1 Vorwerk und 126 Einwohner.

7. Ober-Neudorf von 1 Freygut, 11 Dienstbauern, 4 Dreschgärtnern, 14 Häuslern, 3 Mühlhäusern, 20 andern Häusern, 261 Einwohnern. Gedachte drey Antheile sind schon seit langen Zeiten ein Eigenthum derer Freyherrn v. Knobelsdorf gewesen; als der letztere von jener Linie starb, fielen diese Güter an einen seiner Vettern v. Knobelsdorf, und gegenwärtig gehören sie dem Lieutenant vom Gens d'Armes Regiment Christian Wilhelm von Knobelsdorf.

8. Die Poppschützer Bauern, sind 3 Dienstbauern, 2 andere Häuser, 38 Personen. Dieser Antheil liegt zwar schon im Freystädtschen Kreise, gehört aber noch zu Langenheinersdorf, hat von jeher der Familie v. Knobelsdorf gehört, dermalen hat solchen der Christian Wilhelm v. Knobelsdorf ebenfalls an sich gekauft.

25. Lauterbach, gehört dem Freyherrn v. Seherr-Toß auf Primkenau, und faßt unter sich 1 Freygut, 10 Dienstbauern, 6 Gärtner, 29 Häusler, 3 Mühlhäuser, 22 andere Häuser, Summa 71 Feuerstellen mit 404 Einwohnern.

Dann sind zu dieser Gemeine noch geschlagen:
a) Bruchhäuser, und
b) Georgenmühle, so zusammen aus 4 Häuslern, 1 Mühle, 1 andern Hause bestehen.

26.

26. Leschen, Ober- ist ein Eigenthum der Stadt Sprottau, und enthält 1 Vorwerk, 1 Schulhaus, 1 Freygut, 4 Dienstbauern, 20 Häusler, 1 Mühle, 6 andere Häuser, zusammen 35 Feuerstellen mit 298 Personen.

Dazu gehören auch:

a) Beierhaus, von 5 Häuslern.
b) Waldhaus, von 4 Häuslern.
c) Forsthaus, von 2 Häuslern.
d) Hüttenwerk, von 2 Hüttenbeamtenwohnungen, 6 Hütten- und Bergmannshäuser.

27. Leschen, Nieder- daselbst befinden sich 1 katholische Mutterkirche, 1 evangelische Kirche, zu welchen beyden die Dörfer Boberwiz, Ober-Leschen, Vittersdorf und Zirkau eingepfarrt sind; 1 Pfarrhaus, 1 Schule, 1 Vorwerk, 6 Dienstbauern, 12 Gärtner, 21 Häusler, 2 Mühlen, 14 andere Häuser, Summa 60 Feuerstellen, 384 Personen. 1518 gehörte das Gut den Brüdern Paul und Hanns von Kittliz, 1686 dem George v. Haugwiz, 1693 Wilhelm Herrmann v. Spienta, von dem es 1713 das Jungfernstift zu Sprottau erkaufte.

28. Liebchau, bestehet aus 1 Schulhaus, 1 Freygut, 10 Dienstbauern, 8 Dreschgärtnern, 28 Häusleth, 5 andern Häuser, überhaupt aus 53 Feuerstellen mit 347 Seelen. Besitzer davon ist der Graf v. Dohna zu Mallmiz.

Ludwigsdörfel, s. Petersdorf No. 31.

29. Merschlau, darinn sind befindlich 1 katholische Mutterkirche, 2 Pfarr- 2 Schulhäuser, 19 Dienst-

Dienstbauern, 3 Frey- 11 Dreschgärtner, 17 Häusler, 2 Mühlen, 37 andere Häuser, 1 herrschaftlich Schloß, 2 Vorwerke, zusammen 96 Feuerstellen, 559 Einwohner.

Dazu gehören auch:

Die Metschlauer sieben Hüben, welche in 5 Bauern, 4 Häuslern, 5 landern Häusern und 71 Personen bestehen.

Den ersten Antheil haben die v. Studniz durch viele Jahre besessen, gegenwärtig aber gehört solcher der verwittweten Frau Helene Friedricke Elisabeth v. Studniz, geb. Freyin v. Czettriz.

Den andern Antheil, auch die Siebenhübner genannt, der eigentlich nach Kalten-Brientz im Freystädtschen Kreise gehört, hat die Familie v. Knobelsdorf, dann die Freyherrn v. Zedliz, hierauf einer von Kupperwolf besessen, nun aber hat solchen der Ernst Ludwig v. Helthausen.

30. **Mallmiz**, begreift unter sich 1 evangelische Kirche, zu welcher die Dörfer Jenßdorf, Kaltdorf, Liebchau, Schadendorf eingepfarret sind; 1 Pfarrhaus, 1 Schule, 1 herrschaftlich Schloß, 2 Vorwerke, 1 Kretscham, 1 Freygut, 4 Dienstbauern, 8 Dreschgärtner, 49 Häusler, 2 Mühlen, 17 andere Häuser, zusammen 87 Feuerstellen, 495 Einwohner.

Zu dieser Gemeine gehören noch:

a) Der Seekretscham, ein einzelner Feldkretscham.

b) Waldhaus, 1 Försterhaus nebst 2 andern Stellen.

Das

Das Dorf Maßmitz ist der Hauptort einer Herrschaft, zu welcher die Dörfer Ober- und Klein-Eulau, Johnsdorf, Kaltdorf, Koberbrunn, Liebchau, Klein-Polkwitz und Schadendorf gehören. Vorher war diese Herrschaft lange Zeit ein Eigenthum der v. Kittlizschen Familie; dann kam solche durch Heurath der Ursula Mariana geb. v. Kittliz an ihren Gemahl Karl Moriz v. Reder und dessen Nachkommen. Heinrich Gottlob Graf von Reder, Hauptmann in kayserlichen Diensten, verließ die Herrschaft an seinen Sohn Karl Albrecht, welcher solche allodifizirten ließ, (wahrscheinlich war sie also vorher ein Lehn,) und sie sodann im Testamente an seiner Schwester, Henriette Sophie Elisabeth verehlichten Gräfin von Dohna, Sohn, Wilhelm Christoph Gottlob Graf zu Dohna vermachte, der sie hierauf vom 8. Febr. 1765 bis zum 17. Aug. 1787 besaß, und sie sodann bey seinem Tode seiner Wittwe Frau Fridericke Charlotte geb. Gräfin von Reichenbach nebst seinen drey Söhnen hinterließ, unter welchen solche noch gegenwärtig stehet.

31. **Mückendorf**, gehört der Kämmerey zu Sprottau, und hat 1 Freygut, 6 Dienstbauern, 7 Häusler, 6 andere Häuser, in allem 20 Feuerstellen mit 88 Einwohnern.

32. **Neidhardt**, ist des Freyherrn von Scherr-Toß Eigenthum, faßt 1 Vorwerk, 4 Dreschgärtner, 6 Häusler, 4 andere Häuser, zusammen 15 Feuerstellen.

Zu dieser Gemeine sind noch geschlagen
Die Stichhäuser, so aus 7 Feuerstellen bestehen.

Sowohl Neidhardt als die Stichhäuser sind eigentlich mit der Gemeine Langen combinirt, wo auch die Menschenzahl vorkommt.

33. Neuvorwerk, gehört dem Freyherrn von Seherr-Toß, hat 1 Vorwerk, 6 Dreschgärtner, 3 Häusler, 3 andere Häuser, Summa 13 Feuerstellen, 56 Einwohner.

34. Ottendorf, daselbst befinden sich 1 evangelische Kirche, 1 katholische Filialkirche, zu welchen Ulbersdorf geschlagen ist, 1 herrschaftlich Schloß, 1 Vorwerk, 2 Pfarr- 2 Schulhäuser, 10 Freybauern, 1 Frey- 11 Dreschgärtner, 28 Häusler, 2 Mühlen, 35 andere Häuser, überhaupt 93 Feuerstellen, 483 Einwohner. Die Besitzer f. bey Ulbersdorf.

35. Petersdorf, enthält 1 herrschaftlich Vorwerk, 1 Schule, 1 Freygut, 5 Dienstbauern, 12 Dreschgärtner, 27 Häusler, 1 Mühle, 19 andere Häuser, Summa 68 Feuerstellen, 464 Einwohner, Gutsbesitzer ist der Freyherr v. Seherr-Toß.

Hieher gehört:

Das Ludwigsdörfel, von 2 Bauern, 1 Gärtner, 2 Häuslern, 2 andern Häusern.

36. Polkwitz, Klein- ist des Grafen v. Dohna Eigenthum, hat 5 Dienstbauern, 1 Häusler, 4 andere Häuser, in allem nur 10 Feuerstellen mit 45 Einwohnern.

Das Dominium Prinkenau ist der Sitz einer Herrschaft, wozu die Dörfer Amadebrunn, Beyersaus, Klein-Gläsendorf, Klein-Heinzendorf, Krampf, Karpfreiß,

Karpfreiß, Langen, Lauterbach, Neuvorwerk, Petersdorf, Weißig und Wolfersdorf gehören, nebst Haselbach. In ältern Zeiten war die Familie derer v. Rechenberg im Besitz dieser Herrschaft über 280 Jahr, der letztere davon hieß Kasper von Rechenberg 1625. Alsdann war 1633 Herr derselben der kayserliche Rath, Kämmerer und Obrister Freyher Leon Cropelli de Medici; 1665 nahmen die Jesuiten zu Wartenberg die Herrschaft in Besitz, behielten aber solche nicht lange, denn 1681 bis 1686 gehörte dieselbe schon wieder dem George Christoph Graf v. Proskau, der die abgebrannten Kirchen zu Primkenau und Weißig aufbauen ließ. Nach ihm erkaufte Heinrich Gottlob Graf v. Reder kayserlicher Hauptmann diese Herrschaft, der sie seinem Sohne Karl Albert überließ; dieser verkaufte solche 1757 dem Grafen Reuß IX. derselbe aber endlich wieder für 200,000 Rthlr. an den gegenwärtigen Besitzer Ferdinand Sigmund Freyherrn v. Seherr-Toß.

Sonst bestehet das eigentliche Dominium Primkenau aus 1 herrschaftlichen Schloß, 1 Vorwerk, 36 verschiedenen andern Häusern und 214 Einwohnern. Auch ist hier eine Fasanerie.

37. Reuthau, hier sind befindlich, 1 herrschaftlich Schloß, 2 Vorwerke, 1 Schulhaus, 3 Dienstbauern, 20 Dreschgärtner, 20 Häusler, 1 Mühle, 10 andere Häuser mit Einschluß des Fährhauses, zusammen 58 Feuerstellen, 365 Einwohner. In vorigen Zeiten besaßen dies Gut die v. Kittliz, darauf die v. Lüttwiz; des letzten Gutsbesitzers aus diesem Geschlecht Schwester Juliane Sophia war an einen

einen Grafen v. Logau vermählt, sie erbte es von ihrem Bruder, und nun gehört es ihrem Sohne dem Küstrinschen Cammerpräsidenten Karl Christian Heinrich Graf v. Logau.

38. Schadendorf, begreift unter sich 1 Vorwerk, 1 Schulhaus, 1 Freygut, 5 Dienstbauern, 8 Dreschgärtner, 13 Häusler, 6 andere Häuser, Summa 37 Feuerstellen, 204 Einwohner, und gehört dem Graf v. Dohna.

Seekretscham, s. bey Kaltdorf No. 16.
Seekretscham, s. bey Mällmiz No. 29.

39. Sprottischdorf, darinn sind befindlich 1 herrschaftlich Schloß, 1 Vorwerk, 1 Frey- 12 Dreschgärtner, 10 Häusler, 1 Mühle, 9 andere Häuser, in allem 37 Feuerstellen mit 216 Einwohnern. Ist schon lange in den Händen der v. Knobelsdorfschen Familie.

40. Sprottischwalde, ist eine seit 1770 von der Kämmerey zu Sprottau erbaute und derselben gehörige Kolonie, von 16 Freyhäuslerstellen mit Acker und 81 Einwohnern.

41. Sprottisch-Janche, faßt unter sich 1 herrschaftlich Schloß, 1 Vorwerk, 3 Frey- 14 Dreschgärtner, 7 Häusler, 1 Mühle, 7 andere Häuser, überhaupt 38 Feuerstellen, 228 Personen, und gehört dem Herrn Landrath v. Eckartsberg. Mehr von den Besitzern s. Mittel-Giesmannsdorf.

Stichhäuser, s. Neidhardt No. 32.

42. Ulbersdorf, enthält 2 Vorwerke, 7 dienstbare Bauern, 14 Dreschgärtner, 10 Häusler, 1 Mühle,

Mühle, 23 andre Häuser, zusammen 57 Feuerstellen, 313 Seelen. Ottendorf und Ulbersdorf gehörten vor Zeiten der Familie von Braun aus dem Hause Zölling, kamen dann an die v. Scopp, wurden nur als ein Dorf betrachtet, und insgemein Ottendorf genannt. Otto Sigmund v. Scopp hinterließ zwey Söhne, bey der Erbschaftssonderung fiel Ottendorf dem ältesten Gustav Heinrich, Ulbersdorf aber dessen jüngern Bruder zu, und wurde solchergestalt wieder zu einem besondern Dorfe gemacht; doch letzterer trat es bald darauf wieder an seinen Bruder Gustav Heinrich v. Scopp ab, der noch Besitzer von diesen beyden Gütern ist.

43. **Walddorf**, bestehet aus 1 Vorwerk, 6 Dreschgärtnern, 1 Häusler, 6 andern Häusern, in allem nur aus 15 Feuerstellen mit 103 Einwohnern, und gehört dem Baron v. Lüttwiz.

Waldhaus, s. Ober-Leschen No. 26.

Waldhaus, s. Mallmiz No. 29.

44. **Waltersdorf**, stehet unter dem Dohmkapitel zu Glogau, hat 1 katholische Mutterkirche, wozu Reuthau, Sprottisch-Zauche und Eckartswalde eingepfarrt sind; 2 Pfarrhäuser, 1 Schulhaus, 1 Freygut, 39 Dienstbauern, 9 Freygärtner, 61 Häusler, 42 andere Häuser, zusammen 155 Feuerstellen und 864 Einwohner.

Wegemühle, s. Langheinersdorf No. 24 dritter Antheil, oder Nieder-Vorwerk.

45. **Weißig,** gehört zur Herrschaft Primkenau dem Freyherrn v. Seherr-Toß, faßt 2 Vorwerke, 1 katholische Filialkirche, zu welcher die Dörfer Haselbach, Heinzendorf, Wengeln, Wolfersdorf geschlagen sind, 2 Pfarrhäuser, 1 Schulhaus, 8 Dienstbauern, 1 Frey- 6 Dreschgärtner, 3 Mühlhäuser, 24 andere Häuser, Summa 77 Feuerstellen und 440 Einwohner.

46. **Wengeln,** allhier werden gezählt, 1 herrschaftliches Vorwerk, 1 Freygut, 3 Dienstbauern, 12 Gärtner, 16 Häusler, 1 Mühle, 10 andere Häuser, Summa 45 Feuerstellen und 221 Einwohner. Ehedem gehörte dies Gut auch zur Herrschaft Primkenau, ist aber davon an den Friedrich Wilhelm von Briesen verkauft worden; von diesem kam es an seinen Sohn George Friedrich, der solche an einen v. Busse überließ, welcher es wieder an die Frau Sophia Renata Charlotte geb. v. Döbschüz vermählte Etatsministern v. Mauschwiz verkaufte, die es noch besitzt.

47 **Wichelsdorf,** enthält 1 herrschaftliches Wohnhaus, 1 Schule, 1 Kretscham, 12 Dienstbauern, 9 Gärtner, 2 22 Häusler, 2 Mühlen, 24 andere Häuser, Summa 72 Feuerstellen, 325 Seelen. Vorzeiten besaß dies Gut George Alexander v. Stosch, und nach ihm seines Bruders Sohn Rudolph v. Stosch, Lieutenant unter der Garde, der im siebenjährigen Kriege blieb. Hierauf erkaufte es Melchior Adolph v. Studniz für seinen Bruder Karl; dann übernahm es dessen Schwester, eine verehlichte v. Niebelschüz, die es wieder an ihre Tochter eine vermählte v. Vizthum

thum überließ, welche es endlich an den jetzigen Besitzer George Sigmund Neumann für 29000 Rthlr. verkauft hat.

48. **Wolfersdorf**, dem Freyherrn v. Seherr-Toß zu Primkenau gehörig, enthält 1 Vorwerk, 1 Schulhaus, 4 Gärtner, 1 Freygut, 8 Dienstbauern, 12 Häusler, 1 Mühle, 15 andere Häuser, zusammen 43 Feuerstellen und 215 Personen.

49. Zeisdorf, allhier sind befindlich 1 herrschaftliches Schloß, 1 Vorwerk, 15 Gärtner, 16 Häusler, 1 Mühle, 11 andere Häuser, zusammen 45 Feuerstellen und 251 Einwohner. Dies Gut besaß ehedem ein gewisser v. Lestwiz, nach ihm die v. Schellendorf, der letztere Eigenthümer dieses Namens verkaufte es an den Hammermeister Balzer Giesel, von diesem kam es an die v. Knobelsdorf, und nun an den jetzigigen Besitzer v. Knobelsdorf.

50. Zürkau, gehört unter die Sprottausche Stadtkämmerey und hat 1 Schulhaus, 11 Dienstbauern, 23 Häusler, 4 andere Häuser, zusammen 39 Feuerstellen mit 236 Bewohnern.

Zauche, wird insgemein Sprottisch-Zauche genannt, unter welchem Namen es auch No. 41 aufgeführt ist.

Neunter Abschnitt.

Vom Schwiebusschen Kreise überhaupt.

§. 1.
Kurze Geschichte dieses Kreises.

Die Gegend um Schwiebus gehörte Anfangs, so wie ganz Schlesien zu Polen, und hatte mit dieser Republick einerley Landesherrn. Als Konrad Herzog in Masuren von seinen Nachbarn den Preussen hart bedränget wurde, rief er die sogenannten Kreuzritter, die eben damals aus Palästina vertrieben worden, zu seinem Beistande, und trat denselben zur Erkenntlichkeit um das Jahr 1228 nebst andern Ländereyen auch den Schwibusschen Kreis zum Eigenthum ab. Wie lange die Ritter im Besitz dieser Landschaft geblieben, findet man nicht aufgezeichnet; wahrscheinlich sind sie entweder von den Markgrafen zu Brandenburg, die sich 1296 der Stadt Schwiebus bemächtigten, oder falls sie vielleicht den Ort nach der Zeit wieder zurück erhalten haben, vom polnischen König Wladislaus Locticus, der gegen die Kreuzritter, um sie aus Preussen zu verdrängen, grosse Kriege führte, um das Jahr 1326, wo er den Schwiebusschen Kreis völlig verwüstete, gänzlich vertrieben worden.

Hierauf beherrschte König Kasimir aus Polen 1333 den Schwiebusschen Kreis, während daß Schlesien

sien selbst schon längst seine besondern Herzoge hatte, die sich aber nach und nach dem König in Böhmen zu Lehn unterwarfen. Da nun König Johann von Böhmen mit Wladislaus König in Polen, dem Vater Kasimirs, wegen wechselseitigen Ansprüchen auf diese Königreiche bereits Krieg geführt, so kam es nun 1335 zwischen Johann und Kasimiren zu einem Vergleiche, in welchem ersterer auf Polen, letzterer auf Böhmen Verzicht that, und solchergestalt einander ihre vermeintlichen Rechte übergaben; um aber zugleich allen künftigen Zwist wegen der Grenze zwischen Polen und Schlesien zu heben, trat K. Kasimir den Schwiebusschen Kreis an den böhmischen K Johann ab, dieser hingegen überließ jenem dafür den Kostenizer District, der bisher noch zum Glogauschen gehört hatte. Auf diese Art also wurde der Schwiebusser Kreis mit Schlesien, und besonders mit dem Fürstenthum Glogau, statt des nunmehr davon abgetrennten Kostnizschen Gebietes vereiniget, und so wie dasselbe von einem darüber bestellten königlichen Landeshauptmann bis ins Jahr 1360 administrirt, wo König Karl IV. diesen Kreis bey der Theilung von Glogau zugleich mit dem Herzog Heinrich V. einräumte. In eben dem Jahr that der v. Biberstein auf Sorau einen feindlichen Einfall in diesen Distrikt, und richtete durch Plünderung auf den Dörfern großen Schaden an, wurde aber vom Herzog bald mit derben Schlägen nach Hause gewiesen.

Nach Heinrichs V. Tode kam das Schwiebussche bey der 1380 vorgenommenen Erbsonderung an dessen Sohn Herzog Heinrich VI., sodann 1388 an

Hein.

Heinrich VII., und als dieser 1395 starb, an dessen Sohn Herzog Wenzeln, welcher den Titel Herr zu Crossen und Schwiebus führte; er erschoß sich selbst um das Jahr 1430 zu Crossen, als er unvorsichtig mit einer Büchse umgieng.

Ihm folgte Herzog Heinrich X. zu Glogau, der alle Ländereyen seiner drey vor ihm verstorbenen Brüder an sich brachte. Unter seiner Regierung fiel ein Haufe Polen von Bentschen aus, unter Anführung eines gewissen Abrahams 1439 am Donnerstag nach drey König in den Schwiebusschen Kreis, und plünderte verschiedene Dörfer aus; allein der Adel bot die Landleute auf, umringten sie in den Wäldern, tödteten 250 Mann davon, und brachten die übrigen nebst ihrem Anführer gefangen nach Schwiebus.

Von 1467 bis 1476 stand der Kreis unter der Herrschaft Herzogs Heinrichs XI. Bey den nach dessen Tode 1476 unter den vier Erbschafts-Competenten, besonders zwischen Herzog Johann und Marggraf Albert von Brandenburg, entstandenen Unruhen mußten die Stände viel leiden, und endlich dem erstern huldigen. Ob nun gleich Johann dem Marggraf in einem Vergleich d. Camenz 1482 den 16. Sept. Crossen, Züllchau, Sommerfeld und Bobersberg, die Grenznachbaren von Schwiebus, abtrat, so behielt er doch den Schwiebusser Kreis für sich beym Fürstenthum Glogau, wobey er sodann auch blieb, und mit diesem Fürstenthum immer einerley Herrn hatte.

Da

Da der Kayser Leopold mit Churfürst Friedrich Wilhelm dem Großen von Brandenburg verschiedene Differenzen hatte, und letzterer Ansprüche auf die schlesischen Fürstenthümer Jägerndorf, Liegnitz, Brieg und Wohlau machte, entschloß sich endlich 1686 der Kayser mit demselben ein Abkommen zu treffen, und trat daher dem Churfürst den Schwiebus'schen Kreis mit aller Superiorität, Realitäten, Nutzungen, Gerechtsamen 2c. als ein Aequivalent ab, doch unter der Bedingung: daß der Churfürst so wohl die katholische als evangelische Religion *in statu quo* lassen, keine Vestung in diesem Kreise anlegen, und einen auf den Schloßgütern haftenden Pfandschilling von 14000 Rthlr. an den Freyherrn v. Knigge zu bezahlen über sich nehmen sollte. Dagegen entsagte der Churfürst sowohl seinen Prätensionen auf die genannten vier Fürstenthümer, als auch allen Anforderungen, die er sonst noch wegen Schiffbarmachung des Oderstroms 2c. an den Kayser hatte; und obgleich die Kreisstände verschiedene Einwendungen gegen diese Alienation machten, so geschah doch noch in eben dem Jahr am 14. Aug. die wirkliche Uebergabe des Kreises an das Churhaus Brandenburg, dieser aber folgte im September die Einrichtung des Kontributionswesens nach Brandenburgschem Fuß.

Indessen dauerte diese Acquisition nicht lange. Churfürst Friedrich Wilhelm starb den 29. August 1688, und der Kayser fand Mittel, dessen Nachfolger Friedrich III, dahin zu bewegen, daß er ihm diesen Kreis wieder zurück gab, folglich waren jene ent-

entsagten Ansprüche auf die vier Fürstenthümer auch wieder vorhanden.

Die Restitution desselben erfolgte den 10. Jan. 1695, und die Schwiebusser kamen auf diese Art abermal unter kayserliche und böhmische Hoheit, unter welcher sie sodann geblieben sind, bis 1742, wo König Friedrich von Preussen bey der Besitznahme von ganz Schlesien auch diesen Kreis aufs neue unter brandenburgische Obmäßigkeit brachte.

§. 2.

Lage, Gränzen, Größe.

Der Schwiebusser Kreis ist seiner Lage nach ganz von Schlesien getrennt, scheint ein besonderes Ländchen zu seyn, gehört aber doch zum Fürstenthum Glogau, und hat mit dieser Provinz einerley Verfassung. Seine Grenzen sind ringsumher brandenburgische Länderenen, gegen Mitternacht zu aber das Königreich Polen; die Größe des Kreises enthält ohngefähr 10 Quadratmeilen.

§. 3.

Beschaffenheit des Bodens.

Der Boden ist durchgängig von mittelmäßiger Beschaffenheit, kalt, aber doch fruchtbar und ergiebig. Besonders fällt der Roggen und die kleine Gerste, welche letztere wegen dem kalten Boden erst

zu

zu Anfang des Junius gesäet werden kan, ungemein hoch im Körnerertrage aus, so daß von diesen beyden Getreydesorten nicht nur der völlige Bedarf zur innern Consumtion gewonnen, sondern noch ein ansehnlicher Ueberschuß auswärts verkauft wird.

Dagegen fehlt es den meisten Dörfern an Wiesewachs, und viele Gemeinden müssen das Heu von weiten her an der Oder aufkaufen, wo Ueberfluß davon ist.

§. 4.

Berge, Mineralien.

Obgleich der Kreis wenig Ebene hat, sondern meist bergicht ist, so giebt es darunter doch keine Hauptberge; besonders ziehet sich an der Seite gegen Morgen eine ganze Kette von Anhöhen hin, welche die Grenze an Polen umschließt; allein auch die höchsten Berge darunter haben keinen eigenen Namen, sondern werden nur nach den Dörfern genannt, an welchen sie liegen, als der Salkauer, Keltschner, Liebenauer ꝛc. Berg. In allen diesen Bergen und Anhöhen sind weder Metalle, noch Marmor, noch andere Steinbrüche.

§. 5.

Gewässer und Fische.

In keinem Kreise Schlesiens findet man so viel stehende Seen, als im Schwiebusschen, denn es werden derselben 19 gezählt. Der größte darunter ist:

1. Der Nischliz-See bey Birkenfeld, zu den Trebnitzer Stiftsgütern gehörig, der über eine Meile im Umfange hat. Dann folgen

2. Der Packliz-See bey Liebenau.

3. Der Wilkauer-See bey Wilkau.

4. Der Mittwälder-See bey Mittwalde, diese drey können theils auf ¾ Meilen im Umfange gerechnet werden. Etwas kleiner sind

5. Der Blanken-See bey Blankensee.

6. Der Trebach-See bey Kutschlau.

7. Der Lankner-See bey Lanken.

8. Der Pinn-See bey Möstchen.

9. Der Mühlbach-See bey Mühlbach.

10. Der Engel-See, und

11. Der Gast-See bey Neudörfel.

12. Der Probst-See bey Puschvorwerk.

13. Der Schwiebusser Schloß- oder Rietschützer-See bey Rietschüz.

Die übrigen sechse sind nur klein und führen keine besondern Namen. Im erstern großen See werden vorzüglich gute Moränen, und dann wie in den übrigen insgemein Hechte, Bärsen, Welse, Bleien, Karauschen, Schleien ꝛc. gefangen.

Außer den Seen giebt es auf verschiedenen Gütern auch noch einige ganz ansehnliche Teiche, worunter der gröste bey Jordan ist, die mit Karpfen und allerhand andern Fischarten besetzt sind. Nimmt man nun noch dazu die Flüsse, als:

a) Die Oder, und

b) Den Jordan oder die Packlitz genannt, welche zwischen dem schlesischen Dorfe Jordan und dem polnischen Kloster Paradeis die ordentliche Landes-Grenze hält; und dann noch einige andere kleine Bachen, so ergiebt sichs, daß an Fischen hier kein Mangel ist, und noch andere auswärtige Gegenden, denen es daran fehlt, mit dieser Nothdurft reichlich versehen werden können.

§. 6.

Waldungen.

Was der Kreis an andern Nothdursten überflüßig hat, gehet demselben an Holz ab, woran die meisten herrschaftlichen Güter hier Mangel leiden. Auf den Trebnitzer Stiftsgütern sowohl als auch auf den adelichen Dominiis Mästchen, Holzersdorf

Niedewiz, Wutschdorf, Starpel, Willau, Klein-Dammer, Schmarse, Rackau befinden sich zwar ziemlich starke Waldungen; weil man aber Ursache hat, solche zu schonen, so reicht das Holz, welches jährlich darinn geschlagen wird, bey weitem nicht zu, den ganzen Kreis damit zu versorgen, sondern die meisten Oerter müssen ihren nöthigen Holzbedarf aus der benachbarten Neumark kaufen.

Die hiesigen Holzarten sind Eichen, Buchen, Birken, Erlen, Kiefern rc., und man bezahlt auf der Stelle die Klafter hartes Holz mit 1 Rthlr. 8 Ggr., die Klafter weiches Holz mit 1 Rthlr.

Wild giebt es in den größern Wäldern etwas, aber nicht viel.

§. 7.

Viehzucht.

Die Viehnutzung ist auf den Gütern und in Dörfern, wo hinlänglich Graß oder Weide vorhanden, so ziemlich, und die Kühe, welche durchgehends von mittlern Schlage sind, werden gewöhnlich für 7 bis 5 Rthr. pro Stück verpachtet. Pferde werden zwar im Kreise selbst nicht gezogen; dennoch treiben die hiesigen Einwohner einen starken Handel damit, weil sie theils in Pommern, theils in Polen viel junge Pferde aufkaufen, und solche sodann wieder auf den Roßmärkten zu Beuthen, Freystadt, Neustädtel rc. mit Vortheil zu verkaufen pflegen. Da der Kreis

Kreis meist hohe und gesunde Weide hat, so ist die Schafzucht allhier sehr ansehnlich. Die Schafe sind zwar nur vom mittlern, doch gedrungenen Schlage; und tragen eine fürtreflich feine Wolle, die den Tuchfabricken wohl zu statten kommt.

Ueberhaupt waren im Kreise 579 Pferde, 2730 Ochsen, 2934 Kühe, 27670 Schafe, 3268 Schweine.

§. 8.

Wohnungen.

Große Schlösser sind hier nicht vorhanden; doch haben die meisten Herrschaften nicht nur sehr tüchtige und ganz maßive Wohnhäuser, sondern, da in hiesigen Gegenden viele Feldsteine und guter Lehm befindlich, so sind auch bereits viele Wirthschafts- und Vorwerksgebäude ganz maßiv ausgeführt worden. Die Wohnungen des gemeinen Landmannes aber sind nur von Holz mit Lehm ausgeflochten.

Außer den verschiedenen in alten Dörfern neu erbauten Häuslerstellen hat der Kreis fünf ganze seit 1774 neu etablirte Kolonien, nämlich:

1. Friedrichswerder, von 20 Possessionen zum Dominio Wilkau gehörig.

2. Friedrichs-Läßichen, von 10 Possessionen, zum Dominio Läßichen gehörig.

3. Frie

3. **Friedrichsfelde**, von 10 Possessionen, zum Dominio Rissen gehörig.

4. **Friedrichsthabor**, von 10 Possessionen, zum Dominio Rackau gehörig, desgleichen auch

5. **Klippendorf**, von 10 Possessionen.

Der Kreis enthält in allem:

1 Stadt, Schwiebus.

1 Marktflecken, Liebenau.

55 Dörfer, worunter 28 adeliche Güter, 1 bürgerliches Gut, 2 Kämmereygüter, 24 geistliche Güter. Letztere gehören theils dem Stift Trebnitz, theils dem polnischen Kloster Parabeis.

In allen Dörfern befinden sich zusammen:

43 Kirchen, und zwar 5 evangelische und 38 katholische. Unter den katholischen Kirchen sind 19 Matres, die übrigen Filiale. Dann giebt es

29 Pfarrhäuser.

39 Schulen,

23 adeliche Wohnhäuser.

79 Vorwerke.

1 Lehngut.

8 Freygüter.

550 Bauern.

606 Gärtner.
383 Häusler.
18 Wassermühlen.
24 Windmühlen.
1 Bleiche.
278 Hirten- Gemein- und andere Häuser.

Summa 2039 Feuerstellen.

§. 9.

Einwohner.

Die Einwohner haben einen ganz guten Character, sie sind treu, aufrichtig, arbeitsam. Ihre Sprache ist ziemlich rein Deutsch, die Religion theils katholisch, theils lutrisch, doch machen letztere die gröste Zahl aus.

Die Anzahl der sämmtlichen Kreisbewohner war im Jahr 1787

Männliche:	Adeliche	22
	Wirthe	1562
	Söhne, Gesinde ꝛc.	3785
	Summa	5369
Weibliche:	Adeliche	39
	Wirthinnen	104
	Weiber	2521
	Töchter, Mägde ꝛc.	2940
	Summa	5604
	Summa aller Seelen	10973

§. 10.

§. 10.

Merkwürdigkeiten.

Bey den Dörfern Witten, Koppen, Birkholz, und in der Stadtheide findet man Rudera von vier sogenannten Raubschlössern; wahrscheinlich aber mögen es wohl Bevestigungswerke vom dreyßigjährigen Kriege hec seyn, denn es sind dabey noch sehr kenntliche Spuren von Redouten, Verschanzungen ꝛc. vorhanden. Doch findet man davon weiter keine Nachricht.

Von andern Merkwürdigkeiten, als wüsten Kirchen, Urnen, Wallfahrtsörtern ꝛc. ist im Kreise nichts aufzufinden.

§. 11.

Politische Verfassung.

Da der Kreis zum Fürstenthum Glogau gehört, so ists natürlich, daß solcher auch unter dem Glogauschen Oberamts- und Cammerdepartement stehet.

Beym Assecuranzwesen ist solcher mit der 3ten Societät verbunden, und in Ansehung der Steuer gehört der Kreis zur 2ten und zum Theil zur 4ten Classe.

Den Werbe-Canton hat das Infanterieregiment von Wolframsdorf.

B. Von denen Städten,

und zwar:

Von der Stadt Schwiebus.

§. 1.
Geschichte. 1)

Es läßt sich zwar nicht ausmitteln, in welchem Jahr diese Stadt eigentlich erbauet worden; allein man kan das hohe Alterthum derselben theils aus der Uebereinstimmung ihres Namens mit dem Namen der alleraltesten Bewohner Schlesiens, denen Sveven, oder Svionen, theils aus der Benennung einer gewissen Gegend in der Vorstadt, der Zerwinkel genannt, mit ziemlicher Wahrscheinlichkeit schliessen. Denn da die Spevier in dieser Gegend gute Weide, auch Wasser genug für ihr Vieh antrafen, so ists möglich, daß sie sich Hütten nach ihrer Art erbaueten, die das Ansehen eines Flecken hatten, und dem sie den Namen Svebissen beylegten. Läßt man dies zu, so muß die erste Gründung dieses Orts bereits im vierten oder fünften Säculo geschehen seyn.

Hierauf drangen um das Jahr 550 die Slaven in Schlesien ein; da nun die Spevier durch Kriege

---

1) Man hat von diesem Ort eine der besten besondern Beschreibungen, die der Herr Pastor Knispel 1763 in Quarto herausgegeben.

ge und Auswanderungen sehr geschwächt waren, und sich nicht im Stande befanden, diesen Völkern zu widerstehen, so musten sie entweder weichen, oder sich dem Joche derselben unterwerfen. Die Slaven, eine ursprünglich asiatische Nation, glaubten einen guten und einen bösen Gott. Erstern nannten sie den Olobog, Belbock oder Melbock, der seinen Sitz an dem Ort Mühlbock hatte; welcher von daher seinen Namen erhalten haben soll, und es wird dieser Flecken auch wirklich noch in dem Schenkungsbriefe, worinn Herzog Heinrich der Bärtige dem Kloster Trebnitz den Ort Mühlbock schenkt, *Olobog vel Melbock* genannt. Den letztern hießen sie den Zarnibock oder Zernebog, das ist den schwarzen Gott, dem sie ohnweit Schwiebus in der Gegend des Zerwinkels opferten, der ebenfalls von daher noch seine Benennung hat.

Noch meldet Schickfus,[1] daß hier im 16ten Jahrhundert tief unter der Erde allerhand Seltenheiten, und unter andern lange Reihen von thönernen oder irdenen Wasserröhren gefunden worden; auch diese Entdeckung rechnet er unter die Beweise von dem Alterthum der Stadt Schwiebus, weil die aufgefundene Sachen sowohl im 16ten Säculo schon völlig unbekannt, als auch die irdene Wasserröhre damals nicht mehr gebräuchlich gewesen, und diese Rudera also bereits wohl seit verschiedenen Jahrhunderten unter der Erde gelegen haben müssen. Doch will ich hierüber nichts entscheiden, sondern die Beurtheilung des Alterthums dieser Stadt jedem

---

[1] Schickfus schles. Chron. L. IV. Cap. 27. S. 156.

dem Leser überlassen. So viel hat wohl seine Richtigkeit, daß Schwiebus entweder noch vor Glogau entstanden, oder doch wenigstens mit jener Stadt in gleichem Alter gehet.

Was den Namen der Stadt betrift, so ist solcher zwar in jedem Säculo einigermaßen verändert worden, im Grunde aber doch immer einerley geblieben. Im 14ten und 15ten Jahrhundert wurde sie Swebissen oder Swebyssen, Schwebessen, auch Sweboßin, im 16ten Schwebussen, und zuletzt Schwiebussen genannt, welchen Namen sie denn auch behielt, bis man sie, wie gegenwärtig geschiehet, kurz weg Schwiebus schrieb. Im Lateinischen findet man die Namen *Svebissa*, *Svebusium*, oder *Svibusium*, beym Cromer wird sie *Svebudinum*, beym Althammer *Svibissa*, beym Pankratio *Svebissena* genannt, und in einem im Kloster Paradies vorhandenen Privilegio vom Jahr 1247 d. 1. Julii soll ihrer unter der Benennung *Zbibausin* gedacht werden.

Anfangs stand diese Stadt mit ihrem ganzen Kreise unter polnischer Hoheit; als aber Herzog Konrad in Masuren von seinen Nachbarn, den Preussen, bekrieget wurde, und ihm auf sein Gesuch die Johannitterritter, oder nach dem Kreutze, so sie trugen, die Kreutzritter genannt, zu Hülfe kamen, räumte er denselben 1228 diese Stadt nebst dem ganzen dazu gehörigen District ein, die ihr nun eine ganz andere Gestalt gaben, und solche nach damaliger Art zu bevestigen anfiengen. Sie umschlossen den Ort mit einer hohen und starken Mauer,

Hh 2 auch

auch einem tiefen Wallgraben, legten in abgemessenen Entfernungen gute Pasteien an, führten sowohl Zeughäuser als Pulverthürme beym Glogauschen und Kreuzthore auf, und überbauten die Thore mit Zimmern, theils zum Behuf ihrer Wachten, theils zu andern Kriegsbedürfnissen. Ihnen hat auch das Schloß mit dem Thurme sein Daseyn zu verdanken, auf welchem sie ihren Hauptsitz hatten, und nicht nur ein von steinernen Kugeln eingemauertes Kreuz, so wie auch das jetzt noch sogenannte Kreuzthor und die Kreuzgasse haben dem jetztlebenden Schwiebus ihr Andenken aufbehalten, sondern noch vor einigen Jahren konnte man ihr gemaltes Wappen am Schwibbogen des Kreuzthores sehen. Solchergestalt ward Schwiebus im 13ten Jahrhundert eine Veste, welches dann die Ursache ist, daß man in alten Landcharten bey dieser Stadt noch das Zeichen einer Vestung findet.

Die Stadt blieb in den Händen der Kreuzritter bis ums Jahr 1328, wo sie nach deren Vertreibung wieder unter polnische Obmäßigkeit K. Kasimirs kam, der sie aber 1335 an den böhmischen König Johann abtrat, von dessen Nachfolger K. Karl IV. solche sodann 1360 Herzog Heinrich V. der Eiserne genannt, erhielt.

Was mich wundert, ist, daß ohngeachtet des hohen Alters von Schwiebus doch keines frühern Privilegii weder von polnischen noch böhmischen Königen, noch den erstern schlesischen Herzogen gedacht wird. Das erste, so ich aufgezeichnet finde, ist vom Herzog Ruprecht zu Liegnitz, (d. 1397 am nächsten Sonntag vor Thomas) der die Vormundschaft über
die

die drey unmündigen Prinzen Herzog Heinrichs *VIII.*
führte, und dieser Stadt in deren Namen die sogenannten Rohrbächer Aecker nebst dem See verkaufte.

Das zweyte Privilegium ist vom Herzog Wenzel, einem Sohne Heinrichs *VIII.*, welchem nach
erlangter Volljährigkeit bey der Erbsonderung mit
seinen Brüdern die Stadt Schwiebus zugefallen
war. Es ist vom Jahr 1418 und lautet:

„Wir Wenzelaw von Gots Gnoden Herzoge in
„Slesien, Herr zu Crossen und zu Swebosin beken-
„nen uffentlichen mit desim Unsern offin Briefe vor
„allen, dy en sehin, horin, oder lesin, daß vor Uns
„kommen seynt unsre getrawen lieben Burgmeistir,
„Rathmannen, und Eldistin unsrer Stadt Swe-
„bissin, und haben uns verzelt Ire Gerechtigkeit, dy
„sy habin gehabit, und noch habin, und haben Uns
„demuthiglichin gebethin, en dy zu bestatigin, haben
„Wir angesehen mogliche Bethe und getrawe Dienst,
„der Uns von en dicke irzeigit ist, und habin von
„Fürstlichin Gnoden en und eren rechten Nachkom-
„lingen mit Kraft dies Brieffis bestetigit all Ir Ge-
„rechtigkeit, nemlich 40 Mark Grossin Pflege, dy
„sy Uns alle Jor pflichtig seyn zu geben uff Sonte
„Michilstag, bei den 40. Mark Groschin globen
„Wir unsre Erbin, und Nachkommlinge sy und ire
„Nachkomlinge zu losin, und nimmer zu dirhogin
„(erhöhen) ane Arg. Das Vorwerk Rohrbach
„mit eynem Sehe und mit allen andern Zugeho-
„rungen, und allen Wesen, die umbe dy Stod le-
„gin, ausgenommen der Hag, der hynder dem Hau-
„se ist, uff dy rechte Seite des Steygis, der do geht

abir

„abir den Appelwerder bis an den Molgraben vor
„bas; me ist der Grabe die Grentze bis in den See
„he uf der andern Seythe des kleinen Grabechin,
„das geht aus dem Zerrewinkel bis in den Sehe,
„was do auswendig der Graben ist unsre Stad, und
„eignen Zoll von eynem Pferde zwene Heller, und
„auch alle Erbzinse, dy sy haben auf Fleyschbenken,
„Brodtbenken, und Schubenken, und den Salz-
„markt, und Funf Malder Korn ane drey Scheffel,
„die unsre Stad Swebissen alle Jor jährlich zu ha-
„bin hat auf der großin Möl zu Retschüz. Sune
„derlichin gebin wir en zu, uud begnoden sy domethe,
„ab ymand welde iren Zoll vorfahren, was in der
„Meyle were, den sullen sy und mogin en uftreibin,
„ir Gerechtigkeit domethe zu beschirmen, doch uns
„schedelich unsir Manschaft, dy des sullin abirhobin
„seyn. Die vorgenannten Pflege Zinsse und Ge-
„rechtigkeithen bestetigen Wir, Unsre Erbin, und
„Nachkommlingen mit Kraft dies Brieffis, und
„wollen sy ungehindert und geruglich dobey behal-
„tin, und loßin ane Arg. Zu größir Sicherheit
„haben Wir unsre Jngesigil laßin hengin an deßin
„Brief. Gegebin zu Swebußin am Tage Johan-
„nes Chrisostomi nach Gots Geborth Firzen hun-
„dert Jor bornoch in deme Achtzendin Jore ꝛc."

Aus diesem Privilegio erhellet, daß die Stadt damals den Zoll und gewisse Zinsen von den Bänken
schon vorher gehabt, und hier nur aufs neue bekräf-
tiget worden sind; von wem sie aber solche erhalten, weiß man nicht, wahrscheinlich also müssen die
frühern Urkunden darüber ganz verlohren gegangen seyn.

Eben

Eben dieser Herzog Wenzel verliehe d. 1428 am Tage der Himmelfahrt Christi der Stadt auch die Nachtgerichte, wodurch der Rath bevollmächtiget wurde, die nächtlichen Unruhen zu bestrafen, und diejenigen Streithändel zu schlichten, die von 9 Uhr Abends gerechnet vorfallen würden. Desgleichen bestättigte derselbe die Willkühr der Einwohner, daß in Successione inter Conjuges der überlebende Ehegatte die Hälfte des nachgelassenen Vermögens haben sollte.

Herzog Heinrich II. ertheilte hierauf d. Freystadt am Sonntag Oculi 1459 der Stadt ein Hauptprivilegium, worinn derselbe nicht nur die vorigen Gerechtsame bestättigte, sondern auch noch einige neue hinzufügte. Es enthält 11 Stücke, und betrift:

1. Die 40 Mark Groschen Pflege, welche die Stadt jährlich zum fürstlichen Rentamt zahlen muste, und die er nimmer zu erhöhen verspricht.

2. Das Vorwerk Rohrbach, so die Stadt, wie oben gedacht, erkauft.

3. Den Brückenzoll von jedem Pferde 2 Heller, doch mit Ausnahme der fürstlichen Hofbeamten.

4. Die Erbzinsen auf Fleisch- Brodt- und Schuhbänken, das Schragengeld, den Salzmarkt, und sämmtliche Gefälle, die der Rath in- und um die Stadt zu erheben hat.

Hh 4   5. Die

5. Die Heidemühle und die kleine Mühle zu Rietschüz mit einem Mühlwagen auf ein Pferd, um dahin aus der Stadt Korn führen zu können.

6. Die Willkühr, daß der überlebende Ehegatte von allem Vermögen die Hälfte erben soll.

7. Die Nachtgerichte, daß der Rath alle nächtliche Unordnungen steuern, ahnden, und die, so eine Weibsperson gewaltsam entführen, gleich den Mördern 10 Jahr von der Stadt verwiesen, und solche aller ihnen binnen dieser Zeit zufallenden Erbschaften ꝛc. verlustig seyn sollen.

8. Das Patronat, oder Lehn, über das Altar zum heiligen Leichnam in der Pfarrkirche, solches wird dem Rath überlassen; dann das Lehn über die Heidemühle zwischen Schwiebus und Mühlbock, welche zu verreichen der Magistrat berechtiget wird.

9. Zwey und vierzig Huben Feldes, die der Herzog der Stadt verliehen.

10. Das Stadtrecht dergestalt, das Schwiebus gleich andern Städten das Recht haben soll, Handwerker auszusetzen, solche mit Innungsartickeln zu versehen, Märkte zu halten ꝛc., wobey zugleich aller Fleisch- Salz- Eisen- Pelz- und Rauchwerkhandel, nebst dem Gewandschnitt sowohl auf dem Lande, als in andern Flecken des Schwiebusschen Kreises gänzlich untersaget wird.

11. Den

11. Den Brauurbar, mit welchem die Stadt privative begnadiget, und allen Kretschmern auf dem Lande verboten wird, nicht nur selbst kein Bier zu brauen, sondern auch kein fremdes Bier zu schenken bey Strafe 10 Mark böhmischer Groschen, und Verlust ihrer Pferde u. s. w.

1477 am Tage Johannis Enthauptung wurde Schwiebus von den Truppen Herzogs Johann II. mit Accord erobert, und die Bürger musten ihm huldigen. Der Herzog brauchte Geld; und als ihm die Stadt 1000 ungarische Goldgülden vorschoß, konfirmirte er derselben nicht nur alle bisher erlangte Gerechtigkeiten, sondern er entsagte auch für sich und seine Nachkommen der Abgabe von 40 Mark Groschen, welche die Bürgerschaft sonst jährlich an ihren Landesherrn hatte bezahlen müssen, so lange bis er oder seine Nachfolger der Stadt die 1000 Goldgülden wieder würde zurück gegeben haben. 1486 erhielt Herzog Johann von der Stadt abermal ein Darlehn von 1000 rheinl. Gulden, wofür er derselben d. Glogau am Montag nach Urbani die Malzmühle, den fürstlichen Zoll, und die Kerbegelder wiederkäuflicher Weise einräumte.

Während den Kriegsunruhen zwischen dem K. Matthias und Herzog Johann schickte letzterer seine Gemalin, Töchter und beste Sachen nach Schwiebus in Sicherheit; allein sie fanden hier wenig Schutz, denn als Glogau nebst den übrigen Städten des Fürstenthums erobert worden, rückte das königliche Heer im Februar 1489 auch von Schwiebus. Die Belagerung dauerte 3. Tage. Am 3 F. Februar gieng

gieng die Stadt über, und ob sich gleich das Schloß noch zwey Tage vertheidigte, so muste es sich doch am 17ten darauf ebenfalls ergeben, wobey die Herzogin mit ihren besten Mobilien ein freyer Abzug verstattet wurde. Auf solche Art kam diese Stadt nun unter die Hoheit des K. Matthias, dann an dessen natürlichen Sohn Johann Corvin, von diesem aber an den K. Uladislaus, und endlich an den Herzog Johann Albert zu Troppau, dessen Landeshauptmann, Johann Polack, den Rath zu Schwiebus zwang, 1493 dem König die Malzmühle wieder abzutreten, worauf die Stadt, wie oben gedacht, dem Herzog Johann 1000 Gulden vorgeliehen hatte.

1507 wurde die Stadt vom K. Uladislaus mit der Hälfte des Dorfes Birkholz belehnet; 1511 erhielt sie von eben demselben ein Privilegium, daß zu ihrem Nachtheil auf dem Lande keine Handwerker geduldet werden sollen, nebst der Erlaubniß, daß sowohl der Magistrat als die Zechen ihre öffentlichen Briefe mit rothem Wachs siegeln dürften. 1510 aber wüthete hier die Pest, an welcher sehr viele Einwohner starben, und 1522 den 25. Nov. Abends um 10 Uhr brach in der Kreuzgasse ein Feuer aus, welches dermaßen um sich grief, daß in kurzer Zeit alle Häuser innerhalb den Ringmauern in einem Aschhaufen verwandelt worden; nur das Schloß, das Rathhaus, die Kirche, Schule und Vorstädte blieben verschonet. Dieses Unglück der Stadt gieng dem Oberherrn von Schwiebus K. Ludewigen, dergestalt zu Herzen, daß er die Einwohner laut einem Begnadigungsbrief d. Prag Mittwoch nach s König 1533 wegen erlittenem Brandscha-

Schaden auf 10 Jahre von allen Beschwerungen und Abgaben befreyte. 1533 rafte die Pest wieder 1900 Menschen hier weg, auch äußerte sich in diesem Jahr ein fürchterliches Erdbeben.

1538 erhielt die Stadt die Confirmation über das erkaufte Dorf Salkau, und 1541 den 12. May Vormittags um 10 Uhr entstand zum zweytenmal eine so heftige Feuersbrunst, in welcher nicht nur die ganze Stadt mit der Kirche, dem Rathhause, und andern publicken Gebäuden, sondern auch die Vorstadt vorm Kreutzthore im Rauch aufgieng, so daß bloß das Glogauische Thor, die Vorstadt dieses Namens, und das Schloß stehen blieb. Damals war Herzog Friedrich I. zu Liegniz königlicher Statthalter des Glogauischen Fürstenthums, welcher der abgebrannten Stadt abermals einen Begnadigungsbrief im Namen des Königs d. Liegniz Sonnabend nach Ursula 1541 ertheilte, wodurch die Einwohner auf 16 Jahr von allen Abgaben frey gesprochen wurden; ja K. Ferdinand I. gab dieserwegen den Bürgern selbst d. Breslau den 11. May 1546 ein Privilegium, laut dessen er sie noch auf 6 Jahr aller Steuern und Feldzüge überhob, und 1554 erfolgte noch eine andere Begünstigung von demselben, in welcher gedachte Freyheit noch auf 3 Jahre verlängert wurde.

1547 den 8. May wäre Schwiebus bald wieder mit einem großen Unglück heimgesucht worden; denn das Wetter schlug dreymal in dem am Kreuzthore gestandenen Pulverthurm, entzündete auf den dritten Schlag das darinn befindliche Pulver, und zerschmetschmetterte denselben völlig, that aber doch sonst keinen Schaden, als daß nur zwey in solchem gefangen sitzende Gotteslästerer verschüttet wurden. In eben dem Jahr erhielt die Stadt vom K. Ferdinand den dritten Jahrmarkt, am Tage St Andrea zu halten; 1552 kamen wieder mehr als 2000 Einwohner in der Pest um, und 1561 wurde sie sowohl mit der freyen Rathswahl als auch mit dem Recht, Zunft- und Handwerksmeister anzusetzen begnadiget. 1566 graßirte hier die vierte Pest; ein gleiches geschahe 1598. 1607. 1625, doch war solche nicht so heftig als die von 1630 bis 1639, während welcher 1700 Einwohner starben, ohne noch diejenigen zu rechnen, die im Felde hin und wieder begraben worden.

Mit dieser Plage war noch der dreyßigjährige Krieg verbunden, der die Bürgerschaft gänzlich ruinirte, denn 1630 am Ostertage kam der General Baudis mit der ganzen schwedischen Kavallerie nach Schwiebus, blieb 14 Tage hier liegen, und hausete dergestalt übel, daß alles Zug- Rind- Schaf- und Schweinvieh nebst dem vorräthigen Getreide auf einmal aufgiengen; in den folgenden Jahren war es nicht besser, die Durchmärsche, Kontributionen ꝛc. dauerten fort, und die Noth der Einwohner wurde durch die sächsische Einquartirung mehr vergrößert als gemindert. Hierzu kam noch das Unglück, daß die Stadt 1637 eine harte Plünderung erdulden muste, und am 21. Januar Abends durch ein Feuer verwüstet wurde, welches die Kreutzgasse, die Kirchgasse, einen Theil des Ringes, in allem aber gegen 60 Häuser verzehrte. Ohngeachtet beynahe die

die Hälfte der Stadt zum Schutthausen geworden war, so rückte doch schon am 24. Februar darauf eine starke schwedische Einquartirung hier ein, die jedoch nicht lange daselbst blieb, auch keine sonderliche Excesse verübte. Allein am 6. Julius eben desselben Jahres fielen die Schweden unterm General Bannier in Schwiebus ein, plünderten das Rathhaus, die Kirche, die Bürgerhäuser rein aus; verderbten was sie nicht fortbringen konnten, und was diese etwa noch übrig ließen, wurde im December dieses Jahres vollends von der kayserlichen Armee unterm General Götze verzehrt, die sich hierum ausgebreitet hatte.

Das folgende 1639ste Jahr war nicht glücklicher. Da sich die Schweden aus Pommern nach Schlesien zogen, so wurde Schwiebus hart mitgenommen. Im December quartirte sich der General Lilienhöck hier ein; die Soldaten giengen sehr unvorsichtig mit dem Feuer um, und es entstand am 1. Oct. 1640 der vierte Stadtbrand, in welchem 47 Häuser im Rauch aufgiengen. Auf diese Art dauerten theils die kayserlichen theils die schwedischen Invasiones, und mit diesen allerhand Plackereyen fort, bis zum erfolgten Friedensschluß; ja auch hier hatten sie noch kein Ende; denn als nachgehends die Regimenter nach ihrem Standort marschirten, nahmen verschiedene Truppen ihren Weg über Schwiebus, und fast jeder Durchmarsch war mit einer neuen Bedrückung verknüpft, die Kontributionsgelder aber, so die Stadt während diesem Kriege an Freund und Feind hatte zahlen müssen, betrugen 226522 Floren rheinl. 11 Wgl. 3 Heller.

Um

Um diese Abgaben bestreiten zu können, hatte der Rath fremde Gelder aufgenommen, und dafür das Kämmereygut Birkholz verpfändet. Kaum waren also die Kriegsunruhen geendiget, so fanden sich die Gläubiger der Stadt häufig ein, forderten ihre Bezahlung; und als der Rath solche zu leisten nicht im Stande war, bemächtigten sie sich mit Consens des königlichen Oberamts nicht nur des Gutes Birkholz, sondern auch des sogenannten Stadtvorwerks. Kaiser Leopold ertheilte der Stadt zwar d. Wien den 29. Nov. 1673 wegen ihren Schulden ein achtjähriges Moratorium, in Ansehung der Zinsen davon aber ein Cassatorium; allein damit war der Bürgerschaft noch nicht geholfen. Durch die erlittenen Brände, Plünderungen, Kontributionslasten, Hemmung in ihrem Gewerbe, Religionsbedrückung rc. waren sie auch außer Stand gesetzt, die landesherrlichen Abgaben bestreiten zu können. Schwiebus stand auf 20750 Rthlr. in der Indiction; ob ihr nun gleich die Stände 1671, 2593 Rthlr. 21 Sgl. davon abnahmen, und sie also nur noch 18156 Rthlr. 9 Sgl. zu tragen hatte, so war doch auch dies noch für die äußerst herunter gebrachte Stadt zu viel; und ohngeachtet ihres eifrigen Bittens beym Kaiser um fernere Remißion konnte sie doch nichts erhalten, bis ihr endlich erst 1719 noch 2677 Rthlr. 9 Sgl. erlassen wurden, wobey sie zugleich zu besserm Aufkommen der ruinirten Bürgerschaft mit zwey neuen Jahrmärkten, einen auf den Montag nach Lätare, den andern auf den Montag nach Hedwig zu halten, begnadiget wurde.

1686 gieng mit der Stadt eine wichtige Veränderung vor, als Kaiser Leopold solche nebst dem ganzen Schwiebusschen Kreise an Friedrich Wilhelm den Großen, Churfürst zu Brandenburg abtrat. Nun wurde die Accise- Salz- und Steuerwesen nach dem churbrandenburgschen System regulirt, die vorher unordentlichen Abgaben auf bestimmte Gefälle festgesetzt, und dadurch den Einwohnern einige Erleichterung verschaft; vorzüglich aber kam denselben die nun erlaubte freye Religionsübung wohl zu statten, da jeder Evangelische jetzt zum Bürgerrecht gelangen, und ungehindert sein Gewerbe treiben durfte, welches dann der Stadt so wohl mehrere Einwohner als auch bessere Nahrung zuzog, ob dieselbe gleich dafür ein anderes Opfer bringen, und bey der den 5. bis 6. Nov. 1686 gehaltenen Brauurbars-Commißion die über der Meile gelegenen Kretschame, die sie vorher ebenfalls das Bier zu verlegen das Recht hatte, dem Churfürst cediren muste, von dem solche alsdann die Ritterschaft reluirte.

Bey der Huldigung, welche die Stadt durch Deputirte in Berlin leistete, beschenkte sie der Churfürst mit seinem Bildniß, zwey weissen Fahnen, worauf in goldenem Laubwerk der churfürstliche Adler befindlich, und mit einer auf diese Gelegenheit besonders geschlagenen Münze, worauf er sich *Dux Cross. & Schwiebus* nannte. — Vielleicht würde Schwiebus unter der Brandenburgschen Regierung noch mehr empor gekommen seyn, wenn solche von längerer Dauer gewesen wäre; allein nach dem Tode Friedrich Wilhelms gab dessen Nachfolger Friedrich III. 1695 Stadt und Kreis an den Kaiser zurück,

rück, und nun fiengen so wohl die Religionsverfolgungen als andere Drangsalen der Bürgerschaft vom neuen an; doch wird dem kaiserlichen Landeshauptmann zu Glogau, Johann Heinrich Grafvon Nimtsch, nachgerühmet, daß er besondere Sorge für das Wohl der Stadt getragen, dem Magistrat die üble Wirthschaft mit den Kämmereygeldern verwiesen, und deren Aufkommen nach allen Kräften zu befördern gesucht habe.

Bey den damals in Polen entstandenen Unruhen bekam Schwiebus 1702 auch einen Besuch von dem berüchtigten Partheygänger Schmigelsky mit seiner Bande, welche, nachdem sie den Landleuten das Vieh weggenommen hatten, solches mit hieher brachten, sich bey den Bürgern einquartirten, und auf deren Kosten lebten. Mittlerzeit machten die von Adel ihre Jäger und Bedienten wehrhaft, kamen stillschweigend in die Stadt marschirt, und stellten es dem Gutbefinden des Schmiegelsky anheim, ob er mit seiner Parthey freywillig die Stadt verlassen, oder Schläge erwarten wollte? Er wählte das erstere, und die Bauern erhielten ihr Vieh zurück.

1733 den 18. Oct. brannten vor dem Kreutzthore 7 Häuser ab.

Unter der Regierung Kaiser Karls VI. giengs hier sehr verwirrt zu. Man beschuldigte den Magistrat, daß er willkürliche Auflagen zur grösten Beschwerung der Bürgerschaft ausgeschrieben, die Gelder unterschlagen, und sonst mit den Stadtgütern übel ge-

gebahret. Dagegen machte sich der nachher angesetzte Bürgermeister Grünweber sehr um die Gemeine verdient. Er wirkte es aus, daß 250 Mann Invaliden 1735 hieher ins Standquartier geschickt wurden, wofür jährlich ein Wirth 6 Rthlr. pro Mann erhielt, die den Bürgern bey den Anlagen sehr zu gute kamen; er legte die Wollwaage an, und versahe die Stadt 1736 mit 2 Feuerspritzen.

Im ersten und zweyten schlesischen Kriege hat Schwiebus nichts gelitten, ausgenommen, daß ein Durchmarsch auf den andern erfolgte, die jedoch keine Verwüstungen anrichteten. Desto verderblicher aber war für sie der dritte oder siebenjährige Krieg. Vom 1 Aug. 1758 bis zum Januar 1762 vergiengen wenig Wochen, wo nicht die Einwohner mit rußischen Völkern heimgesucht wurden, welche wegen ihren übertriebenen Forderungen, Drohungen und Grausamkeiten jedesmal Angst und Schrecken unter ihnen verbreiteteu. Der betrübteste Tag aber war für Schwiebus der 25. Julius 1759, denn kaum war derselbe angebrochen, so fanden sich ein großer Haufe Kosacken, Husaren und Knechte mit vielen Wagen hier ein, schlugen in der Glogauschen Vorstadt die Schüttboden, Scheunen, Ställe auf, raubten alles vorräthige Heu, Getreide, Mehl ꝛc. und was nicht fortzubringen war, verderbten sie; dann drangen sie in alle Häuser, zerschlugen die Fenster, Thüren ꝛc. raubten Kleider, Wäsche, Geld, nebst allem Geräthe so sie fanden, mißhandelten die Leute erbärmlich, zogen ihnen die Kleider vom Leibe und begiengen die abstheulichsten Ausschweifungen. Darauf kam die Reihe auch an die Stadt, worin einige Häuser geplündert wurden, und es würde derselben vielleicht ein größeres Unglück begegnet seyn, wenn der Rath die Plünderer nicht mit Gelde begütiget hätte.

Den 27. Julii rückte das Uglitzkoische Infanterieregiment zu Schwiebus ein. Ohngeachtet nun dasselbe der Stadt zum Schutze dienen sollte, so forderte der Chef dessen, Obrist v. Rummers, doch bey seiner Ankunft bald 5000 Rthlr. Kontribution, die auch bezahlt worden sind. Es blieb aber nur bis zum 31 Julii hier stehen, wo es wieder abmarschirte, und diesen Ort den fernern Anfällen der Kosacken überließ. Ohne das, was die gemeine Stadt an Victualien, Getreide, Pferden, Vieh u. s. w. hat liefern müssen, welches zusammen genommen eine ansehnliche Summe ausmacht, betragen die an die rußischen Kommandos gezahlten Kontributionsgelder und Douceurs gegen 20,000 Thaler, geschweige was den Einwohnern sonst geraubet worden. Oesterreichische, oder andere feindliche Invasiones hat die Stadt in diesem Kriege nie gehabt.

1763 verursachte ein starker Gewitterregen hier eine ungewöhnliche Ueberschwemmung; das Wasser drang vor dem Kreutzthore in die Häuser und Stuben, und auch vor dem Glogauschen Thore waren Häuser, Scheunen, Gärte ꝛc. unter Wasser gesetzt, und viel Getreide auf dem Felde verdorben worden. Diesem Unglück folgte am 2. Febr. 1764 ein anderes,

res, als durch ein Feuer 3 Häuser völlig eingeäschert, drey andere aber sehr beschädiget wurden.

Noch findet sich manches in der Schwiebusschen Geschichte von Hexenprozessen, Missethätern, Hinrichtungen u. s. w., so ich aber übergehe. Ich habe hier nur das angeführt, was eigentlich die Stadt, nicht Privatsachen, angehet.

§. 2.
Gegenwärtige Verfassung.

Schwiebus ist eine königliche Immeblat- und Weichbildstadt. Sie liegt auf einem wiesigten und folglich etwas niedrigen Grunde, der auf der Abend- und Morgenseite weiter fortgehet. In der grösten Tiefe gegen Abend zeigt sich der Rohrbach-See, und gegen Morgen in einer nicht allzu weiten Entfernung vom Schlosse befindet sich der Schloß-See, welcher durch einen Graben mit dem Merzdorfer-See in Verbindung stehet. Gegen Mittag und Mitternacht erhebt sich das Erdreich, und bildet auf den Solkauer Feldern, desgleichen auf dem sogenannten Mittel- und Hinterfelde verschiedene Berge, die zum Weinbau gut sind.

Die Stadt selbst ist zwar nicht groß, aber doch ziemlich wohl verwahrt, mit einer hohen starken Mauer, woran einige Thürme und Basteien befindlich, und mit einem Wallgraben umgeben, der aber jetzt nicht viel Wasser hat. Sie hat drey Thore, das Kreuzthor, das Glogausche und das neue Thor, die ersten beyden schreiben sich noch von den Kreuzrittern her, letzteres aber ist später erbauet, im dreyßigjährigen Kriege zugemauert, um das Jahr 1672 jedoch wieder geöfnet worden. So wohl der Ring als die meisten Gassen sind gepflastert.

Das Stadtwappen enthält im weißen Felde oben zwey Thürme, und zwischen denselben einen Giebel, unten aber den schlesischen Adler.

Garnison liegt hier nicht.

§. 3.

Gebäude.

Oeffentliche Gebäude sind hier folgende:

1. Die katholische Stadtpfarrkirche zu St. Michael. Die Erbauungszeit der ersten Kirche zu Schwiebus ist völlig unbekannt; da aber die Stadt selbst sehr alten Ursprunges ist, so läßt sich leicht erachten, daß auch die Stiftung der Kirche schon alt seyn mag, und entweder nach der Bekehrung vom Heiden- zum Christenthume oder doch spätestens zur Zeit der deutschen Ortensritter ihr Daseyn erhalten habe. Man weiß nur so viel, daß die vorige Kirche allhier von Holz gewesen, den Namen zu St. Peter und Paul geführt, und solche, obgleich

obgleich damals der Schwiebussche Kreis bereits von Polen getrennt war, doch noch 1399 unter der Jurisdiction des Bischofs zu Posen gestanden habe. Letzteres ergiebt sich aus zwey Urkunden. Eine ist vom Jahr 1399 d. *Poznanie feria quinta proxima post diem S. Matthæi Apostoli*, worinn der Bischof Albert von Posen allen denen, die in der Pfarrkirche zu St. Peter und Paul zu Schwiebus an den Festtagen das Altar des Leichnams Christi besuchen, und Meße dabey lesen oder singen hören würden, einen 40tägigen Ablaß verleihet. Das andere ist vom Jahr 1440. Damals hatte Andreas Tschauner, ein Bürger von Züllichau, in der Pfarrkirche zu Schwiebus einen Altar zu Ehren der heiligen Dreyeinigkeit, der Jungfrau Maria und der heiligen Barbara, dabey auch einen eigenen Altaristey gestiftet, welcher von gewissen auf Grundstücken haftenden Zinsen jährlich 8 Mark Gehalt genießen, das Patronat darüber hingegen der hiesige Magistrat haben sollte. Diese Stiftung bestättigte der Bischof Andreas von Posen ebenfalls unterm 18. April 1440, und bedient sich in der Urkunde darüber ausdrücklich der Worte: *Andreas Tschauner Oppidanus de Czulchow &c. Wratislaviensis Diœcesis &c. in Ecclesia parochiali in Swebessen nostræ Poznaniensis Diœcesis &c.* Diesem Zufolge gehörte also Züllichau zu der Zeit noch unter die Breslausche und Schwiebus unter die Posensche bischöfliche Gerichtsbarkeit; wenn und wie aber Schwiebus nachgehends ebenfalls zur Breslauschen Diöces gekommen, ist unbekannt; mir scheinet es, daß solches bey den Religionsveränderungen etwa geschehen seyn mag.

In dem großen Stadtbrande 1541 den 12. May gieng auch die damals noch hölzerne Pfarrkirche mit im Feuer auf. Da nun in eben dem Jahr die ganze Bürgerschaft bereits die Lehre Lutheri angenommen hatte, und diese Kirche in ihren Händen war; so faßten sie den Entschluß statt der bisherigen hölzernen jetzt eine neue ganz maßive Kirche aufzubauen. Sie schossen daher die erforderlichen Gelder unter sich zusammen, fiengen den Bau 1546 an, endigten solchen 1555, zierten die Kirche mit einem ansehnlichen Thurme, der mit Uhrwerk und 4 Glocken versehen wurde, und pflegten nun in derselben ihres Gottesdienstes.

Der erste evangelische Prediger zu Schwiebus, durch welchen auch hauptsächlich die Lehre Lutheri hier eingeführt worden, hieß Martin Vechner; er war ein hiesiges Stadtkind, hatte zu Wittenberg studirt, und brachte von daher die Grundsätze dieser Confession mit nach Hause. Da er aber solche in seiner Vaterstadt nicht ausbreiten durfte, weil sich der Burgermeister Sauer heftig dawieder setzte, so predigte er Anfangs zu Stentsch, und hatte daselbst großen Zulauf von den Schwiebußern, ohngeachtet Sauer die dahin gehenden Bürger mit Arrest und harten Strafen belegte. Als aber dieser Burgermeister in dem Stadtbrande für Schrecken starb, erhielt die Bürgerschaft freye Hand, und durch Vorschub des damaligen Schloßpfandesinhabers Sebastian

stian v. Knobelsdorf, ward Martin Vechner nun in die Stadt zum ordentlichen Prediger berufen, der Anfangs den evangelischen Gottesdienst auf dem Schlosse hielt, bis die abgebrannte Kirche wieder aufgebaut war. Er blieb zu Schwiebus bis 1545, wo er den Ruf nach Meseriz annahm.

Ihm folgten im Amte:

Von 1545 bis 1652 Jacob Schickfus.

Von 1552 bis 1594 Sigmund Jungius,

Von 1594 bis 1628 Michael Tzetschnovius.

In diesem letztern Jahre kam der bekannte päbstliche Reformator Carl Hannibal Burggraf zu Dohna mit den Lichtensteinschen Dragonern auch nach Schwiebus, ließ den Magistrat nebst den Geschwornen und Aeltesten der Zechen für sich aufs Rathhaus fordern, sodann aber solches ringsherum mit Wachten besetzen, drohete der Bürgerschaft mit schwerer Ahndung, und erpreßte vom Magistrat ein Statut, wodurch sich die Gemeine anheischig machen muste, nicht nur bald selbst katholisch zu werden, sondern auch keine Unkatholischen mehr zum Bürgerrecht zu lassen.

Nachdem dies berichtiget war, wurden die evangelischen Prediger und Schullehrer vertrieben, die Kirche mit katholischen Geistlichen, wovon der Pfarrer

Peter Kabau, der Kapellan Robert a Werden, hieß, beſetzt, und die Bürger durch eingelegte militäriſche Execution gezwungen, dem katholiſchen Gottesdienſte beyzuwohnen. Doch hatte dieſe Reformation nicht lange Beſtand; denn ſchon 1631 kamen Schweden nach Schwiebus, welche die katholiſche Geiſtliche verjagten, und den luthriſchen Gottesdienſt durch ihre Feldprediger halten ließen. 1633 ſtellte der Pfarbeſinhaber Johann George v Knobelsdorf endlich gar wieder einen ordentlichen Paſtor, Johann Gebel, dabey an, und hierauf blieben die Lutheraner im Beſitz der Kirche bis 1637. Am 21. dieſes Jahres erlitte ſie mit der Stadt einen abermaligen Brand. Da die meiſten Einwohner außer Stand geſetzt waren, etwas zum Wiederaufbau derſelben beyzutragen, ſo wurden deputirte Burger in die benachbarten Länder Polen, Pommern, Preußen ꝛc. ausgeſchickt, um daſelbſt bey den katholiſchen Glaubensgenoſſen eine Collecte zu ſammeln; ehe aber mit dem Bau noch der Anfang gemacht werden konnte, lief ſchon in eben dem Jahr unterm 29. September der kaiſerliche Befehl ein, daß die proteſtantiſchen Prediger abgeſchaft, und die Kirche den Katholicken wieder abgetreten werden muſte, welches denn auch geſchahe, weil überdies die kaiſerlichen Waffen damals in dieſer Gegend die Oberhand gewonnen hatten.

1639 muſten die Kaiſerlichen weichen. Der ſchwediſche General Lilienhöck berief ſogleich die vertriebenen luthriſchen Prediger zurück, und ſetzte ſie am 24. December aufs neue in ihr Amt ein. Nun

fieng

feng man den Bau der Kirche mit Ernst an zu betreiben; weil aber die noch fortdauernden Kriegestroubeln mancherley Hindernisse verursachten, so verzog sich die Vollendung derselben bis ins Jahr 1660, wo die Lutheraner die Kirche bereits wieder verlohren hatten. Denn schon 1651 am 3. May wurde sie auf Befehl des Kaisers geschlossen, und den Katholicken zum drittenmal übergeben, die seit dem im Besitz derselben geblieben sind.

Die nun wieder hergestellte Kirche war mit einem hohen durchsichtigen Thurme versehen worden. 1689 den 21. Febr. fiel ein Theil davon herunter; am 6. May dieses Jahres stürzte der andere Theil ebenfalls ein, und man war genöthiget, auf dem Kirchhofe ein hölzernes Behältniß aufzubauen, um die Glocken hier unterzubringen, wo sie auch nachher geblieben sind.

Das Patronat darüber ist sonst Landesherrlich, wird aber von dem jedesmaligen Pfandesinhaber, gegenwärtig aber von dem Jungfernstift zu Trebniz ausgeübt.

Es ist bey dieser Kirche ein Pfarrer angesetzt, der zugleich Erzpriester im Schwiebusschen Kreise ist, den Titel eines Probstes hat, und nebst zwey Kaplänen die geistlichen Amtsgeschäfte unter seiner Obsorge hat.

Unter die Revenus des Stadtpfarrers gehört auch ein Theil des Dorfes Birkholz nebst der dabey ge-

genben Wassermühle; beyde Fundos hat Herzog Heinrich VI. zu Sagan, Crossen und Schwiebus laut einer darüber d. 1379 am Tage St. Gregorii ausgestellten Urkunde zur Kirche geschenkt.

8. Die St. Anna-Kirche auf dem Begräbnißplatze vor dem Glogauschen Thore ist wahrscheinlich um die Zeit von 1563 bis 1590 als eigentliche Begräbnißkirche erbauet worden.

3. Die kleine Kirche oder Kapelle zur heiligen Dreyeinigkeit, kommt unten beym St. Anna-Hospital vor.

4. Die evangelische Friedrichskirche. Nachdem die Evangelischen zu Schwiebus aus der Pfarrkirche daselbst 1651 verdränget worden, hielten sie ihre Religionsübungen in den benachbarten Dorfkirchen; als aber auch diese bald darauf weggenommen wurden, blieben sie alles Gottesdienstes beraubt, oder musten doch denselben weit in der Ferne suchen. Diese Verfassung dauerte bis ins Jahr 1686, wo Kaiser Leopold den Schwiebusschen Kreis an den Churfürst von Brandenburg abtrat. Der neue Landesherr verstattete den Einwohnern nicht nur alle Gewissensfreyheit, sondern sein Nachfolger Churfürst Friedrich III. erlaubte den Schwiebussern auch den Aufbau einer eigenen evangelischen Kirche. Dieser Vergünstigung zufolge wurde am 30 Junius 1693 der Grundstein dazu gelegt. Ob nun gleich die in Dürftigkeit gerathene Bürgerschaft wenig dazu beytragen konnte, und die zu diesem

Be-

Behuf ausgeschriebene Kollecten auch nicht viel einbrachten, so kam es mit dem Bau doch so weit, daß solcher 1694 vollendet, und am dritten Sonntage nach Trinitatis (den 18. Julii) die Kirche eingeweihet wurde, die man dem damaligen Landesherrn zu Ehren die Friedrichskirche nannte. 1695 überließ der Churfürst den Kreis wieder an den Kaiser. Mit dieser Regimentsveränderung hörte abermal die freye Religionsübung zu Schwiebus auf. Die Evangelischen bedienten sich zwar ihrer Kirche noch bis zum Jahr 1701, allein am 25. April dieses Jahres ward solche versiegelt, die Prediger und Schullehrer verabschiedet, und da dieselbe nun Niemand im Baustande erhielt, ward sie wüste. Endlich gieng Schlesien 1741 an Friedrich II. König von Preussen über, welcher den Schwiebussern ihre verschlossene Kirche wieder gab; da aber solche ganz unbrauchbar geworden war, sahe man sich gemüßiget, sie nieder zu reißen, und an deren Stelle eine ganz neue zu erbauen. Den 23. August 1746 wurde der Grundstein dazu gelegt; den 14. Sonntag nach Trinitatis (30. Aug.) 1747 erfolgte die Einweihung. Sie ist nur von Holz aber ziemlich geräumig, und hat ihren ersten Namen, die Friedrichskirche beybehalten.

Ein Pastor primarius und ein Secundarius verrichten die geistlichen Geschäfte.

Das Kollaturrecht darüber übt der Magistrat und die evangelische Bürgerschaft aus.

Zu vorstehenden Kirchen gehören auch folgende Begräbnißplätze:

a) Der St. Anna-Kirchhof vor dem Glogauerthore, welcher 1563 angelegt worden.

b) Der Armen-Kirchhof vor dem neuen Thore, wurde im 16ten Jahrhundert eingerichtet, und ist hauptsächlich für die Armen bestimmt. Er war anfänglich mit einer Mauer umgeben, die aber jetzt völlig eingegangen.

c) Der Salkauer Kirchhof hat seinen Ursprung zu Anfang des 17ten Jahrhunderts genommen, als die Stadt noch sehr volkreich war, und die andern beyden Begräbnißplätze wegen damals öfters graßirenden Sterben der Einwohner bereits mit todten Körpern überhäuft waren. Den Platz dazu schenkte laut des darüber aufgenommenen Rathsprotocolls d. 1602 den 4. Julii ein hiesiger Burger, Balten Heine, mit der Bedingung, daß der Magistrat jährlich auf diesem Kirchhofe an einem gewissen Tage eine Predigt halten lassen, und von den dabey eingekommenen Allmosengeldern die Mauer unterhalten sollte. Er wurde nach Art des Kirchhofes zu Leipzig in Form eines Quadrats angelegt, und mit drey bedeckten Gängen versehen. Zu besserer Instandhaltung derselben schlug der Magistrat noch die sogenannten Erde- oder Stellengelder, so die Dorfgemeinen, die hieher zur Beerdigung ihrer Todten angewiesen waren, bezahlen mußten. Als aber die Pfarrkirche an die Katholiken kam,

maßten

mäßten sich dieselben auch dieses Kirchhofes an; es unterblieben sodann die Predigten; die Erbgelder wurden zu einem andern Gebrauch verwendet, und sowohl das Dach als die Mauern und gewölbte Gänge des Kirchhofes befinden sich gegenwärtig in einem sehr baufälligen Zustande.

5. Die katholische Pfarrwohnung.

6. Die katholische Schule.

7. Die evangelische Pfarrwohnung.

8. Die evangelische Schule, welche mit der Friedrichskirche einerley Schicksale gehabt, und erst 1759 wieder recht zu Stande gekommen.

9. Das Hospital zum heil. Geist ist sehr alten Ursprunges, und soll ein von den Kreuzrittern gestiftetes Kloster seyn, welches man nachher zur Verpflegung der Armen gebraucht hat. Gegenwärtig aber sind keine Hospitaliten mehr darinn, sondern es wird von Miethsleuten bewohnet, und der dabey befindliche Garten ist meist zu Acker gemacht.

10. Das Hospital St. Annä ist 1443 von dem Magistrat mit Hülfe einiger hiesigen Einwohner gestiftet worden. Es hat einen Garten, und hinter demselben eine Wiese, auf welcher gebleichet, und dafür jährlich etwas gewisses gezahlt wird. Auch gehören dazu vier Schubänke, deren jede jährlich 9 Sgl. zinsen muß; und der Ueberschuß von den Er-
begel-

begeldern auf dem Salkauer Kirchhofe war ehedem auch eine Revenue dieses Hospitals, die aber jetzt ebenfalls wegfällt. Vor dem giengen die Hospitaliten alle Sonntage von Haus zu Haus Allmosen sammeln; dermalen wird nur in dieser Absicht wöchentlich ein Weib mit einer Büchse herum geschickt, und das gesammelte Allmosen sodann unter die Armen im Hospital vertheilt.

Zu gleicher Zeit wurde bey diesem Spital eine kleine Kirche oder Kapelle, und in derselben ein Altar zur Ehre Gottes, St. Georgii, Laurentii, Mariä Magdalenä und der heil. Hedwig erbauet, und dem dabey angestellten Altaristen nebst freyer Wohnung an der Kapelle jährlich 9 Mark polnischer Zahl. zum Gehalt ausgesetzt. Dieses Kirchchen stehet noch, und wird insgemein zur heil. Dreyeinigkeit genkannt.

11. Das Rathhaus ist nach dem Stadtbrande 1541 von neuem erbauet worden, nachdem das vorige mit im Rauch aufgegangen war. Es ist ganz maßiv, mit zwey Thürmen geziert, die durch eine Brücke oben mit einander verbunden sind, und inwendig mit allen Bequemlichkeiten versehen. Es ist aber sowohl im dreyßigjährigen Kriege als auch nach der Zeit vieles davon eingegangen, und wird wohl nie wieder in den Stand kommen, worinn es vorher gewesen ist.

12. Das Schloß, ist von den Kreutzrittern im 13ten Jahrhundert erbauet worden, die demselben

die

die Gestalt einer Veste gaben, solches mit einem Wallgraben umschlossen, und eine Zeitlang darauf residirten. Nachher ward es ein Eigenthum der Landesherrn, die dasselbe gemeiniglich ihren Gemalinnen zum Wittwensitz anwiesen, oder darauf einen besondern Schloßhauptmann ansetzten, der die dazu gehörigen fürstlichen Revenüs administrirte. Die damit verbundene Realitäten sind ziemlich ansehnlich, denn es gehören dazu verschiedene Wiesen, Gärten, Huben und Aecker bey der Stadt, ein großer See hinter dem Schlosse, ein Weinberg, gewisse Zinsen von bürgerlichen und städtischen Fundis, und einige Dörfer aus dem Kreise müssen zum Schlosse Hofedienste thun.

Die Schloßhauptleute, so viel ich deren habe auffinden können, sind folgende gewesen:

Von 1335 bis 1360 Graf Heinrich von der Duba, unter K. Johann in Böhmen.

Von 1397 Erich v. Lessen, unter der Vormundschaft Herzog Ruprechts zu Liegnitz.

Von 1418 Wilhelm v. Gersdorf, unter Herog Heinrichs X. und Wenzeln bis 1432.

Um diese Zeit scheint dieser Herzog Heinrich das Schloß nebst dessen Regalien vielleicht auch die ganze Stadt den Johannitter Ordensrittern verpfändet, oder zu Lehn gegeben zu haben; denn von 1439 an

nennt

nennt sich der Großmeister dieses Ordens Herr zu Swebyssen, wie sich aus verschiedenen von ihnen ausgefertigten Urkunden ergiebt. Eine ist ein Lehnbrief d. 1443 vom Großmeister Tirbach über das Dorf Nittlitz, und fängt sich mit den Worten an: Wir Bruder Nickil Tirbach Ordens sant Johannis des heil. Hauses des Hospitals zu Jerusalem, in der Marken, in Sachsen, in Pommern, und Wendlanden Meister, und gemeiner Gebietiger Herr zu Swebyssen. Die andere ist ebenfalls ein Lehnbrief über das Dorf Birkholz v. 1462 vom Großmeister Liborius von Slywerin; er nennt sich darinn den rechten Lehnsherrn, bey den Dörfern selbst aber stehet der Ausdruck: In unserm Swebischen Lande ꝛc. wahrscheinlich also muß sich die ihnen von dem Herzoge gegebene Gewalt sehr weit, wo nicht gar über den ganzen Kreis erstreckt haben. Indeß erhellet aus den Privilegien jener Zeit, daß die Herzoge Heinrich X. und XI. doch das *Dominium eminens* zu Schwiebus behauptet haben. Der einzige Schloßhauptmann, der während jener Ritterperiode vorkommt, ist:

1439 Konrad Burkersdorf und wird genannt *Cruce signatus Capitaneus Svebusiensis.*

Wie lange die Regierung der Johannitter gedauert, findet man nicht; so viel ist gewiß, daß solche zu Herzogs Johannis Zeiten schon ihr Ende erreicht hatte, denn dieser Herzog verpfändete die zum Schloß gehörige Malzmühle an die Stadt. Nachdem

dem das Schloß wieder unter die ordentlichen Landesherrn gekommen, waren Hauptleute:

1491 oder 1495 Hans v. Nostiz, der auf dieses Regalien eine gewisse Summe Geldes vorgeschossen hatte, und das Schloß also als der erste Pfandesinhaber durch 14 Jahre besaß. Ihm folgte

1509 Wenzel v. Haugwiz, der ihm den Pfandschilling auszahlte, und dagegen die Aministration des Schlosses übernahm. Er transferirte sie auf seine Erben.

Hans v. Haugwiz, nach dessen Tode aber auf

Wilhelm v. Haugwiz, der sein Pfandrecht und die Hauptmannschaft mit Consens K. Ferdinands I. 1540 dem Sebastian v. Knobelsdorf abtrat, der ihm dagegen das darauf haftende Pfandgeld bezahlte.

Sebastian v. Knobelsdorf, der die Einführung der lutherischen Lehre in Schwiebus sehr beförderte, behielt dies Recht 18 Jahr lang und überließ es hernach 1558 seinem Sohne

Maximilian v. Knobelsdorf; dieser hatte wegen seiner dem Kaiser geleisteten Dienste einige Gnadengelder angewiesen erhalten, und sonst noch an denselben verschiedene Anforderungen, die ihm nun zum Pfandschilling gerechnet worden, welcher jetzt also zusammen 7834 Rthlr. 12 Gr. betrug. Der Pfandinhaber Maximilian hielt zwar beym Kaiser

Bischr. v. Schl. X. B. 7. St.   K k

ser an, daß ihm das Schloß mit allen Pertinenzen gegen Herausgabe eines Stück Geldes erblich überlassen werden möchte; allein er reüßirte nicht, und das Schloß blieb ein Pfandschilling.

Nach Maximilians Tode verwaltete dessen Wittwe eine Zeitlang die Hauptmannschaft, dann übernahm solche

1614 ihr Sohn Johann George v. Knobelsdorf Erbherr auf Muschten. Ihm folgte

1637 Kaspar Sigmund v. Knobelsdorf, der das Schloß, weil es baufällig geworden war, auf seine Kosten repariren, und in bessern Stand setzen ließ. Dies war der letzte Pfandesinhaber aus dem von Knobelsdorffschen Geschlechte, denn

1674 erkaufte von ihm das Pfandrecht der kaiserliche Feldmarschall-Lieutenant Jobst Hilmar Freyherr v. Knigge; diesem succedirte hierauf sein Sohn

Franz Jobst Freyherr v. Knigge, der im Besitz des Schlosses bis 1687 blieb.

1687 den 25. April löste Friedrich Wilhelm zu Brandenburg diesen Pfandschilling für 14000 Rthl. ein, und ließ darauf die Schloßgüter durch den

Kilian v. Sommerfeld auf Wilkau und Möstichen unter dem Titel eines Burggerichts- und Cammeramts-Directoris administriren. Er lebte aber

in dieser Würde nicht lange, und nach seinem Tode wurden die Güter mit allen Gerechtigkeiten

Dem Landesältesten Konrad v. Troschke 1688 für einen jährlichen Pachtzins übergeben; nachdem er aber 1694 die Pachtung abtrat, wurde

Hans v. Oßig und Siegersdorf zum Schloßadministrator eingesetzt.

Mit der Zurückgabe des Schwirbusschen Kreises an den Kaiser kam auch 1695 das Schloß wieder an denselben, der es der Aufsicht des gewesenen Burgermeisters Theodor v. Sommerfeld übergab. Doch der Kaiser Leopold brauchte Geld, und verpfändete 1699 das Schloß aufs neue für 31000 Gulden an das Stift Trebnitz, welches seit der Zeit im Besitz dieses Pfandschillings geblieben ist, alle Nutzungen von den Fundis desselben zieht, und solche, da das Stift ohne dies mehrere Güter im Schwiebusschen Kreise hat, von dem darüber bestellten Amtshauptmann, der zu Mühlbock wohnet, zugleich mit verwalten läßt.

Andere öffentliche Gebäude sind:

Die Salzfactorey.

3 Zoll- und Accishäuser.

1 Wachthaus.

Kk 2   6 städte

6 städtsche Officianten- und dergleichen Häuser.
1 Magazingebäude.
1 Stockhaus.
1 Brauhaus.

Summa aller öffentlichen Gebäude	23
Privathäuser waren vor dem dreyßigjährigen Kriege und zwar 1619 in und vor der Stadt	422
Im Jahr 1686 waren	156
Folglich fehlten schon	266
Im Jahr 1723 wurden hier gezählt	
Bebaute	233
Wüste	189
Im Jahr 1763 sind gewesen	
Bebaute	251
Wüste	171
Im Jahr 1789 befinden sich allhier	
In der Stadt	128
In der Vorstadt	226
Zusammen	354

Es sind also seit 1686 schon wieder hergestellt worden 198,

Gegen das Jahr 1619 aber fehlen noch 68.

Diese fehlende Häuser sind beynahe als verlohren anzusehen, weil die Stellen bereits in Gärte und zu anderm Behuf verwandelt worden.

Scheunen sind 51.

Unter den 354 Privathäusern sind 104 mit Ziegeln, die übrigen mit Schindeln gedeckt, die meisten Häuser nur von Holz erbaut, und die am Ringe mit Lauben versehen.

§. 4.

Einwohner.

Die Einwohner sind theils katholisch theils evangelisch, beyde Partheyen beynahe gleich, und ihre Anzahl betrug:

1763	—	1755 Seelen.
1786	—	2395 —
1787	—	2291 —

Das Consumo im letztern Jahr war 120 Stück Rindvieh, 885 Stück Schweine, 1755 Stück Ham-

Hammel, 917 Stück Kälber, 554 Scheffel Weitzen, 7284 Scheffel Roggen, 236 Scheffel Hafer, 2097 Scheffel Maltz, 349 Scheffel Brandweinschrot.

13694 Stein Wolle sind verarbeitet worden.

§. 15.

Nahrungszweige.

Diese bestehen:

1. Im Ackerbau, wozu die hiesigen Einwohner sehr ansehnliche Felder besitzen, nmlich:

a) Die sogenannten Rohrbächer; sie waren ehedem ein fürstliches Tafelvorwerk, wurden aber 1397 unterm Datum des Kaufbriefes am nesten Suntage vor sente Thomas vom Herzog Ruprecht zu Liegniz, als Vormund der fürstlichen Prinzen, um 150 Mark böhmischer Groschen poln. Zahl. an die Stadt verkauft. Sie sind gegenwärtig in 24 Ackerstücken abgetheilt, und werden von verschiedenen Bürgern besessen.

b) Die Neuländer, scheinen vorher zu den Rohrbächern gehört zu haben, und meist Buschwerk gewesen zu seyn; denn in dem Kaufbriefe über die Rohrbächer heiß es: Mit Welden, Puschen, Strewchen, Wesen ꝛc. da doch dermalen dabey haben nicht das geringste Strauchwerk vorhanden. Wahrscheinlich also die Waldung nach der Zeit ausgerodet, die Stelle zu Acker gemacht, und derselben der Name die Neuländer beygelegt worden. Sie sind in 38 Stücke eingetheilt, und haben ebenfalls bürgerliche Besitzer.

c) Die Hofemorgen. Von der Acquisition derselben ist keine Urkunde mehr vorhanden, man weiß also nicht, wie sie zur Stadt gekommen sind. Indessen will man behaupten, daß solche ehedem in 60 Ackerstücke eingetheile gewesen und mit den bey der Stadt befindlichen 60 Braustellen in Verbindung gestanden, weil sich aus alten Kaufbriefen ergiebt, daß beym Kauf einer Braustelle auch gemeiniglich ein Hofemorgen mit verkauft worden. Jetzt machen diese Hofemorgen 102 Antheile aus, und gehören auch den Bürgern.

d) Die Scheiben liegen größtentheils vor dem Kreutzthore, scheinen zu den Neuländern zu gehören, und aus wüsten Plätzen, Viehtriften, Gärten, Wiesen ꝛc. zu Acker gemacht worden zu seyn. Es sind dieser bürgerlichen Grundstücke an der Zahl 38.

e) Die Huben machen den beträchtlichsten Theil des der Bürgerschaft gehörigen Ackerlandes aus. Laut dem Privilegio Herzog Heinrichs X. (d. 1455 Dienstag nach Matthäi) darüber sind derselben nach damaligen Feldmaas 42 gewesen, und einzeln zur Stadt erkauft worden, als:

Vom Herzog Heinrich	3 Huben.
Vom Nickel Nawendorf	24 Huben.
Vom Nickel Cramern	3 Huben.
Vom Friedrich Görken	12 Huben.

Doch dergestalt, daß die bürgerlichen Besitzer von jeder Hube jährlich einen gewissen Zins entrichten mußten. Als hierauf die Stadt in den Jahren 1522 und 1541 abgebrannt war, befanden sich die verunglückten Bürger außer Stande, so wohl ihre Aecker zu bestellen, als ihre Häuser aufzubauen. Sie halfen sich also dadurch, daß sie ihre Huben verkauften; und als sich kein Käufer bey der Stadt dazu fand, so überließen sie solche an auswärtige Bauern unter der Ausbedingung, daß ihnen dieselben die nöthigen Baufuhren thun, und in Zukunft der Stadt gewisse Hofedienste leisten sollten: dagegen wurde den Bauern frey gegeben, sich auf den erkauften Huben Häuser und Vorwerksgebäude zu erbauen. Hieraus entstanden in der Folge die beyden Dörfer Molkendorf und Mehrendorf vor dem Glogauschen Thore. Indessen giengen diese Dörfer nach und nach wieder ein; die Bürger kauften eines Theils die Huben mit den Hoferöthen wieder an sich, andere heuratheten der Bauern Töchter, und bekamen solche zur Mitgabe, oder Erbgut, und so wurden diese Aecker aufs neue zur Stadt gebracht

der-

dergestalt, daß gegenwärtig nur noch zwey eigentliche Bauergüter darauf existiren. Die Anzahl derjenigen, welche wirklich von Bürgern besessen werden, beträgt nun 42 bis 43 große oder 84 bis 86 kleine Huben, überhaupt aber sind deren 75 grosse, ohne die Schloßhuben, die hier nicht gerechnet werden.

Aus dieser hier vorstehenden Menge derer der Bürgerschaft eigenthümlich zugehörigen Felder läßt sich also leicht beurtheilen, daß der Ackerbau allhier sehr wichtig ist.

2. Der Brauurbar. Derselbe haftet auf 60 Häusern in der Stadt, und war ehedem sehr einträglich, als die Stadt noch den Bierverlag durch das ganze Weichbild hatte, so daß jeder Braubrechtigte beynahe alle 14 Tage brauen konnte, und dabey sehr gutes Auskommen fand.

Vorzüglich wurde im 16ten Jahrhundert hier ein gutes Weißenbier gebrauen, wöchentlich nach Frankfurth geführt, und daselbst im Stadtkeller geschenkt; allein als 1585 die Pest in der Mark graßirte, und die Frankfurther begehrten, daß ihnen das Schwiebußer Bier ins freye Feld gebracht, und daselbst zur fernern Abholung abgeladen werden möchte, verhinderte dies der Schloßhauptmann, worauf dann auch die Frankfurter in Zukunft kein Bier mehr von Schwiebus holen ließen, ob es ihnen gleich angeboten wurde, und solchergestalt wollte der hiesige Brauurbar den ersten Verlust.

Der andere erfolgte 1687 als bey der Uebergabe des Schwiebusschen Kreises an den Churfürst zu Brandenburg ein neues Brauurbarium errichtet, und alle über der Meile liegenden Dörfer an den Churfürst zum Bierverlag überlassen werden musten. Laut dieser Transaction (d. 1687 den 25. April) behielt die Stadt nur noch den Ausschrot auf folgende Dörfer: Reinersdorf, Lugow, Neudörfel, jährlich ¼ Jahr; Jehser, Kutschel, Lanken, Gröbiz, Riegersdorf, Koppen, Merzdorf, Rentschen, Rietschüz, Birkholz, Salkau, Mitwalde, Ulbersdorf, Schönfeld, Mühlbock und Ogerschüz.

Von diesen aber wurden noch die drey Dörfer Lugau, Gröbiz, Neudörfel dem Kloster Paradies auf Lebenszeit des Abt Kasimir Sczuka abgetreten, und sollten nach dessen Tode wieder der Braucommune zu Schwiebus heimfallen. Allein als dieser Abt starb 1694, wollte das Kloster von keiner Restitution etwas hören; es kam darüber zwischen dem Kloster und der Stadt zu großen Streitigkeiten, und endlich 1708 den 8. Julii zu einem Vergleiche, in welchem die Braucommune zwar ihr Recht an gedachte drey Dörfer behauptete, jedoch freywillig dem Abte den Bierverlag zu Neudörfel gegen einen jährlichen Canon von 12 Rthlr. dem Kloster hingegen den Ausschrot auf Lugau gegen 20 Rthlr. jährlich auf 20 Jahre überließ. Nach Verfließung dieser ersten 20 Jahre wurde der Vergleich 1728 auf andere 20 Jahre erneuert, und bestehet auch jetzt noch so, daß der Krugverlag auf Lugau

Lugau für 333 Rthlr. 8 Ggr. verpfändet, und darzu Neudörfel für 12 Rthlr. jährlich vermiethet ist. Für einen gleichen Miethzins hat die Stadt dem Kloster auch den Ausschrot auf Rinnersdorf überlassen; die Kretschame zu Ogerschütz und Koppen aber sind für 15 Rthlr. jährlich verpachtet. Desgleichen wurde der Bierverlag nach Rietschütz 1697 dem Baron v. Troschke auf Koppen für 600 Rthlr. und für eine eben so hohe Summe der Kretscham zu Merzdorf den dortigen beyden Dominiis verpfändet. Als man hierauf 1734 Geld zur Erbauung eines neuen Brauhauses nöthig hatte, verpfändete die Braugemeine auch noch den Bierverlag zu Jehser, dem v. Briesen für 200 Rthl. auf 99 Jahre, welcher Contract noch dauert.

Auf diese Art sind also 4 Kretschame verpfändet, und 4 vermiethet, so daß die Stadt von obigen 19 Dörfern nur noch 11 unter dem Ausschrotzwange hat, nämlich: Salkau, Birkholz, Mühlbock, Lanken, Rentschen, Riegersdorf, Kutschel, Mitwalbe, Ulbersdorf, Schönfeld und Grödiz.

Auf diese Dörfer werden jährlich 400 bis 500 Achtel Bier verschroten.

3. Im Handel.

Darunter macht der Handel mit Tüchern den wichtigsten Artickel aus. 1700 befanden sich hier 103 Tuchweber, welche damals 2565 Stück Tücher

cher fabricirten; allein sie hatten wenig Absatz, und musten, weil die meisten verarmet waren, auch keine Fuhren zahlen konnten, ihre Tücher selbst auf Radwern nach Crossen, Züllichau, Grünberg ꝛc. verführen. Indessen wurden die Zeiten schlecht; viele Tuchmacher ließen aus Mißmuth ihre Arbeit gar liegen, und nur wenigen glückte es, eine neue Handlungsquelle nach Leipzig, Naumburg an der Saale, und Frankfurt an der Oder zu eröfnen, an welchem letztern Orte sie sich sodann auch ansehnliche Kundschaften ins Mecklenburgsche, und sogar in einige Seestädte verschaften. Allein es hatte damit nicht langen Bestand, der König von Preussen verbot die Einfuhr der schlesischen Tücher nach Frankfurt, und das Commerzwesen der Schwiebusschen Fabrikanten nach Mecklenburg, Schweden ꝛc. gerieth wieder ins Stecken. Hierzu kam noch, daß die Züllichauer Leipzig und Naumburg mit ihren Waaren überführten; daß durch den Ueberfluß der Tücher der Preis derselben fiel, und da die Züllichauer an beyden Orten stärkere Kundschaften hatten, so wurden die Schwiebusser beynahe gar verdränget. Doch letztere erfanden einen Kunstgrif, machten ihre Tücher etwas leichter, gaben sie wohlfeiler als die von Züllichau, und brachten ihre Fabricke dergestalt ins Aufnehmen, daß in jeder Messe zu Leipzig bis 800 Stück debitirt wurden.

Mit dem Jahr 1720 nahm die Manufactur noch mehr zu, und es wurden nun jährlich über 3000 Stück Tücher verfertiget. Das Commerzcollegium zu Breslau schickte auch einen Tuchinspector nach

nach Schwiebus, der die Fabricke untersuchen und in bessern Zustand setzen sollte. 1728 erhielt solche noch eine größere Erleichterung, als der Schönfärber Jacobi von Züllchau zu Schwiebus eine Färberey etablirte. Allein der damalige Religionsdruck und andere Beschwerden hinderten dennoch das Aufkommen der Bürger; viele Tuchmacher verließen ihre Häuser, und zogen nach Brandenburg; andere richteten sich durch unordentliches Leben zu Grunde, und es wurden nicht mehr so viele Tücher verfertiget, als die hiesigen Handelsleute zum Verkehr brauchten.

Von 1730 bis 1740 schien die Manufactur aufs neue eine andere Gestalt zu gewinnen. Die Handelsleute nahmen an Vermögen zu, bezahlten die Tücher gut, die Wolle war wohlfeilen Preißes, man erfand ein besonders Anspruwasser, welches den Tüchern in der Appretur einen besondern Glanz gab; und da ein hiesiger Kaufmann, Namens Kallmann, starke Tuchbestellungen nach Frankfurth am Mayn und in andere Reichsstädte übernahm, so kamen die Fabrikanten zu Schwiebus in die besten Nahrungsumstände. Doch der Wohlstand verleitet gemeiniglich auf Abwege; vom allzu starken Debit gereizt, schoben die Tuchnegotianten unter die guten Schwiebusser Tücher schlechte polnische Tücher mit unter, die zu diesem Behuf aus Meseritz hieher gebracht wurden; sobald aber dieser Betrug entdeckt war, nahm sowohl der Abgang auf Messen als auch alle Bestellung hiesiger Tücher ab, und vielleicht würde die Fabricke in gänzlichen Verfall

fall gerathen seyn, wenn nicht der Handelsmann Köhler einen Handel mit Tüchern von hieraus nach Danzig und Königsberg in Preußen angefangen hätte, der in der Folge sehr beträchtlich ward, so daß

Im Jahr 1744/5 — 3843 Stück Tücher

— 1745/6 — 4693 —

— 1748/9 — 5294 —

verfertiget worden sind.

Der siebenjährige Krieg setzte die Manufactur in neue Activität; die Anzahl der Meister vermehrte sich 1752 bis auf 131, und wurden Tücher gemacht:

Im Jahr 1752 — 6996 Stück.

— 1757/8 — 5717 —

— 1758/9 — 6683 —

— 1760/1 — 7581 —

— 1762/3 — 5976 —

Im letztern 1763sten Jahre waren hier schon zusammen 180 Meister und Handwerkstreibende Wittwen, worunter 18 nach Leipzig und Naumburg handelnde befindlich.

Sei

Gegenwärtig ist die Fabricke noch mehr verstärkt worden, und man zählte im Jahr 1787 daselbst:

    272 Tuchmacher.

      9 Tuchscherer und Bereiter.

     70 Gesellen.

    250 gehende Stühle.

Indessen thun der hohe Woll- und der geringe Tucherpreiß der Manufactur viel Schaden.

Der übrige Handel mit Specerey ꝛc. ist von keiner großen Bedeutung, und wird nur von sechs, mit eben so viel privilegirten Gerechtigkeiten versehenen Krämern betrieben.

Jahrmärkte sind allhier fünfe, nämlich:

1. Montag nach Exaudi.

2. Montag nach Bartholomäi. Beyde hat die Stadt schon seit den ältesten Zeiten.

3. Am Tage Andreä. Diesen erhielt Schwiebus 1547 vom K. Ferdinand I. d. Wien den 8. Februar; er wird aber allemal Montags nach dem ersten Adventsonntage gehalten.

4. Mon

4. Montag nach Lätare.

5. Montag nach Hedwig. Mit diesen letztern beyden begnadigte Kaiser Leopold 1673 d. 29. November nach dem Brande die Bürgerschaft zu besserem Aufkommen.

Wollmärkte hat die Stadt zwey, als 1. Montag nach Pfingsten, und 2. Montag nach Simon Judä.

Wochenmarkt ist Dienstags und Sonnabends.

4. In verschiedenen Handwerken und Künsten, derselben sind hier: 1 Apotheker, 3 Bader, 8 Bäcker mit 8 Bänken, 2 Böttcher, 7 Brandweinbrenner, 1 Brauer, 1 Buchbinder, 2 Drechsler, 3 Färber, 16 Fleischer mit 16 Bänken, 2 Glaser, 1 Gürtler, 1 Handschumacher, 2 Hutmacher, 1 Kammacher, 5 Kürschner, 1 Klempner, 1 Knopfmacher, 1 Korduaner, 1 Kunstpfeifer, 1 Kupferschmied, 1 Lohgerber, 1 Maurer, 2 Nadler, 1 Nagelschmied, 1 Perückenmacher, 2 Pfefferküchler, 1 Rade- und Stellmacher, 1 Riemer, 2 Sattler, 1 Schleifer, 3 Schlosser, 4 Schmiede, 13 Schneider, 2 Schornsteinfeger, 29 Schuster mit 30 Bänken, 2 Seifsieder, 3 Seiler, 1 Stumpfstricker, 6 Tischler, 4 Töpfer, 270 Tuchmacher, 7 Tuchscheerer, 2 Winzer, 1 Ziegelstreicher, 3 Mauerleute.

§. 6.

Allerhand.

Die Kämmerey zu Schwiebus besaß ehedem sehr ansehnliche Grundstücke, wovon ein Theil in der Folge veräußert worden ist, ein anderer Theil aber derselben noch gehört. Diese sind:

a) Das Dorf **Birkholz**, nebst dem vormals ohnweit davon gelegenen, jetzt aber gänzlich eingegangenen Vorwerk Nischliz. Birkholz war sonst ein fürstliches Cammergut. 1379 *d.* am Tage St. Gregorii schenkte Herzog Heinrich *VI.* einen Theil des Dorfes mit einer dabey liegenden Wassermühle dem Pfarrer bey der Kirche zu Schwiebus; den andern Antheil aber besaß noch unter der Regierung Herzogs Siegmund zu Glogau Wolf Dyherr. Als solcher starb und dies Gut dem Herzoge (wahrscheinlich als ein eröfnetes Lehn) heimfiel, schenkte es derselbe 1507 den beyden Edelleuten, Michael Peßigk oder Peßky, und Kasper Rakowizen. Ersterer cedirte seinen Antheil an den letztern, und Rakowiz verkaufte schon 1508 das Guth mit 8 Bauern und 8 Gärtnern an die Stadt Schwiebus. Da nun die Kämmerey in den Besitz dieses Antheils gekommen war, legte der Rath daselbst aus einem ausgekauften Bauergute von zwey Huben Acker ein Vorwerk an, wozu in der Folge mehr Feld urbar gemacht wurde, so daß bey diesem Vorwerk auch eine Schäferey angerichtet werden konnte, woraus die

Beschr. v. Schl. X. B. 7. St. Ll Käm-

Kämmerey guten Nutzen zog. Im dreyßigjährigen Kriege ward das Gut nicht nur sehr verwüstet, sondern als die Kämmerey Geld brauchte, war der Rath genöthiget, das Dorf und Vorwerk an einen hiesigen Burger Zacharias Mingen, für 2500 Rthl. zu verpfänden, dessen Erben sich sodann, weil die Kämmerey ihnen das Darlehn nicht zurück zahlen konnte, 1653 dieses Gutes bemächtigten, und unter ihrer Sequestration behielten. 1680 verpfändete die Stadt dies Antheil anderweit an den Burgermeister Theodor v. Sommerfeld, dem sie 2044 Rthl. schuldig war. Allein sie brauchte mehr Geld. Es hafteten auf den Kämmereygütern gewisse Stipendiengelder, die Bergisch-Herrndorfsche genannt, welche 1600 Rthlr. betrugen, und 1594 von der Stadt aufgenommen worden. Als die Jesuiten zu Glogau ein Seminarium angelegt hatten, erlaubte ihnen der Kaiser diese Stipendiatgelder an sich zu ziehen, und die Stadt muste solche herbeyschaffen. Das Kloster Paradies schoß indessen diese Summe auf 16 Jahre vor; als diese aber verflossen waren, zahlte der Burgermeister v. Sommerfeld das Darlehn dem Kaiser zurück, und da seine Anforderung an die Stadt jetzt 5400 Rthlr. betrug, so überließ ihm diese nun dafür das Gut Birkholz 1697 eigenthümlich, doch mit Vorbehalt des Wiederkaufsrechts, wodurch denn also Birkholz von der Stadt abkam, und seitdem nicht reluirt worden ist.

b) Das Dorf Salkau erkaufte die Stadt 1530 d. Mittwoch nach Pauli Bekehrung für 1750 Gulden

den von Martin Tauchrizen, und gehört noch zur Kämmerey.

c) Das Stadtvorwerk ist von zwey Huben Landes etablirt worden, welche die Kämmerey in ältern Zeiten erkauft hat. Es gehört dazu ein Neuland und ansehnliche Wiesen. Im dreyßig-jährigen Kriege war es auch verpfändet, und der darauf angewiesene Gläubiger, Johann Mittelstädt, benuzte es als Pfand viele Jahre. Doch ist es wieder eingelöset worden, und noch ein Eigenthum der Stadt; desgleichen auch

d) Das Heidevorwerk, welches in dem Stadtwalde erbauet worden ist, und so wie das vorhergehende an den Meistbietenden verpachtet wird.

e) Die Stadt- oder Herrnheide, ist ein beträchtlicher Wald, der sonst zum Antheil Birkholz gehörte. Als die Kämmerey dies Gut verkaufte, behielt sie sich sowohl diese Heide als den Bierverlag auf Birkholz vor, und ist noch im Besitze dieser Realien.

f) Der Rohrbach-See, ist mit den Rohrbach-Aeckern zugleich 1397 an die Stadt verkauft worden. Leztere gehören jezt den Bürgern, ersterer aber der Kämmerey, die den See gemeiniglich zu verpachten pfleget.

Ll 2   g) Ver-

g) Verschiedene Mühlen, wovon ein Theil eingegangen, ein Theil verkauft, ein Theil aber noch vorhanden ist. Sie heissen:

a) Eingegangene Mühlen.

1. Die Rohrmühle, welche die Stadt 1466 erkauft hatte, und im dreyßigjährigen Kriege verwüstet wurde.

2. Die Rietschützer Mühle hatte das nämliche Schicksaal.

3. Die Lohmühle, gehörte eigentlich der Schumacherzunft, stand im Balkischen Garten, der noch der Schustergarten heißt, und muste der Kämmerey zinsen.

b) Verkaufte Mühlen.

4. Die Heidemühle bey Mühlbock.

5. Die Malzmühle hatte die Stadt 1486 durch ein dem Herzog Johann gethanes Darlehn von 1000 rheinl. Gulden an sich gebracht, und da diese Summe nie zurück gezahlt worden, so würde die Kämmerey im Besitz der Mühle geblieben seyn, wenn ihr der Hauptmann Polack solche nicht entrissen hätte.

6. Die

6. **Die Kupfermühle,** liegt auf Lankischen Boden; die Stadt erkaufte solche 1596, muste sie aber aus dringender Noth 1630 wieder veräußern. Doch hat sich die Kämmerey bey dem Verkauf 6 große Scheffel jährlich Pacht vorbehalten, die noch jetzt abgeführt werden.

c) Eigenthümliche Mühlen.

7. **Die Bäckermühle,** so die Stadt 1538 für 40 Mark erkauft, und vorher dem Stift Trebnitz gehört hat. Im dreyßigjährigen Kriege brannte sie ab; da nun die Kämmerey außer Stand war, sie wieder aufzubauen, schloß dieselbe mit einem Müller 1676 einen Kontract, daß er die öde Mühlstätte bebauen, in Gang bringen, solche für seine Kosten zehn Jahr lang unentgeldlich benutzen, nach deren Verfliessung die Mühle aber wieder an die Stadt abtreten sollte; es geschahe und 1687 nahm sie die Kämmerey wieder in Besitz. Sie giebt jährlich 3 Malter 6 Scheffel groß Maaß Pacht.

8. **Drey Windmühlen,** deren jede jährlich 10 Scheffel Pachtzins entrichten muß.

h) **Die Ziegelscheune** brachte sonst nebst einem dazu gehörigen Kalkofen der Kämmerey viel Nutzen, wurde im dreyßigjährigen Kriege verwüstet, 1672 aber, als fast alle öffentliche Gebäude dem

Einfall nahe waren, wieder hergestellt." Der Kalkofen ist nicht mehr vorhanden.

i) Der Stadtkeller und die Wollwaage stehen deswegen mit einander in Verbindung, weil
der Kellerwirth zugleich die Wollwaage in Pacht
hat, und für beyde zusammen jährlich bis 100 Rthl.
Zins giebt.

k) Die Apotheke, ist auch ein Appertinenz der
Stadt, und der Zins davon betrug in ältern Zeiten
jährlich 66 Mark; seit 1637 besaß solche nur ein
Gewürzkrämer. 1684 aber kam wieder ein Apotheker nach Schwiebus, dem der Rath die Apotheke
gegen einen jährlichen Canon von 20 Rthlr. überließ, der nun bis über 30 Rthlr. gestiegen ist.

Außer vorstehenden zinsbaren Grundstücken hat
die Kämmerey noch folgende Gefälle zu erheben:

1 Vom Salzschank, mit demselben ist die
Stadt 1477 vom Herzog Johann privilegirt wor-
den. Der Pächter dessen zahlt von jeder Tonne
Absatz 2 Ggr. zur Kämmerey.

2. Von den Bankgerechtigkeiten; in vorigen
Zeiten zahlten die Bäcker von ihren sechs Bänken
jähr-

jährlich 5 Mark, die Fleischer von ihren 16 Bänken 47 Mark Erbzins, die Schuster aber mußten statt des baaren Geldes Schuhe für die Armen im Hospital verfertigen. Jetzt zinsen die Bäcker jährlich überhaupt zur Kämmerey 1 Rthlr. 8 Ggr. die Fleischer für jede Bank 2 Rthlr., und nur eine Schubank zahlt zur Stadtkasse 8 Ggr., die übrigen zinsen zum Hospital St. Anna.

3. Vom Brückenzoll, solchen überließ 1488 Herzog Johann der Stadt gegen ein Darlehn von 1000 Floren und bringt gegenwärtig jährlich über 120 Rthlr.

4. Vom Kerbegeld; vorher mußten die Tuchmacher von jedem Stück Tuch ein gewisses Zeichen oder Kerbegeld zur fürstlichen Rentkammer zahlen. Herzog Johann verpfändete diese Revenue ebenfalls an die Stadt, und nun zahlt die Tuchmacherzunft jährlich überhaupt zur Kämmerey 10 Rthlr.

Im Feuer-Societäts-Cataßro stehet Schwiebus auf 73950 Rthlr. angesetzt.

Die Stadt gehört zum zweyten steuerrätlichen Glogauschen Cammer-Departement, in Justizsachen wird an das Oberamt zu Glogau appellirt.

Der Magistrat verwaltet die öffentlichen städtischen Kassen, und bestehet aus folgenden Mitgliedern: 1 Consul dirigens, 1 Feuerburgermeister, 1 Proconsul, 5 Rathmänner, worunter ein Kämmerer ist.

Die Stadtgerichte verwalten 1 Stadtrichter, 6 Schöppen.

Die hiesigen königlichen Beamten sind:

a) Beym Accisamt: 1 Einnehmer, 1 Controlleur, 6 Unterbediente.

b) Beym Zollamt: 1 Einnehmer, 1 Controlleur.

Hieher gehören die beyden Filialzollämter zu Liebenau und Steinbach, wo jeden Orts ein besonderer Einnehmer angesetzt ist.

c) Beym Salzamt: 1 Salzfactor, 1 Controlleur, 1 Berzuter.

d) Beym Steueramt. Siehe Beschreibung des Kreises überhaupt.

Liebenau.

Gehört als Land-Stadt zu den Dörfern, wo solche auch vorkommt und beschrieben wird.

C. Von

C. Von denen Dörfern.
Namen der Dörfer.

I.

Birkholz, dieser Ort bestehet aus zwey Antheilen:

Im ersten Antheile befinden sich 1 herrschaftliches Wohnhaus mit 1 Vorwerk, 1 katholische Mutterkirche, welche vom Pfarrer zu Schwiebus mit besorgt wird; 1 Pfarrwohnung, 1 Schulhaus, 1 Kretscham, 8 robotsame Bauern, 2 Frey- 7 Dreschgärtner, 3 Häusler, 1 anderes Haus, Summa 27 Feuerstellen mit 76 Einwohnern.

Im zweyten Antheile sind 11 Dienstbauern, 4 Freyhäusler, 1 Mühle, 2 andere Häuser, zusammen 18 Feuerstellen mit 138 Seelen.

Dies Dorf war anfänglich ein fürstliches Cammergut; Herzog Heinrich VI. schenkte laut einer Urkunde d. d. am Tage St. Georgi 1379 den zweyten Antheil davon mit der Wassermühle, Gerichten, und allen Gerechtsamen zur Pfarrkirche nach Schwiebus, daher dann der jedesmalige Pfarrer oder Probst zu Schwiebus Usufructuarius von diesem Antheile ist. Den ersten Antheil besaß unter der Regierung Herzogs Sigmund zu Glogau ein gewisser Woff Dyherr als Lehn. Da dieser wahrscheinlich kein

Erben hatte, schenkte der Herzog Sigmund, nachheriger König in Pohlen, vermöge eines Donations-Briefes d. d. Kielniew Mittwoch nach Jacobi 1507 dies Gut noch bey Lebzeiten des Dyherrs den beyden Edelleuten Michael Peßigk (oder Peßky) von der Weiße, Hauptmann im Fürstenthum Glogau, und Kasper Rakowizen auf Tarnau, daß sie nach dem Tode des Wolf Dyherrs das Gut im Besitz nehmen, und damit nach Belieben schalten möchten. Als Dyherr bald darauf gestorben war, und Peßigk seinen Theil vollends dem v. Rakowiz überlassen hatte, verkaufte derselbe diesen ganzen Antheil 1708 an die Stadt Schwiebus, und der Magistrat legte ohnweit von Birkholz mittelst einem ausgekauften Bauergute von zwey Huben Acker ein Vorwerk, Mischliz genannt, nebst einer Schäferey an, welches aber gegenwärtig nicht mehr existirt. Im dreyßigjährigen Kriege war die Stadt genöthiget, das Gut zu verpfänden; und da sie die aufgenommenen Darlehne nicht zurückzahlen konnte, nahmen es 1653 die Gläubiger in Sequestration. 1680 brachte es der damalige Burgermeister Theodor v. Sommerfeld für 2044 Rthlr. Pfandweise, und weil er nach der Zeit der Stadt mehrere Gelder vorgeschossen hatte, endlich 1697 für 5400 Rthlr. käuflich an sich. Von der Sommerfeldschen Familie kam dieser Antheil hierauf an einen Glogauschen Advocaten von Thalwenzel genannt, von diesem aber durch Kauf an den königlichen Teichinspector Clamer Meyer, und 1762 an einen gewißen Jacobi. Der gegenwärtige Besitzer davon heißt George Jacobi. Beym Verkauf des Gutes hat sich die Stadt nicht nur
die

539

e dabey befindliche sogenannte Stadtheide, und
n Bierverlag nach Birkholz, sondern auch das
Ziederkaufsrecht des Gutes selbst vorbehalten.

Bey diesem Dorfe ist ein größer stehender See
ie Mischliz genannt.

2. Blankensee, gehört zum Schloß Schwiebus,
und als Pfandschilling mit solchem unter das Jung-
ernstift zu Trebniz; es giebt daselbst 1 Vorwerk,
Freygärtner, 4 Dreschgärtner, 8 Freyhäusler, 1
Mühle, 3 andere Häuser, 79 Personen. Beym
Dorfe ist ein stehender See.

3. Blankfeld, gehört ebenfalls zum Pfandschilling dem Stift zu Trebniz, und hat 1 herrschaftlich
Vorwerk, 1 Kretscham, 6 Dreschgärtner, 8 Freyhäusler, 1 Mühle, ein anderes Haus, Summa 18
Feuerstellen mit 104 Einwohnern.

4. Dammer, Klein- allhier sind eine katholsche Filialkirche nach Stensch eingepfarrt, 1 herrschaftlich Vorwerk, 1 Schulhaus, 1 Kretscham, 5
Dienstbauern, 8 Dreschgärner, 9 Häusler, 1
Windmühle, 7 andere Häuser, zusammen 41 Feuerstellen, 220 Einwohner. Eigenthümer davon ist
die Frau Beate Johanne Henriette geb. v. Marenz
Gemahlin des Herrn Justizrath v. Skopp.

5. Dov

5. **Dornau,** enthält eine katholische nach Skampe gehörige Filialkirche, welche im siebenjährigen Kriege von den Russen abgebrannt worden, 1 Pfarrhaus, 1 Schule, 1 Kretscham, 2 Freygüter, 16 dienstbare Bauern, 4 Freygärtner, 2 Freyhäusler, 3 andere Häuser, Summa 30 Feuerstellen und 161 Seelen, gehört dem Stift Trebnitz. Dieses Dorf nebst Rentschien, Riegersdorf, Mühlbock, Lankau, Schönfeld, Mittelwalde und Ulbersdorf, sind die Fundationsgüter, womit Heinrich der Bärtige 1207 das Jungfernstift zu Trebnitz dotirt hat.

6. **Friedrichsfelde,** ist eine seit 1774 etablirte Kolonie, zum Dominio Rissen gehörig, von 10 Freyhäuslerstellen mit etwas Acker, und 43 Einwohnern.

7. **Fridrichs-Läßichen,** eine dergleichen Kolonie, gehört zum Dominio Läßichen, und bestehet aus 10 Freyhäuslerstellen mit 37 Personen.

8. **Fridrichstabor,** auch eine seit 1774 erbaute Kolonie von 10 Häuslerstellen mit Acker, und 48 Seelen, gehört zum Dominio Rackau.

9. **Fridrichswerder,** ebenfalls eine seit 1774 vom Dominio Wilkau etablirte Kolonie, hat 20 Häuslerstellen mit Acker und 86 Einwohnern.

10. **Goldbach**, daselbst befinden sich 1 herrschaftlich Vorwerk, 2 Dreschgärtner, 2 andere Häuser, 25 Einwohner, und gehört zum Schwiebusser Pfandschilling dem Stift Trebnitz.

11. **Grädiz**, begreift unter sich eine nach Merzdorf eingefarrte katholische Filialkirche, 1 Schulhaus, 1 herrschaftlich Vorwerk, 1 Kretscham, 23 Dienstbauern, 5 Dreschgärtner, 2 Häusler, 2 andere Häuser, zusammen 35 Feuerstellen, die von 183 Personen bewohnet werden. Dies Dorf ist ein Tafelgut zur Abtey Paradies gehörig.

Grunwald, s. Starpel No. 46.

12. **Hammer**, bestehet aus 1 herrschaftlichen Vorwerk, 1 Kretscham, 5 Gärtnern, 2 Freyhäuslerstellen, 1 andern Hause und 51 Einwohnern. Besitzer des Gutes ist der Herr George Abraham v. Stosch auf Palzig im Züllichauschen.

13. **Heinersdorf**, daselbst giebt es 1 herrschaftlich Wohnhaus nebst 1 Vorwerk, 1 Kretscham, 11 Dreschgärtner, 5 andere Häuser, zusammen 19 Feuerstellen mit 103 Einwohnern. Eigenthümer davon ist Johann Friedrich v. Heinersdorf.

14. **Jehser**, enthält eine katholische nach Ritt- schütz gehörige Filialkirche, 1 Pfarrhaus, 1 Schule, 1 herrschaftlich Wohnhaus, 3 Vorwerke, wovon zwey außerhalb dem Dorfe liegen, 1 Kretscham, 6 Frey- 16 Dreschgärtner, 3 Freyhäusler, 1 Windmühle, 7 andere Häuser, Summa 40 Feuerstellen, 241 Seelen, und gehört dem Hanns Heinrich von Briesen.

15. **Jordan**, ist das Eigenthum des Konvents zu Paradies, und hat 1 Vorwerk, 1 Kretscham, 10 Dreschgärtner, 25 Freyhäusler, 1 Wassermühle, 3 andere Häuser, in allem 41 Feuerstellen mit 173 Einwohnern. Beym Dorfe ist ein stehender See.

16. **Keltschen**, faßt in sich 1 herrschaftliches Vorwerk, 1 Kretscham, 7 robotsame Bauern, 1 Freygärtner, 6 Häusler, 6 andere Häuser, zusammen 22 Feuerstellen mit 94 Seelen. 1763 besaß dies Dorf nebst Klein-Dammer, Wallmersdorf und Oppelwiz Friedrich Wilhelm v. Maxen, gegenwärtig gehören diese Güter der Frau Beate Johanne Henriette geb. v. Maxen, Gemahlin des Justizraths v. Skopp. Auch ist hier eine der Parochie zu Wallmersdorf einverleibte katholische Filialkirche.

17. **Klippendorf**, ist eine seit 1774 erbaute Kolonie von 10 Häuslerstellen mit Acker und 66 Einwohnern, gehört zum Dominio Rackau.

18.

18. **Koppen**, enthält eine katholische, der Parochie zu Ogerschütz einverleibte Filialkirche, 2 herrschaftliche Wohnhäuser, 2 Vorwerke, wovon eines ausserm Dorfe liegt, 5 Dienstbauern, 3 Frey, 12 Dreschgärtner, 7 Kolonistenhäuser, 1 Windmühle, 6 andere Häuser, Summa 38 Feuerstellen, 237 Einwohner. Besitzer davon ist Sigmund Karl Gottlob Freyherr v. Troschke, Rittmeister unter dem von Bakhofschen Kuiraßierregiment. 1763 besaß es dessen Vater der königliche Kammerherr und Landrath des Schwiebusschen Kreises Maximilian Gottlob Freyherr v. Troschke und Rosenwerth, Erbherr auf Koppen, Witten, Rietschütz und Antheil Muschten.

19. **Rutschlau**, oder insgemein **Rutschel** genannt, gehört zum Schwiebusschen Pfandschilling, dem Jungfernstift zu Trebniz, und begreift unter sich eine zur Pfarrthey nach Mühlbach geschlagene katholische Filialkirche, 1 herrschaftlich Wohnhaus, 2 Vorwerke, deren eines ausserhalb dem Dorfe befindlich; 1 Pfarrwohnung, 2 Schulhäuser, 1 Kretscham, 20 dienstbare Bauern, 13 Gärtner, 16 Häusler, 1 Windmühle, 3 andere Häuser, Summa 61 Feuerstellen, 274 Personen.

Ohnweit diesem Dorfe ist ein stehender See, der Trebach=See genannt.

20. **Lanken**, ist ein Fundationsgut des Jungfernstifts zu Trebniz, und hat 2 Freygüter, 14 dienst-

dienstbare Bauern, 5 Freygärtner, 5 Häusler, 2 Wassermühlen, 4 andere Häuser, zusammen 32 Feuerstellen mit 163 Bewohnern. Noch ist hier eine katholische Filialkirche zur Parochie Mühlbach gehörig. Auch bey diesem Dorfe giebt es einen See.

21. **Lässichen**, enthält eine katholische nach Möstichen eingepfarrte Filialkirche, 1 Schulhaus, 1 herrschaftliches Wohnhaus, 4 Vorwerke, wovon eines im, und 3 außerm Dorfe liegen; 1 Kretscham, 11 Gärtner, 4 Freyhäusler, 1 Windmühle, 5 andere Häuser, Summa 28 Feuerstellen, 157 Seelen. 1763 besaß das Gut der Justizrath des Schwiebusschen Kreises Erasmus Friedrich von Schenkendorf, nun hat es der Kreissteuereinnehmer in Schwiebus Friedrich Wilhelm Karl v. Rabenau.

22. **Leimnitz**, gehört unter das Kloster Paradies, und bestehet aus 1 herrschaftlichen Vorwerk, einer nach Liebenau geschlagenen katholischen Filialkirche, 1 Pfarrhaus, 1 Schule, 1 Kretscham, 1 Freygut, 29 Dienstbauern, 9 Dreschgärtner, 8 Häusler, 7 andere Häuser, zusammen 58 Feuerstellen mit 286 Personen.

23. **Liebenau**, ist ein offenes Städtchen, gehört unter die Abtey Paradies und enthält eine katholische Mutterkirche, desgleichen eine evangelische Kirche

che, 2 Pfarrhäuser, 2 Schulen, 1 Wirthshaus, 51 dienstbare Bauern, 40 Freyhäusler, 1 Stockhaus, 3 Wassermühlen, 8 andere Häuser, in allem 108 Feuerstellen mit 525 Einwohnern. Ohnweit von Liebenau ist der sogenannte Pachliz-See.

Zu diesem Städtchen gehört noch 1 Richtergut, so in 1 Vorwerk mit 11 Seelen bestehet, und unter das Konvent Paradies gehört.

24. **Lugau**, ist ebenfalls das Eigenthum des Klosters Paradies, und faßt unter sich 1 herrschaftlich Vorwerk, 1 Kretscham, 14 Dienstbauern, 4 Dreschgärtner, 5 andere Häuser. Zusammen, nebst einer katholischen, nach Schwiebus gehörigen Filialkirche, 25 Feuerstellen und 127 Einwohner.

25. **Merzdorf**, dieses Dorf bestehet aus zwey Antheilen, nämlich:

a) Der Schenkendorffsche Antheil, in welchem 1 herrschaftlich Wohnhaus, 1 Vorwerk, 3 Dienstbauern, 5 Frey- 6 Dreschgärtner, 1 Windmühle, 4 andere Häuser, 112 Einwohner befindlich, gehört dem Johann Karl Maximilian v. Schenkendorf, Capitain beym Train d'Artillerie in Berlin.

b) Der Zabeltizische Antheil, von einer katholischen Mutterkirche, 1 Pfarrhaus, 1 Schule, 1 herrschaftlichen Wohnhause, 1 Vorwerk, 1 Kretscham, 3 Dienstbauern, 9 Gärtnern, 1 Windmühle, 1 andern Hause, 124 Einwohnern, stehet unter den v. Zabeltizschen Erben.

26. **Mittwalde**, ist ein Fundationsgut des Jungfernstifts zu Trebniz, und enthält 1 katholische Mutterkirche, 1 Pfarrhaus, 2 Schulhäuser, 1 Kretscham, 20 Dienstbauern, 11 Frey- 1 Dreschgärtner, 1 Freyhäusler, 3 andere Häuser, zusammen 40 Feuerstellen, 194 Seelen. Beym Dorfe ist ein stehender See.

27. **Möstichen**, hat zwey Antheile, die aber nur unter einem Besitzer, dem Karl Wilhelm von Heinersdorf stehen.

Im ersten Antheile sind 1 Vorwerk, 1 Kretscham, 7 Dreschgärtner, 2 Freyhäusler, 2 Wassermühlen, 1 anderes Haus, Summa 14 Feuerstellen mit 65 Einwohnern.

Im zweyten Antheile befinden sich eine katholische Mutterkirche, 1 Pfarrwohnung, 2 Schulhäuser, 1 herrschaftlich Wohnhaus, 3 außerm Dorfe liegende Vorwerke, 5 Frey- 18 Dreschgärtner, 1 Frey-

Freyhäusler, 1 Wassermühle, 9 andere Häuser, Summa 41 Feuerstellen, 200 Seelen. Beym Dorfe ist der sogenannte Pinn-See.

28. **Mühlbach**, dieser Marktflecken soll einer der ältesten Oerter im Schwiebusschen Kreise seyn, und seinen Namen von einem in dieser Gegend verehrten Abgotte erhalten haben, welcher Olobog, auch Belbog, oder Melbog, das ist: der weiße Gott, hieß, woraus nachgehends der Name dieses Orts Mühlbock oder Mühlbach entstanden. 1207 schenkte Herzog Heinrich der Bärtige laut einer noch vorhandenen lateinischen Urkunde datirt *Olobock quinto Idus July* den Marktflecken Mühlbach nebst den umliegenden Dörfern Dornau, Lanken, Mittwalde, Rentschen, Riegersdorf, Schönfeld, Sawtsche, Skampe und Ulbersdorf, desgleichen auch Kutschel und Steinbach, dem Jungfernstift zu Trebniz. Erstere neun Güter gehören diesem Stift noch, und werden Fundationsgüter genannt, zum Unterscheid der andern Güter in diesem Kreise, die das Stift als Pfandschilling besitzt; Steinbach und Kutschel hingegen sind nach der Zeit davon veräusert worden. Kutschel kam an die gräflich von Haugwizsche Familie, sodann an den Graf von Kurswan; da derselbe keine männliche Erben hatte, seine Tochter aber ins Kloster gegangen war, fiel dies Gut nach seinem Tode der schlesischen Cammer heim, und wurde zum Schwiebusser Schloßamt geschlagen. Als nun 1699 Kaiser Leopold das Schloß zu Schwiebus nebst den dazu gehörigen

Dörfern an das Jungfernstift zu Trebnitz für ein Darlehn von 31000 Gulden verpfändete, kam Kutschel mit denselben wieder unter das Stadt Trebnitz, worunter es nebst den übrigen Pfandschillings-Gütern Blankensee, Blankfeld, Goldbach und Schloßgemeine Schwiebus noch steht. Zu Mühlbach wohnet ein vom Stift angesetzter Amtshauptmann, der die Aufsicht sowohl über die Fundations- als Schloß-Pfandschillingsgüter führt.

Dieser Marktflecken enthält eine evangelische und eine katholische Mutterkirche, 2 Pfarrwohnungen, 2 Schulhäuser, 3 Kretschame, 30 Dienstbauern, 15 Freygärtner, 22 Freyhäusler, 11 andere Häuser, zusammen 85 Feuerstellen, 373 Einwohner. Ohnweit davon ist ein stehender See.

Noch gehört zu Mühlbach ein Lehngut nebst 3 Dreschgärtnerstellen mit 21 Einwohnern, welches ein gewisser Kretschmer besitzt.

29. **Muschten**, bestehet aus drey Antheilen, diese sind:

a) Der Troschkische Antheil, worinn 1 herrschaftlich Wohnhaus, 2 Vorwerke, wovon eines außerm Dorfe liegt, 7 Dreschgärtner, 4 Freyhäusler, 1 Windmühle, 1 anderes Haus, 100 Einwohwohner befindlich, gehört dem Sigmund Karl Gottlob Freyherrn v. Troschke, Rittmeister unterm v. Bakhoffschen Kuiraßierregiment.

b) Der Schlichtingsche Antheil, hat 1 katholische Mutterkirche, 1 evangelische Kirche, 1 herrschaftlich Wohnhaus, 3 Vorwerke, deren zwey außer dem Dorfe liegen, 1 Feldkretscham, 1 Pfarrhaus, 1 Schule, 6 Dienstbauern, 13 Dreschgärtner, 3 Freyhäusler, 1 Windmühle, 10 andere Häuser, 241 Einwohner. Gehört dem Kreisdeputirten und Marschcommissarius des Kreises, Johann Emanuel Samuel v. Schlichting.

c) Der drite Antheil von 1 Vorwerk, 2 Dienstbauern, 6 Dreschgärtnern, 1 Windmühle, 2 andern Häusern, 73 Einwohnern, ist eben desselben Eigenthum. Zusammen sind im Dorfe 68 Feuerstellen.

30. **Neudörfel**, ist ein Tafelgut des Abts zu Paradies, und faßt in sich 1 herrschaftlich Wohnhaus, 2 Vorwerke, wovon eines außerhalb dem Dorfe liegt, 2 Kretschame, 11 Dienstbauern, 8 Dreschgärtner, 11 Freyhäusler, 1 Mühle, 6 andere Häuser, Summa 42 Feuerstellen, 190 Einwohner. Auch ist hier eine katholische zur Parochie Liebenau gehörige Filialkirche, und ohnweit dem Dorfe ein stehender See, der Engel- oder Gastsee genannt.

31.

31. Neuhöfchen, ist ein dergleichen abteyliches Tafelgut von 1 herrschaftlichen Vorwerke, 1 Kretscham, 10 Dreschgärtnern, 11 Freyhäuslern, 5 andern Häusern, zusammen 28 Feuerstellen, 99 Seelen.

32. Niedewiz, begreift unter sich zwey Dominia und Antheile, nämlich:

a) Der Stoschsche Antheil, enthält 1 herrschaftlich Wohnhaus, 1 katholische Filialkirche von Möstichen, 3 Vorwerke, 1 Pfarrhaus, 2 Dienstbauern, 8 Dreschgärtner, 4 Häusler, 4 andere Häuser, 106 Menschen, und gehört der Frau Ernestine Gottliebe v. Stosch, geb. v. Stössel auf Griesel im Crossenschen.

b) Der Morsteinsche Antheil von 2 Vorwerken, 10 Dreschgärtnern, 6 Häuslern, 1 Mühle, 7 andern Häusern, 124 Einwohnern, ist das Eigenthum der Frau Karoline Hedwig Sophie v. Morstein, geb. Freyherrin v Glaubiz. Zusammen hat das Dorf 47 Feuerstellen.

33. Ogerschüz, faßt in sich eine katholische Mutterkirche, 1 Pfarrhaus, 1 Schule, 2 Vorwer-

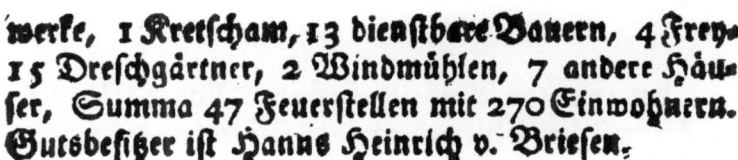

werke, 1 Kretscham, 13 dienstbare Bauern, 4 Frey-
15 Dreschgärtner, 2 Windmühlen, 7 andere Häuser, Summa 47 Feuerstellen mit 270 Einwohnern.
Gutsbesitzer ist Hanns Heinrich v. Briesen.

34. **Oppelwitz.** *a)* Ein Tafelgut, des Abts
im Kloster Paradies, enthält eine katholische Mutterkirche, 2 Pfarrhäuser, 1 Schule, 1 Kretscham,
17 robotsame Bauern, 3 Freygärtner, 7 Freyhäusler, 4 andere Häuser, zusammen 35 Feuerstellen,
179 Menschen.

b) Der zweyte Antheil dieses Dorfes von 2
Dienstbauern, 1 Freyhäusler und 17 Personen,
gehört der Frau Beate Johanne Henriette v. Skopp
geb. v. Maxen.

Puschvorwerk, heißt ein einzelnes Feldvorwerk mit einem andern Hause, hat 10 Einwohner,
und gehört der Kämmerey zu Schwiebus. Dabey
liegt der sogenannte Probstsee.

35. **Rackau,** hat auch zwey Antheile, aber nur
einen Besitzer, den Landrath des Kreises Herr Ernst
Wilhelm v. Sommerfeld.

Im ersten Antheile sind 1 herrschaftlich Wohnhaus, 1 Vorwerk, 1 Schule, 2 Frey- 6 Dresch-
gärt-

gärtner, 2 Häuser, 1 Mühle, 3 andere Häuser, 403 Seelen.

Im zweyten Antheile befinden sich 1 Vorwerk, 1 katholische Mutterkirche, 1 Pfarrhaus, 1 Frey-, 1 Dreschgärtner, 4 Freyhäusler, 111 Personen. Zusammen sind im Dorfe 35 Feuerstellen.

36. **Rentschen**, ist ein Fundationsgut des Stifts zu Trebniz, und bestehet aus einer zur Parochie Skampe geschlagenen katholischen Filialkirche, 2 Pfarrhäusern, 2 Schulen, 1 Kretscham, 2 Freygütern, 27 Dienstbauern, 6 Dreschgärtnern, 5 Freyhäuslern, 3 andern Häusern, zusammen aus 48 Feuerstellen und 248 Einwohnern.

37. **Riegersdorf**, auch ein Trebnitzer-Stifts-Fundationsgut, hat eine katholische nach Skampe gehörige Filialkirche, 1 Schule, 1 Kretscham, 19 dienstbare Bauern, 3 andere Häuser, Summa 24 Feuerstellen, 115 Menschen.

38. **Rietschüz**, bestehet aus zwey Antheilen, diese heissen:

a) Der Troschkische Antheil, in welchem 1 Kretscham, 11 Dienstbauern, 81 Seelen befindlich, gehört

gehört dem Sigmund Karl Gottlob Freyherrn von Troschke.

b) Der Schlichtingsche Antheil, von einer katholischen Mutterkirche, 1 Pfarrhaus, 2 Schulhäusern, 1 herrschaftlichen Vorwerk, 9 Dienstbauern, 1 Frey. 6 Dreschgärtuern, 4 Häuslern, 2 Wassermühlen, 5 andern Häusern, Summa 31 Feuerstellen mit 161 Einwohnern, ist ein *Fidei-Commiss*, und hat gegenwärtig den Kreisdeputirten Johann Emanuel Samuel v. Schlichting zum Besitzer.

Beym Dorfe ist der sogenannte Rietschüzer oder Schwiebusser Schloßsee.

39. **Rinnersdorf**, ist ein Tafelgut zur Abtey Paradies gehörig, und enthält 1 katholische Mutterkirche, 1 Pfarrhaus, 1 Schule, 1 Vorwerk, 24 dienstbare Bauern, 15 Dreschgärtner, 3 Häusler, 3 andere Häuser, überhaupt 49 Feuerstellen, 258 Seelen.

40. **Rissen**, hier befinden sich eine zur Pfarrey in Luckau geschlagene Filialkirche, 1 Schule, 1 herrschaftlich Wohnhaus, 1 Vorwerk, 1 Kretscham, 3 Frey. 9 Dreschgärtner, 10 Kolonistenhäuser, zusammen 30 Feuerstellen und 167 Seelen. Gutsbesitzer ist der Kasper Heinrich von Lossow.

41. Salkau, ist ein Kämmereygut der Stadt Schwiebus, und hat 1 Kretscham, 12 dienstbare Bauern, 11 Dreschgärtner, 3 Häusler, 1 Windmühle, 4 andere Häuser, überhaupt 32 Feuerstellen mit 197 Einwohnern.

42. Schmarse, ist ein ansehnliches Dorf, und faßt unter sich eine katholische Mutterkirche, eine evangelische Kirche, 2 Pfarrwohnungen, 1 Schule, 1 herrschaftliches Wohnhaus, 2 Vorwerke, wovon eines außerm Dorfe liegt, 2 Kretscham, deren einer ein einzeln liegender Feldkretscham ist, 15 dienstbare Bauern, 12 Dreschgärtner, 32 Häusler, 1 Windmühle, 6 andere Häuser, Summa 75 Feuerstellen mit 450 Seelen. Besitzer ist Friedrich Ludwig v. Sydow.

43. Schönfeld und Sawische, beyde Oerter machen zusammen ein Dorf und Gemeine aus, sind Fundationsgüter des Stifts zu Trebniz, und enthalten zusammen 3 Vorwerke, wovon zwey einzeln liegen, eine katholische Filialkirche von Ulbersdorf, 1 Schule, 1 Kretscham, 14 Dienstbauern, 1 Frey, 18 Dreschgärtner, 9 Häusler, 1 Windmühle, 4 andere Häuser, zusammen 52 Feuerstellen, 248 Menschen.

44. Schwiebusser Schloßgemeine, ist des Stifts zu Trebniz Pfandschilling, wovon in der

Be-

Beschreibung der Stadt Schwiebus §. 3. vom Schloße das mehrere vorkommt. Sie bestehet in 1. Schloße zu Schwiebus, 1 Vorwerk, 4 andern Häusern und 45 Einwohnern.

45. Skampe, ist ein Fundationsgut eben desselben Stifts, welches nebst einer katholischen Mutterkirche 1 Pfarrhaus, 2 Schulhäuser, 1 Kretscham, 35 dienstbare Bauern, 1 Frey- 11 Dreschgärtner, 23 Häusler, 3 außerm Dorf liegende Feldmühlen, 9 andere Häuser, Summa 86 Feuerstellen und 446 Seelen in sich faßt.

46. Starpel und Grunwald, machen ebenfalls zusammen ein Dorf und eine Gemeine aus, worin eine katholische Mutterkirche, 1 Pfarrhaus, 1 Schule, 1 herrschaftliches Wohnhaus, 4 Vorwerke, wovon 3 einzeln außerhalb des Dorfes liegen, und eines eigentlich Grunwald heißt; 1 Kretscham, 10 dienstbare Bauern, 10 Frey- 17 Dreschgärtner, 2 Häusler, 2 Wassermühlen, deren eine auch besonders liegt, 9 andere Häuser, Summa 57 Feuerstellen mit 342 Einwohnern befindlich. Eigenthümer davon ist Friedrich Wilhelm v. Knobelsdorf, Erbherr auf Wuthenow im Soldinschen Kreise.

47.

47. **Steinbach**, allhier sind eine katholische Filialkirche von Mittwalde, 1 herrschaftliches Wohnhaus, 1 Vorwerk, 1 Kretscham, 2 Frey- 9 Dreschgärtner, 1 Häusler, 1 Windmühle, 11 andere Häuser, in allem 27 Feuerstellen, 182 Seelen. Herzog Heinrich der Bärtige schenkte 1207 dieses Gut ebenfalls mit dem Jungfernstift zu Trebnitz, nach der Zeit aber ist es davon veräußert worden. 1763 besaß es Karl Ludwig von Hochkirch und Tielkau, nunmehr stehet es unter den v. Tielkauschen Erben.

48. **Stentsch**, ist das größte Dorf im Schwiebusschen Kreise, und bestehet aus zwey Antheilen:

a) Der erste Antheil begreift unter sich 1 herrschaftliches Vorwerk, 1 Kretscham, 10 dienstbare Bauern, 16 Dreschgärtner, 7 Häusler, 1 Wassermühle, 1 Windmühle, 19 andere Häuser, 339 Seelen.

b) Der zweyte Antheil hat eine katholische Mutterkirche, auch eine evangelische Kirche, 2 Pfarrhäuser, 1 Schule, 1 herrschaftlich Wohnhaus, 1 Vor-

Vorwerk, 1 Kretscham, 12 robotsame Bauern, 13 Dreschgärtner, 17 Häusler, 1 Windmühle, 14 andere Häuser, 350 Personen. Im Jahr 1763 war Besitzer von beyden Antheilen Ernst Rudolph Freyherr v. Gersdorf; nun gehören solche der Frau Mariane Helene Freyin v. Gersdorf, geb. v. Knobelsdorf. Zusammen sind im Dorfe 119 Feuerstellen mit 689 Einwohnern.

49. Ulbersdorf, ist ein Fundationsgut des Jungfernstifes zu Trebniz, und enthält eine katholische Mutterkirche, 1 Pfarrwohnung, 2 Schulhäuser, 1 Kretscham, 1 Freygut, 23 Dienstbauern, 1 Frey, 6 Dreschgärtner, 13 Häusler, 3 andere Häuser, Summa 50 Feuerstellen, 225 Menschen.

50. Wallmersdorf, allhier sind befindlich eine katholische Mutterkirche, 1 Pfarrhaus, 1 Schule, 1 herrschaftliches Wohnhaus, 1 Vorwerk, 3 Dienstbauern, 14 Gärtner, 9 Häusler, 1 Windmühle, 4 andere Häuser, 34 Feuerstellen, 186 Seelen. Besitzerin ist die Frau Beate Johanne Henriette v. Skopp geb. v. Maxen.

51.

51. Wilkau, enthält eine katholische Mutterkirche, 1 Pfarr. 1 Schulhaus, 1 herrschaftlich Wohnhaus, 3 Vorwerke, wovon zwey einzeln ausserm Dorfe liegen, 7 Dienstbauern, 13 Dreschgärtner, 16 Häusler, 1 Windmühle, 7 andere Häuser, zusammen 50 Feuerstellen und 268 Einwohner. Eigenthümer ist der Landrath des Kreises, Friedrich Wilhelm v. Sommerfeld. Beym Dorfe ist ein großer stehender See.

52. Witten, hat ein herrschaftliches Vorwerk, 7 Dreschgärtner, 1 Wassermühle, 1 anderes Haus, 66 Einwohner. Besitzer ist der Freyherr v. Troschke auf Koppen und Rietschüz.

53. Wutschdorf, begreift unter sich zwey Antheile, die aber nur einerley Besitzer haben, den Adam Alexander v. Kalkreuth.

Im ersten Antheile befinden sich eine katholische mit der Parochie zu Möstichen combinirte Filialkirche, 1 herrschaftliches Wohnhaus, 2 Vorwerke, deren eines besonders außerm Dorfe liegt, 1 Feldkret-

kretscham, 2 Frey- 6 Dreschgärtner, 4 Häusler, 1 Windmühle, 2 andere Häuser, 118 Menschen.

Im andern Antheile sind 1 Vorwerk, 2 Frey- 6 Dreschgärtner, 1 Häusler, 4 andere Häuser, 81 Einwohner. Ueberhaupt hat das Dorf 34 Feuerstellen.

In ältern Zeiten waren im Schwiebusschen Kreise noch folgende Dörfer:

    Molkendorf,

    Mehrendorf und

    Lichtenwalde.

Erstere beyde wurden nach dem Stadtbrande vom Jahr 1541 auf städtschen Territorio erbaut, sind nach der Zeit wieder eingegangen, und die dazu gehörigen Aecker aufs neue an die Bürger gekommen. Das letztere war ein Fundationsgut des Jungfernstifts zu Trebniz, so Herzog Heinrich der Bärtige demselben unter den andern mit geschenkt hatte.

hatte. In der Folge, wahrscheinlich in Kriegszeiten, ist es abgebrannt, und nicht wieder erbauet worden. Der Platz, wo es gestanden, und die Felder sind mit Strauchwerk bewachsen, und werden zuweilen noch die Lichtenwälder Felder, insgemein aber die Frauenheide genannt, die noch unter das Stift Trebnitz gehört.

Ende des zehnten Bandes.